卢梭全集

第 9 卷

新爱洛伊丝(下)
及其他

李平沤 何三雅 译

商务印书馆
The Commercial Press
创于1897

2019 年 · 北京

J. J. Rousseau

JULIE OU LA NOUVELLE HÉLOÏSE

Flammarion

1967

根据弗拉玛尼翁出版社 1967 年版译出

《卢梭全集》总序

卢梭的著作传入中国，始于戊戌变法的时候。1898 年（清光绪二十四年）上海同文译书局出版了他的《民约通义》（即后来的《民约论》，今译《社会契约论》）。从 1898 年到现在的一百一十余年间，卢氏的几部主要著作，如《忏悔录》《论人与人之间不平等的起因和基础》《政治经济学》《新爱洛伊丝》《爱弥儿》《致达朗贝尔的信》和《山中来信》等，都相继译成了中文，一个外国著述家的著作在我国连续一百多年不断有译本问世，这种例子是不多的。

卢梭的著述事业发轫于 1750 年的一篇获奖论文《论科学与艺术的复兴是否有助于使风俗日趋纯朴？》，其时卢氏已年近四旬，"在他人已辍笔不当作家的时候，"他才"刚刚开始写作生涯。"对于卢梭的著述事业，笔者在拙作《主权在民 Vs"朕即国家"——解读卢梭〈社会契约论〉》中有一段叙述，现略加删节和修改，摘录如下：

中国的史家把著书立说比做"名山事业"，这项事业极其艰辛。大凡对当时和后世都能产生重大影响的著述，都是在悲愤和激情的双重砥砺下完成的。以柏拉图为例，这位古希腊哲学家就是一方面有感于雅典的国势日微，另一方面又受到数学大踏步发展的鼓舞，遂奋而著《理想国》，为希腊人民指引前进的方向；又如霍布斯，也是由于他一方面对 17 世纪初的英国社会危机深感忧虑，另一方面又鉴于伽利略把力学的理论在天文学上运用得非常成功，因此潜心思考，著《利维坦》一书，为君主专制制度提供理论支持。

至于卢梭，他著书的目的尤为明确，他说他"永远都是为了心中有思想要抒发才写作。"他身处 18 世纪，一方面看到他所处的时代已日趋腐败，荒谬的社会制度只有利于权贵和富人而不利于穷苦的人民；另一方面他心中也充满了信心，深信人民最终能走上民主政治的正轨，建立良好的秩序，以法律来保障社会的成员人人都能享受平等和自由。这两种情感是卢梭政治思想的主线，贯穿他的所有著作。

因此，他每作一书，都能切中时弊，表达人民的心声，引起人们内心的共鸣。卢氏之书之能流传久远和具有现实意义，其原因就在于此。

卢梭诞生于 1712 年，今年（2012 年）是他诞辰三百周年。为纪念这位毕生为启迪民智和推动社会进步而写作的思想先驱，从 2006 年开始，商务印书馆即约笔者着手准备卢梭全集单行本的编译工作，目前单行本陆续付梓，遂按计划于今年将已先行出版的卢氏著作分类辑录，汇为全集，以便于读者阅读和研究。全集共分为九卷，其中第一卷至第三卷是自传类著作，第四卷、第五卷是政治经济类著作，第六卷、第七卷是教育、哲学和伦理学著作，第八卷、第九卷是文学类著作。

卢梭全集的翻译出版是一项浩大而艰巨的工作，余学力有限，更兼耄耋之年，身体多病，因此，此次辑录，虽已将卢氏的重要著作均收入其中，并在此意义上谓之"全集"，但尚不能把卢梭的所有作品全部包括在内，疏漏不足之处敬希读者不吝指正，俾笔者能继续努力，陆续增补，使这部全集能逐步完备。

李平沤

2012 年 1 月岁次壬辰孟春

于北京惠新里

目　　录

卷　　五

卷　　六

新爱洛伊丝(下)

卷　　四

书信一　德·沃尔玛夫人致多尔贝夫人

你走了这么久也不回来！像这样来来去去的，我可受不了。你到你本该常住的这个地方来，要花许多时间；来了又要回去，更是多添一番折腾！一想到见面的时间那么短，彼此相聚的乐趣就没有了。难道你不觉得一会儿到你家一会儿到我家，这对谁都没有好处？你就想不出什么办法来使你能既照顾了这家又兼管了那家吗？

亲爱的表妹，我们现在怎么办呢？多少宝贵的光阴都让我们失去了，我们再也没有时间这样浪费了！年复一年地过去，我们的青春已开始消失；我们的生命也衰退了，它把短暂的幸福交到我们的手里，但我们却不知道加以享受！你还记不记得我们少女时候的情景？那么美丽的和快活的童年，尽管我们年长以后就再也没有了，但我们的心能忘记它吗？有许多次，当我们不得不分别几天甚至几个小时的时候，我们总要互相拥抱，很伤心地说："唉！如果我们能自己安排我们的活动的话，我们是绝不分离的！"现在，我们能自己安排我们的活动了，然而一年之中，我们却有半年时间是彼此远远地离开的。怎么，我们不再像从前那样相爱了吗？亲爱的好友，我们两人都深深知道：我们在一起度过的时间这么久，我们的习惯又这么相近，再加上你对我的关心，所有这一切，使我们相互的依恋之情比从前更加牢固和不可分开。对我来说，你不在我身边，我就觉得一天比一天难过；只要有一分钟没有你，我就觉得无法活下去了。我们的友谊的发展，比我们想象的还自然，是由于我们的环境和我们的性格使然。随着年龄的增长，我们所有的感情都凝聚在一起了。我们每天都要失去一些我们以往珍爱的东西,而且一失去就无法弥补。人就是这样一步一步走向死亡的,直到最后只知道自己爱自己的时候,人虽未死,但他的感知和生活的能力已经不存在了。然而,一个多情的人的心将全力抵抗这种早衰的现象:当手脚开始变凉的时候,它就会吸收它周围所有的天然的热;它失去的东西愈多,它愈是抓住剩下的东西不放,可以说它要通过与其他各种事物的联系,紧紧抓住最后一样东西。

这种情况,我觉得我已经体验过,尽管那时我还年轻。唉!我亲爱的朋友,我的心曾经爱过许多东西!现在,我的心早已冷漠,还不到时候它就衰老了,各种各样的爱盘踞着我的心,以致它再也没有地方容纳新的爱了。你亲眼看见我从一个少女变为男人的女友,接着又变为男人的情人和妻子,最后变为孩子的母亲。你知道,这几个名称,我全都喜欢!在这些关系中,有几个已经断了,其他的也已松弛了。我的母亲,我慈祥的母亲,已不在人世,一想到她,我就流泪,最温柔的天然的感情,如今我只能享受一半了。我的爱情已熄灭,而且是永远熄灭了,它已成为一个无法填补的空白。你亲爱的好丈夫也已故去;我很爱他,我把他看作是你的珍贵的一半;他配享你的温情和我的友谊。如果我的儿子再长大一点,母爱也许能填补这些空白。然而这种爱,和其他的爱一样,需要有感情的沟通。一个做母亲的人,从一个四五岁的孩子那里能得到什么回报呢?对我们来说,孩子是可爱的,然而要许多年之后,他们才懂得我们对他们的爱,反过来爱我们。现在,我们需要向一个能理解我们的人说:我们是非常爱他们的!我的丈夫是理解我的,但他并不懂得我的心思。他头脑里的想法和我的想法不一样,他对孩子们的爱,过于理性了;我希望他对孩子们更亲热一些,要像我这样对待他们。我需要一个女友,需要一个像我这样疼爱我的孩子和她的孩子的母亲。一句话,我成为母亲之后,更加需要你的友谊,以便常常谈我的孩子,使我的心不至于那样烦闷。当我看到你也心疼我的小马士兰时,我就倍加高兴。当我拥抱你的女儿时,我觉得,这无异于拥抱的是你。这些话,我们曾经说过一百次;看见我们的孩子在一起玩耍时,我们的心就交织在一起了,再也分不清这三个孩子,哪一个是你的,哪一个是我的。

不仅如此,我有许多充分的理由,希望你经常在我身边,你离开我,从各方面来说,都是不应该的。你知道,我不喜欢隐瞒任何事情,然而有一件事情,我对我在这个世界上最亲爱的人竟保守了差不多六年的秘密。现在,这一见不得人的秘密,对我的压力愈来愈大,以致每天都感到它在逼迫我。我愈想诚诚实实地把它公开,反而愈是谨谨慎慎地守口如瓶。一个心怀疑虑的撒谎的女人,投身在丈夫的怀抱里,不敢把心中的秘密告诉占有她的男人,而且还为了使另一个人的心得到宁静,还要对他隐藏她一半的事情,这种心情是多么难堪,你想过吗?天啦!我是在对谁保守这些秘密和隐藏他还满以为很好的内心?我对之守口如瓶的人,是德·沃尔玛先生,我的丈夫,我最真诚的男人;对于这个男人,上天本该酬谢他的德行,让他娶一个贞洁的姑娘才好。因为已经骗过他一次,所以以后就天天骗他,结果使我一再感到我不配得到他的一片真心。我的心不敢接受他对我的赞赏,他对我的爱抚使我感到赧颜;他对我的敬重的表示,我的良心反倒觉得是在责备我和羞辱我。我尤其难过的是,我不能不一再提醒自己:“他尊敬的不是我,而是另外一个女人。唉！如果他知道我的事情的话,他就不会这样对待我了。"不,我再也不能忍受这种可怕的状况了:待我单独和这个可敬的人在一起的时候,我就要跪在他面前,坦白我的错误,在他的跟前伤心和羞愧地死去。

然而,一开始就有几个原因吓得我不敢讲,而且,这几个原因每天都要增加一些新的内容,使我心中所有的和盘托出的打算,反倒变成了使我缄口不言的理由。考虑到我家中的宁静与和睦,我非常担心,也许一句话就可以引起无法消除的混乱。我贤明的好丈夫对他幸福的妻子百依百顺,他唯一的乐趣就是看到家里的生活平平静静,有条不紊;在如此美满地结合六年之后,我怎能去打乱他心里的宁静?我怎能拿家庭的不和去伤害一个对他的女儿和他的朋友的幸福十分满意的父亲的晚年呢?我怎能让我长得很乖的可爱的孩子的教育最后有无人过问和极不完善之虞呢?我怎能让他们成为他们父母感情不和的牺牲品呢?我怎能让他们一方面看见他们的父亲被他有理由发泄的愤怒弄得暴跳如雷,被嫉妒之心搅得坐卧不安,另一方面又看见他们的母亲是那样的不幸,做了错事,经常哭哭啼啼呢?我深深知道,德·沃尔玛先生是很敬重他的妻子的,然而,一旦他不爱她了,情况又将如何呢?他之所以那么克制,也许只是因为还没有遇到什么事情引他把脾气爆发出来。也许,他无事的时候是多么温顺,他愤怒的时候也将是多么的暴烈。

我对我周围的人是那样尊重,难道我就一点也不尊重我自己吗?六年诚诚实实、规规矩矩的生活,难道就一点也不能消除青年时期的过错,还要让我受我早已感到后悔的过错给我带来的惩罚吗?我的表妹,我老实告诉你,我一想到过去的事情,就感到十分厌烦,它使我蒙受羞辱,使我完全失去了勇气。我太惭愧了,所以一想起往事,就觉得自己已陷入了绝望的境地。我婚后的这几年,应当是我恢复自信的时候,然而我目前的状况使我不能不认为,令人厌烦的记忆将使我丧失信心。我要让我的心充满荣誉感,我相信我是能够恢复我的荣誉的。当我想到做妻子和母亲的职责,我的心就很高兴,使我能够顶住我少女时候的过错给我带来的影响。当我的孩子和他们的父亲围绕在我身边的时候,我觉得周围都洋溢着美德。他们驱散了我心中对过去的过错的记忆;他们的天真保护了我的天真,他们使我成为一个好母亲,因而使我对他们更加疼爱。凡是有损于诚实的事,我都是那么害怕,以致很难相信我是一个曾经把诚实二字忘得一干二净的人。我觉得我和过去已大不相同,对我现在的做人是如此地充满信心,以致把我要说的事情都看作与我无关,全说了,尽管不是非要我说出来不可。

当你不在我身边的时候,我就老是这样时而迟疑不定,时而焦急不安。谁知道这种情况将来在某一天会发生什么事情呢?我的父亲不久即将到伯尔尼去,并决定要把那件旷日持久的讼事告一段落之后才回来,因为他不愿意此事给我们留下麻烦,同时,我想,他已看出我们没有兴趣继续打这场官司。在他去伯尔尼到回来这段期间,就我一个人和我的丈夫在一起。在这种情况下,要我不泄露那个重大的秘密,几乎是不可能的。当我们这儿有客人的时候,你知道,德·沃尔玛先生经常离开我们,单独一个人到附近去散步,去和农民聊天,观察他们的生活,研究他们耕地的情况,在必要的时候还在经济上帮助他们,给他们出主意。但当我们没有客人的时候,他就和我散步,很少离开他的妻子和孩子,很天真地和孩子们一起做游戏,这时候,我发现他在某些方面显得比平常更亲切,在这么亲切的时候,他曾给我以说话不必拘束的机会,而且无数次对我说些要我信任他的话,在这种情况下,我还不说的话,那就不对了。我觉得,我或迟或早必须把我心中的秘密告诉他。不过,你既然主张我们的行动要一致,步步谨慎从事,那你就赶快到我这里来,不要再耽误了,否则,我就不敢保证我不单独行事。

我亲爱的朋友,此事就谈到这里;其他的事情也相当重要,需要对你讲。我不单是在我和我的孩子或丈夫在一起的时候需要你,而且在我单独一人回忆你可怜的朱莉的往事时更需要你。对我来说,孤独之所以那么有害,恰恰是因为我孤独的时候心里感到最美,而且往往是主动去寻求孤独而不自知。正如你所知道的,这并不是因为我心中还有过去的伤痛,不,过去的创伤早已治好,这一点我很清楚,是确信无疑的,我敢说,我的节操是很好的。因此,我一点也不怕我现在的处境,我感到难受的是我的过去,有些往事回忆起来,就如同发生在眼前,令人十分害怕。一个人往往就是由于回忆往事而变得很软弱的。我不好意思哭出声来,然而,愈是不好意思哭,却愈哭得厉害。我的眼泪,是同情的眼泪,惋惜的眼泪,后悔的眼泪,与爱情毫无关系;对我来说,爱情已经毫无意义了,不过,我对它给我带来的痛苦,却十分伤心。我对一个可敬的男人的命运感到惋惜;一时冲动而产生的情欲,竟使他失去了心灵的宁静,也许还会使他失去生命。唉!他是由于完全失去了希望,才不得不去参加这次危险的远航;他也许已经在航行中丧生,因为,如果他还活着的话,无论在天涯海角,他都会给我们写信来的。他离开我们差不多已整整四年了;听说,他们那个舰队遭到了成百上千次灾难,四分之三的船员已经牺牲,有几条船已经沉没,其余的人和船的命运如何,谁也不知。他已经死了,他已经不在人世了;他的死,我早有预感。这个不幸的人,同其他的人一样,是很难幸免的。无情的大海的波涛、疾病和忧虑,也许早已夺去了他的生命。一个曾经在世上显露才华的人,就这样完了。我感到内疚,我责备我自己:是我使这个诚实的人去死的。啊!亲爱的表妹,他的灵魂是多么纯洁呀!……他是多么懂得对人的爱呀!……他是应当活在人间的呀!……他呈献在最高的主宰面前的灵魂是柔弱的,然而是纯洁的,是热爱美德的。我尽力想驱赶这些悲观的思想,但终属徒劳,每隔一会儿,我不由自主地又想到这些情景。要想驱散它们,或者说要想了结它们,我需要你的帮助。既然我忘不了那个可怜的人,我就希望和你一起谈他,而不愿我单独一人怀念他。

你看,有这么多理由说明我经常需要你和我在一起!你比我聪明和幸福,即使你头脑里没有想到这些理由,难道你的心就感觉不到有此需要吗?如果你真的不愿意再结婚,对你那个家也不甚满意,那么,你到哪里去找一个比我这里更适合于你住的地方呢?就我来说,一想到你在你家的情况,我就难过,因为,尽管你不讲,我也是了解你如何在你家生活的;你在克拉朗对我们表现的快快活活的样子,是假装的,是瞒不了我的。你曾经狠狠责备我生活中的一些缺点,现在,我要反过来责备你也有一个很大的缺点,那就是:你总把你的痛苦隐藏在内心,让你一个人难过。你守口如瓶,硬要折磨你自己,好像在你的朋友面前哭泣,就难为情似的。克莱尔,我不喜欢你这样做。我不像你这样做事不公平;我不责备你有悔不当初之心,我不希望你两年之后、十年之后、甚或今后一生都不思念你那温存的丈夫，然而我要责备你把你最好的时光用来和你的朱莉一起哭泣之后，就不让她也来和你一起哭泣，就不让她来用你的纯洁的眼泪洗去她对你倾诉的羞愧。如果你一痛苦就生气的话，那就表明你还不真正了解痛苦是怎么一回事情；如果你以为能从中得到某种乐趣的话，你为什么不让我来和你一起分享？难道你不知道心灵的沟通能使忧愁的人得到快乐的人体验不到的难以形容的温暖吗？难道不是专门为了减轻可怜的人的痛苦，使他们在痛苦的时候感到安慰，我们才需要友情吗？

　　我亲爱的表妹，你应当多多考虑这些问题，此外，还要补充一点：我不仅是以我的名义，而且是以我丈夫的名义邀请你来和我们住在一起的。我发现他有几次对我们这样亲密的两位朋友不住在一起感到吃惊，而且差一点生气了。他说他曾经对你本人讲过此事，他这个人说话总是要经过一番思考之后才说的。我不知道你根据我的陈述将做出什么决定，但我有理由相信事情的发展一定会像我所希望的那个样子。不管怎样，我的决心是下定了的，而且是绝不更改的。我没有忘记你要跟我一起到英国的事，我真诚的朋友，现在是轮到我跟你走了。你知道我是很讨厌城市生活的；我喜欢乡村，喜欢庄稼活儿；在此间住了三年之后，我已经对我在克拉朗的家产生了依恋之情。你也知道：搬家是多么麻烦的事，这样搬来搬去，我的父亲未见得高兴。好吧！如果你不愿意离开你的家，来管理我这个家，我就决定全家搬到洛桑和你住在一起。请你就此事作出安排，总之，我的心，我的职责，我的幸福，我保有的荣誉，我恢复了清新的理智，我的处境，我的丈夫，我的孩子，以及我本人，这一切，全靠你操心了。我所有一切珍贵的东西，都是受赐于你;我周围的一切,无一样不使我回想起你对我的恩情,没有你,就没有今天的我。因此,你必须赶快来;我的好友,我的守护神,你赶快来保护你所创造的业绩,享受你的美好的成果。正如我们只有一个灵魂我们才珍爱这个灵魂一样,我们也只能有一个家,我们才珍爱这个家。你来教育我的儿子,我教育你的女儿,我们共同担负起母亲的职责,我们将得到加倍的乐趣。上天通过你对我的关怀,净化了我的心。因此,我们要把我们的心培养得合乎上天的旨意。在这个世界上,既然再也没有什么我们希望得到的东西了,我们就在天真和友谊的怀抱里平静地等待来生。

书信二　复信

我的天啦!你的信给我带来了无比的快乐!你这个迷人的说教者!……你的话的确让人入迷,你真会说……高谈阔论,使我听得出了神。不过,有些话并无新意。那位雅典的建筑师……那个能言善道的人……你非常熟悉你那本旧普鲁塔克的书里的……夸张的描写,漂亮的圣殿! 他把话说完以后,另一个人就来了;一个很古板的人,样子很朴实,举止很庄重……就像你的表妹克莱尔所说的那个人……用粗而深沉的声音,慢条斯理地带着鼻音说:"他的话,我全照办。"他的话说完了,接着是一片掌声。好了! 夸夸其谈的人。我亲爱的朋友,我们就好比这两个建筑师,我们所修的圣殿,是友谊的圣殿。

现在,让我把你对我讲的那些美好动听的话简要地归纳一下。第一,我们彼此相爱,其次是你需要我,我也需要你;再其次是:因为我们能自由自在地在一起生活，所以我们就应当在一起生活。这一切，都是你一个人想出来的！说实话，你真是一个很有口才的人！唉，好吧！现在让我告诉你：当你在写这封侃侃而谈的信的时候，我在这里忙些什么，然后，你自己判断；是你讲的那些事情重要，还是我做的这些事情重要。

当我的丈夫刚死的时候，你来填补了他在我心中留下的空白。他在生的时候，他和你一起分享了我心中的爱；自他去世以后，我就只属于你一个人了。从你对母爱和友爱的配合问题发表的意见来看，我的女儿又给我们增添了一重关系。我不仅决定今后要和你一起度过我的余生，而且还制订了一项庞大的计划。为了使我们两家合为一家，我打算，如果各方面都合适的话，将来把我的女儿许配给你的长子。"丈夫"这个词，虽然当初是开玩笑时说的，但我认为是一个很吉利的兆头，将来在某一天就把这个称呼给他好了。

按照我的计划，我首先要努力消除一系列错综复杂的障碍，并且筹措相当多的钱，用来结算未了的事情。我打算把我女儿的那份财产换成可靠的实物，在任何情况下都不动用。你知道我对许多事情都有奇怪的想法。在这件事情上，我的想法也许会使你大吃一惊。我心里是这样想的：在某一个晴朗的早晨，我走进你的房间，一只手牵着我的女儿，一只手拿着一个钱包，一边说美好的祝福之词，一边就把女儿和钱包交给你，把母亲、女儿和她们的财产，即女儿的嫁妆，都交到你手里，并且对你说："如何对你的儿子有利，你就如何管教她，因为从此以后，这就是他的事情和你的事情了，而我，我就不管了。"

由于我成天都在思考这个美好的计划，所以需要和一个能帮助我实行这个计划的人仔细商量。现在,请你猜一猜,我打算和谁商量这件心事。"和一个名叫德·沃尔玛的先生商量,你不认识他吗?""表妹,你说的是我的丈夫吗?""是的,表姐,我说的是你的丈夫。"这个人,你费了好大的劲才对他隐瞒了不该让他知道的秘密,如今,他却早已知道他将办一件你听了以后必然十分高兴的事情。这就是那几次你对我们很有风趣地大加反对的神秘的谈话的真正内容。那些做丈夫的人,你瞧他们是多么的虚伪。他们反倒来指责我们有所隐瞒,这岂不令人好笑吗? 我还要对你有所要求。我看得很清楚:你也有我这样的计划,只不过你把它藏在心里,要视计划进行的情况而逐渐透露而已。由于我尽量想把这件事情办得使你出乎意料的高兴,所以我让他在你对他提出我们两家合为一家时不要马上表示赞成,甚至还要装出一点儿不太同意的样子。其实,对这件事情,他早就对我表示过他的态度,他当时对我说的话,我至今还记得,而且你也应当记住才好,因为,自从世上有了丈夫以来,我还未听说过哪一个做丈夫的人说过这样的话。现在,我把他的原话抄录如下:"亲爱的表妹,我了解朱莉……我很了解她……我对她的了解之深,也许连她自己也不相信。她的心太真诚了,所以凡是她希望做的事,谁也不加以阻止;她的心太脆弱了,所以要违背她的心意的话,那一定会使她伤心的。我和她结婚五年[①]以来,我自信我没有做过一件使她感到难过的事,我希望我直到死的时候,都不会做出什么事情使她感到伤心。"表姐,你一再想无端打

[①]　在手稿中原为"六年",后来卢梭把它改为"五年",并注明没有把克莱尔成为寡妇到写这封信之间的一年计算在内。——译者

扰其宁静的丈夫是怎样一个人,你必须好好地想一想。

就我来说,我做事不够细致,但我相信你待人的态度的温柔可以补我之不足,因此,对于你心中经常考虑的那件事,我当然压根儿没有想过,结果使你由于无法责备我的心对你有所冷淡,便怀疑我想再次结婚,但事实是:除了我的丈夫以外,我爱你胜过爱一切其他的人。因为,你看,我可怜的朋友,你内心的秘密没有一样能逃过我的眼睛。我猜得出你的心事,我能看透你的心,洞察你灵魂深处的奥秘,正是由于这个缘故,我才这样始终爱你。使你错把假象当真事看待的这种猜疑心,在我看来,是很容易产生的。我假装风流寡妇的样子,而且装得很像,其目的就是为了骗你。要装扮这个角色,我有本事,只不过我的性格还不甚愿意。我巧妙地使用了原本不会的那种挑逗人的样子,有时候拿几个年轻的花花公子开心,也觉得挺有趣的。你上了我的当,以为我准备找一个男子来接替那个在世界上难找到第二个的人。不过,我这个人很坦率,不能老是那样假装,而不久以后你也明白了我没有那种心意。现在,为了使你更加放心,让我把我对这个问题的真实的想法告诉你。

当我还是姑娘的时候,我就曾经向你讲过一百次我这个人是不适合于做人之妻的。如果我的事情能由我做主的话,我是绝不结婚的。然而,就我们女性来说,要获得自由,就需要先当奴隶,必须从当仆人开始,然后有朝一日才能变为主人。尽管我的父亲并不为难我,但在我家里也有一些令人烦恼的事情。我是为了摆脱那些事情才嫁给多尔贝先生的。他这个人是那样的诚实,又是那样地爱我,所以我也是那样真心真意地爱他。我的经验使我对婚姻的看法有所好转,消除了莎约给我留下的印象。多尔贝先生使我生活得很幸福。从来没有对我说过一句怨言。要是另外一个人,我也许会经常尽我做妻子的义务,但我也会同时使他感到不快。我认为,必须要有一个好丈夫,我才能成为一个好妻子。你以为我在这方面有什么不满意的话要说吗?我的宝贝朋友,我们爱得太过分了,反而一点也不愉快了。淡淡的友谊,也许反而更加风趣。我宁肯要这样的友谊;我认为,如果我的生活不那么满意,我反而会爱得深一点,笑的时候更多一点。

此外,我还要谈一谈你的情况在哪些方面使我感到不安。我无需对你重提那不加节制的情欲使你遇到的危险,一想起它,我就不寒而栗。如果你遇到的危险只涉及你的生命的话,也许我还不至于愁得连一点儿快活的心情都没有。我的心,当时真是又忧虑又害怕,可以说一直到你结婚以前,我没有一分钟真正高兴过。你知道我很痛苦,你也感受到了我的痛苦。它使你的心大受震动,因此,我将永远祝福那也许会使你重新回到善的幸福的眼泪。

我和我的丈夫一起生活的时候,我的时间一直是这样度过的。你想一想,自从上帝使我失去他以后,我是否还能另外找到一个这么称心的人,我是否还有另外再嫁人的打算。没有,表姐,婚后的生活太严肃了,根本不适合我的性情。它使我成天愁眉不展,很不适应,此外,还有许多令人难以忍受的麻烦。你是很了解我的,你想一想,在长达七年的时间里,我连舒心地微笑七次的机会都没有,这样一种关系在我心目中还有什么价值!我不愿意在年仅二十八岁的时候就像你这样装出一副老成练达的主妇样子。我现在还是一个很讨人喜欢的小寡妇,还可以再结婚,如果我是男人的话,我就这样舒舒服服地自己过日子好了。但是,让我再结婚,表姐！告诉你：我又非常怀念我那个可怜的丈夫；要是我能去和他在一起，我少活一半的寿命也行；然而，如果他再回到人间，我要是再要他的话，那也只是因为我已经嫁给他了。

我已经把我真实的想法告诉你了。尽管得到了德·沃尔玛先生的帮助，但我的计划尚未开始实行，因为，我愈急于克服种种困难，困难的事情似乎反而愈来愈多。不过，我的热情很高，不用等到夏天过完，我就可以到你这里来，和你一起共度余年。

你责备我对你隐瞒我的苦楚，老是远远地躲开你去哭泣；对此，我要申辩几句：这两种情况我都不否认，我把我在这里的最好时光都用在这两件事情上了。我每次走进我的家，走进这间屋子，总要发现我的丈夫给我留下的使我留恋的痕迹；我每走一步路，每放一件物品，都要看到一些表现他心地善良和温柔的东西。你想一想：我的心能不受感动吗？当我在这里的时候，我心里想的全是我在这里遭到的损失；当我在你的身边的时候，我就只能看到我残留的东西。你怎么能把你对我的心情的影响反而说成是我的过错呢？你不在的时候我就哭，你在我身边的时候我就笑，情况如此不同的原因何在？你这个忘恩负义的人！这是因为你处处给我以安慰，当我占有你的时候，我就什么痛苦也没有了。

你对我们过去的友谊说了许多赞扬的话，但我不能原谅你的是：你忘了讲我最感到光荣的那段友谊；那时候，尽管你处处胜过我，但我却最喜欢你。我的朱莉，你是为了管理他人而生的。就我所知，你的权威是最绝对的，它甚至延伸到支配他人的意志，这一点，我的体会比谁都深。表姐，为什么会这样呢？我们两人都爱美德，我们都同样喜欢诚实，我们的才能也一样，我的头脑也和你的头脑差不多,容貌的俊俏也不弱于你。对于这一切,我知道得很清楚,尽管这样,你还是能对我行使权威,你比我强,你使我怕你,你的天才胜过我的天才,我在你面前简直无法比。甚至在你和别人发生你自己也屡加责备的不正当关系期间,我既然没有学你的样,没有犯你那样的错误,总该轮到我胜过你了吧,但你对我的权威仍依然没有减少。我虽责备过你的失足,但我觉得此事你做得对;我不能不钦佩你对此事的处理,因为,如果是我的话,我可能会重蹈覆辙。总之,那个时候,每当我来到你的身边,我都不由自主地怀着敬意,当然,你待人接物之温柔与随和,也有助于使我成为你的朋友,虽然我本该是你的仆人。如果你能够的话,请你解释一下这当中的奥秘何在,至于我,我是一点也解释不出来的。

不过,话虽这么说,我还是能说出点道理来的,而且,我记得我以前还曾经说过:这是因为你的心能使你周围的人都活跃起来,可以说是使他们获得了一个新的人生,不能不对你这个人表示尊敬,因为,如果没有你,他们是不会这样做人的。是的,我曾经帮你做过一些重要的事情,你经常提到它们,所以不可能忘记。我不否认,如果没有我,你就完了。但是,对于你对我的恩情,我又如何回报呢?长期相处而不感受到美德的魅力和友谊的爱,这可能吗?所有接近你的人,不都是由你自己武装起来保护你的吗?我之所以比别人做得好一点,是由于我本来就是塞索斯特里斯的卫士①,和你的年纪相若,而且是女性,是和你一起长大的,这些道理,你难

---

①　据传说,塞索斯特里斯出生后,其父把所有与他同一天生的男孩子都集中到宫中与塞索斯特里斯一起抚养,使他们建立亲密的友情,以便日后成为保护塞索斯特里斯的卫士。——译者

道不明白吗？不管怎么说，克莱尔自知她不如你；她知道，如果没有朱莉，克莱尔就不会是现在这个样子；我要对你说实话：我们两个人彼此都互相需要；如果命运真把我们分开的话，我们每个人都将蒙受很大的损失。

有些事情还需要我留在此地处理，在此期间，我最担心的是：你的秘密经常都有由你自己嘴里说出去的危险。我要你明白的是：你之所以要保守这个秘密，是有一条充分的理由的；而你之所以要泄露这个秘密，只是出于一时的感情冲动。正是由于我们怀疑这个秘密对那个有关的人来说已不再是秘密，所以我们更应该经过极其审慎的步骤之后，才对他宣布。也许你丈夫的那种稳重态度，值得我们学习，因为，在这种事情上，在假装不知道和被迫知道之间，往往有很大的差别。我要求你再等一等，让我们再考虑一下。如果你的预感确有根据，同时你那个可怜的朋友确已不在人间，你应当采取的最好办法是：让他的丑事和他的不幸与他一起埋葬算了。如果他还活着（我希望他还在人世），情况也许就有变化，到时候看情况如何再说。总而言之，既然那个不幸的人的种种痛苦都是你造成的，难道你不听一听他最后的意见吗？

谈到孤独之令人难受，我深深理解和同情你的担忧，尽管我认为你讲的理由不充分。你过去的错误使你变得胆子小了，但我愈从目前的情况看，我愈觉得你的前景是好的，如果你还有更多的事情要害怕的话，你反倒不必那么害怕了。不过，我不能略而不谈你对你那个可怜的朋友的命运的担心。现在，虽然你的爱情的性质变了，但我对那个人的爱并不亚于你。然而，我的预感却与你的预感恰恰相反，而且更符合理性的推测。爱德华绅士曾收到过你朋友的两封信,在收到第二封信时,他写信告诉我说,你的朋友正在南海航行,已经渡过了你所说的那些危险。这个情况,你和我一样,是知道的,然而你却表现得十分痛苦,好像一点消息也不晓得似的。不过,你所不知道的、而我应当告诉你的消息是:他所在的那只船,两个月前已经到达加那利群岛水域,正在向欧洲返航。这是有人从荷兰写信告诉我父亲的,我父亲得到这个消息后,马上按照他对我谈国家大事的习惯告诉我,而且谈得比谈他自己的事情还详细。我的心仿佛在告诉我:我们不久又可收到我们那位哲学家的消息,到时候你又要哭了。他死了,你要哭;他活着,你也要哭,不过,感谢上帝,你再也不会哭得那么厉害了。

> 唉! 他只在这里待了一会儿,这个
> 可怜的人已受够了苦,不想活了!

我要告诉你的,就是这些话。亲爱的表姐,我将给你带来的、并且要和你一起分享的,是一个永久结合的美好希望。你看,你的计划的制订,既不是你单独一个人,也不是你首先提出的,而且计划的执行之快,已完全超出你的想象。因此,我的好友,今年夏天你还得耐心地等一等,我们宁肯晚一点聚首,而不要聚首之后又要离开。

好了! 漂亮的夫人,我的话是不是说了就办的? 我的策划是不是很周密? 现在,你赶快跪下,恭恭敬敬亲吻这封信,虚心承认朱莉·德·沃尔玛一生中至少有一次被友谊完全征服了*。

---

* 这个善良的瑞士女人真会开心,她一开心起来就毫无顾忌,一点也不天真。一点也不文雅! 她不知道在我们之间要做到心情愉快,还需要有一个过程;她不知道一个人不能对自己、而只能对别人做出的这副高兴劲儿。我们不能为了笑而笑,我们笑的目的,是为了要得到人家的赞同。

书信三　致多尔贝夫人

　　我的表妹,我的恩人,我的朋友,我走遍了天涯海角之后,现在又来到这里了,我带回来了一颗非常怀念你们的心。我四次越过赤道,跑遍了东西两个半球,观赏了五湖四海的风光,有时候我们正好分处在地球的两个对蹠点上,我整整绕了地球一周,然而,你们的身影却无时无刻不在我身边。要想逃避自己亲爱的人,那是办不到的;她的形象,比海水和风的速度还快,无论我们到什么地方,它就紧跟到什么地方。我们人在什么地方,就把我们生活的东西带到什么地方;我吃了很多苦,我看见别人吃的苦比我还多。我曾亲眼看见许许多多不幸的人死去!唉!他们为了生活而付出了那么大的代价!而我却幸存下来了!……其实,不该怜悯的人,应当是我,我的同伴的灾难,比我自己的灾难使我更感到难受。我看见他们真是辛苦极了,他们比我劳累得多。我对我自己说:"我在这里虽然苦一点,但这个世界上总还有一席之地让我得到快乐和安宁。"我在日内瓦湖畔的生活,补偿了我在大洋上所受的苦。我一到达,就很高兴地获知我所希望的事都实现了。爱德华绅士告诉我,你和朱莉都平安无事,身体健康;你虽失去了丈夫,但你现在还有你的朋友和你的女儿,这就足够使你感到幸福了。

　　我急于想给你寄来此信,所以在这封信中还来不及给你讲我此次远航的见闻,我希望不久以后另外找一个更适当的机会给你详谈。现在我只给你讲一个大概,其目的是为了引起你的好奇心,而不是满足你想知道各地风土人情的要求。我们这次远航,差不多花了四年时间；我回来的时候，坐的仍然是我出发时乘坐的那条船；在整个舰队中，只剩下这条船由舰队司令率领回来。

我们首先到南美洲；这个辽阔的大陆，由于缺少铁器，结果被欧洲人所征服，而欧洲人为了保持他们对这个大陆的统治，竟把它变成了一片荒凉的土地。我们沿着巴西的海岸航行；沿岸的财宝都被里斯本和伦敦大量拿走了；那里的居民的脚下，到处是黄金和宝石，但谁也不敢伸手去拾取。我们平安地穿过南极圈内多风暴的海域，在太平洋上遇到了最可怕的暴风雨。

> 在吉凶难卜的海上和陌生的
>
> 极地，我遭到了风吹浪打。

我们远远地观看那些所谓的巨人＊的住地。他们之所以称为巨人，纯粹是因为他们很勇敢；他们之能保持独立，是由于他们的生活朴素和饮食简单，而不是由于他们的身材高大。我在一个虽很荒凉但却很可爱的岛上住了三个月；那里还保持着大自然原始的动人美景，好像是专门在这与世隔绝的孤岛上为受迫害的纯洁的情人提供一个避难之地。然而贪婪的欧洲人却很粗暴，不让性情温和的印第安人住在这个岛上，而且还说他们自己也不在岛上住。

我在墨西哥和秘鲁的海岸上也看到了和巴西相同的情景：那里的居民很稀少，而且生活都很苦，是两个强大的民族残剩下来的穷苦人。他们遍地是金银，然而却遭到奴役、耻辱和苦难的折磨；

＊　巴塔哥尼亚人。

他们抱怨上天赐给他们这么多财宝，反倒给他们招来了灾祸。我曾经看见一个城市被一场大火烧得一干二净，一点救火的办法也没有，谁也不来保护受火灾的居民。这是欧洲很有学问的、讲究人道主义的和彬彬有礼的人之间的战争造成的；他们为了打败敌人，什么坏事都可以干的，即使他们从所干的坏事中得不到任何好处，他们也干；他们的想法是：只要坏事使敌人受到了损失，就等于使自己得到了好处。美洲西部的海岸，我差不多都游遍了。看见一千五百法里长的海岸和世界上最大的海洋在一个手里可以说是掌握了半个地球的钥匙的强国统辖之下，是不能不感到赞叹的。

越过大洋之后，我在另一个大陆上看到另一种情形。我发现：世界上人数最多和最文化昌明的民族，却被一小撮强盗所统治。我详细地观察了这个著名的民族，我吃惊地发现他们全是奴隶。他们屡遭进攻，屡次被人征服，他们历来是捷足先登的人的猎获物；这种情况，也许还要延续好多个世纪。我认为，他们活该如此，因为他们连哼一声的勇气都没有。他们书卷气十足，生活散漫，表里不一，十分虚伪；他们的话说得很多，但没有实际内容；他们的心眼很多，但没有什么天才；他们虚有其表，思想极为贫乏。他们对人有礼貌；也很殷勤；他们处世很圆滑、很奸诈；他们把做人的义务挂在口头上，装出一副很有道德的样子；他们的所谓人情味，只不过是对人打个招呼，行个礼而已。我去过的第二个荒凉的岛屿，比第一个更鲜为人知，但却更漂亮。当我们在岛上的时候，有一件严重的意外事情差一点儿把我们永远困在那里。对这样一种有趣的流放不感到害怕的，也许只有我一个人。我以后不也是到处流放吗？我在这既令人快活又令人害怕的地方，发现它可以让人施展才能，使文明人摆脱孤独，使他什么也不缺，最后是掉进一个欲壑难填的深渊。

那宽阔的大洋，本来是最适合于人们彼此交往的地方，然而我却看见两条大战船互相追赶，互相猛烈地攻打，好像偌大的洋面容不下它们这两条船似的。我看见它们互相射击，火光冲天。在短短的一场战斗中，我看见了地狱的样子；我听见胜利者的欢呼声压倒了伤员的呻吟和垂死的人的哀鸣。我很不好意思地分到了一份巨大的战利品；我收下了它，但把它保存起来：从不幸的人那里得来的东西，将来也应当还给不幸的人。

我发现那个贪婪的、耐心的和勤劳的民族，通过长期坚忍不拔的努力，终于克服了其他民族的英雄主义未能克服的困难，把欧洲的这套东西搬到了非洲之角。我看到这辽阔的贫困地区好像是专供一群群奴隶居住似的。一看见他们那副卑贱的样子，我就把充满轻蔑、厌恶和同情的目光掉开；看见我的同类有四分之一变成了为他人使役的牲畜，我对于做人一事感到不寒而栗。

最后，我终于在我的旅伴中发现了一种很胆大和骄傲的人；他们行事的榜样和自由自在的样子，在我看来，反映了做人的光荣。他们把痛苦和死亡根本不当一回事；在世界上，除了饥饿和厌倦以外，他们什么也不怕。我发现，他们的首领真比得上一个统帅，一个军人，一个舵手，一个智者，一个伟人，甚至可以说配做爱德华·博姆斯顿的朋友，不过，在这个世界上，我还没有看见哪个女人能像克莱尔·多尔贝和朱莉·德丹治那样使一个爱她们的人的心感到安慰。

应如何向你讲述我恢复健康的经过呢？这，我要向你请教。我远航归来后，是不是比我出发前更自由和更明智呢？我相信是的，但不能肯定。我心中装的，还是原来那个形象。它是否能从我心中消失，你完全清楚；她对我的影响更加说明她这个人令人钦佩。这不是我幻想的假象，因为，如同占领你的心一样，她也占领了我这个不幸的人的心。是的，我的表妹，我觉得她的美德胜过我；对她来说，我只不过是一个忠实的好友而已，我将像你爱她那样，永远爱她，或者更确切地说：我对她的感情并未稍减，但已有所修正。不论我多么仔细地检查我自己，我认为，我的感情，是与那个使我产生感情的人同样纯洁。除了愿受考验(因为它可以教导我如何评判我自己)以外，我还能对你说什么呢？我为人真诚，我希望我能做到名副其实的我，但是，有许多理由使我对我自己的心都不信任，我怎能保证它不变呢？过去的事情，是我能控制得了的吗？那时候，我能逃避一再发生的爱情之火的吞噬吗？单靠想象力，我怎么能知道今昔之不同？我怎样才能把我一向看作情妇的女人看作朋友？不管你对我这火热的心情的秘密动机抱什么看法，但它的确是一片真诚的，合乎情理的；它应当获得你的赞同。首先，我保证我的愿望是好的，请你允许我来看你，由你亲自来检验我，或者让我去看朱莉；我知道现在我应当以什么身份行事。

我要和爱德华绅士一起到意大利去，我将路过你们这里！我不来看你！你想一想这怎么可能呢？啊！如果你狠心不让我来看你，我也不会听你的话的。不过，你为什么硬要这么做呢？克莱尔原来为人既善良又富于同情心，而且还很有魄力和聪明，她在天真的少女时候就爱我，今天更应当爱我，因为我今天的一切全都受赐于她[*]。不，不，亲爱的朋友，你不会这样狠心拒绝我的；我也不该受到这样狠心的对待，千万不能把我推进苦难的深渊。我将再一次——在我活着的时候再一次把我的心放在你们跟前。我要来看你，你一定会同意的。我要去看她，她也会同意的。你们两人都知道我对她是尊敬的。你们想一想：如果我自己觉得不配站在她面前，我岂能自己提出来要去见她。她对她的美德所结的果实，一直感到十分惋惜。唉！那就让她看一下她用美德培养的人吧！

又及：爱德华绅士因为有些事情还未办完，所以还要在这里待些时间。如果他允许我来看你们的话，我为什么不先期动身，早日来到你们身边？

书信四　德·沃尔玛先生来信

尽管我们还不认识，但我受人之托给你写这封信。我可爱的贤惠的妻子刚才把心里话都向我说了。我认为你是值得她喜欢的人，因此我欢迎你到我的家。我家中充满了天真和宁静的气氛；你将得到我们的友谊、款待、敬重和信任。请你考虑一下，如果我家没有什么使你感到不便的话，你就放心来好了。你不成为我们的朋友，你是不会离开我的家的。

沃尔玛

---

* 哪些东西是受赐于这个使他一生遭受许多苦难的女人？你这个可怜的提问题的人！他的荣誉、美德和他所钟爱的那个女人的宁静，都是受赐于她。他的一切，都是她给的。

附笔：你快来吧，我的朋友；我们殷切地等待着你。我相信你不会拒绝我们的邀请，不会使我们难过的。

朱莉

书信五　多尔贝夫人来信
（内附德·沃尔玛先生致圣普乐的信）

欢迎！欢迎！热烈欢迎你远航归来，圣普乐！我认为，我们应当仍然用这个名字*叫你，至少在我们这个圈子里，仍然用这个名字叫你好。我想，这就相当清楚地向你表明，我们没有把你当外人，除非你自己要把你自己当作外人。你从所附的信中就可以看出，我们所做的工作比你要求的还多，因此，你要对你的朋友更加信任，不要责备他们给你造成了忧伤，因为这在当时，他们经过理智的考虑，不能不那样做。德·沃尔玛先生希望和你见面，他让你住在他的家，他将给你以友谊，并向你提供建议；要消除我对你远航归来后的种种担忧，他这样做，再好不过了，而我如果对你有丝毫不信任的话，那等于是我在侮辱我自己。他还要为你做更多的事；他说他能治好你的创伤。他还说，不这样做，无论是朱莉还是他，是你还是我，都不会百分之百的高兴。尽管我相信他能十分明智地对待此事，也相信你在这件事情上能发扬美德，但我不知道这

---

　　* 圣普乐是她在他上次出去远游时当着众人的面给他起的名字。见卷三书信十四。

样安排能取得多大的成功。我有把握的是：有他这位妻子，他对你的这些安排一定是出于至诚的。

因此，我可爱的朋友，你快来吧，来享受这个诚实的人为你安排的安安稳稳的生活，来满足我们急于想见到你的心情；我们大家都希望看到你心灵宁静和快乐；你快回到你的家乡和你的朋友中间，消除你旅途的劳累，忘掉你沿途所受的苦。你最后一次见我的时候，我是一个严肃的已婚妇女，而我的朋友正陷于绝望的境地；现在，她身体很好，而我又成了一个单身女子，和我结婚以前一样的活泼，一样的漂亮。至少有一点是非常肯定的，那就是：我对你的态度一点也没有变，即使你再绕地球几圈，你也找不到一个像我这样爱你的人。

书信六　致爱德华绅士

我这封信，是半夜起来给你写的。我一点也睡不着。我的心很激动，很高兴；我压抑不住我自己，我要把我心里的话都倾吐出来。你是从来不使我失望的。因此，请让我把我隔了这么久才第一次得到的欢乐告诉你。

绅士，我已经看见她了，已经亲眼看见她了！我已经听见她的声音，她的手抚摩了我的手；她把我认出来了，她看见我的时候很高兴，她称我为她的朋友，她亲爱的朋友，她把我接到她的家里。我一生当中从来没有这么快乐过，我和她同住在一座房屋里，在我此刻给你写信的时候，我离她只有三十步路之远。

我的思想太活跃，所以无法一件事情讲完之后才讲另一件事情：它们一齐涌上心头，互相争先恐后。我只好停下来，歇一口气，整理一下思路之后再写。

　　分别了这么长时间之后，我回到你身边，刚刚开始享受拥抱我的朋友和慈父般的恩人的快乐时，你就要到意大利去了。你希望我也到意大利去，以此表明我不是对你没有用处。由于你不能马上办完你在伦敦的事情，你建议我先动身，到这里等你，这样，就可以在这里多待些时间。我要求到这里来，他们表示同意，于是我就到这里来了。尽管朱莉先出现在我的眼前，但一想到我离她近，就离你远了，我就感到后悔。绅士，现在我们的心愿都了结了，单单用这一感情，就足以报答你对我的种种关心了。

　　不言而喻，我一路之上都是在想我到这里来看望的那个人，但有一点需要说明一下：我已经从另外一个角度去看待这个从未离开过我的心的人了。到那时为止，我总觉得朱莉还是那样清秀，保持着她少女时候的魅力；从前，我经常看见她美丽的眼睛闪耀着引起我的情欲的明亮的目光；她可爱的容貌，在我看来就是我的幸福的保证，她的爱情和我的爱情是那样地和她的容貌连接在一起，以致很难说我的爱情和她的容貌没有关系。现在，我去看望的，是已和他人结婚的朱莉，是已经当母亲的朱莉，是和从前不同的朱莉。相隔八年后，她美丽的容貌会产生什么变化，我感到非常不安。她患过天花，因此她的样子一定变了，但变到什么程度呢？我极不愿意想象那张漂亮的脸上有麻点，如果我发现脸上有麻点的话，那肯定不是朱莉的脸。我还想象我们将如何会面，她将如何接待我。这第一次会面，我在心里想过千百种不同的样子；这顷刻即过的一刹那间的情景，却每天无数次来回在我的心里翻腾。

当我看见这里的山峰时,我的心怦怦直跳,我自言自语地说:她就在那里。不久前,我远航归来看见欧洲的海岸时,也产生过这种心情。从前在麦耶黎找到德丹治男爵的房屋时,也产生过这种心情。对我来说,世界只划分成两个地区:她住的地区和不是她住的地区。第一个地区,我走到哪里,她就延伸到哪里,而当我走近时,它就缩小,缩小成一个我永远走不到的地方。现在,这个地方已被她的房间的墙围起来了。啊!只有这个地方是有人居住的,宇宙中的其他地方都是空的。

我愈走近瑞士,我的心愈激动。当我从汝拉山的高处看见日内瓦湖的那一刹那间,我真感到心醉神迷,兴奋极了。令人心潮起伏、喜上眉梢的故国风光,我亲爱的家乡的景色,如此纯洁的和有益健康的阿尔卑斯山的空气,比东方的香水还芬芳的祖国的柔和的风,富饶的土地,令人赏心悦目的天下独一无二的田园,我环绕地球一周也未发现可以与之相比的舒适的村镇,幸福的和自由的人民的面貌,风和日丽的季节,晴朗的天空,千百种唤起我对往事的怀恋的美好记忆,所有这一切,使我产生了一种远非笔墨所能形容的陶醉心情,觉得我一生的快乐一下子全都享受到了。

在走向湖边的时候,我产生了一种我以往未曾有过的新感觉:我感到害怕,我不由自主地感到心情紧张,心里一片混乱。我害怕的原因何在,我也弄不清楚,而且,我愈是快到城边,我害怕的程度愈是增加,减缓了我急于想到达的心情:在此以前,我怨我的马走得太慢,现在我又嫌它走得太快了。在进入韦威的时候,我的心情很不轻松,我的心跳得很厉害,几乎使我的呼吸都很困难。我说话的声音也变了,有点儿发抖;我费了很大的劲,才使人家听懂我是来找德·沃尔玛先生，因为我不敢提他的妻子的名字。人们告诉我说：他住在克拉朗，这句话好像搬走了压在我胸口上的一块五百斤重的大石头，使我的心情立刻为之轻松，像缓缓散步似地走完最后剩下的两里路。在过去使我感到伤心的东西，现在却使我感到很高兴，然而，当我得知多尔贝夫人现在在洛桑时，心里真是懊丧极了。此时，我已精疲力竭，只好先进一家旅店休息，恢复一下我的体力，可是我一口东西也吃不下，连喝饮料也感到困难，一杯饮料要好几次才喝得完。当我看见车夫又给马车套上马，准备继续赶路时，我害怕的心情又来了，而且更厉害了。我真希望马车在路上坏掉一只车轮，不能走才好哩。我不想去看朱莉了，我的心思很乱，觉得一切都是乱糟糟的，我心里真是乱透了。尽管我知道痛苦和绝望的滋味很难受，我也宁肯痛苦和绝望，而不愿意产生这么可怕的心情。总之，我可以这么说：在我一生中，我还未曾有过在这短短的一段路上产生的忐忑不安的心情；我觉得，要是整天都如此的话，我是受不了的。

　　到达克拉朗时，我让马车停在栅栏旁边。这时，我觉得我一步路也走不动了，我让车夫去说有一个人要和德·沃尔玛先生说话。他和他的妻子散步去了。有人去告知他们，他们走的是另外一条道，而我的眼睛却盯着那条大路，十分焦急地想立刻看到有人出现在眼前。

　　朱莉一看见我，马上就认出来了。她立刻叫我的名字，跑步过来投入我的怀里。我听见她叫我的声音，身子顿时震动了一下！我转过身去，我看见她了，我感觉到她了。啊，绅士！啊，我的朋友……我一句话也说不出来了……担忧的心情没有了；害怕、惶惑和稳重的样子也没有了。她的目光，她的声音，她的姿态，立刻使我产生了信任、勇气和力量。我在她的怀抱中吸取她的热和生命。我高兴得像发疯似地把她搂在我怀里。一种圣洁的快乐感，使我们长时间默默地拥抱在一起；这样亲热地拥抱之后，我们才开始互道衷曲，我们的眼泪流在一起。德·沃尔玛先生就在旁边；这，我知道，我已经看见了。不过，看见了又怎么样呢？不怕，即使全世界的人都联合起来反对我，在我的周围都摆满了刑具，我也要让我的心尽情享受我们将带到天上的圣洁的友情和爱！

在第一次狂热的冲动暂时停止之后，德·沃尔玛夫人拉着我的手，转身向她的丈夫走去，用使我深受感动的天真和坦率的语气对他说："尽管他是我过去的朋友，但不由我把他介绍给你，而要由你让我接待他。只有在你把他视为朋友之后，我今后才能以朋友待他。"他一边拥抱我一边说："虽然新朋友没有老朋友那么亲热，但早晚会成为老朋友的；在友谊方面，我不会做得比别人差。"我接受了他们的拥抱，而我心中的热情刚才已表达完了，所以，除接受他们的拥抱外，我没有另外的表示。

经过这短暂的交谈之后，我观察了一下周围，看见我的行李箱已经从马车上搬下，马车已经拉到车房里去了。朱莉挽着我的胳臂，我和他们一起向他们的住宅走去；看见他们全家都欢迎我，我心里非常高兴。

这时候，我才静下来仔细端详那张可爱的面容；我原来以为她这张脸会变丑，但我发现她比从前反而更秀丽。她迷人的风姿更美了，她只比从前稍微胖了一点儿，这就更加使她柔嫩的白皮肤显得更好看。天花只在她的脸蛋儿上留下几处几乎看不出来的痕迹。她不仅没有了过去那种低着头害羞的样子,我从她的目光中发现,她心里充满了对美德的信念,因而显得很温柔和很富于感情。她的外表虽然还是那样谦逊,但不像以前那样胆小。她过去是那样含情脉脉,十分拘谨,而现在一举一动非常自然。如果说她过去的错误曾使她显得可怜,而今天,她心地的纯洁则使她显得落落大方,仪态端庄。

我们一进入客厅,她就走开了,隔了一会儿才回来。她不是单独一个人回来的;你猜她带着谁来了?绅士,她把她的孩子带来了!两个比天使还漂亮的男孩子,他们童稚的脸上已经显示出她们母亲的美和特征!看到这样的面貌,我心里有何感想?这既不能言宣,也不能意会,而只能感知。许许多多互相矛盾的感情一齐向我袭来。我心中同时涌现出许许多多对过去甜蜜而又伤心的回忆。啊,多么美好的情景!多么难过的心情!我感到我的心既痛苦得要完全碎了,同时又高兴得心花怒放。可以说,我看见我所喜爱的人变成几个人了。唉!在此时刻,我已经看到充分的证据表明她和我已经没有什么关系了;她变成了多少人,我的损失就增加了多少倍。

她牵着两个孩子的手,把他们带到我面前,用足以使我心碎的声音对我说:"你看,这是你的女友的孩子。他们终有一天会成为你的朋友的;从今天起,你就做他们的朋友吧。"两个小家伙立刻偎在我身边,拉着我的手,很天真地一个劲儿地亲我,使我激动的心情变成了对他们的爱。我抱着两个孩子,把他们紧紧搂在怀里。我带着叹息的声音对他们说:"乖孩子,你们必须完成一项重大的使命:愿你们长得像你们的父母,仿效他们的德行,并在将来用你们的德行去安慰他们的不幸的朋友!"德·沃尔玛夫人十分高兴,立刻走过来第二次搂着我的脖子,好像要用她的爱抚来感谢我对她的孩子的爱抚。不过,第一次拥抱和这一次拥抱完全不同! 我吃惊地感觉到了这一点。这一次,我拥抱的是一位母亲,我看见她身边有她的丈夫和孩子,我强烈地感觉到他们簇拥在她身边的意义。我发现她脸上有一种很庄重的样子;这种样子,在开始的时候是没有的。我也不得不对她表示一种新的尊重;对我来说,她亲切的表现几乎成了一种负担,不论她在我看来是多么的美,我也宁肯亲热地吻她的衣服的边,而不愿意去吻她的脸。总之,从这个时候起,无论是她还是我,都不能再像以前那样行事了,我开始感觉到这一切对我是一个好预兆。

德·沃尔玛先生拉着我的手,把我领到他们给我安排的住处。在走进房间的时候,他对我说:"你就住这儿。这个房间原来是不让外人住的,今后也不让别人住;从现在起,就由你住;你不在的时候,就让它空着。"你想一想,这几句话听了让人多么高兴,不过,就我来说,我听了之后还不能不感到有点儿困惑。德·沃尔玛先生一句话就打消了我的不安的心情,他邀我到花园去转一圈。在花园里,他的举止言谈是那样的随便,我也因之心情感到轻松。他以一个很有修养的人的语气谈到我过去的错误,但表示相信我这个人是正派的。他像一个父亲对自己的孩子讲话似的,使我油然起敬,不能对他有所反驳。是的,绅士,他的眼力不错;我不会忘记:我今后行事,一定要不辜负他对我的敬重。也不辜负你对我的敬重。既然他对我这么好,我的心为什么要对他紧紧关闭呢? 为什么一个赢得我的敬爱的人竟是朱莉的丈夫呢?

这一天，好像是专门用来让我经受种种考验似的。当我们回到德·沃尔玛夫人那里时，有人来叫她的丈夫去办什么事情。于是就我一个人和她在一起。

这时，我又陷入了一种新的困境，而且是最令人尴尬、最令人预料不到的困境。我对她说什么话好呢？怎么开头呢？我敢不敢对她重提我们以往的关系和记忆犹新的往事呢？我会不会使她觉得我好像已经把过去的事情完全忘了，或者无所谓了？如果把过去的心上人当路人看待，这是多么令人难堪！如果对她说一些不适合于她听的话，这岂不是卑鄙地滥用主人对我的好心！面对这些令人不知如何是好的情况，我失去了常态，我的脸红了，既不敢开口说话，也不敢抬头看她，甚至连动都不敢动，我想，如果她不打开僵局的话，在她的丈夫回来以前，我只好一直处于这种紧张的状态。至于她，她好像觉得两个人面对面地单独在一起并没有什么不便之处，她还是原来那种言谈和表情，用原先那种声调和我说话，只不过还试图表现得更高兴和随便而已；另外，她的目光不仅不显得羞怯，反而含有温柔和怜爱之情，似乎是在鼓励我要安下心来，抛弃已被她发现的拘束样子。

她和我谈起我这次远航的事情。她想知道一些详细情况，尤其是想听我讲我遇到的危险和我吃的苦。她说，她知道她对我的友谊可以补偿我吃的苦头。"啊！朱莉，"我伤心地对她说，"我只和你待了一会儿，你又想把我打发到印度去吗？""不，不，"她微笑着回答我说，"这一次该轮到我去了。"

我告诉她，我给你写了一篇我此次远航的游记，并抄了一份带给她。于是，她急忙打听你的消息。我把你的情况告诉了她，在谈话中也难免提到了我经历的痛苦和我给你造成的麻烦,她听了很感动。接着,她开始用严肃的口气说明她所做的一切事情的理由,说她该做的事情她都做了。当她的话讲到一半的时候,德·沃尔玛先生回来了;使我惊愕不已的是:她当着他的面继续说她的,好像他不在旁边似的。她看见我惊奇的样子,不禁微微地笑了一下。在她讲完以后,他对我说:"你已经看到我们家里凡事都坦诚相见的样子,如果你真心要做一个有道德的人的话,你就照这个样子做好了。对于你,我只有这个要求,我要教导你的,也就是这一点。做坏事的第一步是:把不诚实的事情办得很神秘。无论何人,只要他喜欢背着别人做事,他总是找得到需要背着别人做事的理由的。有一条可以概括一切箴言的道德的训谕是:凡是你不愿意让大家看见或听见的事,你就不做也不说。有一个罗马人①希望把他的房屋建造得让大家都可以看见他在其中做了些什么事情;就我来说,我认为,这个罗马人才是男人当中最值得尊敬的人。"

"对于你,"他继续说道,"我提出两个办法,你可以自由选择最适合于你的办法,你可以选择这个,也可以选择另外一个。"这时,他握着他妻子的手和我的手,他握紧我的手说:"我们的友谊现在开始了,我们的亲密关系现在建立了;我们的友谊是牢不可破的。现在,拥抱你的妹妹和朋友,你今后就这样看待她;你愈对她亲切,

---

①　这个罗马人名叫德鲁苏斯,据蒙台涅说。德鲁苏斯请工人给他修造房子,工人告诉他,只要舍得花三千金币,就可以把他的房子修造得十分严密,谁也窥探不到其中的情形,而德鲁苏斯却说,恰恰相反,他希望把他的房子修得谁都可以从各个方面看见其中的情形,如果能修成这个样子,他花六千金币也愿意。(见蒙台涅《论文集》卷三)——译者

我愈认为你好。不过，你们单独会面的时候也像有我在场呢，还是在我面前也像我不在似的。我要求你选择的，就是这两个办法。如果你选择后一个办法，你也不要感到不安，因为，虽然我保留有随时告诉你我对哪些事情不高兴的权利，但只要我没有说什么话，你就可以放心，说明你没有做什么使我不喜欢的事情。"

他这番话，使我惶惶不安了大约两个小时，但德·沃尔玛先生在我面前已开始有如此之大的威信，以致使我几乎像出于习惯似地对他的话句句表示服从。我们三个人又开始很安静地谈话；我每次对朱莉说话的时候，都要叫她一声"夫人"。"你老老实实地告诉我，"她的丈夫终于打断我的话说，"刚才谈话的时候，你是不是叫了一声'夫人'？""没有，"我有点儿不安地回答说，"不过，礼仪上……"他接着说："礼仪是坏事的假面具。在崇尚美德的地方，礼仪是没有用处的！我是不需要什么礼仪的。你当着我的面叫我的妻子'朱莉'，或者在特殊场合称她'夫人'，这对我来说，没多大关系。"这时候，我开始认识到和我打交道的是怎样一个人。我下定决心对他要始终开诚布公，让他看见我的心。

我感到身体疲乏，需要吃点东西，我的头脑也需要休息。我和他们两人同桌用餐。经过这么多年的分别和痛苦之后，经过那么远的长途旅行之后，我感到有点儿陶醉似地对我自己说："我现在和朱莉在一起，我看见她，和她说话，和她同桌进餐；她看我时，丝毫没有不安的样子；她接待我时，也没有害怕的样子；没有任何事情来干扰我们在一起聚首的乐趣。甜蜜的和珍贵的天真，我从前未曾领略到你的美，从今天起，我才开始过没有痛苦的生活。"

晚上，我回到我的房间去，我从男主人和女主人的房间前面经过时，看见他们一起进入他们的房间，而我则心情忧郁地进入我的房间。对我来说，这个时候，不是一天当中最高兴的时候。

绅士，以上所述，是我久已渴望但又十分害怕的第一次见面的情形。当我单独一个人的时候，我赶快集中心思沉思，探索我的内心，不过，头一天的激动心情的余波还在，因此还不能过早地判断我真正的状况如何。我确切知道的是：即使我对她的感情的性质没有改变，但至少是改变了形式，我总希望我们之间有一个第三者在场。我过去是多么希望单独和她在一起，现在就多么害怕和她单独见面。

我打算过两天就到洛桑去。如果我没有见到她的表妹，那我只是见到了半个朱莉。这位可爱的朋友，曾给我那么多恩惠；她曾和你一起分享我的友爱和感激之情；凡是我心中的感情，我都将分给她一份。我从洛桑回来后，再写信详细告诉你我在此间的情形。我需要听一听你的意见，我愿意严格检查我自己。我知道我应当做什么，我将尽我应尽的义务。不论住在这座房子里是多么的舒适，我都下定决心，而且发誓做到：一旦我发现自己在这里太耽于安逸，我就立即离开这里。

书信七　德·沃尔玛夫人致多尔贝夫人

如果你按我们的要求推迟行期的话，则你在启程前就会见到你所保护的那个人。他是前天到的，原想于今天来看你，但因旅途疲劳，他感到一身酸软，只好在他房间里休息，再加上今天早上他又放了血＊，而且，为了惩罚你，我已决定不让他马上就来看你，因此，只好你到这里来看他，否则，我告诉你，你要等好久以后才能见到他。看见我们两个不可分开的人竟分开了，他一定会认真想一想其中的道理的！

表妹，实际上我自己也不知道为什么对他这次来，老是那样没有根据地感到担忧，因此，我对我一再坚决反对他来，感到很不好意思。我愈害怕和他再次见面，我愈对今天没有见到他而感到懊丧，因为，有他在，就可消除迄今还使我感到不安的恐惧心情，而如果令我老惦记着他，则这种心情就会经常出现的。我对他的依恋，一点也不使我害怕；我认为，如果我不那么爱他了，那等于是我不相信我自己了。我爱他之心依然和从前一样，只不过爱他的方式不同罢了。正是把我在看见他的时候产生的心情和我从前的心情加以比较，我才对我目前的处境感到放心；在各种各样的感情之间，它们的差别将随着它们的迅速变化而显现出来。

至于他，尽管我一眼就认出了他，但我发现他已经变了许多；过去我认为办不到的，现在在我看来，他在好几个方面都变得比从前好了。第一天，他显得有点举措不安，而我自己也难以对他掩饰我不安的心情，但没隔多久，他就恢复了反映其性格的坚定的声调和开朗的神情。过去，我老是觉得他有点儿害羞和害怕似的；也许是因为他怕使我不高兴，再加上对一个不适于诚实的人扮演的角色暗暗感到不好意思，所以他在我面前才有你曾多次嘲笑过的那种低人一等的奴隶样子；现在，他已完全没有了那种奴隶样，他赢

＊　为什么要放血？在瑞士也盛行放血疗法吗？

得了一个知道如何尊敬朋友的人的尊重，他说话很真诚和自信，他不怕他奉行的道德准则和他的利益相冲突，他不怕对他自己不利，也不怕冒犯我，他认为该称赞什么就称赞什么；我们在他所说的话中感到了一个正直的人对自己的信心；他赞成什么就说什么，而过去他是要看我的脸色行事的。我还发现：社会的习惯和经验使他丢掉了他从书斋中学到的那种说话武断的语气；由于他见人见多了，所以对于人就不那么轻易下结论了；由于他见到过许许多多特殊的例外，所以也不那么老爱说一些随处都可用的笼统之词，因此，总的说来，他对真理的热爱，治好了他遇事偏执的怪脾气；他虽变得不如从前那样才气外露，但却更有理智了；由于他在学问上比从前大有长进，所以和他谈话，可以受到许多教益。

　　他的相貌也变了，而且变得很不错。他的步态更稳重了，他的举止更大方了，他的姿势更神气了；他此次远航归来后，真有了几分军人的风度，一举一动显得很灵活和敏捷，而表情则比以前稳重多了。他成了一个态度冷漠、语言粗犷的海员。一个三十岁出头的人，看起来就像一个完全成熟的人，既有青春的活力，又有年龄成熟的人的庄严。他的脸色已大变了，黑得像一个摩尔人，而且有明显的小麻点。亲爱的表妹，应当把我心里的话全都告诉你：尽管我觉得他脸上的那些小麻点不大好看，但我往往又禁不住自己偏偏要看他。

　　我好像发现：在我观察他的时候，他也在仔细观察我。分别了这么久之后，怀着好奇之心互相仔细瞧瞧对方，这也是很自然的，不过，这种好奇心与过去的冲动有些近似，但在方式和动机方面却大不相同！虽说我们目光相遇的时候不多，但我们彼此相看的时候却更自由了。我和他之间好像有一个默契:我们互相交替地看对方。可以这么说:当我看他的时候,他把眼睛掉开,然后又轮到他转过眼睛来看我。再次看到过去那么热恋、今天又这么纯洁相爱的人,虽不产生感情的冲动,还能不感到高兴吗?谁知道我们是否会出于自爱之心,找个理由为过去的错误辩解呢?当情欲不再使两人盲目行事的时候,谁知道我们会不会对自己说:"我的选择不错吧?"不管情况如何,我都要毫不害羞地对你重复我过去说过的话:我这一生都将对他保持深厚的感情。我不仅不责备我有这种感情,反而以有这种感情而感到高兴。如果我对他没有这种感情的话,那将是我性格上的一个大缺点,是我心地不好的标志,我将因此而感到赧颜。至于他,我深信,在这个世界上,他爱我是仅次于爱美德的。我觉得,他是以对我表示尊重为荣的,而我也是以对他表示尊重为荣的,我必须保持对他的尊重。啊!表妹,如果你看见他是多么喜欢我的孩子,看见他一谈起你就显得那么高兴,你就知道他仍然是爱我的。

　　我之所以更加相信我们两人对他的看法是正确的,是因为德·沃尔玛先生也赞同我的观点。自从认识他后,德·沃尔玛先生也发现他有我们所说的那些优点。这两个晚上,德·沃尔玛先生和我谈了许多,对他自己所采取的做法表示满意,对我采取的与他相反的做法,很不赞成。"不,"他昨天对我说,"我们绝不能让这么一个诚实的人对他自己有丝毫疑虑;我们要告诉他如何发扬他的美德;我们对他的关怀,也许将来结出的果实比我们想象的还多。现在,我已经对你说了:我喜欢他的性格;他对我虽显得冷淡,但正是在这一点上,我特别敬重他;这个情况,他本人是不会不知道的。他对我表示的友谊愈少,反而愈激起我对他的友谊。我不知道如何向你形容我是多么害怕他向我表示亲热啊。这是我让他经受的第一次考验;还有第二次,我将看他是否经受得起第二次考验 *。第二次考验以后,我就不再考验他了。""这一次,"我对我的丈夫说,"只是证明了他的心地是坦率的,因为他从前总是显得没有自己的主张,老是做出俯首帖耳的样子讨好我的父亲,尽管他那样做对他大有好处,而我当时也一再要他那样表现。我看见他失去了这个唯一的手段,既感到难过,同时又不能怪他对人不会虚情假意。""情况大不相同,"我的丈夫说,"你的父亲和他,由于各自奉行的行为准则完全相反,所以在他们之间有一种天然的反感情绪。至于我,我做事既没有一套模式,也没有什么偏见,所以我相信他不会恨我的;谁也不会恨我;一个没有私欲的人,是不会引起任何人的反感的。不过,我夺走了他心爱的人,这件事情,他不会马上就原谅我的。当他深信我虽给他造成了痛苦,但我始终是以善意对他的时候,他必然会更加喜欢我的。如果他现在就对我表示亲热的话,他一定是个骗子;如果他永远不喜欢我的话,那他就一定是个没有心肝的人。"

亲爱的克莱尔,我们目前的情况,就是这些。我相信上天将降福于我们纯正的心,降福于我丈夫的善意。该告诉你的,我都详细告诉你了;其他的事情,你就休想我对你细说了;我已决定不再给你写信了;如果你还想知道其他的情况,你就到这里来吧。

---

 * 叙述第二次考验的那封信,被删去了,但在适当的时候,我会谈到它的。

　　又及:我还要把刚才发生的有关这封信的事情告诉你。你知道,德·沃尔玛先生是多么宽宏大量地原谅我直到这个人出乎意料地回来才不得不把过去的事情告诉他;他非常温柔地擦去我的眼泪,消除我害羞的心理。或者是由于我告诉他的事情,他早已知道(这一点,你已预料到了),或者是由于我出于忏悔之心而采取的步骤感动了他,所以他继续像从前那样对我,而且好像还对我加倍关心、信任和敬重,尽量设法消除我由于坦白了真情而感到的不安。表妹,你是了解我的心的,你想一想,他这样做,将在我心中产生多么好的印象啊!

　　当我看见他决定让我们过去的老师来我们家的时候,我就决定:我今后做事,要处处留心,并索性选择我的丈夫亲自作我的心腹,我和任何人单独谈话之后,我都要向他汇报;我给任何人写的信,也要拿给他看。你将发现,这封信就是用这种方式写的。在写的时候,我根本不考虑他是不是真的要看,因为,我可以亲自作证,即使他看了,他也不会让我改动一个字。果然,当我把信拿给他看的时候,他就笑我,说他没有看信的兴趣。

　　我承认,对于他拒绝看我的信,我有一点儿生气,认为他对于我的好意不相信。我这种心情,没有逃脱他的注意;这个最坦率和最豁达的男人马上安慰我说:"你必须承认,在这封信中,你谈到我的地方比平时少。"我同意他这句话,不过,既然要把我谈他的地方给他看,谈他谈得太多,是不是合适呢?"好!"他微笑着说道,"我倒是愿意你把我的情况多谈几句,至于怎么谈,我并不想知道。"接着,他用更郑重的语气对我说:"婚姻关系太庄重、太严肃,以致好友之间能说的一些知心话,在夫妻之间反而不能说,因此,有时候要适当利用朋友的关系来缓和一下极其严刻的夫妻关系。一个诚实的和聪明的女人,到一个忠实的女友那里去寻求安慰,请她帮助分析问题和出主意,这完全是可以的,因为有些事情她不敢向她的丈夫说嘛。尽管在你们之间从来没有说过什么不愿意告诉我的话,但不要把这搞成一条死规定,以免使你们感到拘束,使你们彼此虽愈来愈信任,但同时也愈来愈不如从前亲切。我告诉你,尽管朋友之间能互相吐露自己的知心话,但有人——不论是什么人——在场的时候,总是有所顾忌的。有许许多多的秘密,虽然是三个朋友都该知道,但讲的时候,只能够两个两个地分开讲。你对你的女友和你的丈夫谈的虽然都是同样的事情,但谈的方式却不一样,如果你不加区别,混为一谈,结果,你的信就是给我写的而不是给她写的;你让我看了不好,让她看了也不好。我说这番话,既是为了我的利益,也是为了你的利益。你难道没有觉察到你已经不好意思当着我的面夸奖我了吗?你为什么不敢大胆向你的女友说你是多么地爱你的丈夫?为什么不让我想象你们秘密谈话的时候喜欢谈论我?"接着,他紧握我的手,很深情地看着我说:"朱莉!朱莉!你为什么要降低自己,这样谨小慎微?难道你还不明白你要尊重你自己的价值吗?"

　　我亲爱的朋友,这个无人可与之相比的男人究竟有什么打算,我一时还说不清楚,但我在他面前已不再那么感到害羞了。尽管我心中有可羞的事,但他帮助我提高了我的思想,使我能够正确加以对待。我觉得,由于他信任我,因此也使我懂得了要如何行事,才不辜负他的信任。

书信八　复信

　　什么！表姐，我们那位旅行家已经到了，可是到现在我还没有看见他来向我呈献他从美洲带回来的战利品哩！我告诉你，他耽搁了这么长时间，我并不责怪他，因为我知道，正如我不愿意他耽搁一样，他自己也是不愿意耽搁的。不过，我发现，他并没有完全改掉你所说的奴隶样子，因此，我对他的疏忽的埋怨，比对你的专横的埋怨少。我发现你真是够厉害的，竟要我这样一个一本正经的规规矩矩的人采取主动，把其他的事都停下来不办，首先跑去亲吻那个曾四次越过赤道、而且到过香料之国的人的又黑又满是繁星*的脸。尤其是，为了不让我第一个发牢骚，你自己就抢先发牢骚，你这样做，真使我好笑。我倒要问你，你为什么要这样做？我专门爱吵架，我觉得吵架是一件很有趣的事情，我每次都能吵赢，所以吵架这件事，我是很擅长的。可是你，你不会吵，人家也帮不了你的忙，所以吵嘴闹架的事，你可不能干。相反，如果你明白你办笨事倒笨得挺有趣，你惊惶的样子和央求的目光使你显得很动人，你就不仅不会对我发火，反而会求我原谅你，即使不是出于尊敬我，至少为了讨好我，也应当对我说声对不起。

　　现在，不管怎么说，你都应当请求我原谅你。你的计划真妙：拿你的丈夫当心腹，而对我们如此圣洁的友谊却百般提防！你这个偏心的朋友和胆小的女人，如果连你自己的感情和我的感情都

---

　　* 患天花之后留下的麻点。这是当地人的土话。

不相信,你在这个世界上又相信谁呢?在你现在的神圣关系中,你不相信你的心和我的气量宽宏,这能不伤害我们两个人的感情吗?我不明白你为什么不动一动脑筋,公然想把两个女人的秘密通信拿给第三者看。就我来说,我是愿意对你畅所欲言,无话不谈的,但是,一旦我知道有一个男人曾瞧过我的信,我就再也不愿意给你写信了,我们之间就会不知不觉地互相冷淡,彼此说话有保留了;我们两人的感情,就和其他女人的感情一样了。你看,你这种愚不可及的疑虑之心,将给我们带来多大的危害,如果你的丈夫不比你明智的话,岂不糟糕。

他不看你的信,这一点,他做得很对。也许,他对你这封信不怎么满意,不满意的程度远远超出了你的想象,但没有我本人不满意的情绪大;我从你过去的情况中已吸取教训,所以能更好地判断你当前的处境。所有那些用毕生的精力研究人心的哲人,虽爱动脑筋思考,但他们对人心的了解,还不如知识最浅陋的多情的女人根据真正的爱的迹象了解得深。德·沃尔玛先生也许开头是看了你这封通篇都是谈我们那位朋友的信的,但没有注意到你信末对那个人只字未提的附言;你这段附言,如果是在十年前写的话,亲爱的表姐,我不知道你将如何写法,但可以肯定的是,有关那位朋友的话,总会转弯抹角说几句的;你的丈夫愈不看,你谈那个朋友的话就一定愈多。

德·沃尔玛先生也许还注意到了你是多么留心观察你这位客人和多么高兴地喜欢对他加以描述,但他忘记了亚里士多德和柏拉图的话:女人只知道观看情人而不知道观察情人。要进行观察,就必须冷静从事,而女人一看到她所喜爱的人,就不冷静了。

　　总之，他以为你所观察到的那些变化，别人也许会看不出来，而我恰恰相反，我非常担心，他有些变化，很可能逃过你的眼睛。尽管你的客人已经和他从前的样子大不相同，但他还会变化，如果你的心不变，你将觉得他永远是原来那个样子。不管怎样，他一看你，你就把眼睛掉开；这是一个好迹象。不过，表姐，你真的把眼睛掉开了吗？你不再把眼睛低下去？当然，你不会说的是一套，做的又是另外一套。你是否看出我们的那位智者也注意到了这一点？

　　另外一件很可能使你的丈夫感到不安的事情是：我不知道你在谈到你过去所爱的人时，你是否使用过动人感情和过于亲昵的词儿。德·沃尔玛先生在察言观色和听你讲话的时候，当然要非常清楚地了解你的心，以免根据你的话而看错了问题；他当然要弄清楚：这些词儿，你只是对一个朋友用，还是对所有的朋友都用。在这一点上，从你的性格来说，你用词造句，纯属自然；你的丈夫对你的性格非常了解，所以不会对此感到吃惊。不过，在一个极其温柔的心中，在表达纯洁的友谊时难道就一点儿爱情的色彩也没有吗？表姐，你要记住：我对你讲的这些话，可用来增加你的勇气，而不可用来使你行事冒失。你的进步是很明显的，而且是巨大的。从前，我信任你的美德，现在，我又开始信任你的理智了。目前，我觉得，你的创伤即使尚未完全治愈，但至少是容易医治的；你已经做了足够的工作，如果你不把它彻底完成的话，那是不可原谅的。

　　在看你那段附言以前，我已经注意到了那个小问题，你既没有删去，也没有修改；这表明：你已经考虑到它也许会被你的丈夫发现，但你心地坦然，仍然保持原样。我相信，你的丈夫看了之后，会对你更加敬重的，不过，他对那个问题是不见得喜欢的。总的说来，你的信虽可使他对你的行为十分放心，但另一方面又可使他对你的倾向感到不安。我老实告诉你，你所看到的那些小麻点，我觉得是很可怕的；陷入情网的人是觉察不出某些危险的伪装的。我当然知道，在别人看来，麻点是无关紧要的，但是，表姐，你要经常记住：一个女人，尽管能顶住情人青年英姿和容貌的引诱，但一想到情人曾为她受了那么多苦，她就会控制不住自己的。当然，上天是希望他留下天花的痕迹来使你表现你的美德，而不希望你脸上有麻点来使他表现他的美德。

　　现在，回头来谈你这封信中的主题，你知道，当我收到我们朋友的信，我巴不得马上飞到你这里来，因为情况很严重。但是，如果你知道我目前稍一离开我的家，就会给我平添许多麻烦；我手上有许多事情要办理，不能立刻离开这里，如果此时离开的话，就一定会产生新的问题，使我脱不开身，不得不在这里过冬；这种情况，我和你都不希望发生。如果我们不着急这两三天，就可提前半年聚首，这岂不更好吗？我觉得，让我单独和我们这位哲学家从容谈谈，这也有好处：可以试探和坚定他的心，也可在他和你丈夫与你相处的方法方面，给他提出一些有用的建议，因为，这些问题，我觉得你是不会和他无拘无束地谈的，而且，我从你的信上就可看出，他是需要别人给以指点的。我们管他已经管了那么久，所以，从我们的良心上说，理当对他负点儿责任；在他的理智还未完全恢复以前，我们就要代替他的理智，指导他的行为，就我来说，这项工作我是很愿意承担的，因为他过去对我的意见是那样的尊重，所以我永远也不会忘记。自从我的丈夫去世以后，在世界上就没有任何一个男人能像他这样得到我的尊重和爱了。为他着想，我也希望留他在这里帮我办点事情。我有乱七八糟的一大堆文件，他可以帮我整理；还有几件棘手的事情，我需要他帮我出主意，帮我办理。总之，我留他在这里顶多待五六天，也可能第二天我就打发他走，因为我很好面子，不愿意看见他先露出着急要走的样子。我的眼睛很尖锐，他要骗我，是骗不了的。

他的身体一复原，你马上就把他给我送来，也就是说，你让他来；我说的是真话，不是开玩笑的。你知道得很清楚：在我伤心的时候，即使让我笑，我也不会因此就少受痛苦；同样，在我生气的时候，即使让我笑，我也不会因此就少生气。如果你很明智，做事大方，我就答应在他回你处的时候，给你捎一件漂亮的小礼物，你看到这件礼物一定会高兴的，而且会很高兴的，但是，如果你让我等得着急，我告诉你，我就什么也不给你。

又及：想起来了，请告诉我：我们的这位海员吸不吸烟？说不说粗话？喝不喝酒？身上是不是带有一把大刀？他的面貌像不像海盗？我的天啦！我真想看看这个从对蹠地回来的人究竟是什么样子！

书信九　克莱尔致朱莉

表姐，现在我把你的奴隶给你送回来了。在这个星期里，我也把他当成我的奴隶使唤；他是那样诚心诚意地套上奴隶的锁链，以致使我不能不认为他生来就是为他人效劳的。请原谅我没有留他再待一个星期，因此，你不要不高兴，如果我要等他露出不愿意和我在一起的样子,我也许就不会这么早就把他送回来了。我可以毫无顾虑地留他,但我不能毫无顾虑地让他住在我家里。我有时候有骄傲的心理,不喜欢见人就打躬作揖的礼仪;这种心理,和美德是非常符合的。我不知道我此次为什么行事比从前胆怯,但有一点是肯定的:对于这种谨小慎微的态度,我倾向于应当加以谴责,而不应当加以赞成。

可是你,你知不知道我们的朋友为什么会如此安静地耐下性子待在这里吗?首先,他是和我在一起;我认为:他能耐心待在这里,这已经就够难为他了。他不仅没有给我添麻烦,反而帮我办了许多事。一个朋友对帮人办事,是绝不会感到麻烦的。第三个原因,尽管你假装不知道,但你是猜也猜得到的,那就是:他要对我谈你。如果我们从他在这里待的时间中减去谈你的时间,你就会发现,他在这里为我办事的时间是很少的。为了能高高兴兴地谈你而离开你,这种做法奇怪吗?这一点也不奇怪,而且我认为,他这样做很好。因为,他在你面前感到拘束,必须时刻注意自己的言行;一点儿微小的苗头,就可能变成罪过;在危险的时刻,真诚的人的心是一定会恪守自己的本分的,不过,当我们远远地离开我们亲爱的人的时候,思念之心又会油然而生。如果他能抑制某种可能犯罪的感情,使之不至于发展到犯罪的程度,我们又为什么要去责备他呢?对过去的正当的幸福的甜蜜回忆,会不会终有一天酿成犯罪的行为?这些道理,也许你不愿意听,但这种事情是可能发生的。可以说他已经重新开始想重温旧梦了;在我们的谈话中,他青春时候的样子又第二次表现出来了,他把他心中的全部秘密又重新向我述说一遍了;他回顾了过去他可以尽情爱你的时候的情景,他向我描述了一个天真女人的魅力。当然,他把她的魅力描写得很美。

对于他目前和你相处的情形,他谈得很少,而且,即使谈到,他话中尊重和敬仰的成分比爱的成分多,因此,当我送他回你处时,比他到我这里的时候,我对他更感到放心。这并不是因为在谈到你的时候,我没有在他极其敏感的心灵深处发现感人的友谊以另外一种方式表达的某种柔情,不过,我早就注意到,没有任何一个人在看到你或想到你的时候能保持冷静,如果他在见到你的时候,除一般的感情以外,还有不可磨灭的回忆给你留下的温情的话,我觉得,即使他有极严格的道德素养,他也很难或者根本就不可能以另外的样子而不以他现在这个样子出现在你面前。我仔细地询问过他,观察过他,分析过他,我已用一切可能的办法对他进行过研究,但我还是摸不透他的心,甚至他本人也未见得比我能更透彻地了解他的心。但我至少可以告诉你:他对他的义务和你的义务是深深了解的,因此,一设想朱莉是一个卑鄙的堕落女人,他就感到害怕,而且害怕的程度比想到他的死期来临还严重。表姐,我现在只提醒你一点,而且希望你注意做到:只要你不对他再提过去的事情,我就能保证你的前景美好。

至于你说的要他归还那件东西,你就不用再考虑了。讲完了所有一切可以想到的理由之后,我请他,强迫他,恳求他,与他赌气,亲吻他,抓住他的两只手,如果他让我跪下的话,我真可以跪在他面前,但不论我怎么说,他都不听,他大发犟脾气,甚至说,他宁肯不再见你,也不愿意归还你的肖像。最后,他一气之下,竟命令我去摸挂在他胸前的你的肖像。"在这儿哩,"他以激动得几乎说不出话的声音对我说,"她的肖像在这儿哩;我就只剩下这个财产了,你们还想拿去! 告诉你,你们要拿,就连我的命一齐拿走好了。"表姐,我们做事要明智,就把那个肖像留给他好了。让肖像留在他那里,这有什么关系呢? 如果他硬要保存它的话,对他来说,那是很糟糕的。

他把心中想说的话都痛痛快快地说完以后,他的心情就平静下来了,这时候,我就可以对他谈他的事情了。我发现,时间和理智一点也没有改变他的思路;他最大的愿望,就是他这一生都要和爱德华绅士在一起。他这个想法是如此的真诚,如此地适合于他的性格,如此恰如其分地表达了他对从无先例的善行的感谢之情,所以,我只能表示赞成。他告诉我说,你也有这个想法,但德·沃尔玛先生保持沉默,没有发表意见。我倒是有一个看法:从你丈夫相当古怪的做法和其他迹象看,我怀疑他对我们的朋友有一些秘而不宣的看法。我们让他有他的看法好了,我们要相信他的明智;他处理此事的方式,已相当清楚地表明,如果我的猜测是正确的话,他对他花了这么多力气保护的人,是只会从好的方面去考虑的。

你对他的相貌和举止的描写,写得很不错;这是一个相当好的迹象,说明你对他的观察之正确,连我也没有想到。不过,他长时期来所过的苦难生活和从中养成的习惯,反倒使他的相貌更动人了,这,你难道没有发现? 尽管看了你的描写,但我原来也担心他身上有假情假意的礼貌样子和装腔作势的举动,因为他在巴黎是难免沾染上这些东西的;那些无所事事的人成天就拿这些东西打发他们无聊的日子,而且还炫耀自己比别人做得好。或者是这种虚假的外表对某些人的心灵不起作用，或者是海风替他把这些东西完全吹掉了，所以我没有发现他身上有任何这些东西的痕迹。在他对我的亲切表现中，我看到他只有一个愿望：他对一切事情都要做得对得起自己的良心。他和我谈到了我那位可怜的丈夫，但他宁愿和我一起哭泣而不对我做出安慰的表示，也不借此机会说一些献殷勤的话。他爱我的女儿，但他不仅不赞同我对我女儿的夸奖，反而像你一样指出她的缺点，说我太娇惯了她。他很热心地帮我办事，而且几乎在任何事情上都采纳我的意见。再说，要不是他想到去把窗帘拉上，一阵大风也许就会吹迷我的眼睛；要不是他手里摇摇晃晃地拿着一件衣服的下摆来请我帮他缝上，我也许也懒得从这个房间走到那个房间了。我的扇子昨天掉在地上好半天，他都不从房间的那端过去火速把它拾起来。每天早上，在来看我以前，他一次也没有让人来打探我的动静。在散步的时候，他从来不为了表示自己的风度而硬要在头上戴一顶大帽子*。在吃饭的时候，我有好几次向他要他的鼻烟盒（他不叫它为"烟盒"）他总是用手递给我，而不像仆人那样把它放在小盘子里递给我；他也没有忘记每餐至少两次举杯祝我的健康。我敢打赌，如果他今年和我们一起过冬的话，我们将看到，他和我们一起围炉烤火的样子，一定会像一个老有产者似的。你觉得好笑吗？表姐，那就请你告

---

*　在巴黎，人们特别热衷于使社交场合变得很随便和轻松，不过，轻松之中也是有一大套规矩的。在高雅之士的圈子里，一切都要按习惯和规矩行事。他们的规矩，像闪电似地一下就出现，也像闪电似地转眼就消失。适应之道在于：必须经常注意观察，不失时机地跟上，并加以模仿，以表明自己是懂得当今的时髦的。然而，还是一切从简为好。

诉我,在新近从巴黎到这里的人当中,哪一个还保持着这种憨厚的样子。此外,我觉得,你大概已经发现我们这位哲学家只是在有一点上不好,那就是他对与他谈话的人所表示的关注稍为多了点;这对你不利,不过,我认为,他尚未发展到与贝隆夫人言归于好的程度。在我看来,他比过去稳重和严肃多了。我的小宝贝,在我到你这里来以前,你要替我把他仔细照顾好;我现在正需要他是这个样子,这样才好成天捉弄他。

你要听从我的安排。现在,我要开始谈我送你是什么礼物了,而且还要告诉你:正是由于送了这件礼物,不久以后还将送来另外一件礼物。此刻,你先把礼物收下,然后才看我的信。你知道我是一个多么溺爱孩子的人,而且有理由溺爱我的孩子。你这个贪心的人,早就想得到这个礼物了;你将发现,我给你的比我答应的还多。啊! 可爱的小女孩! 在你开始看这封信的时候,她早已投入你的怀里了。她比她的妈妈幸福,但再过两个月,我就比她幸福了,因为我比她更善于领略我的幸福。啊! 亲爱的表姐,我的一切不是全都归你所有了吗? 你在什么地方,我的女儿就在什么地方,即使还缺少我,哪有什么关系呢? 现在你看,这个可爱的小女孩已经来了。你把她当作你的女儿收下;我把她让给你,我把她送给你了。我把做母亲的权力交给你,请你改正我的缺点,担负起我没有很好地按你的意愿完成的工作。从今天起,你就是你未来的儿媳的母亲。为了使她长得更加可爱,如果可能的话,你就把她培养成第二个朱莉好了。她的样子很像你;从她的个性看,我可以断言,她将来一定是一个很严肃的说教人。如果你纠正了你说是我把她娇惯成的任性,你将发现,我的女儿将变成我的好朋友,不过,她将比我更幸福，不会像我这样流这么多眼泪，也不会像我这样去和人家吵那么多的架。要是上天让她慈祥的父亲还活着，而他又不对她的天性的发展设置障碍的话，我们就更不会对她设置障碍了。当我看见她的天性的发展完全符合我们的计划时，我心里是多么高兴啊！你知道吗，她现在已经不能没有她的小马里了；我之所以要把她送到你这里来，一部分也是由于这个原因。我昨天和她谈了一次话；我们的朋友听到我们的谈话，几乎笑死了。首先，她对于离开我，一点也不感到难过；我这一天简直成了她谦卑的仆人，她要我做什么，我就做什么，一点也不敢反对，然而，她却害怕你，怕你一天要对她说二十次"不"字；你是一个好妈妈，她很愿意到你这里来，她宁肯听你说"不"字，也不愿意要我给她的糖果。当我对她说，我要把她送到你这里时，她高兴的劲儿，你是想象不到的。为了捉弄她，我说你将把小马里送到我这里来，这就不合她的心意了。她吃惊地问我要小马里来做什么；我回答她说，我要他来和我在一起；她噘着嘴，满脸不高兴。我问她："昂莉叶蒂，你不愿意把小马里让给我吗？"她很干脆地回答说："不。""如果我也不愿意把他让给你，我们的争论，由谁来解决呢？""由干妈，由亲爱的干妈来解决。""我也希望由她来解决，因为，正如你所知道的，我要怎么办，她就怎么办的。""啊！亲爱的干妈是只服从真理而不服从人的。""什么，小姐，这不是一回事吗？"这个小调皮笑了。我继续说道："她有什么理由不把小马里给我呢？""因为他不适合于你。""为什么不适合于我呢？"她又诡谲地笑了一下。"你老实告诉我，你是不是觉得我的年岁太大，不适合于他？""不是，娘，我觉得他太年轻了，所以不适合于你……"表姐，一个年仅七岁的孩子竟说出这样的话！……真的，如果我没有头晕的话，她也会把我气得头脑发晕的。

我还想逗逗她。"亲爱的昂莉叶蒂，"我装出严肃的样子对她说，"我告诉你，他也不适合于你。""为什么？"她吃惊地问我。"因为他太蠢，所以不适合于你。""啊！娘，就只是这个原因吗？我会使他变聪明的。""万一他使你变得疯疯癫癫的了呢？""嘿！我的娘，我要处处都像你！""像我这样说话办事毫无顾忌吗？""是的，娘，你天天说你爱我简直爱疯了；这就好嘛！我，我爱他也会爱得发疯的，和你一个样。"

我知道你是不喜欢听我这样唠唠叨叨讲得这么详细的，要是由你来讲，你会少说几句的。我也不想找一个理由来说明我为什么要讲这么多话，尽管我认为我讲的都挺有趣。我只是告诉你：你的女儿已经很喜欢她的小马里了。虽说他比她小两岁，她也完全可以仗着她的年岁大而对他行使权威。把你的事例和我的事例，与你母亲的事例一加对比，就可以看出，如果由女人来当家的话，那个家是不会搞得乱糟糟的。好了，我亲爱的朋友，我永不分离的人，收获的季节快到了，收葡萄的时候，没有我是不行的。

书信十　致爱德华绅士

这三个星期我才享受到了我早该享受的乐趣！在恬静的友情中安度时光，避免了强烈的情欲的疯狂袭击，是多么令人陶醉！绅士，一个治理得井井有条的洋溢着安宁和真诚气氛的家，令人看起来真感到愉快和激动。家里的布置十分和谐，没有豪华的陈设和五光十色的装饰,每一样东西都有它真正的用途,符合人的生活的需要。田园的风光,远离闹市的环境,悠闲的生活,宜人的气候,一望无际的一大片湖水,巍峨的群山,所有这些,使我想起了那个美丽的蒂里安岛。我觉得,我在那个岛上多次产生的美好愿望,现在都实现了。我现在过着一种称心如意的生活,我交往的人都合我的心。在这里,只差两个人,我憧憬的幸福就全齐了。因此,我希望不久就能见到这两个人。

在等待你和多尔贝夫人来使我在这里享受的如此甜蜜和如此纯洁的乐趣达到最高程度的时候,我想通过一些细节的描写,使你对这个家庭的治家有方有一个大致的概念,知道这个家庭的主人对他们的幸福是如何享受的,住在这个家里的人又是如何与他们一起分享的。我希望我的叙述有朝一日对你制订的计划有用处,而且,正是这一点鼓励着我要在这封信上讲。

我不向你描述克拉朗的房屋的样子,因为你对它是很熟悉的。它是不是很漂亮,是不是给了我深刻的印象,我是不是喜欢它,我在这里看到了什么和回想到了什么,你完全能猜测到。德·沃尔玛夫人宁愿住在这里而不愿住德丹治的房子,是有道理的,因为,尽管德丹治的房子是一座又大又很有气派的城堡,但已经旧了,样子不好看,住起来不舒服;它周围的环境与克拉朗周围的环境简直是无法比。

这座房屋的主人从住进之日起,就把原来只作装饰用的东西都利用起来;房屋的布置不是为了好看,而是为了住人。为了改变开得不适当的门,他们把一间间彼此相通的房门都封闭了,他们把面积太大的房间分隔成若干大小均匀的单间;把豪华的旧式家具都换成朴素实用的家具,屋里的东西看起来令人舒服,样样都显得很大方和整洁,而炫耀富有和奢侈的东西,则一样也没有。没有一个房间不使人觉得是住在乡村里,但城里的种种舒适设备却应有尽有,一样也不缺。房屋外面也发生同样的变化:减少了几个堆放工具的地方,以扩大家禽饲养场;把一个破旧的弹子房改建成了一个漂亮的压榨机房;奶品加工房也重新整修了,原来养在那里的爱叫的孔雀全都卖掉了。菜园太小,不够用,因此把一部分花园改为第二个菜园;这个菜园收拾得如此整齐,以致使经过这一改动的园子反而比原来的花圃好看。遮挡着围墙的难看的紫杉,全都砍掉,顺着墙垣改种了一行好看的果树。在原来种没有什么用处的印度七叶树的地方,改种的小黑桑树已开始枝叶繁茂,可以给院子遮荫了。路边的老椴树,已被两行胡桃所代替。尽管处处都重实用而不重美观,但美观却几乎到处可见。在我看来,至少觉得;公鸡的鸣唱、牛群的哞哞声、其他家禽的叫声、马车声,以及在庄稼地里用餐的情景、工人收工回来的情景和乡村生活的那一套方式,使这座房子比原来死气沉沉的样子更具有浓厚的田园景色,更有生气,更活泼,更痛快,使人感到有那么一种说不出的欢乐和幸福的气氛。

他们的土地没有出租,由他们自己耕种。耕地,是他们一天的主要工作;他们的大部分财产和大部分乐趣,就是地上种的东西。德丹治男爵只有牧场、麦田和林地,而克拉朗种的是葡萄,葡萄的收成相当好;由于种植的东西不同,产生的效益比种麦子的效益大,这也是他们宁肯住在这里的经济原因。他们几乎每年都要亲自到地里收葡萄;德·沃尔玛先生经常单独一个人去。他们奉行的准则是:地里出产的东西,必须一颗一粒都要收回来,其目的不是为了得到更多的收益,而是为了养活更多的人。德·沃尔玛先生认为,土地的出产,是和耕种土地的人数成正比的;耕种得好,收成才好;庄稼丰产了,又为更好的耕作提供更多的资金,投入的人力和畜力愈多,地里就会生产更多的东西供人使用。他说:"人们不知道产量和耕地的人数的继续增加,将增加到什么程度才停止。反之,经营不善的土地,产量必将减少:一个国家的人愈少,它生产的东西也愈少;由于缺少人力,所以连它那么少的人也养活不了。在人口日益减少的地区,那儿的人早晚会饿死的。"

由于土地多,而且要细心耕种,所以除了管理家禽饲养场的工人以外,他们还雇了许多日工:养活了那么多人,而对自己又无损害,这在他们看来,也是一件好事。在日工的挑选方面,他们是宁肯要当地人和附近的人,而不要外地人和不认识的人。即使他们由于雇的不是体力最强壮的人而有所损失,但他们因坚持这样的雇人办法,所以能鼓励他们所雇的人;这些人在他们的附近多的是,随时可以雇用,一年之中只有一部分时间才付他们的工钱,所以有这几点好处,就满可以把他们的损失补回来。

付给这种工人的工资有两种。一种是严格按照法律规定的工资,全国都一样的工资,只要雇用一名工人,就必须按照规定支付。另外一种则稍为多一点,是奖励工资,工资的多少,视工人劳动的好坏而定,因此,他们为了使主人感到满意而干的活儿,其价值往往超过了主人付给他们的附加工资。德·沃尔玛先生是一丝不苟,非常认真的,绝不允许这种奖优赏勤的办法变成官样文章,出现流弊。在工人当中有监工,督促他们干活。这些监工都是在家禽饲养场劳动的人;他们之所以来督促别人干活,是为了在他们的工资之外多挣一点儿钱,主人从他们监督劳动增收的东西中分一些给他们。此外,德·沃尔玛先生每天都要亲自去察看,往往一天要去察看好几次;他的妻子也喜欢和他一起去。在劳动紧张的时候,凡是主人认为在一周当中天天都非常努力劳动的工人,不分日工和长工,都一律加付二十巴特*。这些鼓励竞赛的办法,看起来好像是要多支付很多钱似的,但由于运用得当,所以不知不觉中使大家都努力劳动,创造的收益比付给他们的工钱还多。但是,由于人们只知道劳动强度大和劳动时间长,收益才多,所以,知道和愿意采用这种奖励竞赛的办法的人是很少的。

另外还有一个更有效的办法,连经济学家也没有想到,而且只有德·沃尔玛夫人才能运用,那就是:对那些忠厚诚实的人处处关心,以此赢得他们对她的爱戴。她从来不相信单用金钱就可以抵偿别人为自己付出的辛劳,因此,她认为,谁帮了她的忙,她也应当帮谁的忙。工人、仆人以及所有一切为她服过务的人,即使只干了一天,她都视之为自己的孩子。她分享他们的快乐,分担他们的忧虑,关心他们的命运,对他们问寒问暖,把他们的利益看作是她自己的利益;她处处关心他们,给他们出主意想办法,调解他们之间的纷争;她对他们十分亲切,但她的亲切,不是停留在甜言蜜语和毫无意义的空话上,而是真正帮助他们,继续不断地为他们做好事。至于他们,一见到她有所示意,他们就马上行动;她一发话,他们就赶快去办;她只要看他们一眼,就立刻能激起他们的热情;她在场的时候,他们都很高兴;她不在场的时候,他们就念叨她,都巴

* 这个国家的一种小钱币。

不得为她效力。她的魅力和她的语言很起作用,她的温情和美德给她带来了许多好处。啊!绅士,善良的美的权威,才是可崇敬的和有力量的权威!

至于主人生活上的事情,他们家里一共有八个仆人(三位妇女和五个男人)为他们料理,此外还有男爵的一个随从和几个管理家禽饲养场的人。由于仆人少,而服务不周的情况,是很少发生的。他们说,由于仆人们都很热情,所以每一个人除了他自己的工作以外,都自觉地兼做其他七个人的事情。由于他们协调一致,所以干起活儿来就像是一个人;从来没有看见过他们懒洋洋地没有事干,在客厅里玩或者在院子里做淘气的事;他们都经常忙于做一些有用的事;在家禽饲养场、储藏室或厨房里帮忙;园丁的唯一下手就是他们;更加使人高兴的是,他们干起活儿来总是那么高高兴兴的快乐样子。

要仆人和工人这样真心实意为主人劳动,主人是早就下了工夫,做了许多工作的。在这里,选择仆人和工人的标准,和巴黎与伦敦的标准不同。在巴黎与伦敦,选的都是一些已经定了型的仆人,也就是说,都是一些老油子,贪财图利之人;他们每走一家,就会把那一家的主人和仆人的缺点全都学到手。他们干这一行,对谁都伺候,但对谁都不亲。在这些人当中,根本就无诚实、忠心和热情可言。这一帮坏蛋,每到一个有钱的人家,就会把那家的家业败坏,带坏那家的孩子。在德·沃尔玛先生的家,他们把挑选仆人,看作是一件很重要的事情。他们不把仆人只看作是用钱雇来干活儿的人;他们把他看作是家庭的成员,如果选得不当,就会给他们的家带来许多麻烦。他们对仆人的要求,第一要诚实,第二要爱主人,第三要实心为他们服务。只要主人通情达理,仆人稍机灵点儿,这第三条,必然会同前两条一样做到的。因此,他们雇的仆人,不是城里人,而是乡下人。这些人出来帮工,这是第一家,而且也肯定是最后一家,只要他们能干出点成绩。他们雇的都是家里人口多、孩子多,而且是自愿出来帮工的人。他们挑的都是年轻的、身材匀称的、十分健康的、容貌好看的人。德·沃尔玛先生首先要问他们一些问题,考一考他们,然后把他们交给他的妻子。他们要使他们的两个主人都感到满意,才会受到雇用。开始是试用,然后由多数人评议,也就是说由家里的孩子们评议。主人要用几天时间耐心细致地教他们做他们应做的工作;工作是那样的简单,那样的大同小异,主人的脾气又是那么好,仆人对主人又是那样喜欢,所以他们很快就可学会。他们的工作条件是很好的,他们感觉到了一种在他们自己家里未曾感到过的舒适,但主人绝不允许他们懒洋洋地磨洋工,因为这样会产生许多弊端。主人不允许他们有自以为了不起的样子,不允许他因在这个家庭帮工便盛气凌人;他们应当始终像在他们自己家里那样劳动,只不过换了家长,挣的钱更多点罢了。这样,他们也不会看不起他们原来的农家生活;万一他们离开这里了,可以肯定,他们没有一个人会说自己不再是农民而是另外一种身份的人。总之,我还没看见过哪家的仆人是像这家的仆人这样,个个都努力工作,但谁也不觉得是在伺候他人。

正是由于他们这样训练和教育自己的仆人,所以他们绝不会产生如此心胸狭隘的想法:"我也许是在为别人培养这些仆人!"该怎样培养仆人,就怎培养仆人;仆人会报答主人的,他们是不会到别家去的。如果你只是为了你自己才培养他们,他们在离开你的时候,就只想到他们自己,而不想到你了。你多关心他们,他们就会永远依恋你;使人感激的,是你的善意,而那些只想从创造的财富中得到好处的人,是不会对主人有任何感激之情的。

为了加倍提防这种不良现象,德·沃尔玛先生和夫人还采取了另外一个在我看来是很好的办法。在开始组织他们的家庭的时候,他们仔细研究了一下:在一个大体上按他们的地位布置的家里,需要用多少仆人才够;他们觉得需要用十五或十六个人,然而,为了得到更好的服务,他们把人数减少一半;人数虽减少了,但工作却做得更好。为了得到更好的服务,他们还想办法使所雇用的人能长期为他们工作。一个仆人在刚进他们家的时候,领的是一般的工资,然后每年增加二十分之一,二十年后他的工资就将增加一倍多。用多少仆人,大体上和主人的财力成正比;即使不是大代数学家也可看出,工资的支出表面上是增加了许多,但实际上并不多,因为工资增加一倍的人是很少的,而且,即使给所有的仆人都付加倍的工资,但他们二十年间得到的优质服务,其效益不仅补偿了甚至还远远超过了增支的工资。绅士,你可以看出,这是一个不断提高仆人工作积极性的办法。主人关心仆人,仆人也关心主人。要做到这一点,光靠厚道是不够的;在这样的家庭里,还需要办事公平。一个新雇用的仆人,对主人是不会有什么感情的,而且说不定还是一个坏人;如果他一进门就与一个其热心和忠诚已经过长期考验、而且年岁日增、即将不能挣钱吃饭的老仆人一样拿同等的工资,这公平吗?这种不公平的情况,在这个家庭里当然是不会出现的。我告诉你,那些没有恻隐之心的主人夸耀他们对仆人是负责的;他们所夸耀的责任,这一家如此仁慈的主人是不会忽略的,他们是不会抛弃那些由于年老体弱而丧失谋生手段的人的。

我此刻就可举一个说明他们对仆人负责的好例子。德丹治男爵为了酬谢他多年的随身男仆便让他光荣退休,给他找到了一个人们尊称为"阁下"的公职;这是一个报酬优厚而又不累人的工作。朱莉最近收到这位老仆人寄来的一封催人泪下的信,他请求朱莉想办法不让他去接受这个职务。"我已经年岁大了,"他在信中对朱莉说,"我家里的人都没有了;除了我的主人以外,我没有别的亲戚。我唯一的愿望,是在我生活了一生的这个家庭里平平安安地度过我的晚年。……夫人,你出生以后,是我把你带大的,我请求上帝允许我将来有一天像带你一样带你的孩子;上帝会恩准我这个请求的,因此,请你不要拒绝给我这个恩赐,让我看到你的孩子成长,像你这样幸福……我,我已经在一个宁静的家庭中生活惯了,我到何处去再找一个这样的地方安度晚年呢?……请你费心给男爵先生去信,替我说情。如果他对我不满意的话,他可以把赶走,但不要给我找什么工作。我对他忠心耿耿地服务了四十年,现在请他让我把我的余年用来伺候他和伺候你。他这样来酬谢我,那是再好不过了。"朱莉是不是照他的意见写了信,这你不问也知道的。我认为,如果她失去了这个忠实的仆人,她的心情也将和那个仆人离开她时的心情同样难过。绅士,我把如此善良的主人比作父亲,把他们的仆人比作孩子,这难道不恰当吗?你看,这样一比,他们自己就可互相看出应当怎样为人了。

在这个家庭里,仆人辞职不干的情况,还没有发生过。辞退某个仆人的事情,也是极其少的。辞退一事,只能吓倒那些工作细心和工作勤奋的人；最好的仆人是最怕辞退的，所以只对那些辞退之后也不觉得可惜的人才真的实行辞退。在这一点上，还有一条规律。如果德·沃尔玛先生对一个仆人说："我不用你了。"仆人可以去请夫人说情，有时候还真可以说准，得到原谅，又回去工作；如果夫人说辞退的话，那就无法挽回，没有得到谅解的希望了。这样配合是很有必要的，可以使仆人不至于过分欺女主人的心软，也不至于过分害怕男主人的心硬。不过，尽管这样，仆人们也不敢因此就不害怕一个为人公正和从不发脾气的主人，因为，除了能不能得到主人的原谅没有把握以外，即使得到了，也只能得到一次，不能有两次，而且，一辞退之后，过去的成绩就完全失去，如再回去工作的话，就要从头开始，另外干一种新的工作。用这个办法可以防止旧仆人骄横傲慢，使他们愈怕丢掉工作，便愈加小心谨慎地劳动。

那三个女佣人，一个是收拾房间的，一个是看孩子的，另外一个是厨师。这位厨师是一个很爱整洁和处事精明的农妇；德·沃尔玛夫人已教她学会了做菜的本领，因为在这个地区，风俗固然是很纯朴*，但各阶层的年轻女子都要学会自己做她们将来的家中的女佣人做的工作，以便在必要时指导她们，不受她们的欺骗。收拾房间的女佣人已不是巴比了；他们已经把她送回她出生的地方埃丹治家去了；埃丹治家的主人又叫她去管理城堡和检查收支的账目，这就使她有点儿像家中的财务管理似的。德·沃尔玛先生早就催他的妻子这样安排，但未能使她舍得让她母亲的这位老佣人离开她，而且她还有不愿意这样安排的其他理由。经过几次商

---

* 纯朴！现在已经大变样了。

量之后,朱莉终于同意,接着,巴比就走了。这个女人很能干,也很忠实,不过,做事有点儿冒失和爱唠叨。我怀疑她曾不止一次泄露她的女主人的秘密;我猜想德·沃尔玛先生大概也知道这一点。因此,为了防止再发生这种向外人透露秘密的事情,这位精明的主人就想办法只利用她的长处而避开她的短处。代替巴比的,就是你以前曾津津有味地听我谈过的芳烁茵·雷加尔。尽管朱莉曾占卜说大吉大利,尽管朱莉和她的父亲与你都对她好,但这个如此贤惠和诚实的年轻女人在她自己的家里并不幸福;克洛得·阿勒虽很好地经受住了他的苦难,但未能善于利用一个较好的环境;他生活一舒适了,就忘记了自己的本分,而且行为不轨,最后逃离本乡,扔下他的妻子和一个孩子,后来,这个孩子也死了。朱莉把她从她家接来之后,教她做收拾房间的工作。在我到达那一天,我看见是她在做这个工作,我真是高兴极了。德·沃尔玛先生很看重她;他和朱莉把孩子和照看孩子的保姆的工作都交给她负责管理。这个保姆是一个很纯朴和不太动脑子的乡村妇女,但她做事非常仔细和耐心,人很温顺。正是由于主人对任何事情都不麻痹大意,城里的恶习才一样也没有传入这个家;这一家的主人,自己没有那些恶习,也没有遭到过那些恶习之害。

尽管所有的仆人都在同一张桌子上吃饭,但男仆人和女仆人之间却很少交谈:这一条规矩,大家都很重视。有些主人,除了自己的利益以外,对其他的事情便漠不关心;只要仆人把他们的工作做好,则其他的事情就一概不管,对于这样的主人,他们是不以为然的。他们认为,那些只知道要求仆人把工作做好的主人,是不会长久得到仆人的良好服务的。男仆人和女仆人之间的关系太密切了，就不可能永远不出问题。一个家庭的那些乱七八糟的事情，有一大部分是由收拾房间的女佣人私下密谈时泄露出去的。如果有一个女佣人和膳务总管相好，他一定会引诱她把主人的秘密告诉他的。男人与男人来往，或者女人与女人来往，无论多么密切，都没有多大关系；只有男人和女人密切来往，才能获得这种独家的秘密，慢慢败坏富有的人家。因此，对女人的言谈和举止要监督，不仅要用善良的风俗和诚实来监督，而且要用非常明显的利害关系来监督。因为，不论你怎么说，一个人如果不爱他的职责，他是不会很好地去做他的工作的。只有重荣誉的人才热爱他们的职责。

为了防止男仆人和女仆人过分亲密，主人并没有制定什么明确的规定来限制他们，因为，即使有规定，他们也会偷偷违犯的；主人的做法是：表面上看起来似乎对这种问题并不在乎，但有一套甚至比权威更有力量的习惯。主人不禁止他们互相见面，但想办法使他们既没有机会也没有兴趣私下约会。他们的办法是：使男仆人和女仆人做的工作完全不同，使他们养成完全不同的习惯、爱好和兴趣。由于这个家庭一切都井井有条，所以他们感觉到：在一个治理有方的家庭里，男人和女人之间不应有不正当的往来。在这一点上，尽管有人把主人的意志说成是任性，但也毫无怨言地过一种主人并未正式规定的生活方式，而且认为这种方式是最好的和最自然的。实际上，朱莉就是持这样看法的；她认为，无论是恋爱或婚姻都不会使男女之间非不断私下往来不可。在她看来，妻子和丈夫是应当生活在一起的，但生活的方式不同，他们应当同心协力，但所做的工作可以不一样。她说，在一方看来是挺美的生活，也许另一方就觉得难以忍受。大自然赋予他们的倾向，和大自然给他们安排的工作一样,也是有差别的。他们的爱好和他们的职责也是不同的。总之,两个人应当从不同的道路为共同的幸福而共同努力,因此,这样划分他们的工作和职责,是他们婚姻结合的最有力的保证。

就我来说,我自己的看法和他们的这种看法是相当接近的。男人和男人在一起,女人和女人在一起,男女有别,这难道不是除了法国人和模仿法国人的人以外,世界各国人民都习以为常的吗?如果他们互相会面的话,那只能是短暂的会晤,就像拉西第蒙人①的夫妇一样,只能偷偷见上一面,而不能永久混杂在一起,以免使他们天性的明显区别搞得混杂不清,变了样子。在野蛮人当中,就没有男女混杂不清的情形;晚上,家里的人虽住在一起,但各人和各人的妻子过夜,天亮之后就分开,顶多吃饭的时候在一起,其他的时间就各做各的事。这种秩序,普天之下都是一样的,是极其自然的,即使在这种秩序已经瓦解的地方,现在也可看到它的遗迹。在法国,男人被弄得按女人的方式生活,成天和女人关在房间里;他们在房间中不由自主地表现出来的不安的样子,说明他们不该按那种方式生活。当女人静静地坐着或躺在长椅上时,你瞧,男人就站起身来,烦躁不安地来回走动,来回走了一会儿后又坐下;这种无意识的本能,在和他们受到的束缚作斗争,不管他们愿意或不愿意,都要驱使他们去过大自然给他们安排的积极劳动的生活。在世界上,只有法国的男人在戏院里是站着看戏的,好像他们是因为在沙龙里坐了一天,要到戏院来站着看戏才舒服似的。总之,他

---

① 住在古希腊名城拉西第蒙的人,即斯巴达人。——译者

们对这种像女人似的成天待在家里没事干的生活，是极其厌烦的；为了使这种生活多少有一点儿活跃的气氛，他们就把他们在自己家里的位置让给外人，自己去和别人的妻子厮混，以缓解他们的这种厌烦的心情。

从德·沃尔玛夫人家的例子看，她的安排是很好的：妇女和男人分开，每个人都可以说是在做适合于自己性别的工作。为了防止他们之间发生可疑的联系，她的秘诀是：使男人和女人都不停地劳动，因为，他们的工作是如此的不同，所以只有在闲着没事干的时候才能聚集在一起。上午，各人去干各人的活儿，谁也没有工夫去打扰别人；下午，男人去侍弄菜园、看管家禽饲养场或其他的田间活儿，而女人则在孩子们的房间里一直工作到散步的时候，带着孩子们出去散步。她们的主人经常和她们一起去；到户外去走走，是她们唯一感到舒服的时候。男人们因为白天的工作太累，没有心思去散步，只好留下来看家。

每个礼拜天，在晚间讲道以后，妇女们还要和她们经夫人的同意而轮流邀请来的亲友集合在孩子们的房间里，一边等女主人给她们预备的小吃，一边聊天、唱歌、玩羽毛球或孩子们爱玩的其他游戏，一直玩到他们学会能自己玩。接着，点心端来了，有乳制品、蜂窝饼、松糕、美味叶儿*和孩子与妇女们爱吃的其他东西。酒是不让喝的。任何时候都不能进入这间后房**的男人，是不能到这里来吃经常是由朱莉亲自招待的点心的。到现在为止，只有我一

---

　*　当地的一种点心。
　**　妇女们的房间。

个人获得这种允许,到那里吃过点心。上个礼拜天,由于我的一再
要求,她终于让我和她一起去了。她精心准备,为我做了特别的安
排。她一本正经地对我说,她只允许我去这一次;还说,连德·沃
尔玛先生本人想去,她都拒绝了。你想象一下:如果女人的小小的
虚荣心得到了满足,如果除男主人以外,一个男仆来要求允许他进
入这个房间,又当如何呢?

　　我吃了一些很好吃的点心。在世界上,哪里的乳制品比得上
这里的乳制品?你可以想象得到,由朱莉主管的乳品房制作的乳
制品味道是多么美,在她身边吃起来心里是多么愉快。芳烁茵给
我端来了格鲁、色拉色*、蜂窝饼和小甜饼。我把这些东西一下都
吃光了。朱莉笑我的胃口好。"我看,"她一边说,一边又递给我一
盘奶油酥,"你的胃口真好,到哪儿都能饱餐一顿,不过,你和妇女
们付一样多的钱,那可不行,应当按一个瓦勒的男子吃的量算账。"
我说:"不能罚我多付钱;谁都一样,有时候见到这个也喜欢,见到
那个也喜欢;正如在林中的小木屋里失去理智一样,到了食物储藏
室,理智也不起作用了。"她把眼睛低下去,没有回答我;她的脸红
了,她用手抚摩她的孩子。这使我感到后悔莫及。绅士,我在她家
说话不谨慎,这是头一次,我希望也是最后一次。

　　在这种小型聚会里,洋溢着一种使我心向往之的古代的淳朴
气氛。我发现,每个人的脸上都是一副快快乐乐的样子。她们彼
此之间交谈之坦率,也许比男人还有过之。女仆和女主人之间的

————————————

　　* 在萨勒夫山上制作的乳制品。我仿佛记得,在汝拉山一带,尤其是在湖的那一
边,人们把这种乳制品叫做色拉色。

亲密，是建立在信任和情谊之上的，因此，她们对女主人十分尊重，听从她的指挥。服务的人和接受服务的人，都表现出相互的友谊。甚至在宴会的食品的选择上，也没有一样不有助于使宴会令人感到很有趣味。乳制品和糖，是女人天生爱吃的东西之一，是最能表现女人之美的温存和纯洁的象征。与她们相反，男人一般都喜欢味重的食品和含酒精的饮料；他们之喜欢这些东西，是由于他们的活动和劳动的时间多，而不是由于天生就喜欢这类食品。如果这些不同的口味有所改变和混乱，那就可以说是确切无疑地表明男女混杂不清了。的确，我注意到，在法国，女人老是和男人混在一起，她们已经失去了对乳制品的兴趣了，而男人对酒的爱好却非常强烈；在英国，女人和男人混杂在一起的时间少一点，因此，女人的口味还保持得比较好。一般地说，我认为，从人们对爱吃的食品的选择上，往往可以看出一些表明其性格的迹象。意大利人吃素食吃得多，所以显得很柔弱，有点儿萎靡不振。你们英国人爱吃肉，所以你们的性格坚毅刚强，有点儿像野蛮人。瑞士人天生就是很冷静的，他们为人平和和朴实，但一生气，脾气就暴躁；他们素食和肉食都喜欢，也喝牛奶也喝酒。法国人灵活多变，什么都爱吃，什么性格都有；朱莉本人就是一个例子，因为，尽管她每餐都贪吃美食，但她不喜欢吃肉，也不喜欢调味品放得太多和味道太咸，她滴酒不沾，平时爱吃的食品是新鲜蔬菜、蛋、奶油和水果；除了喜欢吃鱼以外，她可以说是一个真正的素食主义者。

如果不同时管束男人，那就一点也管不住女人；这一条规矩的重要性，并不比前一条小，而且更难于执行，因为进攻总比防御的行动灵活：这是大自然的安排。在共和国里，人们用风尚、行为准则和美德来约束公民,但如何才能既不采用限制和约束的办法,又能管束仆人和雇工呢? 主人的做法是表面不管暗中管,让他们知道必须高高兴兴地劳动,才能得到好处,这样一来,主人要他们做什么,他们就一定会乐意做什么。要是他们星期天闲着没事干,而且,在工余外出的时候,他们又有不可剥夺的哪里好就可到哪里去的权利;那么往往在一天之内就可把其余六天的示范和教育的功效化为乌有。只要他们有了爱上小酒馆的习惯,和伙伴们有不正常的往来,经常和坏女人厮混,那就用不了多久,必定会使他们陷于堕落,既害了他们的主人,又害了他们自己,沾染上许许多多不好的毛病,使自己不能再为主人服务,不配享受自由。

为了纠正这一点,主人的办法是:在家里给他们提供那些引诱他们外出的东西,用这个办法把他们留在家里。是哪些东西引诱他们外出呢? 到小酒馆去是为了喝酒和玩牌。那就让他们在家里喝酒和玩牌好了。唯一的差别是:酒不用他们花钱,不让他们喝醉;牌桌上没有赢家,也没有输家。主人在这方面采取的做法,就是如此。

在房屋后面有一条林荫小道,在小道上设有一个游乐场。夏天,以及礼拜天讲道以后,仆人和家禽饲养场的人就聚集在那里,分几堆玩牌,但赌的不是钱(赌钱是不许可的),也不是酒(酒是主人提供的),而是主人慷慨捐赠的奖品,通常是一样小家具或一块实用的服饰。赌的次数,视奖品的价值而定,如果是一件相当值钱的奖品,例如银耳环、领饰、丝袜、细呢礼帽或其他类似的东西,一般就要经过几场争夺,才能争到手。玩的方式不是一种,而是有好几种,一则是不让玩得最好的人一个人把所有的奖品都夺走了,再则是让大家都熟悉各种各样的玩法,大家都可玩得挺好、挺棒。有时候是看谁先跑到设在小道那端的终点,有时候是看谁掷石头掷得最远,有时候是看谁负重的时间最长,有时候是打靶中奖。玩的时候,在大多数情况下还要举行小小的仪式,以便延长玩的时间,并使大家感到高兴。男主人和女主人经常到场观看,有时候还带着他们的孩子一起去。甚至外面的人也会被好玩的场面吸引,也来观看;有些人还想参加,但是,除非得到主人的允许和玩的人的同意,是不让参加的。玩的人觉得,如果轻易就答应外面的人参加的话,那对他们是很不利的。这种玩法,逐渐逐渐地就变成了一种表演;演员在观众的目光鼓舞下,他们是宁要观众鼓掌,而不在乎是不是得奖。他们变得比从前勇敢和灵巧,彼此都比从前更互相尊重了。他们已认识到,他们的价值在于他们的自身,而不在于他们手中的财富,因此,尽管他们是仆人,他们全都把荣誉看得比金钱还重要。

如果给你详细叙述这个办法带来的好处,那是很花时间的;这个办法表面上好像很简单,思想平庸的人还看不起,但实际上这是一个花费少而收效大的好办法。德·沃尔玛先生对我说,这些小小的按时举行的娱乐活动,是他的妻子首先想出来的,每年的花费也只不过五十埃居。"在我的家务和事业上,"他说,"虽然花了这笔钱,但由于那些把主人的欢乐看作是自己的欢乐的忠心耿耿的仆人工作十分勤奋和仔细;由于他们把我的家看作是他们自己的家,因而对我的家极其关心;由于他们在劳动中可以发挥他们在游戏中获得的精力;由于可以经常保持他们的身体健康,保证他们在这样的年龄不会产生通常见到的生活没有节制的行为,不会患因生活没有节制而常患的疾病；由于防止了他们因生活越轨而必然产生的欺诈行为，从而使他们永远作诚实的人；最后，由于在我们家里花很少的娱乐费用，我们就可获得这么多的乐趣，我得回来的好处，将几倍于我花的钱，这，你相信吗？在我们的仆人当中，如果有人，不论是男人还是女人，不适应我们的办法，想找各种借口到他觉得是好玩的地方去，我们一律允许，不过，我们将把这种喜欢放荡的倾向看作是一种值得怀疑的迹象；有这种迹象的人，我们将毫不迟疑地把他辞掉。因此，这种娱乐办法既可以为我们保留好人，也可以用来帮助我们挑选仆人。"绅士，我承认，我在这里还没有见到过哪一个主人是像他们这样能同时把他们雇用的人既培养成为他们生活服务的好仆人，又培养成为他们耕地的好农夫；既培养成保卫祖国的好士兵，又培养成将来在命运召唤的时候跻身于各阶层的人。

到了冬天，娱乐的种类变了，劳动的内容也变了。礼拜天，家中所有的人，甚至住在附近的邻居，不论男人或女人，在劳动之后都来到一个大厅；大厅里有炉火，有酒、水果和点心，供大家吃；还有一个人拉小提琴，让大家跳舞。德·沃尔玛夫人每次都要到大厅去，至少要在大厅里待一会儿，使厅里的秩序井然，大家玩得很有节制。她自己跳舞的次数也不少，虽然是和她自己家里的人跳。这种做法，我起初觉得它和耶稣教徒的严峻作风不大符合。我把我的看法告诉了朱莉；她对我的回答，大意如下：

"纯道德的清规戒律是如此之多，如果再给它增加一些不同的规矩，就很可能使主要的东西受到损害。有人说，大部分僧侣就是这样的；他们在千百条没有用处的清规的束缚下，竟连什么叫荣誉和美德都搞不清楚。这个缺点，在我们这里虽不太严重，但也不是完全不受它的影响。就拿我们教会里的那些人来说，正如我们宗教信仰的圣洁性高于其他的宗教一样，他们的智慧也超过所有其他的教士，然而，他们也有一些看来是根据偏见而不是根据理性制定的信条；他们对跳舞和聚会的谴责，就是其中之一：好像跳舞比唱歌的坏处多似的，好像这两种娱乐活动并非同样来自大自然的启发似的，好像大家聚在一起高高兴兴地进行天真无邪的诚实的娱乐活动是一种罪恶似的。就我来说，我的看法与他们相反。我认为，尽管男人和女人聚在一起，只要他们的娱乐活动是公开进行的，那就是无罪的；反之，即使是最高尚的事情，只要是私下进行，那就是值得怀疑的*。男人和女人是彼此互为对方而生的；大自然的目的，是要他们通过婚姻而结合在一起。凡是虚伪的宗教信仰，都是和天性相矛盾的。只有我们的宗教信仰是符合天性的发展，并能纠正天性的谬误，给我们以适合于人的神的教诲。因此，在婚姻问题上，它不在世俗的障碍之外，再增加另外的规矩，因为那些规矩，在《福音书》上没有讲过，而且是与基督教的精神相违背的。让那些已达结婚年龄的年轻人有互相表达爱慕之情的机会，在集会上大大方方地互相认识；在众人的眼睛的不断注视下，他们是一定会自尊自重的。让他们通过一种愉快的、健康的并适合于青年人活泼的天性的活动，两情款洽地相会，在众目睽睽之下，无任何非礼的行为，请问，这在哪一点上违犯了上帝的旨意？你是否

---

* 从我的《就戏剧问题致达朗贝先生的信》中，我抄录了后面这一段和其他几段话，但由于该书的出版工作当时尚处于准备阶段，所以我认为，应当等到它出版以后，才引用我从其中抄录的段落。

能想出一个比这样做法更诚实的办法，至少做到在外貌上不欺骗别人，并且向那些想认识我们的人展现自己的优点和缺点，让他们下决心爱我们？彼此既然相爱，难道不理所当然地应互相使对方高兴吗？两个想结合在一起的贞洁的基督徒，在心中萌发上帝要求他们产生的互爱，这难道不好吗？

"在有些地方，只知道对人们没完没了地采取约束的办法，把天真无邪的娱乐当作罪恶，加以惩罚；男青年和女青年不敢在公众面前会面；牧师的做法过于呆板，只知道以上帝的名义宣讲把人管得死气沉沉的清规戒律，在这些地方，情况如何呢？人们想办法躲避那些受到大自然和理性谴责的硬性约束。不让活泼的年轻人享受他们可以享受的快乐，他们便去做那些有害身心的事情。不让他们公开会面，他们就巧妙安排，私下会面。因为怕犯罪而偷偷摸摸地幽会，结果反而真的犯了罪。天真无邪的娱乐都是在光天化日下进行的，而罪恶的事情往往是在黑暗中产生。贞洁和神秘是不可能长期并存的。"说到这里，她好像是为了向我表示她的忏悔，为了把她心中的纯洁传达给我的心，便握着我的手说："亲爱的朋友，谁能比我们更好地了解这句格言的重要性呢？我们两个热爱美德的人，如果能早日发现在私下幽会中遇到的危险，我们在这些年可少受多少痛苦和折磨，可少做多少令人痛心的事，可少流多少眼泪啊。"

接着，德·沃尔玛夫人以平静的声调说："在人数众多的聚会上，我们的一言一行都为大家所看见和听见，而私下幽会则是秘密的和自由的，因此，在私下幽会的时候，就很可能做出有伤风化的事情。根据这个道理，当我的男仆人和女仆人聚会的时候，我很放心,他们全都会来的。我甚至还允许他们在附近的年轻人当中邀请那些对他们不会带来损害的人参加。我很高兴地得知,人们在称赞邻村的青年的品行时,往往有这样一句话:'他曾经到德·沃尔玛夫人家做过客。'在这件事情上,我们还有另外一个看法。在我们家工作的男人,都是未婚的男青年;在女仆人当中,孩子的保姆还没有结婚。如果他们在这里受到约束,没有诚实的交往的机会,那也是不对的。我们尽量在这些小型的聚会上,在我们的关心下,为他们提供这种机会,以帮助他们进行更好的选择。在帮助他们建立美满家庭的同时,也增进了我们家的幸福。

　　"最后,我要解释一下我和这些人跳舞的理由。在这个问题上,我要责备我自己,并坦率地承认我最大的动机是:我要从中得到快乐。你知道,我和我的表妹一样,是喜欢跳舞的,但从我母亲去世以后,我就决定,我今后一生都不参加舞会和公共聚会。我说话是算数的,甚至在结婚那天我也没有跳舞;我没有料到我会违背我的决定,有时候在我家里和我的客人与仆人跳舞。当我们冬天待在屋里没事做的时候,跳舞就成了一项有益于健康的活动。它使我玩得很开心,因为,即使我尽情地跳,我的心也不会责备我的。德·沃尔玛先生也觉得很有趣;我跳舞时的种种媚态,都是想使他看了高兴。因为我去跳舞,所以他也到舞会那里去,仆人们看见主人来观看他们跳舞,就更加快乐;他们看见我在他们当中,也感到十分高兴。我发现,这样一种适当的接触,可以使我们之间建立亲密的联系,减少仆人的自卑心理和主人的过分威严,从而给我们的关系更增添了一点自然的人情味。"

　　绅士,关于跳舞问题,朱莉对我讲的,就是这些。我感到钦佩的是：他们用和蔼可亲的办法把仆人管得服服帖帖的。尽管她和她的丈夫经常到仆人中间去，把仆人看作是和自己平等的人，但仆人却不敢抓住主人的话，把自己看作是和主人平等的人。我不相信亚洲的那些帝王在宫廷里得到臣下的忠心，比这两位主人在他们家里得到仆人的忠心多。我还没有看见过谁的命令是像他们的命令这样不带命令的口气而又立刻得到执行。他们用请求的语气叫仆人办事，仆人马上就去办；他们说一声对不起，仆人就意识到自己的工作出了差错。我至今还不明白，他们的话说得那么少，为什么效力却那么大。

这使我对那些表面上故作神气的主人有了另外一种看法，我认为主人之所以被仆人看不起，是由于他有缺点，而不是由于他待人谦和；而仆人之所以桀骜不驯，是因为主人的毛病太多，而不是因为他懦弱。仆人之所以那么大胆，是因为他们抓住了主人的把柄；他们在主人身上每发现一个过错，就对主人少一分服从，少一分尊敬。

仆人学主人的样，而且乱学一气，结果，在他们的行动中，把主人因受过教育而能遮掩一二的缺点全都暴露出来了。在巴黎，我就可以从一个女仆的面部表情和说话声调判断我所认识的女主人的作风。用这个办法来判断，还从来没有错过。一个女仆一成了女主人的秘事的知情人，必将使女主人为自己的秘密付出很高的代价，因为她的一言一行都反映了女主人的心意，在笨头笨脑地按女主人的话行事的时候，把主人的秘密全都泄露出去了。无论做什么事情，主人的榜样总是比他的权威更有力量。仆人做事比主人还诚实，这种情况还很少有过。任你如何训斥、责骂、用严厉的手段处置，甚至赶他出门，或者把所有的仆人都另换一批新人，都无济于事，都休想他们为你忠忠实实地服务。如果主人觉得自己未受仆人的轻视和恨，便以为他们是在忠心为他服务，那就错了，因为他所看到的，只是他能看到的表面现象，他根本不知道仆人们一直在对他干着种种见不得人的坏事，更不知道他们要干那些坏事的原因。哪个男人的荣誉心能丧失到竟容忍他周围的仆人看不起他？哪个女人会堕落到对他人给她的侮辱一点也不在乎？在巴黎和伦敦的那些自以为很体面的贵妇人，如果听到她们客厅里的人是如何在议论她们的话，她们一定会大把大把地流下眼泪的！好在她们还能自己宽自己的心，以为那些密切注视着她们的人都是傻瓜，发现不了她们想隐瞒的事情。因此，仆人们在勉强听从主人的使唤时，也往往不掩饰他们对女主人的轻蔑。从此，主人和仆人都觉得没有必要再互相尊重了。

我认为，仆人的评论，最能准确无误地反映主人的德行。绅士，我记得，我在瓦勒的时候，曾经对你的品德进行过研究。那时，我对你还不甚了解，仅仅看到你即使相当粗暴地对你的仆人说话，你的仆人也照样爱你，而且，在他们交谈的时候，无论你在场或不在场，他们都同样尊重你。曾经有人说过，谁也不敢在自己的随身仆人面前逞英雄。这话也许是说得很对的。不过，一个正派的男人是会受他的仆人的尊敬的，因此，我们可以说，所谓英雄的风度，只不过是虚伪的假象而已，只有美德才是坚实的东西。特别是在这个家庭里，我们可以看出美德在仆人对主人的评价中所占的地位。仆人对主人的评价是信实可靠的，因为他们的评价不是空洞的赞颂之词，而是他们的感情的自然流露。他们在这里，从来没有听人说过什么使他们认为其他的主人与他们的主人不一样，因此，他们不称赞他们的主人有大家都共有的那些美德，他们只是用朴素的语言赞美上帝在地上创造了这么多财富，使他们所服务的主人获得幸福，使穷人的痛苦得到减轻。

为他人做奴仆的事情，是如此的不符合人的天性，所以做起来不能不令人产生不快，然而朱莉家的仆人却尊敬主人，对主人什么意见也没有。即使有时候对女主人略有微词，那也比称赞的话好。谁也没有诉说她对仆人照顾不周，说她给这个仆人的好处比那个仆人多。谁也不愿意自己所表现的热情落后于同伴，每个人都想争第一，因为他们都认为自己对她忠心耿耿，所以应该当第一。他们唯一的怨言和最不应有的想法，就是这一点。

除了上下级的关系外，还需要有同级关系的配合；在一个家庭的这一部分的管理上，其难处也是不少的。嫉妒和利害关系，使一个家庭的仆人不断分化，即使在这个仆人很少的家庭里，也是如此。他们几乎是从来没有统一过，其结果，不能不使主人遭到损失。他们也有齐心的时候，那是为了一起去偷东西才齐心。即使他们忠忠实实地干活儿，他们每个人也会想办法抬高自己损害别人。他们不彼此为敌，就互相勾结，串通一气，因此，很难找到一个能同时防止他们进行欺骗和发生纷争的办法。大多数主人只能够在这两个弊端当中避免一个。有些主人把利益看得比诚实还重要，因此，他们鼓励仆人打小报告，以为最好的办法是使他们都变成密探，彼此监视。另外一些主人则比较懒散，他们觉得仆人偷他们点东西没有关系，只要平平安安不惹事就行。他们认为：要保持尊严，就不能接受仆人的意见，即使是忠实的仆人有时候出于至诚而提出的意见。这两个做法都不对。第一个做法，将在仆人当中继续不断地引起与家规和良好的秩序不相容的麻烦，结果，势必招来一大堆狡猾的人和爱告密的人，他们将千方百计地出卖他们的伙伴，而且将来有一天也许会出卖他们的主人。第二个办法，不愿意过问仆人中间发生的事情，就等于是在允许他们勾结起来反对自己，使坏人得到鼓励，好人受到挫伤；花了很多钱，结果，养的都是一些傲慢的坏蛋和懒蛋；他们串通起来损害主人的利益，把对主人的服务，看作是他们对主人的恩惠；把偷盗主人的财物，看作是他们应有的权利*。

在家庭和社会的治理方面，有一个大错误，那就是企图用一种坏事去对付另外一种坏事，或者在两种坏事之间求得平衡，好像那些破坏秩序的基础的事情，还可以用来建立秩序似的！采取这一错误的做法，其结果，必然会造成种种恶果。在一个家庭里得到容忍的坏事，都不是孤立的，只要让其中的一个发生，千百件坏事就会接踵而来。不用多长时间，它们就会使那些做坏事的仆人陷于毁灭，使容忍那些坏事的主人的家受到破坏，使耳濡目染的孩子们也遭到败坏，或者也跟着去干坏事。哪一个不负责任的父亲敢为了一点点儿利益就容忍那些坏事？如果在自己的家里得不到安宁和忠心，如果要牺牲相互的善意才能买到仆人的积极服务，哪一个

---

　　* 我曾经相当仔细地观察过大户人家的管理办法，我很清楚地发现：要求一个有二十名仆人的主人，弄清楚仆人当中哪一个是诚实的人，而且不把最坏的仆人当好人，那是不可能的。单单这一点，就使我不愿意到有钱的人家去住。生活的甜蜜的乐趣之一，即得到信任和尊重，对那些坏人来说，已完全失去了。他们的黄金，是花了很高的代价才买到的。

诚实的人还敢当家长？

　　只要到这个家庭来看一看，你就会觉得在这个家庭里不会有这种麻烦；家中的成员的团结，来自他们对家长的依恋。在这里，我们可以找到明显的事例说明：谁不爱所有一切属于主人的东西，谁就不会真心实意地爱主人；这个真理，是基督教的爱德的基础。同一个父亲的孩子，彼此以兄弟相称，这个道理不是很简单的吗？人们天天在教堂里向我们讲这个道理，但从未使我们对它有深刻的认识；而住在这个家庭里的人，虽然没有谁对他们讲过，但他们对它的理解却非常之深。

　　这种和谐的安排，是从人员的选择开始的。德·沃尔玛先生不仅是在雇用他们的时候观察他们是不是与他的妻子和他本人合得来，而且还要看他们之间是否合得来；即使是两个顶好的仆人，只要发现他们两人之间有龃龉，就马上把其中的一个辞掉。"因为，"朱莉说，"一个人数这么少的家，一个他们天天在其中生活和朝夕相处的家，应当说是对他们大家都是很相宜的，如果这个家不是一个安宁的家，那对他们来说就是一个地狱。因此，他们应当把这个家看作是他们父母的家，家中的人是一家人。只要有一个不为大家所喜欢的人，就可能把这个家搞得乱七八糟。如果这个不招人喜欢的人在家里成天碍他们的眼睛，他们在这里，无论是对他们自己还是对我们，都没有好处。"

　　经过尽可能仔细地挑选之后，主人就不管他们愿意或不愿意，都让他们在一起做交代给他们的工作，而且让每个人都认识到：得到所有的同伴们的喜爱，是有好处的。来求情的人，都不是为自己而是为他人。因此，凡是想得到主人宽恕的人，都请别人去为他说情。要做到这一点，是很容易的，因为，去求情，无论主人准或不准，主人都会把此举看作是自愿当说情人的人的一个功绩。反之，对于那些只关心自己不关心他人的人，主人是一定会严词拒绝的。主人将对他说："你从来没有为任何人说过话，我怎么能答应他们为你提出的请求呢？他们比你乐于助人，而你反倒比他们幸运，这合适吗？"此外，主人还要求他们暗中互相帮助；而且做得既不动声色，更不要自我表扬。这一点，是不难做到的，因为他们非常清楚地知道：主人是这一秘密的见证人，对他们所做的事情将给予很高的评价。这样，大家都可得到好处，而又不失去自尊心。仆人们对这种面面俱到的做法，是如此地信服，在他们之间是那样的信任，以致谁要提什么要求，就在吃饭聊天的时候提出来，往往不必作更多的努力，就会发现所要求的事情已经办了。此事，由于不知道该感谢谁帮这个忙，就只好感谢大家。

　　通过这个办法和其他类似的办法，使他们之间因大家都敬爱主人，所以他们也彼此敬爱。这样，他们不仅不勾结起来损害主人，而且会齐心协力为主人更好地服务。不论他们是多么注意于互相爱护，但他们更注意于使主人感到高兴。他们为他服务的热忱，胜过了他们彼此的互相关心。如果由于某些损失使主人不能不对一个勤勤恳恳的仆人少付报酬，他们就会把它看作是大家的损失，因此，他们不能对他们当中的任何一个人做有损于主人的事，默不作声。我觉得，这个家庭的这种管理办法，有某些颇为高明之处；对于德·沃尔玛先生和夫人把一种卑鄙的告密人干的事情转变成一种热心的、正直的和勇敢的工作，我怎么佩服也不为过，因为这种工作，他们的仆人做起来，虽不像罗马人做得那么高洁，但至少能像罗马人做得那么令人称赞。

他们的做法是，首先非常明确地和直截了当地用突出的事例说明：这种卑鄙的犯罪行为，这种互相包庇而坑害主人的行为，一个品行不良的仆人借口好处大家有份而教唆品行良好的仆人去干的行为，必须消灭或防止。主人让他们懂得，掩饰身边人的过错这一条，指的是于任何人都无损害的过错，如果一个人看见不公正的事情而不说，以致损害了别人，那就等于是自己也做了这件不公正的事，而且，他之所以要纵容别人犯错误，是因为他自己也犯了错误，如果自己不是骗子的话，他是绝不会容忍别人的欺骗行为的。按照这些原理处理问题，就个人对个人来说，大体上是对的，而在更加密切的主人和仆人的关系中，那就需要更加严格要求了。因此，在这个家庭中明确规定：凡是看见有人做损害主人的事而不揭发，其过错比做那件事情的人还大，因为做那件事情的人之犯错误，是想得到某种利益。而知情不举的人之所以无动于衷，默不作声，是由于他对正义，对他服务的这个家庭的利益，根本就漠不关心，而且暗中还想学他秘不检举的干坏事人的榜样。因此，即使错误是相当的大，犯错误的人有时候还可以得到原谅，而知情不举的人则必定被视为天性很坏的人而遭到辞退。

另一方面，也不容许任何人有诬告或诬蔑他人的事情，也就是说，当被告不在场时，主人是不听取任何人的指控的。如果有谁专门打报告告发他的伙伴，或私下对他的伙伴发牢骚，主人就要问他是否把情况弄清楚了，也就是说，要问他是否和他所告发的人谈过。如果他说没有，主人便要进一步问他：既然没有把一件事情的动机弄清楚，又怎么能断定某人干了坏事。"这件事情，"主人对他说，"也许涉及的是另外一个你不认识的人，也许是在某种情有可原的情况下做的，只不过你对那个情况不了解罢了。你还没有弄清楚那个人为什么要做那件事，你怎么就敢指控他呢？你稍为问一问，也许就可以把情况弄清楚。你怎么不怕把他告错了，而且还连累我也一起错呢？"如果他说他已经把被指控的人的情况弄清楚了，主人就会这样反驳他说："那你为什么不同他一起来？你是不是怕他揭穿你说的话？你为你自己这样谨慎从事，为什么不为我想想，让我也同样谨慎呢？一件事情你不亲自调查调查，就要我根据你的报告处理，这合适吗？如果我单单根据你的陈述，我的处理就可能是不公正的。这你难道没有责任吗？"然后，让他把他所指控的人叫来，如果他同意去叫，这件事情很快就解决了；如果他不去叫，则把他严厉训斥一顿之后，就打发他走开。不过，对他的事情要保密，要仔细观察他们两个人的情形，用不了多长时间，就会弄清楚他们两人当中，哪一个不对。

这个办法，大家都非常清楚，遵照执行，因此，从来没有听说过这个家庭中的仆人有背着他的伙伴说坏话的情形；因为大家都知道：这个办法是用来收拾干活疲沓的人和撒谎的人。如果他们当中有谁要指控一个人，那就公开地、坦率地，不仅当着被指控的人的面，而且还当着所有的伙伴们的面讲，以便在听他的陈述的人当中有人出来担保他说的是实情。如果事情是私人之间的口角争吵，通常是由中间人来调解一下就了结了，用不着去麻烦德·沃尔玛先生和他的夫人。如果事情涉及主人的神圣的利益，那就保不住秘密，不是犯错误的人去自首，就会有人去告发。小小的扯皮的事情是很少的。每天在仆人吃午饭或晚饭的时候；朱莉都要去巡视一次；德·沃尔玛先生笑着说，这是她每天最高兴的时候，因此，即使有扯皮的事情发生，朱莉去巡视的时候，在饭桌上就解决了。她平静地听完一方的指摘和另一方的答辩之后，如果事情涉及工作，她就感谢提出指控的人办事热心。"我知道，"她对他说，"你很喜欢你的伙伴，你经常对我说他好，我很称赞你这种把责任和公理摆在私人感情之上的做法，一个忠实的仆人这样做是很对的。"如果被指控的人没有错，她就说几句表扬话来替他辩解。如果真有过错，她不会当着别人的面把他羞辱一番。她想，他也许有什么不愿意在众人面前说的话，她就安排一个时间，单独听他讲。这时候，她或她的丈夫就可以把该讲的话对他讲清楚。在这种场合，奇怪的是，两人当中最严肃的人，反而最不令人害怕，仆人们怕德·沃尔玛先生的严厉申斥，不如怕朱莉的感动人心的批评怕得那么凶。一个开口就要弄清事实，依法办理，把犯错误的人搞得很狼狈；另一个则使犯错误的人深深后悔自己犯了罪；她对他说，她深感遗憾，不能再姑息他。她往往使犯错误的人痛苦和羞愧得流下了眼泪；看到他后悔的样子，她的心也软了，希望不要出现非按说了的话办不可的情况。

那些根据自己家或邻居家的情况来评估这些办法的人，也许觉得这些办法没有用处，而且做起来也很费力气。可是你，绅士，你对当家长的人的责任和乐趣是非常清楚的，对天性和道德对人心的自然影响也是深有了解的，所以你十分明白这些做法的重要意义，对他们成功的关键何在，也是看得一清二楚的。《玫瑰花的故事》①曾

---

① 《玫瑰花的故事》，是法国 13 世纪的一部由两首叙事诗组成的寓教于诗的组诗。——译者

经说过:"家富不在钱多",看一个人的财富,不是看他钱柜里有多少钱,而是看他对他的钱如何使用,因为只有把钱用出去,才能获得自己想拥有的东西。钱财的滥用是无止境的,而财力总是有限的,因此,一个人对钱财的享用,不在于他花得多,而在于他花得恰当。一个疯子把大把大把的钱扔到海里之后,也可以说他享用了他的钱财,不过,这样一种胡乱使用,怎么能和一个聪明人对一笔小小的款子的巧妙使用相比呢? 按照一定的法则和规律使用金钱,才能使金钱得到反复使用和长期使用,从而把金钱的享用变成幸福。既然真正的财富产生于事物与我们的关系,既然不是财富的拥有而是财富的使用才能使我们获得我们想占有的东西,那么,对一个家庭的家长来说,当家中的良好关系要直接由他负责的时候,当每个家庭成员的财产都将构成他的财产的时候,还有什么事情比他对仆人的管理和家庭的治理更重要呢?

最有钱的人,就是最幸福的人吗? 财产的富有,对人生的最大幸福起什么作用? 每一个治理得井井有条的家,都是家长的心灵的反映。金壁辉煌的房屋和豪华的摆设,只不过表明炫耀这些东西的人有爱虚荣之心而已。无论在什么地方,你只要看到秩序井然而无愁眉苦脸的样子,生活安适而无奴役人的情形,富足而无奢侈的表现,你就可以很有把握地说:"治理这个地方的人,是一个很幸福的人。"

依我看,我认为,真正的精神上的满足的最可靠的标志,是隐居的家庭生活。那些经常到别人家去寻求快乐的人,在他们自己家里是得不到快乐的。一个喜欢家庭生活的家长,不断操持家务而得到的报酬是:他始终能享受到最甜蜜的自然的感情。在所有的人当中,只有他是自己的幸福的主人,因为他像上帝那样快乐,除了他所得到的享受以外,别无其他的希求。像这个伟大的神一样,他所考虑的,不是扩大他拥有的财产,而是如何通过最美满的关系和最完善的管理,使他的财产真正为他所用。他之所以富,并不是因为他获得了什么新的财产,而是由于他更好地运用了他现有的东西。他所享受的,完全是他的土地的收益;由于地上的庄稼是由他管理,他经常到田间巡视,因此,他从自己的土地上又得到了一番乐趣。他的仆人都是外姓人,但他把他们看作是自家人,看作是他自己的孩子:他把仆人变成了自己人了。他有指挥别人行动的权利,他也有约束别人意志的权利;他之所以是主人,只是因为他付了工钱而已,因此,他必须尊重别人和给别人以恩惠,才有神圣的权威,才能真正掌握他人。尽管命运可以夺走他的财富,但夺走不了他所喜爱的人的心,它也夺走不了他的儿女;全部差别在于:今天他抚养他们,明天就由他们来供养他。只有这样,他才是真正享受了他的财产,享受了天伦的乐趣,享受了他的人生。这样一个家庭的琐碎事情,在一个了解家庭价值的人看来,是很有趣味的。这样,他不仅不把义务看作是负担,反而把它看作是乐趣;他尽他令人感动的高尚的职责,从而也获得了做人的光荣。

这些巨大的好处之所以受到轻视或很少为人所认识,而且,即使有少数人去寻求,也很难得到,究其原因,这两者都是相同的。有一些简单的和高尚的义务,只有少数人才喜欢,才愿意承担,例如做父亲的义务,就属于这一类;世人的闲言碎语和瞎议论,必然使人对做父亲的义务产生厌恶,如果再加上天性吝啬,处处从利害关系考虑,那就更难尽好这种义务了。这样的人,自以为是好家长,实际上只不过是一个精明的管家;他的财富也许会增长,但他的家庭关系必然会愈来愈坏。必须有更高的眼界才能明白和做好这项重要的管理工作,使他获得很大的成功。在治家方面,应当着手的第一件事情是:家里只能雇用不暗中破坏家庭的诚实人,不过,仆人的身份和诚实,是不是能够那么统一,以致可以说要找仆人就找诚实的人呢?不,绅士,诚实的人不是找到的,而是培养出来的。只有善良的人才懂得培养诚实的人的艺术。伪君子想假装一副道德面孔,是装不出来的,他不可能启发人们对道德的爱。如果他知道如何使道德为人所爱,他自己就爱道德了。不断被事实戳穿的冷冰冰的说教,除了使人认为说教的人以为别人都轻信以外,还能起什么作用呢?那些要求我们只听其言而不观其行的人,真是荒唐!光口头上说而实际不做的人,是怎么也不能把事情说清楚的,因为,他所说的话里没有真心话,而只有真心话才能感动人和说服人。我有时候听见有些人在仆人和孩子们面前故意那么矫揉造作地谈话,其目的,是想对仆人和孩子起到间接教育的作用。我认为,他们根本就骗不了人。我经常发现仆人暗中嘲笑主人把他们当傻子,其实,真正的傻子是主人,因为仆人们早已看穿,尽管主人大谈特谈什么行为准则,实际是假的。

所有一切虚假的做法,在这个家庭里是没有的;为了把仆人培养成他们所需要的人,主人的巧妙办法是:自己是怎样一个人,在仆人面前就以怎样的面貌出现。他们的一言一行是坦率的和公开的,因为他们不怕自己有言行不符的事情。由于他们从来不对自己是一套标准,对别人又是另外一套标准,所以他们说话用不着那么含糊其辞,即使偶尔说错了一句话,也不会因此就推翻他们所制定的规矩。他们从来不随便谈他们的事情,但对于他们要实行的准则,要讲就讲个透彻。无论是在吃饭的时候,或是在散步的时候或单独会见的时候,他们的谈话都是一样的;对一件事情是怎么看法,就如实地怎么说。他们的话不针对任何一个人,但每一个人都从中受到教益。对于他们的公正的主人,仆人们从无损害之心,因此,他们并不认为要求他们为人正直是对穷人的苛求,是强加在不幸的人的身上的枷锁或灾祸。主人十分注意:不让工人们跑冤枉路,不让他们把每天的时间浪费于来领取工资,从而使他们逐渐养成重视时间价值的习惯。看到主人是那样地爱惜别人的劳力,每个人都觉得应当把自己的劳力用之于主人;干活儿磨磨蹭蹭,是一项大罪过。由于仆人对主人的为人正直是充分信任的,因此主人所订的规章制度具有一种使他们不能不遵守和不敢违犯的威力。在每个星期的发奖会上,仆人们不担心女主人会存有偏心,不担心她总把最年轻的或身体最好的人看作是干活儿最勤奋的人;老仆人也不担心主人会挑他的小毛病,从而不增加他的工资。谁也不钻两个主人意见不一致的空子,不想使劲夸自己的功劳,从一个主人手中得到另一个主人不给的东西。准备结婚的人也不担心主人会因为他们工作好就把他们留下来继续工作,从而耽误他们的婚期,使他们勤勤恳恳的工作反倒给他们带来麻烦。如果别家的仆人来对这家的仆人说某个主人和他的仆人之间出现了真正的战争;说仆人对主人进行了正当的报复,用各种办法损害主人;说主人是窃取者、说谎者和骗子;说仆人应当仿照主人对待国王和一般人的办法来对待他们;说主人公开损害仆人,仆人就悄悄地损害主人;说这些话的人,是找不到人听的,这家的主人也不打算批驳或制止他说这些话,因为,这应当由引起说这些话的人来加以澄清。

在服从主人的命令方面,从来没有人闹过情绪或表示过反抗,因为主人的命令不是随便发的,他要求仆人做的事情,没有一样是不合理的或没有用的。尽管他们处于仆人的地位,但主人对他们是相当尊重的,让他们去做的事情,对他们是没有什么害处的。此外,在这个家庭里,大家认为:最卑鄙不过的事是犯罪,而一切有用的和正当的事,都是诚实的和合乎礼仪的。

他们不容许仆人在外边搞阴谋诡计,而且也没有人想搞阴谋诡计。仆人们很清楚,他们最可靠的收入,是和主人的收入联系在一起的;只要主人的家兴旺发达,他们就什么也不会缺少。在为这个家庭服务的时候,他们就要为主人的家业操心,把工作做好,使主人的家业得到发展;这样做符合他们的最大利益。不过,"利益"这个词在这里用得不甚恰当,因为我还从来没有看见过还有哪个家庭所采取的办法能使仆人的利益得到如此正确的引导,使其影响比在这个家庭小。所有一切都靠感情来推动;我们可以说,心术不正的人,一走进这个宁静和睦的家,他的心灵也会得到净化。我们可以说,男主人的智慧和女主人的感情,有一部分已经浸染了每一个仆人的心:他们发现主人是非常通情达理的,他们对人厚道和诚恳,不愧为他们的主人!他们最大的愿望是受到主人的重用,发挥他们的才能;他们把主人对他们说的问寒问暖的话,看作是对他们的奖励。

绅士,这个家庭对仆人和雇工的主要管理情况,我所看到的就是这些。至于主人的生活方式和对孩子的管教,这两项,每一项都值得单独写一封信。你当然是知道我开始谈这些看法的意图何在,不过,说实在话,所有这一切,构成的画面是如此地令人神往,以致,不提别的,单是我在这里所感到的快乐,就足以使我爱观赏这幅图画了。

书信十一　致爱德华绅士

不,绅士,我一点也不夸张,我在这个家庭里,还没有发现任何一样东西不是把美观和实用结合在一起的,而且,在实用方面,并不局限于只使人得到益处,它还包括给人以淳厚和朴素的享受,使人从隐居、劳动和恬淡的生活中得到乐趣,并使喜爱这种生活的人保持一个圣洁的灵魂和一颗不受欲望干扰的自由的心。如果说无所事事的懒惰生活将给人带来忧愁和烦恼的话,则勤劳的生活可给人以悠闲愉快的享受。他们把劳动看作是享受;操心一阵之后接着便享受一阵,这样安排才能使我们真正生活得好。休息的目的,是在劳动之后使身心得到轻松,并为下一次劳动做准备,因此,对人来说,休息的必要性并不次于劳动。

我不仅赞赏女主人兢兢业业地治家,并取得了预期的效果,而且还发现,在一个她称之为她的"爱丽舍①"(她喜欢到那儿去散步)的僻静地方举行的娱乐活动也很成功。

几天以前,我听人谈起这个被他们看作是神秘之地的爱丽舍。昨天午饭后,天气很热,无论室内或室外都使人受不了。德·沃尔玛先生建议他的妻子下午放假休息,但不要像往常那样回到她的

---

① 爱丽舍,希腊神话故事中的天堂,理想中的乐土。——译者

孩子的房间,一直待到傍晚;他建议她和我们一起到果园去呼吸新鲜空气;她表示同意,于是我们就一起去了。

这个地方,尽管离她家的房子很近,但被夹在他家和这个地方之间的林荫小道遮挡得那么严实,以致无论从哪个方向都看不见它。周围的树叶很密,从外面是看不见里面的,而且门经常是锁着的。我一进去,门马上就被桤木和榛树遮挡住,只在旁边留下两条很窄的通道。我回头去看,也看不出是从哪儿进来的,门也看不见了;我好像是从天上掉在这里似的。

在走进这个所谓的果园的时候,我突然有一种非常舒适的感觉:浓密的树荫,绿茵茵的草地,周围盛开的鲜花,一道潺潺的流水,许许多多鸟儿的鸣唱,不仅使我的感官感受到了此处的清新,而且也使我的想象力也像我的感官那样活跃起来。但同时,我也觉得,这里好像是天地间最原始和最孤立的地方,我是迄今第一个走进这个荒野之地的人。这出乎意料的景象使我感到惊讶,心情豁然开朗,因此,我一动不动地站了好一会儿,不自觉地高兴得大着嗓门说:"啊,蒂里安! 啊,朱安—费尔南德兹*! 朱莉,天边的地方就在你家的门前!""许多人都像你一样把这里看作是世外之地,"她微笑着说道,"再走二十步,就可看到它将重现克拉朗的情景,让我们看看你还记不记得这个地方的美。你从前曾经在这里散过步,还和我的表妹互相扔桃子打闹;你知道这儿的草是相当的少,树木是相当的稀疏,没有树荫,也没有流水。现在你看,空气清新,到处是一片碧绿,花草繁茂,树木成荫,而且还有流水灌溉。把

---

* 南海中的荒岛,在安森海军司令的游记中对它们有详细的描述。

这里整治成这个样子,你知道我花了多少力气吗?我是这里的总管,我的丈夫把它交给我全权管理。""不过,"我说道,"我看你没有怎么管嘛;是的,这个地方很美,但是是一片荒原的景色,我没有看见任何人工整治的痕迹;你把门关上,我不知道水是怎么流进来的;其他的一切,都是大自然创造的,你本人是永远不会做得像它这么好的。""是的,"她说道,"一切都是大自然创造的,但是是在我的指导下创造的,没有一样不是我安排的。你再猜一猜,我是怎么安排的。""第一,"我说道,"尽管你肯花力气,也肯花钱,但要安排成这个样子,是需要时间的。这些树……""说到树,"德·沃尔玛先生说道,"特别大的不多,那几棵树是原来就有的。此外,这里的工作,朱莉在结婚以前就开始做了。她母亲去世以后,她和她的父亲就到这里来过清静的生活。""是吗!"我说道,"不过,你在这七八年间搞这么多花圃,这么一大片草地,种这么多藤萝,培育这么茂密的丛林,而且还搞得很好看,我估计,在这么一大块土地上搞这些东西,无论怎么节省,也得花两千埃居。""你估计花了两千埃居,"她说道,"其实,我一个埃居也没有花。""什么,一个埃居也没有花?""没有,一个埃居也没有花,只不过我的园丁一年花十二三天时间搞一搞,两三个仆人也花十几天时间来侍弄一下,德·沃尔玛先生也花几天时间来看看,他有时候还放下架子,做我的园丁做的活儿哩。"这个谜,我一点也不明白。朱莉把我留在这里一直谈到此刻,才让我继续前进,对我说:"往前走吧,你会明白的。再见,蒂里安;再见,朱安—费尔南德兹;再见,这令人心旷神怡的景色!你一会儿工夫就从天边的地方回来了。"

我怀着极其喜悦的心情游览了这个景色多变的果园。我没有

发现任何从外地引进的花草，也没有看见来自印度的植物；一切都
是就地取材，把当地产的花草树木搭配得非常好看，看起来特别舒
服。草地绿油油的，长得浅而密，还间杂有欧百里香、薄荷、芸香、
茉乔栾那和其他的芳草。地上有许许多多盛开的野花；我还吃惊
地发现，其中有几种是园艺花卉，看来，它们原本就是在这里和其
他的野花一起生长的。我时而还看到一些阴暗的树丛，宛如密林
一样，连阳光也照射不进去；树丛是由一些木质松软的树构成的；
他们仿照美洲红树天生的样子，把树枝弯到地上，让它在地上
扎根。

　　在较为空旷的地方，我看见一些既无一定行列而且又不对称
的零零散散的花丛，如玫瑰花、覆盆子和醋栗；还有一些灌木丛，如
丁香、榛树、接骨木、山梅花、染料木和三叶木，把这块地方装点得
像荆棘丛生的荒野似的。我循着弯弯曲曲的和不规则的小路前
进，小路两边有开花的小树，路上还有数不清的花饰，如野葡萄、爬
山虎、啤酒花、旋花、马兜铃、铁线莲和其他类似的植物，甚至还有
忍冬和茉莉花。它们像我有时候在森林中看到的情形一样，漫不
经心地从这棵树长到那棵树，结果，形成了替我们遮挡太阳的帘
子。我们脚下的路面是柔和的、舒适的和干燥的，有细嫩的苔藓，
但没有沙子、野草和从树根部长出的高矮不齐的萌芽条。这时，我
才有点儿吃惊地发现，这些绿色的树荫，从远处看来是那么的可
怕，实际上乃是由攀缘植物和寄生植物构成的；它们顺着树身攀
缘，使树顶的叶子显得更加浓密，树根处更加荫凉。我还发现，他
们用一个相当简单的办法，使有几种植物把它们的根寄生在树干
上，结果，它们占的空间大了，使路面窄了。你可以想象得到，有了

这些寄生的东西,树上的果子当然就结得不好;只有在这个地方,他们才重美观而不重实用。在其他地方,他们对植物和树木的管理是那样细心,即使这个果园的面积缩小了,水果的收获量也比以前多。如果你想象一下:有时候,当我们在密林深处突然看见一个野果,把它摘下来吃的时候心里是多么高兴,你就会明白,在这个人工布置的荒野看见水果时,我心里是多么快乐:尽管它们在树上结得稀少,样子也不好看,但味道甘美,一个个都熟透了,这就更加引起我去寻找和挑选这些水果的兴趣。

所有这些小路的两旁都有清澈明净的流水,有时候在花草丛中几乎看不见的密如蛛网的水沟里缓缓流动,有时候在大水道里的五颜六色的砾石上奔腾,闪烁着耀眼的水光。我还看见几处从地下冒出的泉水,有时候还看见一些较深的水渠,渠中水清如镜,把周围的东西全都映入眼帘。"现在,我一切都明白了,"我对她说道,"不过,我所看到的这些水……""它们是从那边流过来的,"她指着她的花园的土堤的方向说道,"我们花了很多钱,利用这条水道的水,在这块地方形成一个无人注意的喷泉。这是我的父亲设计的;出于对我父亲的尊敬,德·沃尔玛先生不愿意让它毁掉,我们每天来看这股在花园里很难看到的水在果园里流,我们心里是多么快乐啊!喷泉的水是供外人观赏的;水流到这里来,是供我们用的。是的,我引来的是那个顺着大路流入湖里的大喷泉的水,因为它将冲毁大路,对行人不利,使大家都受到损失。它在果园尽头处的两排柳树之间拐一个弯,就流进我的地里来了,接着,我又从另外一条道路让它流出去。"

我看,现在的问题是,如何用合理的办法使这些水弯弯曲曲分散开,然后在适当的地方又汇合,尽量绕过斜坡,以便延长水流的时间,并在几个小瀑布处发出潺潺的水声。小水道的底是一层黏土,上面铺着一寸①厚的从湖里取来的砾石,并点缀了许多贝壳。这些小水道的水,有时从有泥土和草皮覆盖的大瓦筒中流过,在出口处形成人工造的水泉。在高低不平的地上,架有引水的虹吸管,水从管中落下时,激起了许多水泡。经过这样灌溉的土地,不断地开出无数的鲜花,使草地常青,非常好看。

　　我愈在这块幽静的地方转悠,进来时候的那种美妙感觉便愈强烈;好奇之心使我想把这个地方看个究竟。我急于观赏事物的心情多于研究它们给我的印象。我喜欢细细静观,而不愿意花力气去思考。然而,德·沃尔玛夫人把我从幻境中拉了回来,挽着我的胳臂说:"你所看到的这些东西,都是寂静之物,不论你怎么看,它们都只能给人以忧郁的寂寞感;只有在你看见活动的和有感情的东西时,你才能时时发现新的自然的美。""你说得太对了,"我对她说道,"我听到了叽叽喳喳的鸟叫,但我看见的鸟儿却不多,看来,这里有一个大鸟栏。""是的,"她说道,"我们快到那里了。"我不敢把我关于鸟栏的看法说出来。把鸟养在鸟栏里,我不太赞成,我觉得这和周围的景色根本就不协调。

　　我们转了好几个弯,绕了好远的道才走到果园的尽头。在这里,所有的流水汇合成一条清澈的小溪,从两排经常剪枝的老柳树中间缓缓流过。半光秃的树梢,被人们用我在前面所讲的巧妙办法盘成花盆状,从其中长出一株株忍冬。有一部分忍冬的枝叶互

---

① 旧法寸,约合 27.07 毫米。——译者

相缠绕在树枝上,另一部分则悠闲地吊在小溪的水面上。在靠近尽头之处,有一个周围长满了小草、灯芯草和芦苇的水池,供鸟栏里的鸟儿饮水之用。这里,是这股得到极其合理利用的珍贵的水的最后一个发挥作用的地方。

在水池的那一边,有一道土堤;它一直延伸到围墙拐角处一个长有各种灌木的小山丘那里。小山丘的高处是小灌木;愈往低处,灌木愈高大,这样,两种灌木的树梢就差不多一样高,或者,将来总有一天会长得一样高。前面有十几株目前虽然还小但终将长得很高大的树,例如山毛榉、榆树、白蜡树和刺槐。我在远处听见鸣叫的小鸟就栖息在这些小树林中;我们站在这块像一把大阳伞似的树荫下观看它们;它们飞来飞去,尽情歌唱和嬉戏,好像没有看见我们就站在它们下面似的。当我们走近的时候,只有很少的几只鸟飞走,我原先以为它们是关在大铁丝栏里的,但当我们走近水池时,我却看见有几只鸟飞下来,在一条横亘在水池和鸟栏之间把土堤分成两段的小路上向我们走来。德·沃尔玛先生在水池周围转了一圈,从衣兜里掏出几把谷物撒在路上,他走开以后,那些鸟就跑过去像小鸡似地啄食;它们啄食谷物的样子是那样熟练,以致使我认为它们是经过这种喂食方法的训练的。"真好看!"我惊叫道,"开头,你用'鸟栏'这个词儿,的确使我吃了一惊,现在我明白了:你是让它们作客人,而不作囚徒。""你说谁是客人?"朱莉问道,"其实,我们是它们的客人,它们是这里的主人,我们要向它们交纳贡金,它们才允许我们有时候到这里来玩。""好得很,"我说道,"这些主人是怎样占有这块地方的呢?用什么方法使这么多鸟儿自愿到这里来定居的呢?这样的方法,我以前没有听说谁尝试过,即使有人尝试,如果我没有亲眼见到的话,我也不会相信他能成功。"

"要创造这个奇迹,"德·沃尔玛先生说道,"需要的是耐心和时间。富人在享乐中是想不到这两条的。他们急于享受,只好用他们所仅知的暴力和金钱这两种手段。他们把鸟关在笼子里,每个月花许多钱把这些朋友关起来养。当仆人走近这个地方的时候,你看,鸟儿就飞走了。现在之所以有这么多鸟,是因为原来就有这么多,如果原来没有的话,那就谁也没有办法使它们来的。如果原来就有鸟,只要预备点它们吃的东西,就可招来更多的鸟;不惊吓它们,让它们在这里安心孵卵,不去掏它们的窠,不去捉它们的雏鸟,这样,原来就在这儿的鸟,当然留在这里;而后来的鸟,也会留在这里的。这个小树林,是原来就有的,只不过是和果园分开的;朱莉让人用一道绿篱把它圈在果园里,把原来将它和果园隔开的篱笆去掉,把小树林的范围扩大了,并种上各种草木。你看这条通向那里的小路的左边和右边,两块空地上都种满了各种各样的草、各种农作物和其他植物。她每年都叫人在这里种麦子、向日葵、线麻和巢菜*,这些都是小鸟爱吃的东西,我们都不收,留给小鸟吃。此外,无论冬天或夏天,她或我每天都要带东西来喂它们;如果我们不来,这件事通常由芳烁茵代做。正如你所看到的,它们走几步路就有水喝。德·沃尔玛夫人每年春天甚至还供给许多马鬃、稻草、羊毛和其他各种适合于筑巢的材料。除了提供材料以外,还给它们预备许多食物,特别注意提防敌人**对它们的侵害。

---

　*　一种野生的豌豆。

　**　指山鼠、小田鼠、猫头鹰,尤其是小孩子。

它们周围的环境很宁静,可以让它们在一个什么东西也不缺少而且又无人打扰的舒适的地方产卵。老鸟住过的地方,接着由小鸟住,它们的种族之所以能够保持和繁衍,其原因就在于此。"

"啊!"朱莉说道,"你不能对什么都无动于衷! 每个人要是只顾自己,则形影不离的夫妇,仆人的热心服务,父母的慈爱,这一切全都会失去的。如果能早两个月到这里来看一看那令人神往的景象,让你的心享受一下大自然的最甜蜜的感情。那是多么好呀。"
"夫人,"我面带忧郁的表情说道,"你已经有丈夫和孩子,这些乐趣应当归你享受了。"德·沃尔玛先生立刻拉着我的手,把我的手紧紧握着说:"你有我们做朋友嘛,你的朋友已经有孩子了;父母之爱,你难道不知道吗?"我看了看他,又看了看朱莉,他们两人互相看了一下,并向我投来一道如此感人的目光,以致我把他们两人分别拥抱一下之后,用深表赞同的声音对他们说:"我也会像你们这样爱他们的。"尽管我不知道一句话怎么会产生那么奇妙的效果,竟改变了人的心灵,但从此刻起,在我看来,德·沃尔玛先生已变成了另外一个人;我发现,他以我最钟爱的人的丈夫的面貌出现的时候,不如以两个孩子的父亲的面貌出现的时候多,为了这两个孩子,我愿意献出我的生命。

我想围着水池走一圈,以便到更近一点的地方去看一看那些小鸟和它们的栖身之地,但德·沃尔玛夫人不让我去。"谁也不能到它那里去惊动它们,"她对我说道,"在我的宾客当中,你是我头一个带到这儿来的客人。这个果园有四把钥匙:我的父亲和我们两人各人一把,第四把在芳烁茵手里,她是这里的视察员,有时候也带孩子们来玩;我们极其谨慎,不轻易让人到这里来,即使孩子们，也要求他们处处留心。居斯丹也只能和我们四人当中的一个人一起来；他春天要在这里干两个月的活儿，除此以外，就几乎不到这里来了。在一年的其他时间，这里的活儿就由我们自己做。""你这样做，"我对她说道，"固然没有让你的鸟儿成为你的奴隶，但你自己却成了它们的奴隶。""你这句话，简直像一个暴君说的，"她说道，"只有暴君才认为必须损害他人的自由，他才能享受他自己的自由。"

在我们往回走的时候，德·沃尔玛先生往水池里扔了一把大麦；我往水池里一看，发现里面有几条小鱼。"啊！啊！"我立刻惊叫道，"原来这里有几个囚徒。""是的，"他说道，"这几条鱼是战俘，我饶了它们的命。前不久，芳烁茵从厨房里偷了几条小鱼，趁我不知道的时候，放到水池里养起来。我让它们在这儿养着，如果我把它们再送回湖里，芳烁茵一定会心里难过的。与其使一个诚实的人不高兴，还不如让她把鱼放养在这个小水池子里。""你说得对，"我说道，"它们虽然被监禁在狭小的水池里，但逃脱了油煎之苦，所以也没有什么可抱怨的。"

"喂！你觉得怎么样？"我们从水池边往回走的时候，她问我，"你还觉得是在天边的地方吗？""不，"我回答道，"我现在已经不在天边，你把我领到爱丽舍了。""她给果园起的这个响亮的名字，"德·沃尔玛先生道，"很好，用来形容这个好玩的去处最恰当。对小孩子的游戏也略有夸奖之意；你知道吗，他们在这里玩的游戏，都不是他们的母亲教的。""我知道，"我说，"我完全相信；我觉得，这样的儿童游戏，比大人干的活儿更有趣。"

"这里，我还有一件事情不明白，"我继续说道，"一个完全改变了过去面貌的地方,只有经过人的经营和管理,才能变成现在这个样子;可是我在哪儿也没有看见有人经营管理的痕迹,到处是那么的碧绿、清新和生气勃勃,一点也看不出是经过园丁的侍弄。当我刚进来的时候,我觉得这里处处都像一个荒岛,我没有看见任何人的足迹。""啊!"德·沃尔玛先生说,"他们把人的足迹都去掉了,我就看见过好几次,有时候还玩弄骗人的花招。在人整治过的地方撒上干草,用干草来掩盖人的工作的痕迹。冬天,在土质贫瘠的地方铺上一层又一层的肥料,肥料腐蚀苔藓,使草和其他植物恢复生机;树木也要吸收一部分肥料,因此,到了夏天就看不见施肥的痕迹了;至于生长在小路上的苔藓,那是爱德华绅士从英国来信告诉我们培养的方法之后,特意培养的。这两边都有墙围着;每道墙都有遮掩物,不过不是贴墙种植的果树,而是密密的灌木丛,表明这块地方到此为界,过此就是一座森林了。那两边是高高的坚固的篱笆,篱笆前边种了许多槭树、山楂树、枸骨叶冬青、女贞树和其他杂树,使人看不见篱笆,而只看见一片树林。你看它们都没有排成一定的行列,高矮也不整齐。我们从来不用墨线;大自然是从来不按一条线把树木笔直地一行一行地种的。它们看起来不整齐,弯弯曲曲的,实际上是动了脑筋安排的,目的是为了延长散步的地方,遮挡岛子的岸边,这样既扩大了岛子的面积,而又不在不该拐弯的地方硬要拐弯*。"

　　我对这一切一加思考,便发现,他们想了那么多办法去掩饰他

---

　　*　这不是当时流行的小树林的样子。当时的小树林是那样地弯过来又拐过去的,以致人们在林中只好按"之"字形走路,每走一步都要转一个方向。

们曾经在这里花了许多工夫，这真是奇怪；不费这一番心思岂不更好吗？"尽管我对你这样详细地讲了，"朱莉说道，"如果你根据效果来评判我们所做的工作，那你一定会评判错的。你所看到的植物，都是野生的，或者是生命力很强的，一种在地上就会自己生长的。再说，大自然似乎不愿意人们看见它真正的美，因为人们的眼睛对大自然的美太不敏感，即使摆在他们的眼前，他们也会看错它本来的样子的。大自然躲开人常去的地方，它把它最动人的美陈列在山顶上，陈列在密林深处和荒岛上。所以，喜爱大自然而又不能到远处去寻找它的人，只好对它使用暴力，想办法强使它来和自己在一起，不过，要做到这一点，也非要有一点想象力不可。"

听完了她的话，我心中产生了一番使他们好笑的遐想。我对他们说："如果有一位巴黎或伦敦的富翁来做这座房屋的主人，而且还带来一位用重金请来破坏这里的自然美的建筑师，他走进这个简朴的地方，一定会看不起的！一定会叫人把所有这些不值钱的东西通通拔掉的！他要把一切都排列得整整齐齐的！小路要修得漂亮，大道要分岔，美丽的树木要修剪成伞形或扇形！栅栏要精雕细刻！篱笆要加上花纹，弄成方形，篱笆的走向要拐来拐去的！草坪上要铺上英国的细草，草坪的形状有圆的、方的、半圆的和椭圆的！美丽的紫杉要修剪成龙头形、塔形和各种各样的怪物形！花园*里要放上漂亮的铜花瓶和石头雕刻的水果！……""把所有这些东西都做好以后，"德·沃尔玛先生说道，"这个地方固然是很

---

　　* 我相信，人们在花园里不让任何乡间的东西存在的时刻即将到来；他们在花园里不让草和灌木生长，他们摆设一些瓷花和瓷人；花园周围有栅栏，地上铺一层各种颜色的沙，并放几个里边空无一物的好看的花瓶。

漂亮了，但人们也就不常到这里来了；即使来了，也巴不得赶快离开，到田间去散步。一个令人沉闷的地方，是没有人去散步的，顶多也只是在出去散步的时候，从这里经过一下罢了。而目前，当我在田间漫步的时候，我可是经常急着回来，在这里散步。"

在这块面积如此广阔、草木如此众多的地方，我没有看到任何一样反映主人和艺术家的虚荣心的东西。有虚荣心的主人和艺术家，都急于炫耀自己：一个炫耀自己的财富，一个炫耀自己的本领；他们花了许多钱，搞出来的东西却令人生厌，谁看了也不喜欢。对高大的偏爱，是不符合人的天性的，是有害于人对事物的追求的。又高又大的样子是很难看的，它使人觉得假装高大的人很可怜：站在他的花圃和宽阔的道路中间，他小小的个儿也不会因此就大起来。一株本来只有二十法尺高的树，一和他相比，就显得有六十法尺 * 高似的；他所占的空间从来不超过三法尺，因此，在他庞大的花园里，他小得简直像只虫子。

另外还有一种做法，和前面那种做法不仅截然相反，而且还更加可笑，因为它连散步的乐趣都不让人享受，虽然修建花园的目的就是为了让人们在其中散步。我告诉他："我曾经看见过一些追逐新奇的人，一些可笑的花卉家，他们一见到毛茛就害怕，而一看见郁金香就爱如至宝。"关于这一点，绅士，我对他们叙述了我有一次

---

* 有些人喜欢修剪树枝，把树修剪得光秃秃的，把漂亮的树梢和浓密的树叶都剪掉，使树汁流尽，不让树长得枝叶繁茂，这真令人好笑，因此，对这种做法，需要多讲几句。是的，这个方法可以使园主得到木柴，但却使国家遭了殃，因为国家的树木本来就不多；有人以为法国的大自然和其他国家的大自然不同，因此硬要毁坏它的容貌，把它搞得面目全非！公园里种的尽是树干细高的树，看起来好像全是桅杆或五月树似的，人们在树下散步，连一块遮荫的地方都没有。

在伦敦的花园里遇到的情形：我被人们用挺隆重的仪式领进花园；我看见种在四层厩肥上面的荷兰的珍奇花卉正在盛开。我永远记得，有人献给我一把阳伞和一根手杖，以表示对我的尊敬。可是我说我不敢当，其他在场的人也有同感。我对他谦卑地承认：尽管我想尽力而为，见到颜色鲜艳的郁金香就硬装出狂喜的样子，但我还是遭到那些学者的嘲笑和讥刺，对我大喝倒彩，那位园艺教授用轻蔑的目光把花和我这个赏花的人瞥了一下之后，一直到终场，对我都保持着一种不屑于正眼看我的样子。"看来，"我说道，"他有点儿后悔，不该白送我一根手杖和一把阳伞。"

"这种爱好，"德·沃尔玛先生说，"一旦成癖，就会使人显得小气，看问题很幼稚，而且还会产生不良的后果。前面所说的那种人的爱好，至少还显得高雅和大方，而且也有某些好的地方；一棵银苗菜或一个葱头，正当人们拿它去卖的时候，却被虫子咬了，甚至把它咬坏了，这时候，它有何价值呢？一朵在中午盛开而到了太阳落山时就凋谢的花，有多少价值呢？一般的美，只有好奇的人才欣赏，而它之所以美，也只是因为它使好奇的人感到喜欢，这种美的价值如何呢？总有一天，人们对花卉的看法，将与今天的看法完全相反；将来的看法有将来的道理；到那时，就数你博学，而那些好奇的人显得无知了。通达事理的人，对花卉并不细细观赏或进行品评，因为他看花的目的，是使身体得到适当的运动，和朋友边散步边聊天，使他的精神得到休息。种花的目的，是为了我们在漫步的时候观赏，而不是为了让人乱加解析*。你看那花中之王在这个

---

*　聪明的沃尔玛没有仔细研究这个问题。这位如此之善于观察人的德·沃尔玛先生，对大自然观察会如此之差吗？他难道不知道大自然的创造者在大事上是伟大的，在小事情上也是很伟大的？

果园中到处显示它的存在：它使空气芳香，使人赏心悦目，看入了迷，但它却几乎没有让人操多少心和花多少力气。然而，正是由于这个缘故，花卉家们看不起它；大自然已使它长得如此之美，以致他们无法给它添加任何习俗的美；他们苦于不知道如何种植它，所以就觉得它不合他们的心意。那些所谓的高人雅士的错误在于：他们到处都想搞点艺术，而出自天然的艺术，他们又不喜欢；他们不知道善于审美的人是着重于看那藏而不露的美的，尤其是对大自然的作品，更是如此。为什么要修那些铺有沙子的笔直的小路？为什么要把几条道路交汇成星状，结果不像他们所想象的使人觉得花园大，反而弄巧成拙地使人看出了花园的局限？你在树林里可曾看见过河里的沙子？人的脚在沙子上走，难道比在苔藓或草地上走更感到柔和？大自然使用过角规和尺子吗？他们把大自然弄得面目全非之后，是不是还害怕人们根据某些现象去寻找它？他们散步走直线，似乎是为了早到终点，好像刚一开始散步就对散步感到厌倦似的，这岂不令人好笑？他们抄近道走；我们根据这一点，不就可以说他们是在赶路而不是在散步，说他们刚进花园就急着想出去吗？

"风雅的人是为生活而生活的，他们知道如何自得其乐，他们寻求的是朴朴素素的真乐趣，就在自己的家门口散步；他们是怎样做法的呢？他们散步是如此的悠闲和愉快，以致一天当中时时刻刻都可以去散步，而且散步的方式也是非常的简单和自然，好像若无其事似的。他散步的地方有流水、草地、树荫和清新的空气，因为大自然把这些东西都给他预备好了嘛。他不让任何东西形成对称，因为一形成对称，就显得不自然，缺少变化。一般的花园中的路,彼此是如此的相像,以致使人认为一直是在一条路上走似的。为了能舒舒服服地散步,他将把路上不必要的东西通通去掉,但路的两边并不需要绝对的平行,方向也不必笔直,而且路面起起伏伏,宛如一个悠闲的人随波逐流,信步而行的步态似的。看见远方有美好的景致,他也不急于想去,而大多数人都有这么一种倾向:他们总觉得他们现在所在的地方不够意思,因此对遥远的风景地特别感兴趣,硬要到离他们很远的地方去才高兴,而园艺家又想不出什么办法来使这种人对他们周围的环境感到满意,便只好撺掇他们到远方去消磨他们的时间。然而我所说的那种人,是没有这种倾向的;他们在哪里,就觉得哪里好,从来不想到别的地方去。举个例子来说,这里虽没有远方的景致,但主人也很满意了。他们认为,大自然的美,这里面全都有了;因此,我很担心,万一有什么景致外面有而里面没有的话,就会使这个散步的地方大为减色的*。当然,凡是不喜欢在如此质朴和令人愉快的地方度过美好时光的人,是没有纯洁的审美观和圣洁的心灵的。我承认,我们不能摆阔气,讲排场,去招引外人;恰恰相反,我们倒是应该在其中自寻其乐,无须把它展示给任何人看。"

---

　　* 我不知道是否有人试过把汇合成一个星状的几条长道稍稍弯成弧形,使人们不至于一眼就看到底,不至于看到路的那端的尽头。是的,这样也许会使它们看起来不那么好看,但主人可以得到这样一个巨大的好处:他在想象中把他所在的地方扩大了,就在一个范围有限的道路汇合之处的中心,就好像置身于一个巨大的公园里似的。我相信,在这样的地方散步,尽管令人更加感到孤独,但可减少索然无味的感觉,因为,凡是能引起想象的东西,都将刺激人的思维,培养人的智力。不过,设计园林的人,并不都是能了解这些好处的人。如果他们也像勒·诺特尔设计圣雅姆公园那样,了解哪些东西能赋予自然以生命力,使它的景观令人看起来感到愉快,他们在田园似的地方,将不知道有多少次把手中的铅笔放下,细心思考啊。

　　"先生,"我对他说道,"那些修建极其漂亮的花园的富翁,不喜欢单独一个人散步,不让花园只供他们享用;他们这样做,是很有道理的。他们做得对:他们在这一点上想到了别人。此外,我在中国曾经看见过你所说的那种花园,虽然用了那么多的能工巧匠修建,但修得一点也不符合艺术的原理,而且修的时候要花那么多钱,往后的管理费用又是那么的大,以致我一想到这些,就兴趣全无,不想去看它们了。他们在平坦多沙、靠井水生活的地方,却硬要用岩石砌假山和假岩洞,还要造人工瀑布,把中国和鞑靼不同气候的奇花异草栽种在同一块土地上;园中既没有幽静的道路,也没有整齐的间隔;人们在园中看到的,是数不清的奇奇怪怪的东西,东放一块,西放一块,显得很零散;他们用千百种不同的形式表现自然,但结果却使整个布局看起来很不自然。而在这里,既不需要从他处取土运石,也不需要打井或修水池,更用不着什么温室、炉子或防寒罩和草席。一块大部分是平坦的土地,它所需要的装饰是很简单的,普普通通的草、普普通通的灌木和几条畅通无阻的细细的流水,就足以把它装点得很美了。这是一项不需要花大力气的工作,做起来很容易,看起来挺有新意。我觉得,如果把这块地方弄得更好看一点的话,我反倒不喜欢了。例如,柯布汉绅士在斯塔修建的著名的花园就是这样:园中确有几处风景如画的地方,它的布局在好几个国家都被选作样板;除了它的主体是像我刚才所讲的中国式花园以外,其余各部分还是显得很自然。这座漂亮的园林的主人和设计人甚至还命人在园中仿建了几处古遗迹、庙宇和古式建筑,园中时间和空间的结合,真是巧夺天工,然而,正是这一点,我很不喜欢。我认为,人的享乐,实现起来务求容易,以免使人觉得自己力不从心，实现不了。在观赏这些美妙的花园的时候，如果想到它耗资之多，工程之大，就不敢继续看下去了。命运使我们受的辛苦，难道还不够多，硬要我们在享乐方面，也要辛苦一番之后才能享受吗？"

"对于你的爱丽舍，我只有一个意见要提，"我看着朱莉说道，"也许你会觉得我的意见提得很尖锐；我觉得，你到这里来玩，完全是多此一举，在你的住宅周围就有那么多漂亮的小树林，你不去，为什么偏要到这里来散步呢？""你说得很对，"她有点儿难为情地回答道，"不过，我喜欢这个地方。""如果你的问题是经过一番考虑之后才提的话，"德·沃尔玛先生说道，"那就表明，你太考虑不周。自从我们结婚以后，我的妻子就没有到你所说的那些小树林去过；虽然她不告诉我为什么不去，但我知道其中的原因，而你也是知道的。你要敬重你现在所在的这些地方，因为这里的花草树木都是由有美德的人之手种植的。"

我刚挨完了这一顿正确的责备，我们准备走出花园的时候，孩子们在芳烁茵的带领下，进来了。三个可爱的孩子扑上去搂着德·沃尔玛先生和德·沃尔玛夫人的脖子；他们也亲吻了我。朱莉和我又走进园子，和他们一起散了一会儿步，然后又回到德·沃尔玛先生那里，他正在和几个工人谈话。在路上，朱莉对我说，她自从当了母亲以后，就产生了一个想法，那就是：要美化这个供散步用的园子。"我要为我的孩子们的娱乐和他们长大以后的健康着想。对于这个地方的管理，我所花的心思比所花的力气多。我把重点放在教他们把树枝修剪成一定的形状，而不放在耕种土地；我希望有一天把我的孩子们培养成小园丁。为了增强他们的体质,他们需要多少锻炼,就让他们得到多少锻炼,而不仅仅是使他们劳其筋骨而已。此外,他们也要做一些就他们的年龄来说是很艰苦的工作,然而只限于让他们做他们觉得有趣味的工作。一想到我的孩子们忙着做我让他们做的有趣的工作,我心里的愉快,真是难以向你表述;孩子们看到他们的母亲在他们亲手种植的树下高高兴兴地散步,他们快乐的心情,也非言词所能形容。我的朋友,"她用激动的声音说道,"过这样的日子,实际上就是来生的幸福了,所以我把这个地方叫做'爱丽舍',不是没有理由的,是有所感受才给它取这个名字的。"绅士,这个无人可与之相比的妇女,真是一位好母亲,也是一位好妻子,好朋友,好女儿;尤其使我念念不忘的,她还是一个好情人。

住在这样一个迷人的地方,我心中感到非常高兴,因此,有一天下午,我请求芳烁茵把她的钥匙交给我,在我住在他们家期间,由我去给那些小鸟儿喂食。朱莉立刻把装谷物的袋子送到我房间里,并把她自己的钥匙交给我。我不知道为什么我在接过她的钥匙时感到有点儿为难,我觉得,我最好是用德·沃尔玛先生的钥匙。

那天早晨,我一早就起床,像小孩似地赶快跑到那个荒岛,我要把美好的思想带到那个孤独的地方。在那里,单是大自然的生气勃勃的样子,就足以使我完全忘掉那使我落到如此可怜的境地的人为的社会秩序。所有一切即将出现在我周围的东西,都出自我从前的最亲爱的人之手。我将细细观察我的周围:周围的东西无一样不是她曾经亲手摸过的;我将亲吻被她的脚踩过的花,我将和朝露一起吸进她呼吸过的空气;我从她在娱乐方面的爱好,就可看出她的美;我到处都可看到她,仿佛她就在我的内心深处一样。

当我怀着这种心情走进爱丽舍的时候，我立刻想起德·沃尔玛先生昨天在这个地方对我说的最后那句话，一想起那句话，我的心情马上就改变了。我来寻求的是快乐，而我所看到的却是美德。美德的形象和德·沃尔玛夫人的形象，在我心中混合在一起了。自从我回到这里以后，我在想象中看见朱莉，这还是第一次；不过，不是她从前的样子，也不是我臆想中的样子，而是天天出现在我眼前的样子。绅士，我仿佛看到这个如此迷人和如此贤惠的女人像昨天那样站在孩子们当中。我看见三个可爱的孩子（他们是婚姻和真诚的友谊的保证）围绕在她周围，他们没完没了地对母亲撒娇，母亲也没完没了地亲吻他们。我看见她身边是庄重的沃尔玛；这位得到妻子真心的爱的幸福的丈夫，是完全值得他的妻子爱他的。我好像看见她敏锐的目光射进了我的心，使我感到赧颜；我好像听见她在指摘和教训我；她的指摘是完全正确的，但她对我的教训，我却不怎么听得进去。我看见跟在她身后的，还是原来那位芳烁茵·雷加尔，这就充分表明美德和人的灵性已战胜了火热的爱情。啊！要想越过这个不可逾越的卫队，对她起非分之心，那怎么可能呢？我要怀着多么大的愤慨的心情，才能压住这罪恶的和难以克制的情欲的邪恶的冲动啊！对于这幅如此令人欣羡的天真的画图，稍有亵渎之意，我就会惭愧得无地自容的！我在心中回忆她在我走的时候对我说的话，然后又和她一起探索了她心向往之的未来。我观看这位慈祥的母亲擦她们的孩子们额头上的汗，吻他们绯红的脸儿，让她慈爱的心尽情享受那出自天性的感情。单单"爱丽舍"这个名称，就足以纠正我想入非非的邪念，给我的内心带来宁静，排除那诱人的情欲的纷扰；它在某种程度上给我描绘了那个想出这个名称的人的内心。我认为,如果她还有动荡之心的话,她就不会给这个地方起这个名字。我对我自己说:"和她所命名的宁静的地方一样,她的心灵深处也是非常的宁静。"

我陷入了一阵遐想,遐想的境况之美,完全出乎我的想象。我在爱丽舍待了两个小时;在我一生中,没有任何一个时候有这两小时这么令人陶醉。这两个小时尽管转瞬即逝,但我在扪心自问的沉思中得到了心地不良的人永远也领略不到的幸福的享受:我独善其身,自得其乐。对于这一点,只要不带偏见的话,我真不知道还有别的什么乐趣可以和它相比了。我至少认为,无论是谁,只要他也像我这样喜爱孤独,他就不会自寻烦恼的。我们可以从这个原理中得到启示,找出人们关于为恶之利和为善之利的结论为什么都不对的原因。因为,行善的喜悦在心中,只有心地善良的人才体会得到;而为恶之利则难逃别人的眼睛,因此,只有得到为恶之利的人才知道它使他付出了多大的代价。

> 那吞噬人心的隐秘的烦恼,
>
> 如果能出现在人的脸上,
>
> 许多心怀不良的人
>
> 就转而会心怀恻隐了 *

---

　　* 下面这几行诗,也写得很好,也可以用来说明我想阐述的问题,因此,最好是把它们补引如下:

> 他们表面得意,心厌倦,
>
> 厌倦之心毁他们,
>
> 所谓的幸福乃虚幻,
>
> 只好强装快乐掩忧烦。

　　由于时间已经很晚了，我还没有回去，所以德·沃尔玛先生来找我，并告诉我，朱莉在等我去喝茶。"是你们不让我早一点回来的，"我一边抱歉一边对他们说，"昨天下午我过得非常愉快，所以今天早上我又去享受那里的美景了。尽管让你们久等了，但我这一上午的时间没有白过。""你说得对，"德·沃尔玛夫人说道，"我们就是等到中午，也要等你回来一起吃午饭。早晨，是不让客人进我的房间的，他们在他们的房间里吃。午饭是供朋友们吃的，仆人不在这里吃，也不让讨厌的人来，所以你可以想说什么就说什么，可以把心中的秘密全说出来。有什么想法，不要藏在心里不说；你尽管说好了，不要怕影响我们对你的信任和与你的亲密关系。这是唯一让人以真正的面貌出现的时间，而不是整天都如此！""啊！朱莉，"我差一点儿脱口说出，"我有一个很有趣的想法。"但我赶快闭着嘴不说。我话到口边而临时与爱情一起压下不说的第一件事情是夸奖。当面夸奖某人，除非对方是自己的情人，否则，不是责备对方爱好虚荣又是什么？绅士，你是不是以为我要责备德·沃尔玛夫人？不是，不是，我尊敬她，就要默默地尊敬她，我看她做事，听她讲话，观察她的举止言行，这不就是在十分尊敬她吗？

书信十二　德·沃尔玛夫人致多尔贝夫人

　　亲爱的朋友，上天早有安排：你应当时时刻刻保护我不受我自己的损害；你费了许多力气把我从爱情的陷阱中救出来以后，还应当保护我不掉进我的理智的陷阱。经过了那么多残酷的考验之后，我已经学会如何才不犯错误，不受那经常使我犯错误的情欲的驱使。我要步步小心，事事留意！如果在过去我不那么自以为聪明的话，我在爱情方面就会少发生一些令人羞愧的事情了。

请不要对我开头这番话感到吃惊。如果我还要来和你商量重大的问题①，那我就不配做你的朋友了。我的心已不再有犯罪的念头；我敢说，这种念头比以往任何时候都远离我的心。表妹，你要静下心来听我说，你要相信我，单单靠诚实就能解决的疑难问题，我不再需要你给我出什么主意了。

我和德·沃尔玛先生极其美满地共同度过的这六年夫妻生活期间，他从来没有对我讲过他家的情形和他本人的经历。我遵照一个对女儿的幸福极其关切、对家庭的荣誉极其珍惜的父亲之意嫁给他以后，我从来没有流露过急于想从他口中知道的样子；他是否告诉我，我让他自己去决定。我十分清楚：我父亲的生命，我的名誉，我心灵的宁静和清醒的头脑，我的孩子，以及一切在我看来还有一定价值的东西，全都受赐予他。因此，我深深相信，即使他有些情况我还不知道，那也不会和我已知的情况差得太多。因此，对于他，我不需要再知道更多的情况，我也能尽我的力量爱他和尊敬他。

今天早晨吃早饭的时候，他向我们提出建议，趁天气不热，到外面去走一走；接着，他借口穿着睡衣在田间散步不合适，把我们领到一个小树林里，而且，亲爱的表妹，恰恰就是那个开始我一生痛苦的小树林。在快到那个令人不安的地方的时候，我感到我的

———————————

① 朱莉在这里所说的"重大的问题"，指爱情问题。她和她的情人初恋时，曾经常和她的表妹商量；现在她已结婚，所以不能再有什么爱情问题要去和多尔贝夫人商量了。——译者

心跳得很厉害，要不是害羞的心使我不敢表示反对，要不是想起有一天在爱丽舍所说的一句话使我不敢提出异议，我也许会拒绝到树林中去的；我不知道这位哲学家心里是不是很镇定，但一会儿后，我偶尔转过眼睛去看他，我发现，他脸色苍白，样子也变了；我无法向你形容当时的情形使我多么难堪。

在走进小树林的时候，我看见我的丈夫瞧了我一眼，而且微微笑了一下。他坐在我们当中，沉默了一会儿以后，他拉着我们两个人的手说："我的孩子，我已看出我的计划不会落空，我们坚贞的爱，使我们三个人能够生活在一起，创造我们共同的幸福，并在我晚年苦闷的时候给我以安慰。不过，我对你们两个人的了解，比你们两个人对我的了解要详细。要使我们互相了解的程度都一样，那才公平。尽管我没有什么特别有趣的事情需要告诉你们，但你们既然对我不保守秘密，我也要做到对你们不保守秘密。"

接着，他向我们透露了他的家世；到现在为止，他家世的秘密，只有我父亲一个人知道。你知道以后，你可以想一想：这样的秘密，他对他的妻子竟六年守口如瓶，可见他的头脑是多么冷静，是多么能克制自己。不过，这个秘密，在他看来也没有什么了不起，所以也很少考虑，如何小心谨慎，只字不提。

"我不光是向你们讲我一生经过的事情，"他对我们说道，"对你们来说，了解我的经历，没有了解我的性格那么重要；我的经历和我的性格一样，是很简单的。因此，只要充分了解我现在的为人，你们就可以很容易地了解我过去所做的事情。我的心灵天生是很平静的，我的心是冷静的，我属于人们骂为凡事无动于衷一类的人，这就是说，没有任何欲望可以动摇他们跟随人类的真正导师的心。我对高兴和忧虑的事情都不太重视,因此,我对那些可以左右我与他人感情的利害关系和人情世故都淡然处之。虽说我看见好人受苦,就很难过,但这并不是出于怜悯之心,因为看见恶人受苦,我也是一点也不怜悯他们的。我的一切行动的动因,完全来自我对秩序的天然的爱;人的财力和行为的正确结合,就像图画上的巧妙的对称或舞台上演得非常成功的戏剧一样,使我感到非常高兴。如果说我有什么特殊的爱好的话,那就是我特别喜欢观察。我喜欢观察人的心:由于我的心中没有什么幻象,所以我能非常冷静地和不偏不倚地进行观察;长期的经验已经使我养成了见微知著的能力,因此我的判断很少错误。这是我一贯公正观察所取得的成绩,因为我不扮演任何角色,而是看他人表演,我之喜欢社交场合,是由于我要观察它,而不是我想成为其中的一分子。如果我能够改变我这个人的天性,并换上一双灵活的眼睛,我是愿意改变的。因此,尽管我对人冷冷淡淡,但我绝不会不和他们联系;虽然我不想他们来看我,但我要去看他们;虽然我不爱他们,但我需要他们。

"我有机会观察的上流社会中的头两种人是朝臣和奴性十足的奴才;这两种人,实际的差别没有表面的差别那么大,不必花多少工夫就可弄清楚,因此,我一看见他们就感到厌恶。宫廷的情况,是一眼就可看明白的,所以我离开宫廷之后,就走得远远的,躲开宫中时刻都可能遇到的危险,否则,那是很难逃脱的。我改名换姓;我打算观察一下军人的生活,因此,我就到一个外国的君主的部队中找了一份工作。正是因为我当了军人,我才有幸为你的父亲效劳;他因为杀死了一个朋友,感到很伤心,决心去自首,请求免去他的军职。这个勇敢的军官的善良的和知过认错的心,使我从那个时候起,便开始对人类有了较好的看法。他待我以友好的情谊,因此我也不能不报他以友谊;此后,我们经常往来,关系一天比一天密切。在我所处的新环境中,我认识到,利益并不是像我以前想象的是人的行为的唯一动机;在许许多多与美德相冲突的偏见中,也有一些偏见有利于美德的实践。我认为,人普遍具有的性格是自爱;由于他要爱他自己,所以他对他人就不关心;由于有许多受风俗习惯、法律、社会地位、财产和管理办法制约的事情,在使他发生变化,因此,他可能变好,也可能变坏。所以,我由着我的性子去做,置空泛的社会舆论于不顾;我相继干过几种不同的职业,因为它们可以帮助我把它们加以比较,通过一种职业去了解另外一种职业;我认为,"他转身对圣普乐说,"正如你在有一封信①中所说的,如果光是看的话,那是什么也看不出来的,必须自己行动,才能了解别人如何行动;要当观众,我自己就先当演员。到下层去生活,那是很容易的:我试做过许许多多像我这种身份的人绝对不愿意干的事情,我甚至当过农民,当朱莉叫我去给园丁当助手的时候,她发现,我一点也不像她所想象的是一个生手②。

"随着对人的真正了解(安闲自在的哲学家是只看人的外表的),我还得到了另外一个未曾料到的好处,那就是:通过活跃的生活,加深了我得自天性的对秩序的爱;由于我乐于为善,我对善有了新的认识。现在,我虽不像从前那样耽于沉思,但比从前更注意

---

① 卷二书信十七。——译者
② 读者可以看出,这里的沃尔玛,实际就是卢梭。——译者

我自己。作为这一进程的自然的结果,我发现,我是孤单的;使我经常处于烦恼状态的孤独,使我感到害怕,我几乎没有办法躲避它。我虽然没有抛弃对人的冷淡态度,但我需要他人的爱;无人安慰的衰老的样子,使我还没有到晚年就感到悲伤,这是我平生第一次产生不安和忧伤的感觉。我把我的痛苦告诉了德丹治男爵。'你不要未老先衰嘛。'他对我说道,'拿我本人来说,我虽然结了婚,但我几乎一直是单独生活的。我觉得,我现在需要重新过做丈夫和做父亲的生活。因此,我想退休,回到我的家人中间。现在,只有你也成家,才能弥补我失去儿子的损失。我有一个独生女儿还未结婚;她人品好,心地善良;她热爱她的天职,因此也热爱一切与天职有关的事物;她并不特别漂亮,天分也不特别高,不过,你可以去看看她。我敢说,如果你见到她都不动心的话,那你在世界上就再也找不到能使你动心的人了。'于是,我到这里来了,我看见了你——朱莉;我发现你父亲对你的描述是很谦虚的。你拥抱的时候的高兴样子和流下的快乐的眼泪,使我一生中第一次,或者更确切地说,唯一一次动了感情。虽说这一次印象不深,但它是其他任何印象都无法与之相比的。感情要见诸行动,就需要有力量,而且,力量的大小,必须和起对等作用的感情成正比。我虽有三年不在这里,但我的心一点也没有变;在我回到这里的时候,你的心也没有离开我,因此,我要在这里为你洗刷你在此处因向人表露爱情而蒙受的羞辱。"亲爱的表妹,请你想一想:当我知道我的全部秘密在结婚以前已完全泄露,我是多么吃惊,何况他明明知道我已属于另外一个人,他还要娶我为妻。

"这件事情是不可原谅的,"德·沃尔玛先生继续说道,"但我顶住了别人的议论，甘冒人家说我不慎重考虑的指摘，我把你的荣誉和我的荣誉联系在一起；当然，我也害怕使我们两人一起陷入无法医治的痛苦。然而，我爱你，而且只爱你一人，其他的一切，我就不管了。即使是最轻微的情欲，如果没有抵消的力量，让人怎么去克服呢？性格冷漠平静的人的缺点，就在于此。只要他们冷漠的性格保证他们不受诱惑，那就一切都好，但万一有某种诱人的东西来侵袭他们，他们一受到攻击，马上就会被征服的，理智只有在单独作用的时候，才能发挥它的功能，因此，稍一遇到一点儿攻击的力量，它就无法抵抗了。我一生只受过这么一次诱惑，所以我投降了。如果我还遇到过其他欲望的诱惑，使我摇摆不定，也许我还会多走许多错路，多跌几次跤。只有火热的心才能战斗和取得胜利；所有一切巨大的努力和高尚的行为，都由它产生。冷静的理智从来没有产生过出色的行动；只有使各种各样的欲望互相制约，我们才能战胜它们；对美德的爱产生之后，它就可以控制其他的欲望，使它们保持平衡。真正的智者就是这样成长起来的；他们也像一般人那样受到欲望的引诱，只不过能像利用狂风加快船速的舵手那样，利用一种欲望去战胜另一种欲望。

　　"你们可以看出，我并不想把我的错误说成不是错误，如果真是一个错误的话，我也肯定是愿意犯的。不过，朱莉，我了解你，我娶你为妻，一点也没有做错。我深深知道，只有依靠你，我才能得到我的幸福，如果有什么人能够使你幸福的话，这个人就是我。我知道你的心需要保持纯洁和宁静，而你心中思念的爱情，是永远不会使你得到这两样东西的。只有对犯罪的行为感到害怕，才能打消你心中的爱情。我看出你的心中有一种沉重的负担，必须进行一场新的战斗，才能把它从你的心中完全解除；只有认识到自己依然能受到人的尊敬，你才知道如何成为一个受人尊敬的人。

"为了爱情，你已心力交瘁。我虽觉得年龄的悬殊毫无关系，但我并不妄想得到已许给他人的爱情，因为，即使那个人不能享受，其他任何人也是不能得到的。相反，在我的生命已经过了一半多的时候，我感到我心中只有一个心愿；我认为这个心愿是持久的，我要把我今生余下的时间都用之于它。经过长期寻找之后，我没有发现任何一个人能比得上你；我觉得，凡是你办不到的事情，世界上就没有其他的人能办到了。我完全相信美德，因此我愿意和你结婚。你对我保守秘密，我一点也不觉得奇怪；我也知道你要保守秘密的原因；我在你谨小慎微的行动中已看出了你为什么要保守这么久的理由。为了你，我也要像你这样把话装在心里，使你有一天自己向我说出我多次看到你欲言又止的真情。我的看法一点也没有错；你完全做到了我希望你做的事情。当我选择妻子的时候，我就希望我选择的伴侣是可爱的、聪明的和快乐的；头两个条件你已经有了，我亲爱的宝贝，我希望第三个条件你也要具备。"

听到这番话，尽管我想大哭一场，打断他的话，但我还是禁不住扑过去搂着他的脖子说："我亲爱的丈夫，我最可爱的朋友，请你告诉我，在我的幸福中，还缺少什么，即使不是为了你，单单为了使我能更好地享受我的幸福……""你已经是很幸福的了，"他打断我的话说，"你得到这样的幸福，完全是应该的。不过现在的问题是：你应该平平安安地享受你花了许多心血直到今天才得到的幸福。如果说只要你对我忠实就够了的话，那么，自从你答应对我忠实之时起，你就已经做到了，不过，我希望你是心情愉快地对我忠实，因为只有这样，我们两个人即使不互相叮咛，也能做到同心协力。朱莉，我们的成就之大，也许是你想象不到的。据我看，你唯一做得不够的是：你还没有恢复你原有的信心，你把你自己的价值低估了。过分谦虚，同过分骄傲一样，是很有害处的。鲁莽冒失，往往使我们做超过我们能力的事，结果弄得我们力不从心，而怯懦畏缩则使我们不敢相信自己的力量，结果使我们的力量得不到发挥。真正的谨慎是：要充分了解自己的力量，靠自己的力量行事。你改变了身份以后，便获得了新的力量。你已经不再是那个哀叹自己图一时的快乐而失足的不幸的姑娘了；你现在是妇女当中最贤德的妇女，你把你的天职和荣誉放在高于一切其他准则的地位。如果说你还有缺点的话，那就是：你把你过去的错误看得太重，使它成了一个包袱。你不要再这样自己对自己过不去了；你要相信你自己，才能更好地依靠你自己；你要排除那些不必要的疑虑，因为它们有时候会使你畏首畏尾，不敢前进。相反，你倒是应当庆幸你自己，在极容易交友不慎的年龄选择了一个诚实的人，庆幸你今天还能把你以前的情人当着你丈夫的面待为朋友。当我知道你们的关系以后，我由此及彼地敬重你们两个人。我认为，迷惑人的感情使你们两人都误入了歧途：它能迷惑心地纯洁的人，有时候甚至使他们铸成终身的大错，但它用来引诱他们的，完全是美丽的外表。我认为，使你们结为情侣的原因，在你们的情侣关系行将犯罪的时候，会立刻使你们的关系开始疏远的；罪恶的念头可以进入你们这样人的心，但它不可能在其中扎根。

“从那时以后，我认为，你们之间的关系不必中断，你们相互依恋之情的值得称赞之处太多，所以只能加以调整，而不应一笔勾销。你们两人当中的任何一个人,如果忘记了对方,就必然使自己的价值也受到很大的损害。我知道,激烈的战斗反而会刺激强烈的欲望;艰苦的努力固然可以锻炼心灵,但它将给心灵带来许多痛苦,痛苦的时间一长,将使心灵陷于消沉。我利用朱莉的温柔来缓和她的过分持重。"接着,他对圣普乐说:"我鼓励她对你的友谊,而消除与友谊无关的东西,因此,我认为,我在她心中为你保存的东西,也许比我让她自己安排留给你的东西还多。

"我的成功,鼓舞了我。因此,我打算像医治她那样来医治你,因为我很看重你,所以,尽管对罪恶有偏见,但我始终认为,要得到心地纯洁的人的善意,就要待之以信任和真诚。我仔细观察过你,你没有对我说过假话和做过欺骗我的事;尽管你现在还没有做到处处都尽如人意,但我对你的评价比你自己想象的还好,我比你本人对你还感到满意,我知道我的做法有令人觉得奇怪的地方,不符合一般的法则,然而,当我们对人的心有了更好的了解的时候,就不能按一般的法则行事了。朱莉的丈夫不能像别人那样看问题。亲爱的孩子,"他以一个心灵平静的人的动人的语气说,"你们是怎样的人,就以怎样的面貌出现好了,这样,我们才高兴。闲言碎语,让别人去说吧! 不要怕你们有什么做得不对的地方;你们没有什么可怕的;你们现在想做什么就做什么;你们的将来,由我负责。今天我对你们就不多讲了;如果我的计划能够实现,我的希望就不会落空,我们的命运就会更加美好,你们两人就一定比你们彼此再按过去的方式相处更幸福。"

他站起身来拥抱我们,而且要我们也互相拥抱,在这个地方……就在我们从前那个地方……克莱尔,啊,亲爱的克莱尔,你一

直是很爱我的！我没有露出任何为难的样子，啊！如果我做出为
难的样子的话，那反而错了！我对这一次亲吻的感受，与从前那次
使我对这座小树林感到害怕的亲吻的感受完全不同：我暗自庆幸
这一点；我发现，我的心态的变化，比我过去想象的大得多。

　　在我们往回家走的路上，我的丈夫拉着我的手，并指着我们刚
才所在的那座小树林，笑着对我说道："朱莉，不要对这个隐蔽的地
方感到害怕，我们刚才在那里把它隐藏的秘密全都说出来了。"表
妹，你也许不相信，但我向你保证，他的确有洞察人心的超自然的
才能，但愿上天让他永远保持这种才能！我有那么多遭人轻蔑的
事，但他对我仍然这样宽容，这显然是由于他有这种才能的缘故。

　　你也许还没有看出他的谈话中包含有一句忠言：做事要耐心。
亲爱的表妹，这一点，我现在是明白了，不过，我刚才向你详细叙述
的这次谈话，也使我了解了其余问题，这对我来说也是必要的。

　　在我们回家的路上，我的丈夫告诉我：德丹治家的人早已来信
要他去，他打算明天就动身；他还说，他将顺道来看你，他要在德丹
治那里住五六天。我觉得他现在离家不是时候，不过我没有把这
个看法说出来；我认为，德·沃尔玛先生不能把他自己请来的客人
留在家里而他自己单独一个人去。但是他说："难道你要我使他觉
得他不是在自己的家吗？我要像瓦勒人那样款待客人，我希望他
在我家也能享受到瓦勒人的那种真诚，同时也希望他像对待瓦勒
人那样，让我们自由安排我们的活动。"看到他不听我的话，我便改
变办法，要我们的这位客人提出和他一起去；我对这位客人说："你
将发现那里有它特殊的美，有你所喜欢的美丽的风光；你可以看一
看我的亲属和我的产业；你对我很关心，因此，我不相信你会认为

去不去看我的产业都不要紧。"当我正想说我家的那个城堡很像爱德华绅士的城堡，并且告诉他爱德华绅士……，这时，幸好他开了口，使我把话又咽了回去。他的话很简单，他认为我说得对，还说我喜欢怎么做，他就怎么做。不过，德·沃尔玛先生好像是有意与我为难似的，说最好是让我们的客人自己决定：他喜欢怎么做，就怎么做。"你觉得哪个办法好？是去还是留下？""留下。"他毫不犹豫地回答道。"好！你就留在这里吧。"我的丈夫握着他的手说道，"真是诚实的人！我对你的回答很满意。"在有第三者在旁边听我们谈话的情况下，我没有办法对这件事再继续说下去。我默不作声，虽然使劲掩饰我的忧虑的心情，但还是让我的丈夫看出来了。"怎么啦！"当圣普乐走开的时候，他带着不高兴的样子对我说道，"我为你辩护的话，是不是都白说了？难道德·沃尔玛夫人的美德还需要选择表现的时机吗？就我来说，我的要求是比较高的：我希望我的妻子之所以忠实，是由于她有忠实的心，而不是由于偶然的机会促使她如此；我认为，她光做到遵守诺言，这还不够；如果她心中还有疑虑的话，那我是很不高兴的。"

接着，他把我们带进他的房间；当我看见他从抽屉里，把我们的朋友写的几篇游记的抄件（这是我抄给他的）和我以为早已被巴比在我母亲房间里烧掉的全部信件的原件取出来给我们看时，我差一点儿晕倒在地上。"你们看，"他指着那些信件说道，"这就是我说我很放心的依据；如果信上的话欺骗了我，我还相信人类所具有的天性，那就太愚蠢了。现在，我把我的妻子和我的荣誉交托给那个在少女时期曾被人引诱但如今却愿做善行而不愿与人悄悄单独约会的人。我把现在已经结婚并已做了母亲的朱莉，交托给那个虽有充分的机会满足其欲望但知道应当尊重在少女时期曾做过其情人的人。如果你们两人当中，有谁认为我这句话说错了，就请告诉我，我可以立刻收回。"表妹，你想一想，谁敢贸然回答他的话？

不过，到了下午，我找了一个机会单独和我的丈夫谈话；当然，我不敢走得太远，不敢和他争论。我只要求他给我两天时间考虑；他马上答应给我两天时间。我利用这两天时间专门就此事给你写信，并等待你回信告诉我该怎么办。

我很清楚，目前我必须请求我的丈夫不要马上动身，并请求这个对我的要求从不拒绝的人，此次切莫拒绝我这个小小的要求。然而，亲爱的表妹，我发现他硬要对我表示信任，他才高兴。我担心，如果他认为我还需要他允许我再多加考虑，我就会失去他对我的一部分尊重。我当然知道，只要我对圣普乐说一句话，他就会毫不犹豫地和我的丈夫一起去的。不过，这样一来，我的丈夫会不会发生误解？我采取这个办法的时候，要如何才能做到既不让别人看起来我是在对圣普乐行使权威，又不让他反过来以为他有归我安排的特权。此外，我还担心他从这一谨慎的做法中推测我有采取这种做法的必要。因此，这个在开始看来似乎是最容易的办法，也许实际上是最危险的办法。我完全明白，遇到真正的危险，不论用什么办法去对付，都不可能做到面面俱到，一点漏洞都没有。不过，这一危险，是不是真的存在呢？我要你解答的，就是这个问题。

我愈探索我的心灵的现状，我愈发现我心灵中有使我放心的东西。我的心是纯洁的，我的良心是安宁的；在我的内心中，我对我丈夫的真诚，那是不需要我花多少力气就能做到的。这并不是因为对往事的不由自主的回忆，使我有时候产生一种我宁可没有的怜悯心；然而，对往事的回忆，也不是由于看见这个造成那些往事的人而产生的；自从他回来以后，我回忆往事的时候就比较少了。不论看见他的时候我是多么高兴，我也不知道是由于什么奇怪的原因，我觉得，我在想他的时候，比看见他的时候更高兴。总之，我觉得，我不需要运用美德的力量也能在他面前保持平静；即使罪恶的可怕的情景不存在了，被它消灭的感情也很难再生。

不过，亲爱的表妹，当理智对我敲起警钟的时候，单单我的心感到泰然就够了吗？我已经失去依靠我自己的权利。谁能担保我的信心不是一个罪恶的幻影？我怎么能够信任那些曾多次使我看错问题的感情呢？罪恶的事情不总是由骄傲开始的吗？人有了骄傲之心，就会看轻诱惑人心的事情的危险。已经跌过跤的事情还要去做，这岂不是还想跌跤吗？

亲爱的表妹，请你斟酌一下我的这些看法。你将发现，虽说它们本身无多大意义，但从它们的目的来说，则是相当的重要，值得好好地想一想。你应当使我从这些看法引起的疑虑中解脱出来，告诉我在这件微妙的事情上，我应当如何行事；因为我过去的错误已经破坏了我的判断力，使我在这些事情上拿不定主意。无论你怎么看你自己，我相信，你的心是平静的，对事物的看法是非常客观的；而我的心却像激浪那样动荡不宁，对事物的看法是混乱的和扭曲的。我对我所看到的和感觉到的事物都不敢相信。尽管我已忏悔多年，但我仍然很痛苦地感到：我以往的错误，将像一个沉重的包袱，终生压在我的身上。

书信十三　复信

可怜的表姐，你有那么多过平静的生活的条件，但你却没完没了地自寻烦恼！你的种种痛苦，都来自你自己；啊，上帝的选民！如果你按照你自己的准则行事，在有关感情的事情上你只听你内心的声音，你心里想怎么做就怎么做，而不要去问你的理智，你就会心安理得而无任何疑虑，就不会明明问心无愧，还对纯粹来自你本身的危险感到害怕了。

我了解你，我很了解你，我的朱莉，你不应故作矜持，而应相信你自己；你借口说是为了防止犯新的错误，就拿你过去的错误来压你自己；你之所以疑虑重重，不是为了长远的未来，而是为了不让从前使你失足的胆大行为重新发生。然而，现在和过去不同了！这一点，你想过没有？你应当比较一下从前和现在的条件；你要记住：从前我曾经责备过你太自信，而今天，我要责备你太胆怯了。

亲爱的表姐，你的看法错了，你绝不能再这样自己欺骗自己了；虽说一个人只要不去想自己的处境，就可以懵懵懂懂地过日子，但只要他一动脑筋思考，他就会如实地看待他所处的环境的。一个人是不会对自己隐瞒自己的优点和缺点的。你温柔的性情和奉献的精神，使你事事表现得很谦卑，你必须改掉这一有害的做法，因为它使你的自爱之心发展到把整个注意力都贯注于自身。我告诉你：与其貌似谦卑实则骄傲，毋宁直率而真诚。如果说端庄的态度应有适当的分寸，则由此态度而采取的谨慎做法，也应切合时宜，以免某些有伤刚强性格的顾虑损害心灵，使一个本来是想象中的危险,由于我们的惊慌失措反而成为事实。你难道不知道跌过跤站起来以后,就应当堂堂正正地为人吗? 如果从这边倾斜到那边,它不是又将重新跌倒? 表姐,你是爱洛伊丝那样的情人,同她是一样的虔诚;愿上天保佑你取得更大的成功! 说真的,如果我对你的天生的羞怯心理不是了解得这么深的话,你的错误也会使我感到吃惊的;如果我也像你这样疑虑重重,为你担惊受怕,你也许会使我对我自己的处境吓得发抖的。

　　亲爱的朋友,你应当再好好地想一想,你这个性格温柔随和、心地诚实和纯洁的人,你不觉得你这样做法是很粗暴的吗? 何况从你的性格来说,硬要男女有别,岂不是太死板了吗? 我同意你的意见,男人和女人不应当生活在一起,也不应当按同样的方式生活,不过,你要考虑一下这条重要的规矩,在实践中是不是应当有一些区别:难道对已婚的妇女和未婚的少女来说,对一般的社交和私人交往,对工作和娱乐,都毫无区别和毫无例外地适用吗? 这条规矩的出发点是要求人们行为稳重和诚实,在大家都做到这两点的情况下,则这条规矩的执行,是不是有时候可以放松一点? 你认为,在一个主张婚姻要门当户对的风俗良好的国家里,青年男女可以在某些集会上互相认识,互相了解和互相挑选,然而你又举出许多理由禁止他们单独会面;这条禁令,你不觉得应当恰好相反,应当适用于做妻子和做母亲的妇女吗? 因为她们没有任何需要在公共场合露面的正当理由嘛,她们的家务事使她们不能不留在家里,凡是家庭主妇该做的事,她们不能不做嘛。我不喜欢看见你把商人带进你的酒窖里去尝酒,也不喜欢看见你放下孩子不管,跑到钱庄去结账。但是,如果偶然有一个诚实的人来看你的丈夫,或者来找他办什么事情，正好你丈夫不在家，在这种情况下，你难道就拒绝接待他的客人，不让他进屋，不和他面对面地单独谈话吗？你仔细想一下其中的道理，就完全明白该按什么原则行事了。我们为什么要妇女们待在家里，和男人隔离开？我们这样不公正地对待我们女性的理由，是因为女性软弱；难道单单是为了使女性不遭受他人的引诱，就该这样做吗？不，亲爱的表姐，这种不必要的担忧，对一个善良的妇女，对一个周围经常有培养其光荣感的环境并无限忠于其天职的家庭主妇来说，是用不着的。大自然使我们和男人有区别，它要求我们和男人做不同的事情；女人最可靠的保护手段是：保持温柔的和羞怯的稳重态度，而不是大谈贞洁。这种小心的和引人注意的谨慎态度，使男人既产生欲望也产生敬重之心，起到了以娇羞来表现美德的作用，这就是为什么连丈夫也不能不受这条规矩约束的原因，这就是为什么最诚实的妻子一般对丈夫都有巨大的影响力的原因，因为，采取这种聪明的谨慎态度，既可使自己不任性行事，也不使丈夫为难；她们懂得，即使在最亲密的结合中，也要对他们保持一定的距离，才能使他们永远不对她们感到厌烦。我认为你的做法太笼统，所以不能不遇到一些例外的情形难以处理；它没有一个严格的义务做基础；这种做法的出发点是好的，但它有时候反而会成为人们可以不按这种做法去做的理由。

你因过去犯过错误，如今便事事小心；这样做法，是有害于你目前的处境的。在这一点上，我绝不会原谅你的心让你这样做；我也很难原谅你的理智没有使你看出它的危害。你有一道保护你的墙，怎么还会产生怕出丑事的心理呢？我的表姐，我的朋友，我的朱莉，你怎么能把一个痴情的少女的失足和一个有罪的女人的不贞洁的行为混为一谈呢？你看一看你周围的人，你将发现，他们当中没有一个人不是你的心灵的支柱。你的丈夫，他是那样地高度评价你的心，你得到了他应有的尊敬；你的孩子，他们都将成为你所希望的善良的人，他们终有一天将以有你这样一位母亲为荣；你敬爱的父亲，他以你的幸福为幸福，他不依靠他的祖先而主要依靠他的女儿为他赢得名声；你的表妹，她把她的命运从属于你的命运，你应回报她为你所做的奉献；她的女儿，你应当为她做出你希望她效法的德行的榜样；你的朋友，他对你的美德的崇敬，超过对你这个人的崇敬一百倍，他对你的关心已远远超出你对他的担心；最后，还有你自己，你的智慧已使你所作的努力得到了应有的报偿，你绝不会把你花了那么多心血才得到的成果毁于一旦；有这么多能够使你鼓起勇气的因素，而你却偏偏不相信你自己，这你难道不感到羞愧吗？不过，为了对我的朱莉负责，我根据什么来分析她现在的心情呢？我只需了解她在她深感后悔的那段犯错误的时期中的情形，就够了。啊！如果你的心真有过不忠贞的念头的话，我就会提醒你对不忠贞的行为时刻保持警惕了。然而，正是在你认为将来有可能萌此念头的时候，你想到了这种行为的可怕，因此，即使想犯这种罪过，也吓得不敢犯了。

我记得，我们有一次非常吃惊地得知：在有些国家里，少女失足，被认为是一种不可饶恕的罪恶；而少妇与人通奸，却被人们誉为风流，当姑娘时候觉得难为情的事，一旦结了婚，就公然不在乎了。我知道上流社会的人在这方面奉行的是什么行为准则；在上流社会里，美德是一文不值的，一切都是虚假的外表；犯罪的事情因难以抓到证据，就不了了之；即使抓到了证据，但社会的风气如此，只好一笑置之。然而你，朱莉，你这个心地纯洁和忠贞的人，只是在他人的眼睛看来是有罪的，但在上天和你之间，你是没有任何可指摘之处的！你虽然有错误，但仍然是受人尊敬的；你尽管做了感到后悔不已的事，但我们仍然钦佩你的德行；你恨自己有令人轻视的地方，但从各方面来看，你是可以原谅的；你对你失足的事情付出了那么大的代价之后，还在担忧这件事情吗？你担心你今天在人们心目中的价值，不如从前那一段使你流了那么多眼泪的时期吗？不，我亲爱的朋友，用不着对你过去的误入歧途那样惶惶不安；你应当以此为戒，鼓起你的勇气，痛哭流涕地后悔一阵，并不等于真正在思想上有了深刻的认识；谁太害羞，谁就不敢和可耻的行为作斗争。

如果一个软弱的人需要有人帮助才能克服其软弱的话，他们一定会来帮助你的；但是，一个坚强的人如果能自己克服自己的弱点，你还需不需要别人来帮助你呢？现在，请把你感到害怕的真正原因告诉我。你的生活是一场继续不断的战斗，即使在失败以后，你还依然在为保持荣誉和恪尽天职而继续斗争，并终于取得了胜利。唉！朱莉，经过了这么多艰难和痛苦之后，经过了十二年的伤心事和六年的幸福生活以后，你还害怕一个星期的考验，这能叫我相信吗？以下两种情况，你自己认真考虑一下：如果危险真的存在，那就保护好你的身体，并克制你的心；如果危险不存在，对一个不可能遇到的危险感到害怕，那就表明你没有运用你的头脑，有损你的德行。有一些败坏人的事情尽管能诱惑人，但对一个心地诚实的人是根本不起作用的，即使战胜了它们，也不值得夸耀；如果对这样的事情大惊小怪，那不仅是在羞辱自己，而且是在贬低自己的德行；这一点，你难道不知道吗？

　　我不敢说我讲的这些道理是驳不倒的；我只是告诉你，我有些看法和你的看法是完全相反的，因此我应当把它们说出来。我的看法是否正确，不由你这个连自己对自己都没有一个公正评价的人来判断；也不由我自己来说，因为我虽看到了你的缺点，但没有看到你的毅力，而且一味地偏爱你，因此，我的看法是否正确，要由你的丈夫去判断，因为他是根据你现在的情况得出对你的评价的，是根据你的才德对你做出恰如其分的估计的。同所有那些感情容易冲动的人一样，我原来对那些感情深沉的人往往是没有好评的，我不相信他们能看出温柔多情的人的心中的秘密。然而，我从他在我们那位旅行家回来以后写给我的信上看出，他对你的心是很了解的，你内心的活动没有一样能逃脱他的眼睛。我发现，他对你的观察是那样的细致和正确，以致使我从这个极端走向那个极端，几乎彻底改变了我原来的看法，觉得凭眼睛观察而不凭想象行事的头脑冷静的人对人的感情的评价，比我这样性情冲动和自以为是的人的评价正确得多，因为我往往一开始就爱站在别人的地位去想象，因此永远看不出别人的真正感情。不管怎么说，德·沃尔玛先生是很了解你的；他尊重你，爱你；他把他的命运和你的命运联系在一起。他为什么要你完全按照他的意见去安排你担心犯错误的活动呢？也许，由于他感觉到他已接近老年，他希望通过一些适当的考验，使他能够放心不会出现一个年轻的妻子容易使年老的丈夫嫉妒的事情；也许，他认为你可以和你的朋友亲密相处，但不会做出使你的丈夫和你本人感到不安的事情；也许，他只是向你表示他对你应有的信任和尊重。对于他在这件事情上提出的意见,不能拒绝,不能做出任何令人看起来是受不了这种意见的压力的样子;依我看,你最好是完全相信他对你的爱和他的智慧,小心谨慎地去做就行了。

你想惩罚你骄傲的态度(其实你一点也不骄傲)和预防危险的发生(其实危险并不存在)并使德·沃尔玛先生不产生不愉快的感觉吗?你就单独留下来和这位哲学家在一起,对他采取以前也许是十分必要的而现在却完全是多余的预防措施,极力做出那么谨小慎微的样子,以致使人觉得即使你有这样的美德,你也不能相信你的心和他的心。避免过分亲热的谈话,对过去甜蜜的回忆一句也不提;两个人单独在一起的时间不要太长,或者最好是避免两个人单独在一起;让你的几个孩子经常在你周围;切莫在房间里、在爱丽舍或者在那个倒楣的小树林里单独和他在一起。尤其是在采取这些措施的时候,要做得极其自然,好像是偶然这么做的样子;不要让他以为你害怕他。你本来是喜欢乘船游览的,但因你的丈夫怕水,同时又不让你的孩子到水上去玩,所以你才不去乘船游览。现在,你可以趁你丈夫不在的时候,把孩子交给芳烁茵看着,你们乘船游览去。这是一个万无一失的可以让你们尽情倾诉友谊的办法,在船夫的保护下,可以安安静静地两个人单独长时间在一起;船夫虽然看得见你们,但听不见你们的谈话;在他还没有明白过来是怎么一回事情以前,你们就舍舟登岸,离开他了。

我还有一个也许会使许多人觉得好笑的想法;不过,我敢肯定,这个想法你听了以后一定很喜欢:在你丈夫不在家的这段期间,备一本日记,忠实地记下每天发生的事情,在他回来以后拿给他看,这样,在你们进行认为该记入日记的谈话的时候,就要好好想一想这本日记的作用了。的确,我认为,这个办法对许许多多女人来说是没有用的,但是,一个真诚而没坏心的女人,是有其他的女人所没有的防备邪恶的办法的。凡是有利于保持清白的办法,没有一个是不可采取的;正是在小处注意,才能在大处保持美德。

此外,既然你的丈夫要顺道来看我,我希望,他将把他此行的真正的理由告诉我;如果我认为他的理由不充分的话,我将或者使他改变主意,不作此行;或者不管后果如何,我都要做出他不愿意接受的安排;这一点,你完全可以放心。这样一来,我想,对于你安然通过一个星期的考验,就绰绰有余了。亲爱的朱莉,你放心好了;我了解你,因此不能不对你的前途像对我自己的前途那样负责,甚至还要过之。你该怎么办,就怎么办;你愿意怎么做,就怎么做。即使单单依靠你心灵的诚实,你也不会有什么危险的;我不相信你会遇到什么预料不到的麻烦。自己愿意犯的错误,是不能用"软弱"二字来掩盖的;一个女人只有自甘堕落,她才会堕落的。如果我认为你有落到这种地步的可能的话,请相信我,请相信我的真挚的友谊,请相信你的亲爱的克莱尔的心中的全部感情,我一定会时刻保护你,绝不会抛下你孤单一人不管的。

德·沃尔玛先生把他所了解到的你结婚前的事情告诉你,这我并不感到吃惊,因为我早就料到他已经知道了此事。我告诉你,我并不认为这单单是由于巴比不小心泄露的。你的父亲对你的事情至少是有怀疑的,我绝不相信像他这样一位正直和真诚的人会欺骗他的女婿和朋友的。他之所以极力设法使你一直保守这个秘密,是由于他觉得此事由他透露比由你透露好,他用的方式将不像你用的方式那样容易使德·沃尔玛先生感到不快。现在,让你派来的人把我的回信带给你；再过一个月，我们再从容谈论这些事好了。

再见，亲爱的表姐，对你这个善于说教的人来讲，我说的这些话已经是够多的了；现在该轮到你来说教，原因就不必说了。目前，我还不能马上到你这里来，对此，我心里十分不安。我愈急于把我的事情办完，我愈把我的事情办得茫无头绪，连我也不知道是怎么搞的。啊！莎约，莎约！……如果我不这么疯疯癫癫就好了！……不过，我倒是希望我永远如此。

又及：我还忘了向夫人表示祝贺。请你告诉我，你的夫婿是阿特曼还是勒斯或波亚尔？就我来说，如果要我称呼你为波亚尔夫人*，我是感到很别扭的。亲爱的朋友，你对你生来是一位千金小姐，感到很委屈，如今又走运当上了一位王子的夫人！不过，在我们之间，对一个身份如此高贵的女人来说，我发现，你担心的，全都是一些鸡毛蒜皮的事情。鸡毛蒜皮的事情，只有小人物才那么担忧，有人在笑那个企图做你的父亲的儿子的人，竟是一个名门的后代，这，你难道不知道吗？

书信十四　德·沃尔玛先生致多尔贝夫人

亲爱的表妹，我即将动身到埃丹治去，我打算顺道来看你，但

＊　多尔贝夫人显然不知道，头两个称呼实际上是显赫的头衔，而波亚尔，只不过是一个普通的绅士而已。

由于动身的时间有所推迟(推迟的原因是你造成的)所以我现在不得不赶快启程。我希望回来的时候,在洛桑过夜,以便和你再多待几个小时。因为我有些事情要和你商量,所以在这封信中先对你讲一下,以便在你把你的意见告诉我以前,你有时间考虑。

我并不是想在我确知那个年轻人在我家中的表现的确符合我对他的好评以前,就向你解释我对他制订的计划。不过,我对他已相当的信任,所以可以把我的想法告诉你。我的计划是:把教育我的孩子的工作交给他。这件重大的事情,是一个当父亲的人的主要责任,这一点,我不是不知道,不过,当到了进行这项工作的时候,我的年岁已经太大,不能承担了。再说,由于我的性情好静,好沉思,不太活泼,所以不能负起教育青年的责任。其次,由于你所知道的原因*,如果朱莉看见我担任这项工作,做得不合她的心意,她也会心里不安。由于许许多多其他的原因,女人也不适宜于做这件事情;他们的母亲将集中精力培养昂莉叶蒂;至于你,我将把管理家庭的责任交给你,由你按照我所制订的并得到你的同意的计划,管理家中的事情,而我的任务是:期待着三个年轻人共同为家里的幸福作出贡献,并在晚年享受他们所创造的安适的环境。

我早已看出,我的妻子极不愿意把她的孩子交给受金钱雇用的人去教育,我不能责备她这种看法不对,教师担任的令人尊敬的工作,要求他必须具有许多不能用金钱购买的才能;他有许多美德是无价的,是无法用金钱去买的。只有在一个有天才的人的身上

---

* 这个原因,读者还不知道,不过,请不要着急。

才能找到一个当教师的人的智慧；只有一个很亲密的朋友，他的心才能使他产生做父亲的人的热情；天才是不能卖的，深厚的情谊更不能卖了。

我发现，你们的朋友具备了当教师必须具备的才能，如果我对他的看法不错的话，我想象不出他除了在这些可爱的孩子的身上实现他们母亲的愿望以外，还能找到其他更有意义的事情可做。在我看来，唯一的障碍是他对爱德华绅士的深厚的感情，要爱德华绅士舍得这么一位好友是很难的，何况他对这位好友还有一些答应做而尚未做的事情，因此，除非爱德华绅士本人不要求他这位好友非去不可，你们的这位朋友是不会长期留在这里的。我们期待着那个特殊的人物不久就会到这里来，由于你对他的思想很有影响力，如果他真是一个像你向我描述的那样的人的话，我就委托你和他商谈此事。

亲爱的表妹，你现在已经了解了我的全部想法，我的想法，不经过这番解释，在你看来也许是很古怪的，然而，我深信，朱莉和你了解以后，是一定会赞同的。有了像我妻子这样一个女人，我就可以尝试他人无法实行的办法。如果我单单因为她有美德，就完全放心让她和她过去的情人在一起的话，那我的做法就很荒谬了，我就不应当在尚未弄清他是不是已经没有再做情人的念头以前，就把他安置在我的家里。如果我的妻子不可靠，我心里怎么能踏实呢？

我有时候看见你觉得我对爱情的看法很好笑，但这一次，我手中确有折服你的论据。我发现了一种情况，这种情况，无论是你还是任何一个其他的妇女，即使具有人们所说的女人特有的精明和细致,也是永远发现不了的。虽然乍看起来,你也许觉得是明摆着的事,但在我向你讲明我是根据什么得出这个结论以前,你至少是觉得此种情况还有待证明。如果我告诉你,我的这两个年轻人彼此比以前更加相爱,这对你来说,当然不稀奇,反之,如果我告诉你,他们两个人的关系已得到了彻底的纠正,你也许会说这是理智和美德的功劳,而且,就他们两人来说,也算不上是一大奇迹。然而这种截然相反的事实却同时存在:他们比以往任何时候都更加依恋,但行事却不超过朋友的界限。这一点,我想,是你没有料到的,也是很难理解的,然而,却是千真万确的事实。

这就是你在他们的谈话或通信中早已注意到的经常出现的矛盾的谜。你给朱莉的那封关于肖像的信,比其他一切都更清楚地把这个谜给我解开了;我认为他们是真诚的,尽管还不断出现反反复复的情形。当我用"他们"二字的时候,我指的是那个年轻人,因为,你的那位女友,我对她的看法纯属猜测;她用了一道聪慧的和诚实的帷幕把她的心遮挡得那么严密,以致使人的眼睛看不透,就连你的眼睛也是无法看透她的心的。她只有一点被我猜到了,那就是,她还有某些需要克服的怀疑;她不断在那里思考:如果她完全改正了的话,她将做些什么事情,而且要做得那么一丝不苟,以致,如果她真的改正了的话,她也许还做不到那么好。

至于你的这位男朋友,他很有毅力,对于他自己的心中还留下的一些思念之情,他倒不怎么害怕。我发现,他还保有他青春时期的感情,但我认为,他没有权利用他的那些感情来伤害我。他现在爱恋的不是朱莉·德·沃尔玛,而是朱莉·德丹治;如果他恨我的话,并不是因为我占有了他现在所爱的人,而是因为我诱拐了他过去的情人。另外朱莉是一个人的妻子，当然已不可能再做他的情人了；这位两个孩子的母亲，也不再是他过去的女学生了。是的，在他看来，她依然是他的学生，而且经常使他回想起以往的事情。他爱的是过去的她：真正的谜底就在于此。消除了他的记忆，他就不再有爱恋之情了。

亲爱的表妹，我说的这些话，并非强词夺理，而是有实在的依据，如果用它们来解释其他有关爱情的问题的话，也许应用的范围还要更广泛。我认为，在这件事情上，就是用你自己的观点也是不难解释的。你把这两个情人分开的时候，正是他们的爱情达到狂热的时候。当时，如果让他们在一起再多待一些时间的话，他们也许会逐渐冷下来的，但是，他们活跃的想象力不断把他们分别时候的情景一幕一幕地呈现在他们的心里。这个年轻人在他的情人身上没有看出由于时间的流逝而造成的变化，所以爱的是他过去看到的她，而不是分别以后的她*。要使他幸福，那就不仅仅是把她给他，而且还要使她回到原来的年纪，并且回到他们初恋时期与她相会时候的环境。这几个方面稍有变化，就会使他失去他心中憧憬的幸福。她现在比以前更美了。但她这个人已经变了，在这一点上，她有所得，而他则有所失，因为他爱恋的是原来那个人，而不

---

* 你们这些女人竟想要爱情这样一种脆弱和短暂的感情永远不变，真是荒谬。在自然界，一切都在变，一切都在继续不断地流动，而你们竟想要火热的爱情保持永恒！难道说你们昨天为人所爱，今天也要人家爱你们吗？只要你们能够保持原来的容貌、原来的年龄、原来的风趣，始终是原来那个样子，人们就会永远爱你们，如果他们能够的话。但是，你们在不断地变，而又总想人家依然爱你们，这种想法等于是希望人家时时刻刻都可以停止爱你们；这不是在寻找永恒不变的心，而是在寻找和你们同样变化不已的人。

是另外一个女人。

他的错误和苦恼,是他把前后两段时间混为一谈了,因此,他往往把只不过是甜蜜的回忆当作目前的感受,不过,我不知道是彻底改正他的错误好呢,还是让他自己醒悟。在这一点上,让他从错误中吸取教训,也许比让他运用自己的理智去克制他的行为好,向他指出他真正的心理状态,这等于是告诉他:他所爱的人已经死了;也等于是利用他在爱情上一贯多愁善感的心情去折磨他,这样做法是很危险的。

他摆脱了使他感到苦恼的顾虑以后,也许会对他应当熄灭的回忆更感到得意,谈起往事来就不会那么欲言又止了;他的朱莉的容貌的特征,就不会因为她变成德·沃尔玛夫人而完全消失,只要在她的身上寻找,还是找得到的。我看,如果他要说他已经取得了进步,就让他说好了,因为这样可以鼓励他继续前进;反之,倒是需要使他忘记他应当忘记的过去,巧妙地用其他的理想来代替他所喜欢的理想。你对他的那些理想,是起了很大的作用的,因此,你比任何人都更适合于帮助他抛弃那些理想。不过,这要等你来和我们朝夕相处以后,我才能悄悄告诉你怎样进行。这个工作,如果我的想法不错的话,对你来说并不太难。目前,我将尽量使他熟悉他感到害怕的事物,使他觉得它们对他并无害处。他很热情,但很怯弱,易对他人的意见表示屈从;我就利用这一点来改变他的思想。对于他的情人,我将使他始终记住:他原先的情人,现在已成为一个诚实的人的妻子,已经成为我的孩子的母亲了:我把一幅图画换成另外一幅图画;我用现在的情景来掩盖过去的情景。我要把一匹易惊的骏马领到它感到害怕的东西那里,使它逐渐熟悉,不再怕它们。尽管他们的心已经冷下来了，也需要用这个办法来磨练这两个还沉湎于想象的年轻人，同时，使他们看到远处有魔鬼，但当他们向魔鬼走去时，魔鬼又消失得无影无踪了。

我深信，我对他们各自的力量已十分了解，我要用他们能够承受的考验来考验他们，因为，人是不是聪明，不表现在对各种各样的谨慎做法都不加区别地通通采取，而要看他是不是善于选择有用的和抛弃不必要的。我让他们两人在一起过一个星期，这就足够用来让他们理顺他们的真正感情，认清他们互相之间的真正关系。他们单独会面的时候愈多，他们便愈会把现在的感觉和他们过去在同样的情况下可能产生的感觉加以比较，从而对他们的错误有一个彻底的认识。此外，他还要养成亲而不乱的习惯；当他们亲密相处的时候，他们必然会意识到我对他们的行为已了如指掌。我从朱莉的行为中看出你给她提了许多宝贵的意见；如果她不按你的话办，她就不能不犯错误。我是多么想向她表明：我已充分认识她的品德，认识到了她是她的丈夫信得过的女人！不过，即使她克服不了她的心，她也会按她的美德行事的，这样，她固然会付出更高的代价，但她取得的成功也将是不小的。如果说她今天还有某些内心的痛苦，那只不过是在回忆往事的谈话中才有所感触而已，这一点，她完全可以想办法加以预防和避免。所以，你看，衡量我在这件事情上的办法对不对，不能用通常的尺度，而应当根据我采取这个办法的环境和那个女人独特的性格来评判才行，因为我的办法是针对她的。

亲爱的表妹，这封信就写到这里，其他的话，等我回来时再谈。尽管我这封信上的话，一句也没有向朱莉讲过，但我不要求你把这件事情做得很神秘。我有一条行为的准则,那就是:在朋友之间不搞秘密的事情。因此,我把我心中的这些想法通通告诉你,你就本着谨慎和友谊的原则去办就行了。我深深知道,你凡事都是从最好的方面并用最诚实的方法去做的。

书信十五　致爱德华绅士

德·沃尔玛先生已于昨天启程去埃丹治。他走了之后,我很难想象我将陷入什么样的忧虑的境地。我觉得,如果是他的妻子走的话,我感到的痛苦,也许还没有他走了之后使我感到的痛苦大,因为,他走了以后,我觉得比他在的时候更感到拘束:我心里感到一种死一般的宁静,我心中暗暗害怕得不敢出声;我心神不安的原因,不是由于有什么欲望未得到满足,而是由于有所畏惧:我怕犯罪,虽然此间已没有引诱我犯罪的因素。

绅士,你是否知道我要到什么地方,我的心才踏实并消除无谓的恐惧?只有到德·沃尔玛夫人身边。我一接近她,她的面容立刻就使我混乱的头脑恢复清醒,她的目光净化了我的心。她的影响力就有这么大,使别人不能不受到她的纯洁和由纯洁而产生的心灵宁静的感染。可惜,她有一套生活的规律,使她不能整天和她的朋友待在一起。当我一天之中想见而又不能见她的时候,我难受的心情,比我从前远远地离开她时,更有过之。

我心中本来就很忧郁,而昨天她丈夫走了以后,她对我说的那番话,使我心中的忧郁感就变得更加严重了。直到她丈夫启程的时候为止,她的言谈和举止始终是相当的泰然,她带着伤感的样子目送他很久;起初,我以为这仅仅是因为那位幸福的丈夫要远行的缘故,但我从她的谈话中发现,她的伤感还有我所不知道的另外的原因。"你看我们相处得多好,"她对我说道,"我是不是爱他,你现在已完全知道了,所以,你切莫以为使我和他结合在一起的感情虽然和爱是同样的甜蜜和强烈,但也有薄弱的地方。我和他亲密相处的生活虽暂时中断,并使我们付出一定的代价,但一想到不久就会恢复,我们心中就感到安慰。一个十分稳定的状态,纵有波动,也不足怕;尽管他有几天不在这里,我们对这短暂的分离感到难过,但一想到这短暂的分离不久就可结束,我们就感到十分高兴。你在我眼睛中所看到的痛苦样子,是由于另外一件更严重的事情造成的。因此,尽管我的伤感与德·沃尔玛先生有关,但绝不是他离开此地之故。"

"我亲爱的朋友,"她用激动的声音继续说道,"世界上是没有真正的幸福的。我的丈夫是男人当中最诚实和最热情的人;我们相互的敬爱之情,与把我们结合在一起的天职是相联系的;他处处按我的心意去做。我有几个现在和将来都将给我带来欢乐的孩子;我衷心崇敬的那位女友,其热情和高尚的道德与和蔼可亲的为人,是无人可与之相比的,因此我要和她生活在一起;至于你本人,你也可以为我的幸福生活作出贡献,从而表明我对你的敬重和感情是正确的;我亲爱的父亲的那件拖了很长时间的麻烦的官司即将了结,所以不久也将到这里来和我们团聚;我们百事顺遂,家业兴旺,家中治理得井井有条,充满了和睦与安宁的气氛;我的仆人都很能干和忠实,邻居对我们也很关心,我们赢得了公众的爱戴。我处处都得到上天的庇佑,得到命运和众人的帮助,所有的人都在为我的幸福而努力。然而有一件秘密的伤心事,也只有这一件令人伤心的事情在损害我的幸福,因此,我的心并不快乐。"她说最后这句话的时候,叹息了一声,使我的心受到很大的震动。不过,我觉得这件事情绝不会是由我引起的。我也叹息了一声,在心中自言自语地说:她不快乐,但使她不快乐的人,不会是我!

她那句令人沮丧的话,顷刻之间打乱了我的思路,扰乱了我刚刚开始享受的宁静。我十分着急,不明白究竟是什么事情,因此,我逼着她一定要对我把她心里的话说完,最后,她终于向我透露了她最重大的秘密,并允许我告诉你。不过,现在已经到了散步的时候,德·沃尔玛夫人已经离开她的寝室,带着她的孩子去散步了;她刚才派人来叫我,绅士,我得赶快去。这封信就写到这里,在下封信中接着谈这封信中没有谈完的事情。

书信十六　德·沃尔玛夫人致她的丈夫

我按照你的吩咐,星期二在此等你;你将发现,一切都照你的意见安排好了。你回来的时候,要去看多尔贝夫人,她将把你离家期间我经过的事情告诉你。我倒是希望你从她那里而不是从我这里了解经过的情形。

沃尔玛,的确,我认为我应当受到你的尊敬,但你的做法却不甚合适,你冷酷无情地拿你妻子的美德来开心。

书信十七　　致爱德华绅士

绅士，我想把我们这几天经受的危险，向你作一汇报，好在我们已安然度过，只受了一场虚惊，身体略感疲劳而已。这件事情，值得单独写一封信来叙述：看完这封信以后，你就会意识到是什么原因使我非给你写此信不可。

你知道德·沃尔玛夫人的住宅离大湖不远，而她又很喜欢乘船游览。三天前，由于她的丈夫不在，我们闲着没有事情可做，同时，下午的天气又很好，因此我们计划第二天去湖上乘船游览。在太阳升起的时候，我们到了湖边，我们雇了一条船，并带着鱼网准备捕鱼；三个桨手，一个仆人，我们还带了些食物上船做午餐。我带了一支枪，准备打比左勒*，但她说，单单为了取乐就乱打飞鸟，是干坏事，是可羞的，于是，我只好时不时地用食物招来许多肥大的金鸸、青足鹬、麻鹬和矶鹬**，看它们吃食真好玩；我瞄准离我们很远的一只鸬鹚，只打了一枪，但没有打中。

我们在离湖岸五百步的地方捕了一两个小时的鱼，捕获的鱼很多，但除了一条被船桨打伤的鳟鱼以外，朱莉让我们把其他的鱼都放回水里。她说："这些鱼吃了不少的苦头了，把它们都放了吧。看它们逃脱厄运之后的喜洋洋的样子，我们也高兴嘛。"放鱼的工作进行得很慢，大家都不愿意，还有人说了几句怨言；我看得很清

---

* 　一种飞经日内瓦湖上的候鸟。比左勒的肉不好吃。
** 　日内瓦湖上的几种鸟，它们的肉都很好吃。

楚:船上的人感兴趣的,是他们所捕的鱼,而不是救它们的命的道德原则。

　　接着,我们把船划到湖心去;出于年轻人的一时的冲动(现在是应当纠正这种毛病的时候了),我开始"破浪"*,我把船一直划向湖心,转眼之间就离开湖岸有一法里之远**。在那里,我把我们周围的美丽的风光一一讲给朱莉听。我把远处的罗讷河指给她看,奔腾的河水流到四分之一法里处便突然停止,好像怕它浑浊的河水会污染碧蓝的湖水似的。我让她观看那重重叠叠的山峦,它们互相对称的和平行的山峰把夹在它们中间的空间形成了一条宛如流经其间的江河。我把她的注意力从我们的湖滨转过去看那沃洲的富庶美丽的河岸风光,岸上的城镇和数不清的人群,以及到处可见的绿树成荫的小山丘,构成了一幅景色迷人的图画。岸上的土地,到处都种满了庄稼,土质肥沃,保证了农夫、牧民和葡萄种植人的辛勤劳动可以得到丰硕的果实,就连那贪婪的税吏怎么吞噬也吃不完。接着,我把对岸的沙布勒指给她看:那里尽管也同样地得天独厚,但呈现在人们眼前的却是一幅贫穷的景象。我让她非常清楚地看到:从财富、人口和人们的生活来看,这两个政府治理的结果是多么不同。"你看,"我告诉她,"大地给人们肥沃的土地,向那些为自己的利益而耕种土地的幸福的人民提供了大量的财富;它看到自由的景象就喜悦,就到处呈现一片生气;它喜欢供养人们"。反之,那半已荒凉的土地上的那些破房子和欧石南与荆棘

---

　　* 日内瓦湖上的船夫的用语,意思是划领头那把桨。

　　** 怎么会有一法里之远呢,因为从对面的克拉朗算起,这个湖的宽度有两法里。

丛生之地，使人老远就可看出：它是被一个不理政事的长官在统治，因此它只能勉强为那些奴隶生产少量的东西，使他们得不到多大的利益。"

当我们正在愉快地观赏邻近的湖边景色时，突然刮起了一阵使我们的船偏往对岸的东北风，而且风很凉；我们想掉正方向，但风的阻力是那么大，以致我们小船的方向怎么也掉不过来。转眼之间水的浪头也变得很大了，看来只好向萨瓦的岸边驶去，争取在对面的麦耶黎村上岸，只有在这条岸边的沙滩停靠还比较方便。不料风向又变了，而且风越刮越大；尽管我们的船夫也很使劲，也无法靠岸，我们只好顺着风向，沿着陡峭的岩石漂航，找不到一个避风的地方。

我们所有的人都一起划桨；然而这时，我发现朱莉心里有点不舒服的样子；她支撑不住，把身子靠在船边。幸好她在水上已习惯了，她不舒服的感觉一会儿就过去。这时，危险愈大，我们愈需拼命划船；太阳晒，人又疲劳，满身是汗，我们几乎喘不过气来；大家都筋疲力尽了。正在这时，朱莉的精神恢复过来了，她用亲切的话鼓舞大家；她给我们一个一个地擦去脸上的汗；她怕我们喝醉了，就在一瓶酒里搀些水，先给力量快要使尽的人喝，然后又依次给大家喝。你的这位可敬的女友，在大热天来回奔忙，把满脸弄得通红的时候，反而比以往任何时候都更显得美丽，她妩媚的风姿更是格外动人；大家从她亲切的样子看得很清楚：她之所以这样鼓励我们，不是由于害怕出危险，而是由于她怜惜我们的身体。突然，有两块木板裂了；随着一声巨响，湖水灌进来，把我们全身都弄湿了；这时，她以为船身破了；这位温柔的母亲一声惊叫；我很清楚地听见她喊道:"啊,我的孩子! 我以后就见不到你们了吗?"至于我,我心里想的,不只是眼前的糟糕的情况;尽管我已看出没有多大危险,但我还是时而觉得船在往下沉似的;我恍恍惚惚地似乎看见这位迷人的美人在波涛中挣扎;她玫瑰色的脸儿看起来像死人那样苍白。

最后,由于大家的努力,我们的船终于到了麦耶黎;奋战一个多小时之后,我们在离岸边只有十步路的地方踏上了陆地。在上岸的时候,我们全都忘记了疲劳。朱莉把每个人的努力都牢记在心;在危急关头,她考虑的是我们的安危,而一到了陆地,她却说大家都是为了救她一个人。

午饭的时候,我们吃得很香,因为拼命划船,大家都饿了。我把那条鳟鱼做成红烧鱼;特别喜欢吃鳟鱼的朱莉,这次却吃得很少,我知道,这是为了消除她让船夫把他们捕获的鱼放回湖中而产生的怨气;她也不希望我本人吃鳟鱼吃得太多。绅士,你说过无数次,无论大事小事,都可看出她的心处处都想到别人。

午饭之后,湖里依然波涛汹涌,同时船也需要修理,因此我建议去散步。朱莉不赞成,说是风很大,天气也很热,还说我已经累了。我有我的想法,因此我对她说:"我从童年时候起,就干苦活儿,它不仅不会损害反而会增进我的健康。我上次参加远航,使我的体魄更加强壮了。至于说到太阳和风,你戴上草帽就行了;我们可以到躲风的地方去,到森林中去,只要躲在几块岩石中间,就没有问题了。你这位不喜欢平原的人,就是累一点儿,也是一定会跟我一起去的。"她接受了我的建议,于是,在船上的人还在吃饭的时候,我们去散步了。

正如你所知道的,十年前,我被她们流放到瓦勒之后,曾经有一次回到麦耶黎来等朱莉允许我到她那里的消息；在那里，我度过了许多虽然忧愁但也很有意义的日子。当时，我心中唯一的目的就是想见到她。我给她写了一封使她很受感动的信。此后，我一直想再去看一看那个与世隔绝的僻静地方；那时，周围都是冰，它是我唯一的避寒之处；我在那里，感觉到我的心可以和我在世界上最亲爱的人的心交融在一起。现在，在此美好的季节有重访这块如此可爱之地的机会，而且是和那个其身影早已和我一起在那里待过的女人同行，这才是我提议和她一起去散步的秘密动机。我将怀着十分高兴的心情，把留有一个人的极其坚贞但又极其不幸的爱情的痕迹的纪念地指给她看。

在弯弯曲曲鲜有人迹的小路上走了一个小时之后，我们终于到了那里；小路在树林和岩石之间蜿蜒盘旋，除了路长一点以外，倒也没有什么其他令人不舒服之处。当我们走进那里，认出了我以前做的记号时，我心里顿时感到难过，但我还是克制住自己，没有露出难过的样子；最后，我们走到了那个地方。这个僻静之处很荒凉，但充满了各种各样为易动感情的人所喜欢而为其他的人所害怕的美。有一股由积雪融化的水构成的激流在离我们二十步远的地方哗哗奔流，水很浑浊，水中夹杂着泥沙和小石。在我们的后面，有一排无法攀登的岩石间隔在我们所在的这块高地和人们称之为"冰库"的那段阿尔卑斯山之间；这段阿尔卑斯山所以叫做"冰库"，是因为有许多继续不停地升高的冰层从开天辟地以来就覆盖着山顶*。右边，有阴沉沉的黑松林给我们遮荫；左边，在激流对

---

　　* 那些山峰是那么的高，在日落半小时后，山顶上还有阳光照射；阳光中的红色，在白色的山顶上构成一种美丽的玫瑰色，人们在很远的地方都可看到。

面是一大片橡树林；在我们的下边，环抱在阿尔卑斯山中的那一片辽阔的湖水，把我们和沃州富饶的土地分开；该州雄伟的汝拉山峰是这幅美景的最高处。

在巍峨的群山中，我们所在的这一小块土地，展示了阳光灿烂的乡间居住地的迷人的美。有几条小溪从岩石中流出，在草地中形成一条晶莹的水带；有几株野果树的树枝伸展在我们的头上；潮湿清新的土地上长满了野草和野花。在周围的景物陪衬下，这里正是天造地设地给两个情人预备一个躲在这里不受争奇斗艳的大自然的景色干扰的单独幽会的寂静处。

当我们到达这个僻静的地方时，我先观赏了一会儿；我的眼睛已经湿润，我望着朱莉问她："怎么！你到了这里，心中一点感受都没有吗？你看见一个到处都刻有你的姓名的地方，你的心不暗自跳动吗？"说完，我不等她回答，就把她带到岩石那里，把无数个刻在岩石上的用她姓名的起首字母组成的图案指给她看，另外还有佩特拉克和塔索的几首可用来表述我刻那些图案时的情景的诗。经过了这么长的时间之后，我自己再看见这些图案时，感到它们强烈地激励着我，站在它们前面不能不产生深深的感情；我有点激动地对她说："啊，朱莉，我心中永远赞美的人！在这个地方，世界上最忠实的情人曾向你表达过他的爱慕之情；在这里，你可爱的身影使他感到幸福，并最终得到由你亲自使他享受到的幸福。那时候，没有这些野果树和树荫，地上也没有草和花；这些小溪的水也没有分流；也没有鸣啭的小鸟；山谷中只有贪食的鹰、忧伤的乌鸦和阿尔卑斯山的可怕的雕。所有的岩石上都挂着巨大的冰柱，这些树上的唯一装饰是雪花；这里的一切都显示着冬天的严寒和白霜的可怕,全靠我心中的火热的爱情才使我能够待在这里,把一天的光阴都用来思念你。我坐在这块石头上远远看你的幽雅的住房;我那封感动你的心的信,是我坐在那块石头上写的;我用这些锋利的碎石当雕刻刀,在岩石上刻画用你姓名的头一个字母组成的图案;我走过这条冰冷的流水去拾回被旋风刮走的你的一封信之后,又回到这里,把你写给我的最后一封信重新看了又看,并千百次地吻它;我站在山边用一双忧伤的眼睛估量这些深渊的深度;最后,在我怀着悲伤的心情离开这里之前,我来到此处哭泣:我想象你已经死了;我发誓,如果你死了,我绝不留在人间。我永远钟爱的姑娘啊,我是为了你才活在世上的! 我是不是需要和你一起在这里痛苦地回顾我在你不在我身边时的忧郁的日子呢? ……"我还想继续说下去,但朱莉看见我向山边走去,便感到很害怕,立刻抓住我的手,把我的手紧紧握住,一句话不说,用温柔的目光看着我,并用力控制她本想发出的叹息声;接着,她突然转过脸去,挽着我的胳臂,用激动的声音对我说:"我的朋友,我们走吧,这里的风我受不了。"我叹息一声,什么话也没有说,便和她一起离开那里;从此,我将永远离开那块令人伤心的地方,也许,我将来离开朱莉时,也是这个样子。

我们绕道走了一会儿,慢慢回到我们停船的地方之后,我们便各自做各人想做的事情了。她想单独一个人待在那里,而我则想继续散步,但又不知道到什么地方去好,只好随便走一走。在我回来时,船还没有修好,风浪也没有平息;我们心情沮丧地吃晚饭,大家都没精打采的样子:饭吃得很少,话讲得更少。晚饭后,我们坐在沙滩上等开船的时刻到来。月亮慢慢地升起来,风浪也逐渐平静。于是,朱莉建议开船。我伸手过去牵着她的手,帮助她上船;我在她旁边坐下,一直拉着她的手不想放开。我们静静地一句话也没有说。均匀而有节奏的桨声使我陷入了梦境;沙锥*的欢快的叫声,使我回想起童年时候的快乐情景,不过,此时此刻它不但没有使我感到快乐,反而使我感到忧伤。我逐渐地感觉到我心中忧伤的心情愈来愈重。明净的天空,柔和的月光,在我们周围溅起的银白色的水花,各种各样愉快的感觉,再加上这个亲爱的人在我眼前,要我心中不泛起一阵阵痛苦的回忆,是不可能的。

我回忆起我们初恋时有一次和她散步的情形,与这次散步的情形很相像。当时使我心中充满了美好憧憬的事物,现在回想起来使我感到悲伤。我们青年时候的种种事情,我们的学业,我们的谈话,我们来往的书信,我们的约会,我们的欢乐,

> 是那么的真诚,那么的亲密,
>
> 绵绵此情,天长地久。

所有这些向我展现我过去的幸福的事物,如今再次呈现在我眼前,反倒更增加了我目前的痛苦,而不是给我以甜蜜的回忆。"一切都完了,"我心里自言自语地说道,"那样的时刻,那样幸福的时刻,已不会再有了,已永远消失了。"唉!它们已一去不再回来了!而我们还活着,还在一起,我们的心是永远结合在一起的!我觉得,她死了或者不在我身边,我也许还能忍受;在我远远地离开

---

* 日内瓦湖中的沙锥,并不是法国人所说的那种沙锥。我们的沙锥的轻快活泼的叫声,在夏天的夜晚,使湖上具有一种生趣盎然的和清新宜人的气氛,使湖岸的风光更加迷人。

她的那段期间,我的痛苦也没有现在这么大。在远远地离开她的时候,我虽然常常哀叹,但一想到有再见到她的希望,我心中的痛苦就减轻了;我总以为一见到她,我的痛苦就可以完全消失;我盼望,至少是不会像我现在这个样子。然而,我现在在她身边,看见她,接触她,和她谈话,爱她,亲近她,而且差一点儿就占有她,我却感到永远失去了她,这就是使我生气,而且是使我逐渐陷入失望的原因。我开始在心里反复考虑一些可产生严重后果的计划;我愈想愈激动,真想抱着她一起跳进波浪涛涛的湖水,在她怀中了此一生,永远结束我心中的痛苦。这个可怕的想法,最后竟如此强烈地促使我想加以实现,以致我不得不突然放开她的手,转身向船头走去。

在船头上,我激动的心情开始有所转变,逐渐逐渐地平静下来,怜悯和同情战胜了悲观失望;我大把大把地流下了眼泪;这时的心情和方才的心情相比,反而稍觉愉快,我哭得很厉害,哭的时间也长,结果使我的心情大为轻松。当我恢复常态以后,我又回到朱莉身边,拉着她的手。她手里拿着手绢,我发现她的手绢已经湿透了。"啊!"我轻声对她说道,"我发现我们的心时时刻刻都是互相沟通的。""是的,"她用激动的声音说道,"不过,今天晚上也许是它们最后一次以这种方式互相交流了。"接着,我们开始平静地互相交谈;一个小时以后,我们平安地到达岸边。我们回到家中,在灯光下,我看见她的眼睛已经哭得通红,有点儿发肿;她大概也发现我的眼睛红肿的程度并不比她轻。经过一天的疲劳之后,她需要马上休息;她回到她的房间,而我也回到我的房间去睡觉了。

我的朋友,以上是我那天经过的事情的详细叙述;在这一天中,我的心情无时无刻不处于十分激动的状态;我希望这种激动的心情能成为使我完全恢复本来的我的转折点。此外,我还要告诉你,那天经过的事情,比一切有关人的自由和美德的作用的论点都更有说服力。稍受引诱就堕落的人,有多少? 拿朱莉来说,我的眼睛看见她,我的心感觉到了她:她这一天中,经历了人的心灵所能经受的最激烈的战斗,而且终于战胜了。而我为什么做得比她如此之差呢? 啊,爱德华! 当你受到你的情人的引诱时,如果你能同时克制你的欲望和她的欲望,你岂止是一个普通的人! 没有你,也许我已经犯下大错。在那充满危险的一天中,曾经有许多次,一想到你的美德,我爱美德的心便油然而生。

卷　　五

书信一　爱德华绅士来信[*]

　　朋友,不要再那么孩子气了,你的头脑应当赶快清醒过来。不要把你的一生都沉湎于理智的思考。岁月流逝,你已经没有时间作聪明睿智的人了。过去的三十年,是一心只考虑自己的三十年。现在,你应当反躬自问,在临死以前,头脑清醒地做一次人了。

　　亲爱的朋友,长期以来,你的心总是要求你按你的理智行事。你还没有具备用哲学的眼光看问题的能力以前,你就想从哲学的角度去思考问题;你把感情当作理智,满足于凭事物给你的印象来判断事物;你始终没有弄清楚它们的真正价值。我承认,一颗正直的心,是真理的第一个器官;对任何事物都无动于衷的人,是什么也学不到的。因此,他必然是犯了一个错误又犯一个错误;他得到的知识是没有用的,无补于实际的,因为,事物与人的真正关系,他依然是不甚了了,而了解事物与人的真正关系:恰恰是他的主要课题。为了更好地判断事物与我们之间的关系,只研究这个课题的前半部分,而不研究事物与事物之间的关系,那是不行的。如果不知道如何评价客观的事物,则对人的感情就不可能知道得很多,因此,后半部分的研究工作,应当采取静静沉思的方式。

　　一个有大智慧的人的青年时期,是他获取经验的时期;他的欲望是他用来获取经验的工具。然而,把他的心灵用来感知外部事物之后,他就把他的心收回来,以便对外部事物加以思考、比较和

---

　　[*]　这封信,看来是在收到上一封信之前写的。

认识。你比世界上任何一个人都更急需做的，正是这一步工作。一个敏感的心对苦与乐的种种感受，你的心都已经感受过了；一个人所能看到的，你都亲眼看到过了。在十二年的时间里，你把可以分散在长长的一生中使用的感情全都用尽了；因此，在你年纪尚轻的时候，就获得了一个年老人的经验。你开头研究的，是普通人，几乎都是出自大自然之手的人，以便用他们来做比较的标准。你被她们流放到世界上最著名的国家的首都以后，你跳到了另外一个极端，用天才来代替起中间作用的经验。你来到这个在地球上的众多人群中唯一堪称人民的国家里，虽说没有看见法律占统治地位，但至少看见它们是存在的；你已经学会了根据何种迹象来了解那个表达人民意志的神圣机构的作用和构成自由的真正基础的舆论的威力。你到过许许多多不同气候的地方，凡是太阳照射之地，你都去过。值得聪慧的人的眼睛观赏的罕见景象，值得能战胜自己的情欲并能自己控制自己的人的高尚心灵思考的景象，你都观赏过和思考过。第一个吸引你的目光的人，就是那个现在还在吸引你的人；你对她的敬慕，只是在观察了许许多多其他的人之后才得到巩固的。现在，已经再也没有什么东西值得你用心去感知和观察了。目前，需要你注意的，是你自身；除了发挥你的大智慧以外，你再也没有什么有意义的事情可做了。你没有虚度你这短暂的一生，现在，应当考虑的是，她为你长远的将来作出的安排。

　　你的情欲，尽管曾经在一个很长的时期内使你成了它的奴隶，但它却使你成了一个有德行的人。这是你的光荣，你的光荣虽大，但不要因之而骄傲。你的力量的本身，也是由你自身的软弱锻炼而成的。你是否知道是什么原因使你永远爱美德吗？那是因为在你的眼睛里，它好像就是个能充分代表它的可敬的女人的样子；要这样一个可爱的形象不引起你的兴趣，那是很难的。不过，你岂能单单为了她而爱美德；朱莉靠她自己的力量达到至善，难道你就不能像她那样靠你自己的力量达到至善吗？对于她的美德，你只是空话连篇地赞叹，而不效法她，像她那样去做吗？对于她如何尽她做妻子和做母亲的天职，你谈得很起劲，但你要到什么时候才像她那样尽你做男子汉和做朋友的义务呢？一个女人能战胜她自己，而一个哲学家却反倒难于自己克制自己！你是不是打算像其他人一样光说不做，只著书立说而不身体力行*？亲爱的朋友，请注意，在你信中还有一种唉声叹气的语气；我很不喜欢这种语气，这是你的情欲尚未完全克服的表现，而不是由于你的性格使然。我恨透了懦弱，我不希望我的朋友有这种表现。没有毅力，就不可能有美德；不坚定的人必然会犯罪的。像你这样一个没有勇气的人，靠得住吗？你这个可怜的人啊！如果朱莉是一个不坚定的人的

---

* 不，在这个哲学盛行的世纪，并不是连一个真正的哲学家都没有产生过的。我就认识一个真正的哲学家；是的，仅仅只认识一个，不过，这已经是够多的了，而且，令人荣幸之极的是，他就出生在我的国家。他这个人的真正伟大之处在于：他自甘寂寞而不到处扬名；我敢在这里把他的名字说出来吗？博学的和谦逊的奥保齐特，但愿你真诚朴实的心能原谅我火热的心丝毫没有拿你的名字到处张扬的意思！不，我并不想让这个不值得你爱的世纪知道你，我只是想利用你的故居使日内瓦成为名城；我想表彰的是我的同胞，因为他们给你带来了荣誉。能让韬光养晦的人受到尊敬的国家，必然是治理得很好的！能使所有的青年都去掉说话武断的语气，并以在大智若愚的贤明的人面前卖弄浅薄的知识为可羞的人民，必然是很有教养的！你这位德高望重的老者，你是不会受到那些学者和名流吹捧的；他们的那些闹闹嚷嚷的学院，也是不会为你唱赞歌。你不像他们那样把你的学问写在书里，而是在生活中处处加以实行，为你所定居和热爱的国家做出榜样，因此这个国家的人民很尊敬你。你的一生很像苏格拉底的一生，但他被他的同胞所杀害，而你却受到你的同胞的爱戴。

话，你明天就会堕落，成为一个卑鄙的奸夫。你现在单独和她在一起，看看她是什么表现，你就会对你自己感到赧颜的。

我希望我不久就能前来和你见面；此行的目的何在，你是完全知道的。十二年的错误和烦恼，使我对我自己也产生怀疑。要顶住女人的诱惑，我一个人就够了，而要在几个女人之间进行选择，就需要有一位朋友的帮助。我把我们之间无话不谈，凡事共同商量，互相了解，互相爱护，视为一件乐事。不过，你也不要有所误会；在我对你完全信任以前，我还要看一看你是否值得信任，看你是否能回报我对你的关心。我了解你的心，我感到很满意，但这还不够；在我只能单靠我的理智行事，而我的理智又可能使我失误的时候，我就需要你的判断能力对我进行帮助。我并不害怕情欲，因为它对我们进行的是公开的战争，使我们有时间加以防御，不管它怎么做法，它都能让我们的良心觉察到我们的过错，因此，对于它，我们愿意迁就多少才迁就多少。我担心的，是它的幻象，因为它对我们不加强迫而是采取诱骗的手段，使我们做了不符合我们本心的事还不知道。我们要克制自己的欲望；只需我们自己的力量就够了，但要辨别哪些欲望应当得到满足，有时候就需要别人的帮助；一个贤明的人的友谊的作用，就在于此：他为我们从另外一个角度观察我们想了解的事物。因此，你好好反省一下，像你这样没完没了地空自悔恨，是不是对人对己都毫无益处；反之，如果你终于能掌握自己，你就能够用你的心灵来启发你的朋友的心灵。

我在伦敦的事情，再有半个月就可以处理完毕；我将路过我们弗朗德勒军团的驻地，我打算在那里也待半个月时间，这样，在下月底或十月初以前，你就用不着等我。你如给我写信，请别寄到伦

敦,而按我所写的地址寄到军团的驻地。请继续叙述你上次信中
所叙述的事情:尽管信中的笔调有些哀婉,但使我很受感动,使我
很受教益,使我产生了退休的念头,我要好好安排适合于我的行为
准则和年龄的生活。你上一封信,使我对德·沃尔玛夫人深感不
安;你下次来信,对她的近况,务望谈及,以便使我放心。如果她的
命运都不幸福的话,谁还敢学她的样子? 在看了她向你讲的那番
话以后,我就想象不出她的幸福还缺少什么东西[*]。

书信二 致爱德华绅士

是的,绅士,我很高兴地向你承认,在麦耶黎经过的那件事情,
是我的糊涂思想和痛苦心情的转折点。德·沃尔玛先生的那番
话,使我对我真正的心态有了一个很清楚的认识。我这颗太软弱
的心已得到了尽可能好的医治,因此,我宁可假想有一件令人悔恨
交加的事使我感到悲伤,也不愿意时刻觉得被罪恶包围而感到恐
惧。自从这位可敬的朋友回来以后,我就不再犹豫,立即用朋友的
称呼称呼他;对于这个称呼,你已经使我充分感觉到了它的价值。
谁帮助我恢复美德,我就应当把这个最起码的称呼给他。同我所
居住的这座宁静的房屋一样,我心灵深处是宁静的。我已开始在
这座房屋里无拘无束地生活,就像在我自己的家里一样。虽然我
还未完全具有一个主人的权威,但我觉得,把我看作是这家人的孩

---

[*] 这封信中杂乱无章的令人难懂的话,我觉得很有趣;我认为,它完全符合这位好
心的爱德华的性格,因为,他只有在说傻话的时候,才能说出如此深奥的一篇大哲理,
而且,只有在他自己也不知道自己说了些什么的时候,他才能把道理讲得如此透彻。

子，我反而更快乐。我在这个家庭中所看到的不拘礼节和平等待人的态度，使我深受感动，不能不油然起敬。我有许多天都是在一个有深沉的理智的人和一个有深情的美德的人之间头脑清醒地度过的。在和这一对幸福的夫妇的频繁接触中，他们对我产生了巨大的影响，使我不知不觉地受到他们的感染：和什么人近，就学什么人；我的心逐渐逐渐地和他们的心中的想法一致了。

此处是多么幽静的隐居之地啊！住在这里是多么惬意啊！良好的生活习惯更加增添了住在此处的乐趣！这座房屋的外表尽管初看起来不怎么漂亮，但一旦熟悉了它，就不能不欢喜它！德·沃尔玛夫人怀着浓厚的兴趣尽她高尚的天职，使所有接近她的人都感到幸福和满意。她这种精神，感染了所有她为之恪尽天职的人，感染了她的丈夫、她的孩子、她的客人和她的仆人。在这个安静的住宅里，没有乱哄哄的嘈杂声，没有闹闹嚷嚷的嬉戏声，也没有嘻嘻哈哈的大笑声，但你可以看到，每一个人的心里是高兴的，面部的表情是快乐的。虽说有时候这里也有人流眼泪，但那是同情和欢乐的眼泪。忧虑、厌倦和悲伤从来不降临这个家，因而从来不产生它们必然造成的罪恶和令人后悔莫及的事。

就她来说，当然，只有那件使她一直深感不安的秘密事情令她痛苦（我在上封信 * 中，已经对你讲了造成此事的原因），除此以外，其他一切都使她感到很幸福，然而，尽管有这么多幸福的理由，但处在她的地位，也有千百个使她感到懊恼的原因。她所过的单调的和隐士式的生活，他人是忍受不了的。她和多尔贝夫人都不

---

　　* 这封信一直没有找到。其原因，以后即将谈到。

喜欢孩子们的吵闹声；她们对仆人的殷勤伺候主人，感到厌烦；她们也不容许谁胡言乱语；一个很少有亲昵的表示的丈夫，为人虽很贤明和稳重，但也抵消不了他对人的冷漠和他年岁太大的缺点。她们觉得，有他在场和他做出的恋恋不舍的样子，反而成了她们的负担。有时候，她们想办法把他支走，好让她们自由自在地活动；有时候，她们远远地离开他，不理他；她们鄙弃她们眼前的乐趣，她们喜欢到远处去寻找带危险性的乐事；她们在自己家里，反而像陌生人那样感到很不自在。一个具有健全的心灵的人，才能领略隐居生活的美。喜欢生活在家人中间，并自愿把自己关在家里的好人，是很少的；如果世界上确有一种幸福的话，那无疑就是他们所过的生活了。不过，创造幸福的工具，对于不知道如何利用它们的人来说，是一点价值也没有的；人们只有在有能力享受真正的幸福的时候，才知道真正的幸福究竟是怎么一回事。

如果要很确切地说明他们在这个家庭里采用什么办法，才生活得这样幸福，我认为用"他们知道应如何在家中生活"这句话，就能解答这个问题。不过，这句话，不能按法国的意思来理解，因为，法国的意思是：用某些流行一时的装腔作势的样子对待别人。这句话应当从人生的意义来理解，因为人就是为了这种有意义的人生而生的；应当从你对我所说的那种生活去理解，你已经为我树立了这种生活的榜样；它延续的时间比它本身还长；使人在临终那一天，不会认为他是虚度此生。

朱莉有一位对她家的幸福很关心的父亲；她还有需要妥善抚养的孩子，这是过群居生活的人的主要事情，也是她和她的丈夫共同操心的第一件事情。结婚之后，他们清点了他们的财产；他们并不怎么考虑他们的财力是否能使他们过与他们的身份和需要相称的生活；没有任何一个忠厚人家对自家的财产是不知足的，所以他们不怕孩子们因为他们遗留的财产不够用而有所埋怨；他们把他们的心思用之于改善他们家业的使用，而不是扩大他们家业的规模；他们宁可把他们的钱稳妥地存起来，而不用它们去生息。他们不新买土地，但他们要努力使他们原有的土地产生新的价值；他们唯一想留下的财产，乃是他们以身作则所树立的榜样。

是的，财产如不增加，就往往会由于许多意外的事情而减少，但如果因此就需要把财产翻一番的话，那要到什么时候才不以这个理由为借口而无止境地增加财产呢？财产将来是要分给孩子们的。不过，他们因此就可以游手好闲，什么事都不做吗？每个孩子的劳动所得，不是可以用来添加他分得的那份财产吗？他的技艺，不也是可以算作他的财产吗？欲壑难填的贪心就是在为将来着想的幌子下而愈来愈膨胀的，甚至因为一心想一劳永逸，享受终生而发展到犯罪。"有些人企图使人间的事物固定不变，"德·沃尔玛先生说道，"这是办不到的，因为这不符合事物的本性。甚至有些通达事理的人，也希望我们对许多事情的处理全碰运气；如果我们的生命和财产不由我们掌握而全碰运气的话，那又何必没完没了地自找罪受，硬要千方百计地去预防令人痛苦的灾难和不可避免的危险呢？"在这个问题上，他采取的唯一措施是，先用本金生活一年，把当年的收入留作下一年用，这样安排，就可做到：一年的开销，提前一年准备。他宁可让他的老本略有减少，也不愿意没完没了地追求地租。他从不采取那些稍有一点儿意外就会导致破产的赚钱的办法，反而稳稳当当地得到了几倍于他投入的资金的利益。

这样,他的家治理得有条不紊,秩序井然,这种情况,无异于他家有一大笔储蓄;因此,他富就富在他善于使用他的金钱。

按照一般人对财产的观念来看,这个家庭的主人的财产并不太多,只能说是中等,但实际上,像他们这样富裕的人,我还没有见过。"富裕"二字,只不过表明富人的欲望满足之后,其财力尚有剩余。只要做到了这一点,即使你仅仅只有十阿尔榜①土地,你也是富人,如果做不到这一点,哪怕你有金山银山,你也是穷人。生活放荡和胡乱花钱,是没有边的;因生活放荡和胡乱花钱而穷的人,比因得不到真正的需要而穷的人还多。在这个家庭里,欲望和财力的比例,是建立在一个不可动摇的基础之上的,即建立在夫妇二人协同一致的基础之上的;丈夫负责收租,妻子掌握租金的使用。正是由于他们之间配合得非常和谐,所以他们的家庭很富裕。

在这个家庭里,使我最感惊异的头一件事情是:在秩序井然和按部就班的生活环境中,充满了怡然自得和自由快乐的气氛,这个有条不紊的家庭的最大缺点是:空气太单调,使人感到沉闷。两位主人对大家虽无微不至地关怀,但使人感到他们的手面不大方。大家在他们周围都有些拘谨;生活秩序之严格,宛如机械,使人不免感到难受。仆人们虽尽心尽力地工作,但做的时候,表情不高兴,有点儿害怕的样子。客人们都受到很好的招待,但他们对主人给他们的自由不敢放手使用,唯恐冒犯了这个家庭的规矩,所以一言一行都提心吊胆,生怕自己做得不得体。我发现,有些当父亲的,一生劳碌,不为自己,专为儿女;他们不想一想:他们不仅是父

---

① 古时的土地面积单位,约相当于 20 至 50 公亩。——译者

亲，而且是人；他们应当为他们的孩子做出如何生活的榜样，让孩子们知道：只有行事明智才是福。这个家庭中的规矩，都是很合情合理的。他们认为，一个好父亲的主要职责之一，不仅仅是要使他的家庭欢乐，让孩子们在家中感到愉快，而他本人的生活也要过得很舒服很悠闲，让家中的成员都感觉到像他那样生活才快乐，而不至于为了贪图安逸便采取与他相反的生活方式。在谈到两位表姐妹的娱乐时，德·沃尔玛先生一再反复告诫她们的话是：父亲和母亲的生活如果忧忧愁愁，过于平淡，那肯定会成为导致孩子们不循规蹈矩的主要原因。

　　就朱莉来说，她唯一用来指导她的行动的，是她的心；她还没有发现过其他比心更为可靠的指针，因此，她毫不迟疑地听从她的心的指导，她的心要求她做什么，她就做什么。它对她的要求不多，因此，她比谁都更珍视生活的情趣。这么一颗易动感情的心，能对感官的享受不感兴趣吗？不，她很喜欢感官的享乐，她追求这种享乐；凡是能使她的感官得到愉快的东西，她都不拒绝。我发现她善于领略其中的乐趣；不过，这里所说的"乐趣"是朱莉心目中的乐趣。她既不忽略她自己的舒适，也不忽略她所爱的人即她周围的人的舒适。凡是对一个明智的人的生活有益的东西，她都不认为是多余的，然而，凡是用来向他人炫耀的东西，她便一律视之为不必要的，因此，她的家里虽有供感官享乐的物品，但这些物品既不太精致，也不太奢侈。至于炫耀豪华和虚荣的奢侈品，她除了不能不按照她父亲的爱好而必须有的东西以外，其他的东西就一样也没有；此外，我还注意到：她的东西，光彩夺目的少，淡雅大方的多。当我和她谈到巴黎和伦敦天天都有人发明使四轮马车的车厢

更加舒适的办法时,她也甚表赞赏;然而,当我告诉她马车的油漆
要花多少多少钱时,她就有点显得不明白,并一再问我上了漂亮的
油漆,马车坐起来是不是一定更舒服。她当然相信我的话并非夸
大:人们花很多钱在马车车厢上涂上花里花哨的油漆,而不像从前
在马车上只装饰一些纹章,因此,这种做法,无异于向过路的人宣
告车上坐的是一个行为浪荡的人,而不是一个行为规矩的人!最
使她感到厌恶的是,有些女人还公然采用或支持这种做法,而且,
她们的马车还比男人的马车多画上几幅挑逗色情的图案。在这个
问题上,我只好引用你那位著名的朋友所说的一句话来向她解释。
不过,这句话,她很难领会。有一天,我到你那位朋友家里去,正好
碰见有人给他看这种类型的两人对坐的马车。他把车厢扫了一眼
之后,一边转身走开,一边对车主说:"把这辆马车给那些宫廷妇女
去坐吧,一个正派的男人是不敢坐这种马车的。"

　　为善的第一步是不作恶;幸福的第一步是不吃苦。这两句话,
如果真正让人懂了,就可以少说许多有关道德的箴言,因此,德·
沃尔玛夫人对这两句话十分欣赏。过苦日子,她是极不愿意的;她
自己不过,也希望别人不过。当她自己幸福而看着别人受苦的时
候,她心中的滋味,并不比那些自己一身清白但却不得不与恶人在
一起生活的人好受。在她可以帮助人家减轻痛苦时,如果她只把
眼睛掉过去不看别人的痛苦,而不帮助人家减轻,这种表面上心怀
恻隐而实际上野蛮残酷的行为,她从来没有做过。她主动去找那
些受苦的人,帮助他们减轻痛苦:只要有穷苦的人存在,她就感到
难过,而不只是在看到他们受苦的那一刹那间才难过。对她来说,
光是没有听到穷苦人受苦,还不够,而必须确知没有——至少在她

周围没有穷人受苦,她才感到高兴;当然,她把她的幸福与所有人的幸福联系在一起,这样做法,也不一定合适。邻居是多么热情地关心她,她也多么热情地关心邻居,积极打听他们有什么需要。所有的邻居,她都认识,可以说她把他们都包括在她家的范围里了。为了使他们不遭到生活中常遇到的令人悲伤和痛苦的事,她从来不吝惜她的精力。

　　绅士,我要利用你的经验来观察她,不过,请原谅我一谈到她,我的兴趣就这么好,而且,我想,你也有同样的兴致。世界上只有一个朱莉,上天关心她,凡是与她有关的事情,没有一样是纯属偶然。上天把她生在这个世界上的目的,好像是为了向世人展示人的心灵可以达到何种美好的境界,并在不损害她自己的美德和荣誉的情况下,她在不为人知的私生活中可以享受何种快乐。她的过错(如果那件事情可以算作过错的话)反而有助于发挥她的力量和勇气。她的父母、她的朋友和她的仆人都很幸运,他们都是为了爱她和为她所爱而具有那么好的天性。她的家乡,是唯一适合于她生活的地方;她落落大方的言谈举止使她周围的人都受到感染;为了生活得很快乐,她使所有和她在一起生活的人都快乐。如果她不幸生在遭受压迫和在贫困中苦苦挣扎而毫无出头之望的穷人家,则饱受生活熬煎的穷人家的每一件令人痛苦的事都将使她感到悲伤,破坏她的生活的宁静;她将把众人的苦难视为自己的苦难;烦恼和伤心的事将折磨她的心,使她不断受到她无法减轻的痛苦。

　　这些情况,不仅没有发生,恰恰相反,这里的一切,都有利于她善良的天性的成长:她没有听说过什么使她伤心落泪的大灾难,也没有看见过什么贫困和绝望的可怕景象。悠闲的村民*请她出主意的时候多于求她给予物质帮助的时候。对于不能自己谋生的年幼的孤儿,对于孤苦伶仃的寡妇,对于丧失了劳动力而又无子女照顾的孤老头,她不怕她给他们的金钱帮助会变成他们的负担,让政府来课他们以重税,反倒让那些为富不仁的人免交他们应交的税。她乐于做好事,看见她做的好事使人受益,她感到很高兴。她得到的快乐愈来愈多,而且扩及到了她周围的人。她走到哪家,就把她自己家中的气氛带到哪家;使人的生活安闲和舒适,这是她到任何一家都要起码做到的事;她挨家挨户地传播和谐与善良的风俗。在走出她家的时候,她看到的都是使人愉快的事物;在回到她家的时候,她看到的情景更加令人喜悦,她到处都看到使她心里高兴的事情;这个不太注意爱惜自己精力的人,现在也学会了在行好事的同时,要自己爱自己。是的,绅士,我要再说一次,凡是朱莉过问的事情,没有一件不与美德有关。她的魅力,她的才能,她的爱与憎,她的过错和悔恨,她的家人和亲友,她的痛苦和欢乐,以及她的整个命运,这一切,使她的一生成了一个独一无二的典型;想学这个典型的妇女并不多,但她们都不由自主地爱她。

在关心别人的幸福方面,最使我感到高兴的是:他们的做法很明智,因此从来没有发生过做得过头的事情。一个人想做好事,但并不见得事事都做得好,而且,往往还出现这样的情况:见到某事

---

　　* 在克拉朗附近有一个叫做姆特鲁的村子;该村相当富裕,可以靠自己的力量养活所有的村民;它没有一寸土地是归私人所有的。和伯尔尼一样,要在该村取得城市自由民的身份是很难的。为使姆特鲁的先生善于社交,使人不那么难于取得城市自由民的身份,那里就找不到一个好的代理人帮他们办这件事;这是多么可惜啊!

对别人有一点小小的好处,就去做,以为这样是帮了别人的大忙,但结果是反倒给别人添了大麻烦,而自己还不知道。在一般的心地善良的妇女身上很少见到而在德·沃尔玛夫人身上却特别突出的一个特点是:在对他人做好事方面,她要很仔细地加以选择,一是要选择最有利于他人做好事的方式,二是要选择她为之做好事的人。她制定了一些她自己绝不违背的原则。对于他人向她提出的要求,是答应还是拒绝,她善于掌握其间的分寸;答应的时候不显得是由于心肠软,拒绝的时候也不显得是由于一时的任性。无论何人,只要一生中做了一件坏事,就休想得到她的宽恕,如果冒犯了她,也很难得到她的原谅。对于好人,她也绝不偏袒;我曾经看见她有一次就直截了当地拒绝答应一个这种类型的人请求她办一件只有她才能办到的事。"我祝你好运,"她对那个人说道,"但这一次我不想帮你的忙,因为我担心在帮助你成功的时候,会损害别人的利益。世界上有为难之事的好人并不少,因此,我不能只是为你着想。"是的,对她来说,采用这种生硬的态度的代价是很大的,因此她采取这种态度的次数并不多。她的信条是:无论何人,只要她没有掌握他做过坏事的证据。她都认为是好人,而手段高明到不露痕迹的坏人,总是极少的。有些富人行善的办法是懒办法,他们以为把钱给了穷人,自己就有权可以不去做祷告;如果有人求他们做好事,他们以为施舍财物就行了;她从来不采用这种办法。她钱袋里的钱并不是用不完的,自从她当了母亲以后,她就更加精打细算地用她的钱了。在帮助穷人减轻他们的痛苦方面,施舍财物实际上是最省事的办法,但同时也是效果最短暂和最不好的办法。朱莉绝不会撂下穷人不管,她要努力做到对他们有所帮助。

无论是给别人出主意或给别人办事，她都是要区别对待的，她总要考虑一下她出的主意或办的事情，对方是否能用得合理，用得恰当。无论何人，只要确实需要她保护，而且值得保护，她是不会拒绝对他提供保护的。然而，那些成天到处钻营，不安于他们已很安适的环境的人，如果去求她帮助的话，那是很难成功的。大自然对人的要求，是耕种土地，靠自己劳动的果实生活。平平安安地居住在农村的人，只要明白这一点，就会感到很幸福。人的真正快乐，是完全能够得到的。谁都有与人生不可分离的痛苦；有些人以为自己摆脱了这种痛苦，但实际上他们并未摆脱，只不过是换成了另外一种更严重的痛苦而已 *。农村生活，是居住在农村的人唯一需要的和有益的生活方式；只有在其他的生活方式强烈地干扰他或用罪恶的坏榜样引诱他的时候，他才会觉得他不幸福。一个国家是不是真正兴盛，要看它的农村；一个民族的力量和伟大，不依靠其他的民族，而全靠自己；他们从不采用攻打其他民族的办法来维持自己的生存，他们有可靠的自卫的办法保护自己，在估量一个国家的国力时，文人学士去看国王的宫殿，去看他的海港、军队、武库和城市，而真正的政治家则去看他的土地，深入到农夫的破茅屋去看他们的生活情形；前一种人看的是已经成为事实的东西，而后一种人看的是它能够做什么事情的潜力。

根据这个家庭奉行的原则，他们在这里，尤其是在埃丹治，都

---

　　* 失去了纯朴之心的人，竟会变得如此之愚蠢，以致不知道他们还有更高尚的事物可以追求。他们的愿望得到了满足，便感到很幸运，因而不再追求达到至福的境地。

尽量使农民的生活条件好一点，而不鼓励他们脱离农村的生活。生活富裕的和生活贫穷的乡下人，都拼命把他们的孩子送到城市：前者是把孩子们送到城里去读书，以便有朝一日变成老爷；后者是把孩子们送到城里去找个职业，以使他们的父母不再负担他们的生活。青年人都喜欢离开家庭，到处去走一走；姑娘们都羡慕城里人的穿着打扮。到外国军队中去当兵的男孩子，将来带回他们村庄的，不是对祖国和自由的爱，而是雇佣军的又高傲又俯首帖耳听人指挥的样子，而且对他们原先的身份抱着一种可笑的蔑视态度。朱莉给他们指出：这些做法是错误的；它们将败坏孩子的品德，使他们变成连父老乡亲都不认的人，而且使他们的生命、命运和道德品质都将继续不断地遭到危险，而最后能成功的，一百个人当中却只有一个。如果他们坚持要那么做，她是不会对他们胡思乱想的做法有一丝一毫的帮助的；他们要去冒罪恶和苦难生活的风险，她就让他们去；她集中力量去帮助那些听从她的劝告的人，对他们因按道理办事而遭到的损失给以物质的帮助。她告诉他们要尊重自己，给他们出生的家庭带来荣誉。她从来不用城里人的态度对待农民，她对他们非常诚恳和亲切，使每个人都知道要按照自己的身份行事。一个好农民，只要你向他指出他和那些在村子里神气一时但却使自己的父母脸上无光的小暴发户之间的差别，他就会自己尊重自己的。德·沃尔玛先生和男爵在这里的时候，经常一起去观看体育训练和竞赛，到村里和附近的地方去游览。那些争强好胜的青年看见年老的军官来参加他们的集会，便愈加认真从事，对自己的青春的活力更具信心。这两位年老的军官告诉年轻人，有一些从外国军队中退役回来的士兵，在许多方面都不如他们，因为,不管怎么说,一个只挣五个苏的薪饷并经常挨棍子揍的人,是不可能像一个自由人那样,在自己的父母、邻居、朋友和情人面前,为了本村的光荣而努力向前的。

因此,德·沃尔玛夫人的大原则是:绝不帮助那些想改变自己身份的人,但尽力使每一个按自己身份生活的人的日子过得愉快,尤其是不要让那些就一个自由的国家的农村来说是最幸福的人的人数有所减少,从而使那些生活条件差的人的人数有所增加。

在这一点上,我对她提出了异议;我认为,大自然之所以把各种各样的才能分赐给人们,似乎就是要让每一个人各有所长,而与他出生在什么社会阶层无关。她回答我说,有两件比才能更重要的事情需要首先考虑,这两件事情是:风俗和人的最大幸福。"人是非常高尚的,"她说,"因此,不能单单作人家的工具。谁也不应因某事于己有利,就让别人去替他做,而不管对做那件事情的人本身是否有益,因为,人不是为了社会地位而生的,而是社会地位为了人而设的。为了适当地分配地位,每一个人都不必过于追求非要最适合于自己的工作不可,而只要有一项工作能使自己尽可能生活得好,生活得愉快,就行了。绝不允许为了他人的好处而去做败坏人的心灵的事,也不允许为了为好人服务而使他人变成坏人。

"在一千个离开农村的人当中,在城里不堕落的,或者说堕落的程度不超过教他们做坏事的人的,不到十个;而在城里有所成功和发迹的人,差不多都是通过不正当的途径达到目的的。那些在城里未走好运的可怜的人,此后就再也不愿过他们原先的那种生活了,他们宁肯当乞丐或小偷,也不愿意再当农民,在这一千个人当中,即使有一个人不去学做坏事,而始终作一个诚实的人,你想一想：此人今后还能像他当初在农村那样不受强烈的欲望的影响而平平静静地快乐生活吗？

"一个人要发挥他的才能，就需要对自己的才能有所了解。识别人的才能，是一件很容易的事情吗？连我们这些已经到了能做出决定的年龄的人，对我们极其熟悉的孩子的才能都很难识别，一个小小的农村孩子怎么能知道他自己有什么才能呢？再也没有什么事情比一个人童年时期表现的倾向更使人发生误解的了。在孩子们表现其倾向的动作中，往往是出于模仿的多，出于才能的少。迹象的出现，全靠偶然的机遇，而不取决于一定的倾向，何况倾向本身并不总能表明才能的大小呢。真正的才能，真正的天资，是朴实无华的，它不像外露的假才能那样浮躁，那样急于表现；人们把外露的才能看作是真才能，其实它是一时的热情冲动，是没有成功的可能的。有些人听见鼓声响，就想当将军；有些人看见别人修房子，便以为自己也能成为建筑师。我的园丁居斯丹，因为曾见过我画画，他便对绘画感兴趣了；我把他送到洛桑去学画，之后他就自以为成了画家，其实仍然是一个园丁。一个人选择什么职业，完全取决于机会和上进心。光觉得自己有天才，这还不够，还必须要有发挥自己的天才的意愿。一个君主会不会因为自己善驾四轮马车就去当马车夫呢？一个公爵会不会因为自己会做烤肉就去当厨师呢？人们之所以要有才能，完全是为了提高自己的地位，而不是为了降低自己的地位；这是大自然的意思，你知道吗？即使每个人都了解自己的才能，而且愿意加以发挥，但真正发挥了自己才能的人，有几个呢？能克服不应有的障碍的人，有几个呢？能战胜卑鄙的对手的人，有几个呢？自知力量薄弱的人，便玩弄阴谋诡计；而对自己的力量有信心的人,是不愿意这么做的。有许许多多传授艺术的学校,反而损害了艺术;这不是你本人多次对我说过的吗?由于乱增加科目,结果反而把各种科目搞得混乱不清;真正有才能的人被埋没在下层,有才干的人应得的荣誉,全都被玩弄阴谋诡计的人夺去。如果真有一个社会能严格按照个人的才能和功绩分配工作和地位的话,则每个人就可望得到他最能胜任的职位;在这样的社会,想发财致富的,只是那些品行最恶劣的人,但他们也不能不按严格的规矩行事,不能利用他们的才能胡作非为。"

"我还要告诉你,"她继续说道,"我并不认为各种各样的才能都应得到发挥,因为要实现这一点,拥有才能的人的人数就要和社会的需要恰成比例。如果地里的活儿只让那些精通农活的人去做,或者从农村中把那些更适合于干其他工作的人全部抽走,那么,在农村剩下来种庄稼的劳力就不够,就不能养活我们。我认为,人的才能和药物一样,药物是大自然给我们用来治病的,但它并不希望我们真要吃药,只不过是有备无患而已。有些植物对我们是有毒的,有些动物是要吃我们的,有些才能对我们是有害的。如果每一样东西我们都要按它的特性来使用的话,也许我们人类得到的好处,还不如它们给我们造成的坏处多。忠厚的人是不需要那么多才能的,他们单单靠自己简朴的生活就比那些靠投机取巧过日子的人的生活过得愉快。"

还有另外一件事情,即帮助乞丐的问题,我也不甚赞同他们的意见。由于这里是一条大路,路过此地的乞丐很多,他们对每个乞丐都一律施舍。我对她说:这样做,不仅是把财物白白地浪掷,把应当给予贫苦人的钱给了他们,而且还将使叫花子和流浪汉的人数愈来愈多，因为他们乐于干这一门不花力气的懒职业，结果，他们不但成了社会的负担，而且还使社会得不到他们应当为社会做的工作。

"我看出来了，"她对我说，"你在大城市里听信了那些自命不凡的理论家经常用来为富人的冷酷无情的态度辩解的话；你话里用的词儿都是他们的词儿。你以为用'叫花子'这个轻视人的名称来叫穷人，就贬低了他们的人格吗？像你这样富有同情心的人，为什么也公然对他们用这个名称？以后别再用这个词儿了，我的朋友，这个词儿不能出自你之口。这个字眼不仅无辱于那些背上这个名称的穷人，反而骂了那个使用这个词儿的人是狠心人。我不敢说那些贬低施舍的作用的人是对还是错，但我知道的是：我的丈夫对你们那些哲学家是一点也不买账的，他经常对我说，他们在这个问题上的论点将泯灭人的天生的怜悯心，使人变得冷酷无情；我常常发现，他颇不以你们那些哲学家的话为然，而对我在这方面的行动从来没有发表过什么不赞成的意见。他的道理很简单：'穷人在受苦，'他说，'而有些人却花大量的金钱让人去从事那么多毫无用处的职业，而且其中有几种职业完全是用来败坏风俗的。如果把讨乞看作一门职业，人们对它不仅用不着那么害怕，反而可以从中找到用来激发我们的人道之心的东西，把所有的人都联合起来。如果从才能方面考虑，一个戏剧演员使我流了几滴干巴巴的眼泪，我尚且给他钱，我为什么不可以对那么打动我的心，使我不能不帮助的乞丐的口才给予报酬呢？如果说前者使我喜欢他人的良好行为的话，后者则使我自己去做好事。尽管看悲剧的时候有所感触，但一离开戏院，就把剧中的情景全忘了；然而，当你一想起你曾帮助过穷苦人减轻他们的痛苦时,你便有一种回味无穷的快乐的感觉。虽然那么多乞丐是国家的沉重负担。但还有许多受到鼓励和容忍的其他职业,人们对之却一句话也不说!掌握国家权力的人,应当想办法使社会上一个乞丐也没有;而为了使乞丐不以讨乞为生 *,公民们就该对他们采取毫不同情的冷漠态度吗?就我来说,我不管穷人是不是该由国家管,我只知道他们是我的弟兄,我不能拒绝他们向我要求的小小的帮助。我承认,其中有一大部分人是流浪汉,但我对生活的艰苦了解甚深,所以知道一个诚实的人要经过多少艰难才堕落到他们这种地步。一个以上帝的名义来向你乞求帮助和讨一小块面包的陌生人,难道说非要我弄清楚他是一个即将饿死的诚实人,我才给他面包吗?如果我拒绝帮助他,他岂不就陷于绝望的境地了吗?我在门前布施的东西是很少的:一个半克鲁兹**和一块面包;来一个人就给一份;对于那些显然是有残疾的人,就给双份。如果他们在沿途的富裕人家都能讨到这么多的话,那就够他们在路上吃的了;对于路过此地的外乡乞丐,能够帮

---

* 有人说,拿食物给乞丐吃,等于是在培养强盗,但实际上,情况恰恰相反,拿食物给他们吃,是为了防止他们变成强盗。不能鼓励穷人去要饭,这我完全同意,但一旦他们已经成了乞丐,那就要给他们食物吃,以免他们去当强盗。由于干乞丐这门职业,难以养活自己,所以再也没有哪种职业的人是像他们那样亟愿改行了。不过,有一些尝过这种游手好闲的职业的甜头的人,是不愿意再去从事劳动的;他们宁肯去当强盗,被人吊死,也不愿意用他们的两只手去干活。有时候能讨到一文钱,有时候就讨不到;二十文钱也许就够一个穷人吃一顿饭了,但如果讨二十次,一文钱也讨不到,那他们就可能会去铤而走险了。只要想到这么一点儿施舍可以挽救两个人,使一个人不去犯罪,一个人不饿死,谁又舍不得给一点施舍呢?我在什么地方看见过一篇文章说乞丐是依附于富人的寄生虫。当然,孩子们是要依附于父亲的,但有些有钱而心硬的父亲,并不怎么管他们的孩子,还得穷人替他们养哩。

** 这个国家的一种小钱币。

助的,就是这些。虽说这点布施对他们来说算不上是真正的帮助,但至少能表示人们对他们的关心,减轻他们遭到生硬的拒绝的难过心情,得到人们的一点安慰。一个半克鲁兹和一块面包,花钱不多,给得起,比光说一句'愿上帝帮助你!'更真诚;因为,即使人们的手里没有上帝恩赐的礼物,在世界上除了富人的粮仓以外,还有其他的粮仓嘛! 总之,不管人们对那些不幸的人有什么看法,即使不给要饭的穷人什么东西,但至少要对有苦难的人表示尊重,在看到他们受苦的样子时,自己切莫一副铁石心肠。

"对于那些不借口任何原因而真正需要讨乞的人,我就是这么做的。对于那些自称是找不到工作做的工人,这里经常给他们预备有工具,经常有工作等待他们来做。我们用这种办法来帮助他们,考验他们是不是好人;爱撒谎的人对于我们的做法是非常清楚的,所以是不会到我们家来的。"

绅士,这个天使似的人,就是这样以她的德行和心狠的人的刁钻进行斗争的。所有这些事情和类似的事情,她都非常喜欢做,每天除了尽她最珍视的天职以外,剩下的时间,一部分就用来做这些事情。把对别人该做的事情做完之后,她也想到她自己;她为了使她的生活愉快而做的事情,也处处表现了她的美德;她做事的动机,始终是善良的和诚恳的;行事既要满足她的心愿,又要做得有节有理! 她尽力讨得她丈夫的欢心,因为他喜欢看见她生活得很满意和快乐;她启发她的孩子们去玩那些无害的游戏,但要玩得有节制,有规矩,而且要玩得天真,心中不产生任何强烈的欲念。她像母鸽把喂小鸽用的谷粒先放在自己胃里消化一下一样,一切游戏,她都自己先玩一遍,然后才让孩子们玩。

朱莉的心思和身体都很灵活；她的感情细腻，五官灵敏。各种各样的娱乐活动，她都会，而且很喜欢。她对美德极为珍视，一直把实践美德看作是最甜蜜的享受。今天，她一方面平平静静地享受这种最高尚的乐趣，另一方面也不拒绝那些与最高尚的乐趣相配合的乐趣，但她享受的方式，颇像那些拒绝享受的人一样，有严格的规定；她玩的方法，令人看起来等于是在不让自己玩，不过，不是违背天性地强忍着不玩，因为这种不合情理的敬上帝的办法，上帝是不赞成的，因此，我们说她不让自己玩，是说她玩得有节制，始终保持清醒的头脑，对各种娱乐活动加以适当的调配，而不致让人玩得过度，感到腻味。她认为，一切只满足感官的享受而不是生活必需的事情，一旦成了习惯，就立刻会改变人的天性，就会变成一种需要而不是娱乐了，这样，不仅给自己套上一条锁链，而且还让自己失去了一种享受。但是，如果处处都顺着人的欲望去做，那就不是在使欲望得到满足，而是在使之消失。即使是最小的娱乐活动，她也要克制二十次想玩的欲望，才让自己玩一次。这个心灵纯朴的人，就是用这个办法保持她玩的劲头的：她的兴味始终不衰，无须用什么不合理的办法去刺激它；我经常看见她津津有味地玩在他人看来是毫无乐趣可言的小孩子的游戏。

在这方面，她还抱有一个更高的目的，那就是：自己始终要作自己的主人，使自己的欲望服从自己的意志，按规矩行事。这是一个使自己生活愉快的新方法，因为，我们只有对那些即使失去了也不要紧的东西，才能真正无忧无虑地享受。真正的幸福之所以属于智者，是因为智者乃人类当中最不怕命运会使他失去什么东西的人。

在她事事都有节制的表现中，使我感到最奇怪的是：她节制的理由，同那些贪图享受的人之主张放浪形骸的理由是一样的。"的确，人生是短促的，"她说道，"因此，在生命结束以前，我们要巧妙地作出安排，尽可能充分地使用我们的生命。如果抱着宁可一年不玩，也要在一天当中尽量玩个够的想法的话，那是很不好的；想百分之百地满足我们的欲望，这种想法是错误的，没有考虑到这样做的后果是：我们的事业没有到头，而我们的精力已经用尽；我们人还在，而我们枯竭的心早已死去。我发现那些有纵情享受的浅见的人，对享乐的机会次次都不放过，反而把所有的机会都通通失去，经常在玩得正高兴的时候露出厌倦的样子，结果什么也没有玩好。他们以为那样是节约时间，其实是浪费时间；正如吝啬的人在该花钱的时候不花，结果花费的钱财反而更多。我的做法与他们相反，在这件事情上，我的掌握是宁严毋松。有时候，一种游戏正是由于它使我玩得太高兴，我反而中途停止，过一段时间再玩，这样，就等于是玩了两次。然而，我始终保持头脑的清醒，我宁可让人家说我心性不定，也不愿意让我受一时的兴致的支配。"

这个家庭的甜蜜生活和有益的娱乐活动，就是按这些原则安排的。朱莉很讲究美食；在各种家务活儿当中，她特别关心厨房的工作。桌上的菜通常是极丰富的，不过，虽极丰富，但花钱并不太多；他们虽贪口腹，但不特别考究，吃的菜都是普普通通的，但品种却很齐全；烹调的方法虽简单，但做工很细致。所有一切只是为了讲究排场才吃的东西，凡是要别人说好才算好的东西，凡是因稀罕难买故此价钱昂贵和令人艳羡的名菜，他们是从来不吃的。他们的菜做得很精致，也有所选择；每天少做几样，把东西攒起来，以后

吃一顿像节日吃的饭,这样,吃起来更香,而且也不用多花钱。你
是否知道他们调制得那么清淡的菜,究竟是些什么菜吗?是很稀
罕的野味吗?是海里的鱼吗?是外国食品吗?他们吃的东西,比
这些东西还好;他们吃的东西是:本地产的蔬菜、我们花园里生长
的野菜、按一定方法烹调的湖鱼、我们山区制作的奶制品和按德国
方式制作的糕点,此外,还有他们自己猎获的野味;我所看到的特
殊的东西,就是这些;桌上摆的就是这些东西;在欢乐的日子,让我
们大开胃口吃个够的,就是这些东西。餐具很朴素,都是乡下人用
的东西,但很干净,也很好看。进餐的时候,大家欢欢喜喜,很有兴
致;有了快乐的心情和食欲,一顿饭吃起来便很有滋味。反之,尽
管餐桌上摆着金色器皿,围坐在它们周围,如果没有东西吃,也会
饿死的;用插有鲜花的漂亮的水晶瓶当餐后点心,那是不能吃的;
虽有这些东西,并不等于就有了佳肴。这个家庭的人都知道:供眼
睛观赏的东西,是不能用来填饱肚子的。不过,他们也注意于把饭
菜做得漂漂亮亮,十分好看,让人多多地吃,但又不吃得过饱,痛痛
快快地喝,但又不喝得头晕;一顿饭吃很长时间也不觉得厌烦,而
且饭罢之后也没有倒胃口的感觉。

　　在二楼上,有一个小餐厅;它和一楼平时吃饭的餐厅不同。这
个特别的餐厅位置在二楼的拐角处,两边都阳光充足。它一边朝
向花园;在花园那边,从树林望去可以看见日内瓦湖;在另一边,可
以看见一个种葡萄的大山坡,葡萄园里已开始呈现出两个月后即
将丰收的好景象。这个餐厅很小,但陈设雅致,令人看起来很舒
服。朱莉在这里为她的父亲、她的丈夫、她的表妹、我和她本人举
行小小的宴会,有时还让孩子们参加。当她吩咐摆餐具的时候,人

们就知道她想做什么，因此，德·沃尔玛先生戏称这个餐厅是"阿波罗厅"，不过，这个餐厅和鲁居鲁斯①的餐厅一样，在宾客的挑选方面，也像挑选菜肴那样，十分严格。一般的客人，是不让进这个餐厅的；陌生人来的时候，也是不在这里吃饭的。这里是不让他人擅自进入的信任、友谊和自由活动的清净地。在这里同桌进餐的人都是知心人；这样的聚会，是彼此交心的聚会，只有决心彼此永不分离的人才能在这里聚会。绅士，丰盛的宴席在等待着你；你的第一餐饭，将在这个餐厅里吃。

　　开头，我也没有得到这个荣幸，只是在从多尔贝夫人家回来以后，我才被请进阿波罗厅的。他们对我的招待，我想不出来还有什么感谢的话要补充的了。不过，这顿晚饭使我产生了其他的想法。在进餐的时候，除了亲密、愉快和如同一家人似的自由自在的感觉以外，我还感到一种我从未经历过的乐趣。我感觉到非常自由，虽然主人没有告诉我可以自由；我觉得，我们比从前更加互相了解了。仆人们离开餐厅以后，我心里就不再感到拘束了。这时候，在朱莉的要求下，我又恢复了已经戒掉多年的饮酒的习惯，餐后和我的主人一起喝纯葡萄酒。

　　这顿饭，我吃得很高兴，我非常希望以后顿顿如此。"我还没有见过这么漂亮的餐厅，"我对德·沃尔玛夫人说，"你们为什么不每天三餐都在这里吃呢？""你看，"她回答道，"它多么漂亮！把这个餐厅用坏了，不是一个很大的损失吗？"我觉得她这句话说得不

---

　　① 　鲁居鲁斯（约公元前117—前56年）：罗马将军，以生活豪华奢侈著称。——译者

符合她的性格,所以不能不怀疑她还有什么想法藏在心里没有说。"你为什么不经常在你周围也像在这里一样,做出使人感到方便和舒适的安排,把仆人遣开,让主人更自由地交谈呢?""这是因为那样一来就太好了,老是那样惬意,就必然生腻了,一感到腻味,就反而令人难受了。"用不着她更多的解释,我就可以想象得出她的思路。我认为,使欢乐的事始终津津有味的艺术是:乐得有节制,不过度。

我发现她在穿着方面比过去更注意了。人们责备她的唯一缺点是:她不注意打扮。这个骄傲的女人有她的理由,而且不让我有任何借口对她妄加猜测。她不让我猜测,那是办不到的;她的魅力太大了,所以我觉得它不是天然的;我下定决心要找出她不注意打扮而又那么好看的原因何在;要是她在头上挽一个髻,我就要指责她想卖弄风骚。今天,她的影响力一点也没有减少,但她不愿意使用,因此,要是我没有发现她这层新的用意的话,我也许会认为她之所以这么讲究打扮,别无他意,只不过使自己像一个美人而已。开头几天,我真是弄错了,没有去细想她的穿着和我初到那天(那天她根本未料到我会到的)为什么没有什么不同,我还以为她是为了我才那样特意打扮的哩。在德·沃尔玛先生不在此间的时候,我明白过来。从他离家的第二天起,她那种百看不厌的漂亮样子不见了,也看不到她从前令我心醉的那种楚楚动人的朴素样子;她穿扮得很淡雅,让人一看就会动心,不能不表示尊敬,她美好的面貌显得非常端庄。我们可以说,她雍容大方的仪态,给她美丽的姿色披上一层面纱。这并不是说她的风度和举止言谈一点变化都没有;她心情的稳定和行为的天真,绝不是装出来的;只要善于利用妇女们天生的才能，改用不同的打扮方法，改变一下发型，改穿另外一种颜色的衣服，有时候就能改变我们的感情和思想，不费吹灰之力，就可对我们心中的审美观产生影响。在她等她丈夫回来那一天，她又毫不掩饰地打扮得那么俊俏，处处显示出她天生的美；在她走出化妆室的时候，真使人看入了迷；我发现，她不是不知道应当去掉那些珠光宝气的首饰，而用最简朴的饰物来打扮。在看穿了她这样打扮的目的以后，我心里很生气，我不由自主地自言自语地说："她在和我相恋的时候，为什么不这样打扮呢？"

　　这个家庭的女主人的穿着和打扮方面的这种做法，也影响了她家中的一切：她的丈夫、孩子、仆人、马、房屋、花园和家具，无不可以打扮和装点得很美，不过，他们不愿意这么做。如果说美的表现，不在于某些东西之富，而在于一切都要井然有序，各部分要协调，能反映设计人的意图的统一，那么，这个家庭的确可以说是很美的*。就我来说，我至少是觉得：到一个人数虽然不多但共享天伦之乐的普普通通的人家去参观，比到一座乱糟糟的王宫去参观，有意义得多；住在王宫里的人，个个都想整垮别人，浑水摸鱼。治理得有条不紊的家，是一个让人看起来感到很愉快的统一的整体；而在王宫里，各种各样的东西乱凑在一起，它们之间的联系完全是表面现象。乍一看，你以为处处都很美妙；再仔细观瞧，你马上就

---

　　* 我认为，这是无可争辩的。一座大宫殿的美，美在它的建筑物成对称；乱七八糟地挤在一起的一大群房屋，是一点也不美的。一个着清一色的军装的军队，那是很美的，而站在一旁观看的群众，那是一点也不美的，尽管群众之中也许没有一个人的平民服装比士兵穿的军装价钱便宜。总之，真正的美，要在总体上使人感到秩序井然。在所有一切可以想象得到的景象中，最美的是大自然的景象。

明白是看错了。

　　如果根据自然的印象行事,我觉得,要做到鄙弃豪华与奢侈的事物,人们用不着刻意求俭,只需具有审美的能力就行了。对称和整齐,那是谁看了都喜欢的。舒适和愉快的样子,是必然会打动渴望舒适和愉快生活的人的心的。讲究虚荣的排场,对秩序和快乐毫无助益,其目的完全是为了炫耀于人;在一旁观看的人的心里,怎么能对讲究排场的人产生好感呢? 是出于爱好吗? 朴素的事物岂不比华而不实的事物好一百倍? 是图舒服吗? 还有什么东西比只是为了摆阔气而用的东西更令人难受的*? 是显示自己有气魄吗? 然而效果却恰恰相反。当我看见有人想修建一座大厦时,我心里马上就会产生这样的疑问:他还能把这座大厦修建得更大些吗? 那位有五十个仆人的人,为什么不用一百个仆人? 那套漂亮的银餐具,为什么不换成一套金的? 他把他的马车涂成金色,还能把他的墙涂成金色吗? 能把墙涂成金色,还能不能把屋顶也涂成金色? 那个想修一座高塔的人,最好是把它修得与天一般高,否则他把塔无论修得多高也是白费劲,因为他修到某个高度就停止,那就表明他没有再往上修高的能力,渺小的和爱虚荣的人啊! 你把

————————

　　* 一个家庭里的人的窃窃私语,不断打扰主人的宁静;对那么多眼尖的人,任何事情也是瞒不住的。他的债主借钱给他去养一大帮追随他的人。他的家尽管是那样豪华,但他还是要到一间小屋子里去睡,才睡得舒服,他养的猴子有时候还比他住得好呢。他何时进餐,那得听他的厨师的安排,而不管他的肚子饿不饿;他外出的时候,他的性命就要听他的马的摆布;他沿途要遇到数不清的麻烦和障碍;他急于赶到某地,但他不知道利用他的两条腿。施洛美在等他,但路上到处是烂泥,衣服上的黄金饰物太重,因此他连步行十步也困难。不过,他虽耽误了和情人幽会的时间,但路上的行人使他得到了满足:人人都看到他有一大群仆人跟随,都对他表示羡慕,都高声说:这是某某老爷。

你的能力表现给我看，然后我才告诉你：你究竟可怜在什么地方。

相反，一个家庭中的安排，如果不受舆论的左右，每一样东西都有它真正的用途，合乎真正的自然的需要，则这个家庭所呈现的景象，不仅为理智所赞许，而且使眼睛和心都感到满意，因为生活在其中的人是很舒服的，能自己满足自己的需要，无自己的能力不足之感。这么美好的图画是不会使人产生忧虑的。我敢说，凡是理智正常的人，如果连续不断地观赏一个国王的宫廷和宫中豪华的摆设一个小时，是没有一个不感到心情忧郁，并对人类的命运感到惋惜的。而这座房屋的样子和居住在其中的人的简朴而有规律的生活方式，使观看的人的心暗自喜悦，而且愈看愈着迷。性格恬静的人，人数虽不多，但由共同的需要和互相关心而团结在一起，为了一个共同的目的而齐心协力地工作。每个人按自己在家中的地位，都可得到满足其需要的东西，谁也没有非分之想；大家对这个家都非常依恋，好像都想在这里待一辈子似的。他们唯一的抱负是：把自己分内的工作做好。发号施令的人很有分寸，而服从命令的人都很热情。在他们之间，工作的分配非常平等，没有一个人对自己所分的工作有过怨言。谁也没有对他人所分的工作产生过嫉妒心；大家都认识到：只有增加共同的财富，才能增加个人的财富。两位主人也认为，只有他们周围的人都幸福，他们才幸福。这里的东西，不需要添加什么，也不必减少什么。凡是需用的东西，这里一样也不缺；而不需用的东西，则一样也没有。所以，这里看不到的东西，谁也不想要；而这里看得到的东西，有多少就是多少，谁也不会说："为什么不多增加一点？"如果真要在这里再添什么饰带、绘画、珠光宝气的东西或金银器皿，那马上就会大杀风景的。

大家看到需要的东西是这么丰富,而又没有一样是多余的,所以每个人都认为:如果某样东西没有的话,那一定是因为不需要;如果需要的话,那一定会大量供应的。看见他们继续不断地把东西拿出去周济穷人,我不能不说:"这个家已经容纳不下它所有的财富了。"我认为,这才是真正的富足。

当我知道他们为什么要保持这种富有的样子时,我感到大吃一惊。"你们这样做,会破产的,"我对德·沃尔玛先生和夫人说,"用这么一点收入来应付这么多开销,那是不行的。"他们觉得好笑,并向我解释说,他们家里的财产并没有减少,只要多方节约,就不仅不会破产,而且还可使收入有所增加。"我们家庭富裕的秘诀是,"他们对我说道,"钱不必太多,但在财产的使用上,尽可能在生产和消费之间避免中间交换。每交换一次,就必然有一次损失;损失的次数一多,就把相当多的财力和物力化为乌有了,如同一个漂亮的金匣子,经过几次交换,就变成一个铜匣子了。我们收获的东西,就在此地使用,所以用不着运输;我们所消费的东西都是自己生产的,这就避免了交换。当我们要把我们过多的东西拿去换成我们缺少的东西时,我们并不先把东西拿去卖成钱,然后用钱去买,因为这样会造成加倍的损失;我们采用以物易物的办法,这样,彼此都感到很方便,对双方都有利。"

"我明白这个办法的好处,"我对他们说道,"不过,在我看来,这个办法也不是没有缺点的,除了麻烦以外,其好处是看起来多,实际上少;用这个办法经营你的产业,其损失很可能超过你的雇工给你带来的好处,因为,地里的活儿,由一个农民做起来,总比你做得好,收获的时候也比你细心。""你这个看法不对,"沃尔玛对我说道，"农民对提高产量的关心，不如对节省费用那样仔细考虑，因为投入资金，尽管将来的收获会给他带来利益，但对他来说是难以负担的。由于他的目的不在于拿一笔资金去发挥效益，而在于地里的花费要少；如果他眼下的收益有了把握，那他关心的重点就不是如何改良土地，而是如何使用地力。如果他不把地力用尽，而只是不节约使用，那已经是够好的了。有些懒于自己经营的地主，就是为了不劳神费力收那么一点儿租金，就反而给他本人或他的子孙带来很大的损失，添很多麻烦，有时候还会搞得败坏家业。"

"此外，"德·沃尔玛先生继续说道，"我也不否认，我种地的花费，比一个雇工的花费多，因此，雇工的利益，是我要加以注意的。这样，庄稼才长得好，产量才高，所以，花费虽多，但收益很大。再说，所谓花费多，只不过表面上看来是多，而实际产生的经济效益却很大。因为，如果把我们的土地交给别人去耕种，我们就会闲着没事干，就得搬到城里去住；城里的生活费用高，城里的娱乐活动比我们这里的娱乐活动更花钱，所以，在我们看来，还不如这里好。这些做法，你说它麻烦，但实际上都是我们该做的事，而且做起来很有趣味；何况我们有远见，早有安排，所以做起来也不难，而且可使我们不去做那些花费大量金钱的荒唐事。在农村生活，我们是不会去做那些事情的，而且也没有兴趣去做。所有一切有利于我们幸福生活的事，在我们看来，都是有趣的事情。"

"你把你周围的东西看一看，"这位贤明的一家之主继续说道，"你将发现，这些东西都是实用的，但几乎不花我们什么钱，省去了我们许多无谓的开销。我们餐桌上的食品都是本地产的。我们用的和穿的，都是本地织的布。没有任何东西因为它是普普通通的，我们就看不起；也没有任何东西因为它很稀罕，我们就特别喜爱。由于远地来的东西有些是冒牌的或搀假的，所以我们非常仔细地和慎重地选用我们附近出产的质量最好的东西。我们吃的东西很简单，但都是经过挑选的。要是在外地能吃到我们桌上的这些东西，可以说是很阔气了。因为桌上的东西每一样都很好，都很难买到，有那么一种讲究美食的人，硬说湖里的鳟鱼只有拿到巴黎去吃，味道才特别好。"

在穿着打扮方面，也是按这样的原则行事的；正如你所知道的，他们对穿扮并不是不重视；不过，对穿扮的唯一要求是大方，而不管它的价钱是不是贵，更不管它是不是时新的样式。人们所说的事物的价值和真正具有的价值之间，是有很大的差别的。朱莉重视的是后者；例如一块衣料，她不考虑它是旧的还是新的，而只考虑它的质量好不好，对她是不是合适。有些东西，往往正是因为它们新，她才不要，因为东西新了，价钱就特别贵，不值那么多钱，不能买。

还要谈到的是，在这里，每一样东西的价值，来自它本身的少，来自它的用途和它与其他东西的配合多，因此，各种东西的价值虽然不大，但朱莉把它们组成为一个整体，价值就大了。她喜欢创新，单是这一点，就可以给事物增添许多价值。时新的样式变化无常，耗费钱财，而她的样式则很简朴，可以经久不变。经过良好的审美观认定了的东西，那必然是好的，虽说它不时新，但它不会令人好笑。它又简朴又大方，用起来很方便；这些原则是不会变的，很稳定的。当时新的样式不再流行时，这些原则依然在发挥作用。

最后要提到的是：他们的必需品虽很丰富，但不能因之就随便滥用，因为必需品有它自然的限度，而实际的需要是从来不漫无节制的。你可以把做二十套衣服的钱用来单独做一套衣服，把一年的收入一顿饭就吃光，但你不能同时穿两套衣服，一天吃两顿晚饭。个人的想法是漫无边际的，而大自然对我们在各方面都是有限制的。一个家境小康的人，只要在享用方面有节制，就不会有破产的危险。

"亲爱的朋友，你看，"贤明的德·沃尔玛说道，"一个人只要能处处节约和细心安排，就可以过绰绰有余的生活。只要我们能增加我们的财产而又不改变我们的生活方式，我们就能办到这一点。我们几乎从来没有毫无目的地超支过；我们所花的钱，都将给我们带来更多的收益。"

咳！绅士，所有这一切，没有一样不是一讲就明白的道理。所以，看起来到处都要花很多的钱，但其中是有轻重缓急之分的。我们需要花好些时间才能看出使他们的生活既舒适快乐而又不奢侈的规律；首先我们就不大明白他们何以有那么多储蓄。但仔细一研究，就明白了，因为他们的财源是取之不尽的，再加上他们享受生活乐趣的方法得当，所以可延长享受乐趣的时间。对于一个如此符合自然状态的生活，哪里会令人感到厌倦呢？他们的产业天天都在增加，哪里能用得完呢？他们量入为出，哪里会破产呢？每一年都对下一年的情况早有考虑，谁又去打乱安排好了的事情呢？过去的劳动果实现在用，现在的劳动果实将来用；既有花出去的，也有收进来的；不管年成是好是坏，今天的生活都有保证。

这个家庭的治理情况，我都详细观察过了，我发现，家中的一切事情都是按这个精神办的。刺绣品和花边，都是家中的妇女们自己制作的。所有的布，都是由他们雇贫家妇女到家中纺织的。他们把剪下的羊毛送到毛纺作坊去换呢绒来给大家做衣服。酒、油和面包，是自己家里制作的。他们林中的树木，有计划地砍伐，用多少才砍多少。用家畜到屠户那里去换肉，用小麦和杂货商交换日用品；雇工和仆人的工钱，用他们耕种的地里的产品支付。用城里的房屋的房租，就足够他们自己住的房屋添置家具之用。债券的利息，用来聘请师傅和买少量的餐具；把用不完的酒和小麦拿去卖，把卖回来的钱存起来，以备特殊的开支用；这笔钱，朱莉精打细算，所以绝不会全部用光，但也不会积存得很多，因为她要用它来周济穷人。对于纯粹娱乐的事情需用的钱，她用家庭劳动的收益、开垦土地的收益和栽种的树木的收益等去支付。因此，他们的收入和消费自然而然地始终保持平衡；这个平衡，不能打破；谁想打乱计划，也是打乱不了的。

另外，像我在前面所讲的，她在享受方面是有克制的，她强使自己在生活上处处节俭；她这样做，是一种新的享受方法，又是新的管理家庭经济之道。举个例子：她爱喝咖啡，从前在娘家的时候天天喝，但后来丢掉了这个习惯，其目的是为了以后偶尔喝一次，便觉得咖啡更有滋味。她限制自己只是在有客人的时候才喝，而且一定要在阿波罗厅喝，以便让大家喝起来更高兴，更有趣味。这种浅尝辄止的小小的感官享受，不但使她感到更有味道，而且花费也少，既满足了口福，又对它有所节制。相反，她经常注意她的父亲和她的丈夫喜欢吃什么东西，她就给他们准备这些东西，而且准备得又多又好，使他们吃她针对他们的口味做的东西觉得好吃。他们二人都喜欢按照瑞士人的方式把进餐的时间拉长一点，因此，晚餐之后,她都要给他们准备一瓶比普通的酒好得多的陈年老葡萄酒。开始,我被他们给那些味道很好的酒取的响亮的酒名蒙住了;我一边像出产那些酒的地方的人一样大喝大饮,一边对朱莉开了一个显然是讥刺她用外国酒款待客人的玩笑。她笑了一笑,对我引述了普鲁塔克书中的一段故事:据说,弗拉米尼乌斯把安提奥朱斯手下有各种各样野蛮名称的亚洲军队比作各种各样的红烧肉,因为,名称虽然不同,但正如一位朋友所揭露的,全是同一种肉。"同样,"她说道,"你责备我给你喝的这些外国酒,其实都是同一种酒。你觉得津津有味的兰琪奥、谢尔兹、玛拉加、沙赛涅和西拉居斯,其实都是拉渥^①产的酒,只不过酿造的方法不同;你在这里就可以看到生产这些远近闻名的酒的葡萄园;它们的质量虽不如前面提到的那几种名酒,但它们没有那几种名酒的缺点。由于我们对酿造它们的人信得过,所以喝起来至少是没有害处。我有充分的理由相信,酒愈少,我的父亲和我的丈夫便愈爱喝。""她酿造的这些酒,"德·沃尔玛先生对我说,"我们觉得有一种其他的酒所没有的滋味,即:她酿造它们时的快乐心情。""啊!"她接着说道,"它们的味道真美。"

　　你可以想象得到,他们都很忙,有许多事情要做,所以谁也不会懒懒散散,闲得无聊,非要到外面去搞社交活动不可。他们常常和邻居愉快地交往,但人数并不太多。尽管他们对客人很欢迎,但他们并不希望有客人来。他们认为,他们的人数正好符合他们保持隐居生活的乐趣的需要;他们把田间的活儿当作很有趣味的事

---

　　①　拉渥,瑞士沃州的一个小镇,以酿酒著名。——译者

情做;觉得在家里生活最舒适的人,认为其他活动都是淡而无味的。他们消磨时间的方式太简单,太单调,所以许多人都不愿意采取他们的方式 * ;然而,由于采取这种方式的人有这种心情,所以他们觉得这种方式最有趣。只要有一颗健全的心灵,人们对尽人类最高的天职和共同过快乐的生活,怎么会不愿意呢? 每天晚上,朱莉既然对她一天的工作感到满意,就不会在第二天另换花样的;每天早晨她都要向上天请求让她能像昨天那样生活。她每天都做这些事情,因为它们是好事情,而且,除了这些事情以外,她也不知道还有什么更好的事情可做。毫无疑问,她这样做,就是真正享受到了人类所能享受的至福了。愿意长过这种状态的生活,这难道不是在这种状态中生活得很幸福的明证吗?

虽说在这里很少见到那些无所事事的人(他们称这种人为“高等人士”),但聚集在这里的人,个个都能以某种优点使人感到高兴,以千百种才能博得他人的喜欢。性情平和的乡村居民,虽不懂社交场合繁文缛节的礼仪,但他们本性是好的,朴实的,诚恳的,对自己的命运是满意的;从部队退伍的老军官,不愿意发横财的商人,以谦逊和良好的品德教育儿女的贤惠的母亲,朱莉喜欢结交的是这些人。她的丈夫有时候和那些闯荡江湖的人在一起,也并不感到不快,因为他们随着年龄和阅历的增长,已大有进步,已经吃尽苦头,变得很老实了;他们毫无怨言地回乡来耕种他们先人的土

---

　　* 我相信,那些曾到这里来旅游过的文人学士当中,如果有一个人受过这家人的款待,他回去之后,一定会向他的朋友津津有味地叙述这儿乡下人的生活方式。此外,我从《凯茨比夫人致友人书》中得知:拿客人开玩笑的习惯,不光是法国所特有,显然在英国也有这种习惯;他们把客人取笑一通,就当作客人所付的招待费。

地,以后就永远不离开家乡了。如果有人在吃饭的时候要讲他一生的经历的话,他绝不会像富有的辛巴德①那样讲他如何在贪图逸乐的东方赚取金银;他讲的是那些明白事理的普通人的故事,讲他们虽因命运作祟和他人不公正的对待而未得到他们枉自追求的虚假的财富,但他们终将得到真正的幸福。

　　这两位连智者也喜欢向他们求教的心灵高尚的人,竟觉得和农民谈话很有趣味;这你相不相信?贤明的沃尔玛发现,憨厚的乡下人个性非常鲜明;他们当中,有许多人都有自己的思想方法,不像城里人那样戴着一副假面具,每个人让人看起来都是另外一副面孔,而不是他本人的真面貌。朱莉发现乡下人的心很重感情,对人们给他们的小小的安慰都十分感激;他们非常高兴在生活上能够得到她的关心。他们的心和他们的头脑没有受到过人为的塑造,他们从来不学我们的生活方式,所以,当你看见他们像来自大自然的人而不像文明社会的人,你用不着害怕。

　　往往还有这样的情形:德·沃尔玛先生若在路上遇见一个其感官和头脑都清楚得使他吃惊的老者,他便喜欢和老者聊天。他把老者带去见他的妻子;她非常欢迎,她对他接待之热情,倒不是出于做主人的礼貌,而是出于她的性格的善良和仁慈:她安排他坐在她的旁边,给他布菜,很有兴趣地和他交谈,详细问他的家庭和生活情况;当他流露出局促不安的样子时,她一点也不取笑他,她从来不用使人难堪的目光看乡下人;她表现得非常平易近人,从而使老者感到如同在自己家里一样舒适。不过,她对他的态度,又不

---

　　① 辛巴德:《一千零一夜》故事中的人物,曾七次远航,经商致富。——译者

超过对一个无可指摘地度过了漫长的一生的年老体弱的人应有的真诚的尊敬。老者感到很开心，一时间好像又恢复了他青年时期的活泼样子。当老者为一个年轻的妇女的健康干杯时，他半已冰凉的心又活跃起来了。他兴奋地讲述他的经历、他的爱情故事、他的乡村生活、他参加的战役、他的同胞的勇敢精神和他回到故乡时的情景；此外，他还谈到他的妻子和孩子，谈到他从事的农活和他所见到的一些不良现象以及他所想到的救治良方。在老者滔滔不绝的谈话中，常常有一些很精辟的见解和农业知识；他所讲的事情都是很有趣的；他津津有味地讲，朱莉也津津有味地听。

饭后，她回到她的房间去取来一份小小的礼物：适合于这个忠厚的老人的妻子或女儿用的服饰。她让孩子送给他，而他也拿一些孩子们喜欢的东西送给孩子（当然，这些东西是她悄悄交给那个老人送给孩子的）。这样，可以从小就培养孩子们具有能和不同的社会地位的人交往的仁厚之心，让孩子们养成尊敬老人和崇尚朴实的习惯，并学会观察各种人物优缺点的本领。农民们虽得知他们乡里的长者在一个可敬的人家受到热情的款待，并和主人同桌进餐，他们一点也不因为自己没有受到这种待遇而不高兴。他们知道，他们之所以没有受到邀请，并不是由于他们的地位低，而是由于他们的年纪轻。他们从来不说："我们太穷了，"而只说，"我们太年轻了，所以不能享受这样的待遇。"看见他们乡里的老人受到这样的尊敬，并想到他们终有一天有受到这种尊敬的机会，所以，现在虽然没有得到这种待遇，他们心里也感到安慰，要努力使自己将来配受这种待遇。

那个因受到热情款待而高兴得心情难以平静的老人，一回到他的茅舍，就赶快把朱莉让他带回的给他的妻子和女儿的礼物，拿出来给她们看。几件微不足道的东西使全家的人都感到快乐，知道有人还想到他们。他用夸张的语气讲述主人如何接待他，给他做了什么菜，喝了什么酒，说了哪些令人感激的话，如何对他的家庭表示关心；总之，主人对他十分亲切，仆人对他也很热情；他受到的接待，处处表现了主人对客人的尊敬和好意。他一边讲，一边觉得自己又一次享受到了主人的盛情；全家人对他们家长受到的尊敬感到很高兴，同声祝福这个有名望的和慷慨大方的人家，说他们为大人物树立了榜样，为小人物提供了帮助；说他们不轻视穷人，对白发老人也尊敬。这是对乐善好施的人的最好的赞美之词。如果上天要赐福人间的话，它赐给的，不是那些当着所吹捧的人的面用阿谀奉承的话所祈求的福，而是一颗铭记他人恩惠的朴实的心在农家的茅舍暗暗祈求的福。

欢乐愉快的气氛，就是这样使冷漠的人认为平淡无味的生活具有了魅力；家中事务、田间的劳动和隐居生活的闲适，通过巧妙的安排而变得很有趣味。如同身体健康的人吃普通的饭菜也很香一样，心灵健全的人做普通的工作也感到很有意思。那些对生活感到厌倦的人，尽管人们用了许多办法想使他们感到快乐，但由于他们自身的恶习，所以始终无法唤起他们对生活的乐趣；他们之所以失去了快乐的心，是由于他们不喜欢尽他们的天职。就朱莉来说，情况恰恰相反，从前由于某种忧郁的心情而不愿意做的事情，现在由于有了促使她去做那些事情的动力而喜欢做了。凡事都无动于衷，当然就没精打采，毫无生气了。过去使她活泼的天性受到压制的原因，现在却反过来使她的天性得到了发展。她希望过隐居和寂静的生活,以便静静地享受她心中感受的爱。现在她结识了许多新人,生活中又增添了新的活动内容。她不是那种懒懒散散的家庭妇女一类的人;懒懒散散的家庭妇女,在需要行动的时候,却去看书;她们把时间浪费于去打听别人如何尽天职,而不把时间用来尽自己的天职。她今天要把她过去所学的东西付诸实践,她再也不研究什么问题了。她再也不看什么书了:她要行动。由于她比她的丈夫晚起床一小时,所以她要比他晚睡一小时。这一小时是她唯一用来学习的时间;她要做的事情很多,白天的时间根本不够用。

绅士,关于这个家庭的家政和管理这个家庭的主人的个人生活的情形,我能告诉你的,就是这些。他们对他们的命运感到满意,因此他们怡然自得地享受命运给他们安排的生活;他们对他们的财产感到满足,因此,他们辛勤劳动的目的,不是为他们的孩子增加财产,而是为了在给他们留下遗产之外,还要给他们留下良好的土地和忠诚的仆人,要使他们养成爱劳动、爱秩序和事事节俭的习惯,要他们像明智的人那样,快快乐乐地享受既是诚诚实实地挣来又是经营得很妥善的微薄的家业。

书信三　致爱德华绅士*

　　这几天,我们这里来了客人。昨天,他们都走了,因此我们三人又聚在一起,彼此毫无隐瞒地无话不谈了。我能获得新生,成为值得你信任的人,我是多么快乐啊!朱莉和她的丈夫对我的敬重的表示,无一次不使我怀着某种骄傲的心情对我自己说:"我一定要最终向他表明我是怎样一个人。"在你的关怀和督促下,我要惩前毖后,做到无愧于我今天的身份。如果熄灭的情欲将使心灵消沉的话,则成功地克制爱情,便可使它更加高尚,更加努力追求一切伟大和美好的目标。我们花了那么大的代价才获得的成果,我们能让它白白丢失吗?不能,绅士,我希望我的心能按照你的榜样,使它所克制的火热的感情发挥有益的作用,我认为,必须经历过昨日之我,才能使今天的我成为我心目中的那种人。

　　和各种各样的人漫无边际地闲聊了六天之后,我们今天按照英国人的方式,在一起安安静静地度过了一个上午,既享受了亲切聚首的乐趣,又享受了静心沉思的悠闲。这种方式之美,知道的人并不多!在法国,我还没有看见哪一个人对此略有所闻。他们说:"朋友之间的谈话,是谈不完的。"是的,摇唇鼓舌,叽叽喳喳,乱说

---

　　* 有两封在不同的时间写的信。都谈的是这封信中论述的问题,因此产生了许多不必要的重复。为了删去那些重复的地方,我把两封信合并为一封。此外,我也不打算为这本书中有几封信写得太长而辩解,只想说明离群索居的人的信都写得长,但写得很稀少,而社交场中的人的信则写得密,写得短。只要了解两者之间的这点差别,就可马上知道这封信写得这么长的原因了。

一阵,那是很容易讨一般的平庸之辈的喜欢的。可是友谊,绅士,友谊!圣洁而丰富的感情,用什么样的语言才能表达呢?谁能充当代言人呢?朋友说的话能代替在她身边的感受吗?我的上帝啊!握得紧紧的手,充满激情的目光,紧贴胸脯的拥抱和随之而来的叹息,所有这些,说明了多少问题啊;然而在这一切之后,她说的头一句话却是冷冰冰的!啊,在到达贝藏松的前夕①!默默无言和真诚友爱的时刻!啊,博姆斯顿,你这位高尚的人,真诚的朋友!是的,我完全赞同你对我的种种安排,尽管我对你一句话也没有说。

可以断言的是,这种沉思的状态是富于感情的人最喜欢的状态之一。但我经常发现,令人讨厌的冒失鬼总来打扰,不让人享受这种乐趣。知心的朋友要畅所欲言,无话不谈,就不能有他人在场。我们要聚精会神,互相交心;而稍一分心,就会使人感到不快;稍有拘束,就会使人感到难以忍受。如果心里突然想到一句话要说,能够无所顾忌地把它说出来,那是多么痛快啊!看来,不敢说的事情,就不敢自由自在地思考;只要有一个局外人在场,就会影响我们的情绪,使我们感到别扭,而如果没有他,我们就能谈得很开心了。

我们怀着满心的喜悦,在一起静静地度过了两个小时,比伊壁鸠鲁②的神冷冷清清地休息快乐一千倍。早饭后,孩子们像平常

---

① 参见本书卷二书信二"我们抵达贝藏松……他对我一句话也不说,我对他也一言不发,……忧伤和沉默在此刻反倒成了真正表达友谊的语言。"——译者

② 伊壁鸠鲁(约公元前342—前270年):古希腊哲学家。据他说,天上的神,对人间的事情是毫不关心的。——译者

那样走进他们母亲的房间里,但这次她没有按她的习惯把孩子们领进她的工作室,而是让他们留在她的身边,和我们在一起一直待到吃午饭的时候。昂莉叶蒂已会做针线活儿了;她坐在芳烁茵面前开始工作;芳烁茵坐在一张小椅子上绣花边。两个小男孩在翻看一本放在桌上的图画书;哥哥给弟弟讲图中的故事;当他讲错了的时候,细心的昂莉叶蒂(书中的故事她都记得)就帮他改正。她往往假装不知道他们在看哪一幅图画,用这个借口站起来离开她坐的椅子走到桌子跟前去看,接着又从桌子那里回去坐在她的椅子上;这样来回走动,她并不嫌烦,引得小马里老对她做鬼脸,甚至还想吻她一下,但他小小的嘴还不知道怎样吻法,而聪明的昂莉叶蒂也不让他吻她。看图讲故事,是一点也不费劲的,因此小弟弟不停地玩他藏在书本下面的小黄杨木棍。

德·沃尔玛夫人坐在孩子们对面的窗子旁边刺绣;她的丈夫和我坐在茶桌那里看报纸(她不大喜欢看报),当我们谈到报上有一条消息说:法兰西国王生病时,臣民们对国王爱戴的感情之深,只有古罗马人对日耳曼里居斯①的感情可与之相比,她马上对这个遭到各国憎恨而它却不恨任何一个国家的温和善良的民族的天然的优点发表了几点看法,并且还补充说:她也想身居那种令人爱戴的高位。"你别不知足了,"她的丈夫用只有我才该用的语气对她说,"我们已经给你当了多年的臣民了。"一听这句话,她放下手中的活儿,掉头过去把她的好丈夫看了一眼;她的目光是那样的温柔和动人,以致使我也震动了一下。她什么话也没有说;她要说多

---

　① 日耳曼里居斯(约公元前 15—公元 19 年):古罗马屡立战功的将军。——译者

少话才顶得上这一眼所表达的意思呢？我们互相对看了一下。我从她丈夫握我的手的方式感觉到，我们三个人都同样动了感情；这个感情奔放的人对她周围的人都产生了美好的影响，甚至把感情冷漠的人也征服了。

我们正是在这种心情下，开始进入我向你叙述的那种沉默无言的状态。你可以想象得到，我们谁也不感到冷清和厌腻；如果孩子们不捣乱的话，这样的沉默状态不会中止；这里要说明的是，当我们一停止讲话的时候，孩子们也学我们的样，放低了他们叽叽喳喳的说话声，不打扰我们的沉思；那个小小的女班长第一个放低她说话的声音，向两个男孩子做手势打招呼，用脚尖轻轻走路：这可爱的小心翼翼的样子，使他们的游戏增添了新的乐趣，玩得更加开心。好像是为了延长我们愉快的心情而出现在我们眼前的这幕情景，产生了它自然的效果：

　　　口虽不言，但心儿在说话。

我们谁也没有开口，但实际上讲了许多事情！我们炽热的感情互相交流而没有无用的话语在当中阻碍。朱莉不知不觉地被占据中心位置的人物所吸引：她两只眼睛注视着三个孩子，她乐开了花的心使她美丽的面孔表露出动人的母爱。

沃尔玛和我对那位母亲与孩子们的表情看入了神；我们陷入了沉思——使我们陷入沉思的，是孩子，而使我们停止沉思的，也是他们。那个看图画书正看得有趣的大孩子，看见他的弟弟分心去玩小黄杨木棍，就趁他弟弟去抓小棍的时候，在他弟弟的手上打了一巴掌，结果把小黄杨木棍撒得满屋都是。马士兰哭了起来；

德·沃尔玛夫人并不急于叫孩子不哭,她只是让芳烁茵把小黄杨木棍拿走。孩子立刻就不哭了;正如我所预料的,要是不把小黄杨木棍拿走的话,孩子反而会大哭特哭的。这件事情,固然是微不足道的小事,但它使我回想起许许多多我当时没有注意到的事情。细细想来,在我的记忆中,我还没有看见过哪家的大人对孩子说话是像他们这样少;也没有看见过哪家的孩子是像这家的孩子这样不一举一动都被父母管住。他们几乎一步也不离开他们的母亲,但也很少见到他们缠着母亲不走。他们很好动。动作大大方方,非常活泼,和他们的年龄十分符合,但他们从不令人讨厌,也不闹闹嚷嚷的;我发现,他们说话很谨慎,尽管他们还不知道什么叫谨慎。在思考这个问题的时候,最使我感到惊异的是:这一切,他们做起来都很自然。尽管朱莉很喜欢孩子,但她为他们操心的时间却很少。的确,我从来没有看见过她硬要他们讲话或不讲话,也没有看见过她规定他们做这件事或那件事,或者不允许他们这样做或那样做。她从来不和他们争辩;他们要玩,她就让他们去玩,从来不阻挡。我们可以说,她一看见他们,她心里就快乐,就爱他们;只有当他们和她一起过完了一天,她才认为她尽到了做母亲的职责。

　　尽管朱莉对孩子好像是淡然置之似的,但在我看来,她比那些对孩子没完没了地操心的母亲还令人感动;不过,我总觉得她那种懒于管孩子的样子不好,我不大赞成。我倒是希望她,尽管有许多不管孩子的理由,但最好还是不这么做:多余的操心,正是母爱的表现嘛!我在她的孩子身上看见的种种优点,我都归功于她;我倒是希望他们的好的表现,归功于天性的少,归功于他们的母亲的多;

我倒是希望在他们身上能找到一些缺点，以便看她如何去纠正。

在沉默不语地思考这些问题很久以后，我打破沉默，把我的想法告诉她。"我认为，"我对她说道，"上天以孩子们的良好性情来奖励作母亲的人的德行，但良好的性情是需要经过培养才有的，从他们出生之时起，就应当开始对他们进行教育。在他们还没有任何必须去掉的缺点以前，就早早地培养他们，岂不是更好吗？如果你从他们童年时候就放任自流，那要等到他们长到多大年纪才听话呢？即使你什么都不教他们，你至少应当教他们听你的话。"她问我："你发现过他们不听我的话吗？""这，很难发现，因为你什么都不叫他们做嘛。"她一边笑，一边看了她的丈夫一眼；接着，她拉着我的手，把我带进一个我们三人谈话不被孩子们听见的小房间。

在这个小房间里，她不慌不忙地向我讲她教育孩子的方法，说她表面上漠不关心，实际上凡是母亲该管孩子的地方，她都非常细心地管到了。"在早期的儿童教育方面，"她对我说道，"我和你的看法一直是一样的。在我怀第一胎的时候，对于我即将承担的义务和要做的工作，我感到害怕，因此常常怀着不安的心情和德·沃尔玛先生谈这个问题。他这位知识渊博的人，既有父爱又有哲学家的冷静头脑，所以在这件事情上，哪里还有比他更好的导师呢？他尽到了他的责任，而且还超过了我的预期；他消除了我的忧虑，并告诉我如何少费力气又能取得更大的成效。他使我认识到，首要的教育，被所有的人都忘记了的教育*，是首先要使孩子能接

---

* 洛克，那位贤明的洛克，他本人就忘记了这种教育。他在人们可以要求孩子做到的事情方面发表的意见，远远超过了为达到这个目的而应当做的事情。

受的教育。所有那些自以为很聪明的父母,都犯了一个共同的错误:他们以为他们的孩子一生下来就是懂道理的;在孩子还不会说话以前,他们就像对大人说话那样对孩子说话。人们想用理智来作为教育孩子的工具。而正确的做法应当是:用其他的工具来培养理智。在人们所受的各种教育中,孩子受得最晚的和最难的,正是理性教育。如果在他们幼年时候就对他们讲一种他们根本听不懂的语言,那就会使他们养成一些坏习惯:爱玩弄字眼,爱对他人说空话,爱打断别人的讲话,自己认为自己同老师一样的高明,凡事总爱争辩,总不服气;所有一切你想用合理的动机叫他们去做的事情,今后都只能以恐惧或虚荣的动机叫他们去做了。

"这样培养的孩子,无论你多么耐心,最终都会被他弄得厌烦不堪的;孩子们没完没了地纠缠,乃是做父母的人自己使孩子们养成这种坏毛病的,结果被弄得筋疲力尽,心里十分烦躁,再也忍受不了孩子们制造的麻烦,只好把他们远远地打发开,交给老师去管,指望老师比作父亲的人更耐心,更脾气好。

"大自然希望儿童在成人以前,要像儿童的样子。如果我们打乱了这个次序,我们就会造成一些早熟的果实;它们长得既不丰满,也不甜美,而且还很快就会腐烂。我们将造成一些年纪轻轻的博士和老态龙钟的儿童。儿童是有他们独特的看法、想法和感情的,如果想用我们的看法、想法和感情去代替他们的看法、想法和感情,那简直是最愚蠢的事情。我宁愿让一个孩子到十岁的时候长得身高五尺,而不愿他有什么判断的能力。

"理智应在几年之后才开始训练,这时候,身体已经长得相当结实了。因此,大自然的意思是:先让身体强健,然后才开发智力。

儿童总是经常活动不停的；在他们那种年龄，他们是很不愿意停下来休息和思考的。老坐在那里专心用功，是有碍于他们身心的成长的；他们的心和他们的身体不能忍受束缚。成天关在一个小房里念书，他们的精力将消耗得干干净净；他们将变得体弱多病，非常娇嫩，心思迟钝而不明白事理：他们的心灵将终生吃身体衰弱之苦。

　　"过早地教育孩子，即使有助于培养他们的判断力，但同时也给他们带来损害，而且还有一个很大缺点，那就是：不加区别地对他们实行这种教育，便不能做到针对每个儿童的天赋因材施教。除了体格是大家都共有的外，每个人在出生之时还带来了他特有的气质；人的天才和性格，就是由他特有气质决定的。人的气质既不能加以改变，也不能加以束缚，而只能对它进行培养，使之完善。"

　　德·沃尔玛先生认为，人的性格本身是良好的。"人的天性都不错*，"他说道，"归咎于天性的种种罪过，都是由人们所受的不良教育造成的。一个恶人，其习性如果得到良好的引导，也可做出大好事，这种事例不是没有的。从某一个侧面看一个虚有其表的人，也可看出他有可用之才，这种事例也是有的，正如把奇形怪状的图像放在适当的地方观看，也会觉得它们是好看的，图像的比例是很匀称的。宇宙万物都归向于善。每个人在良好的社会秩序中都有他一定的位置，问题在于如何找到这个位置，而又不打乱社会

---

　　*　这个如此透彻的道理，由德·沃尔玛先生说出来，使我大吃一惊；读者不久就可看出是什么原因。

的秩序。在孩子摇篮时期，采取的教育方法，如果一成不变地进行下去，而不随人的才智的变化而变化，其结果将如何呢？如果给大多数孩子的教育都是有害的和不适当的，如果不让他们受适合于他们的教育，如果从各个方面阻碍他们天性的发展，如果急于想使他们能表现华而不实的聪明而牺牲他们的大智慧，如果不加区别地让不同禀赋的孩子都受同样的教育，其结果，尽管能培养出一些孩子，但同时也将贻误一些孩子；人们花了许多心血之后，反而扼杀了儿童的天赋；在他们身上昙花一现的天才的火花不久就完全熄灭，而被破坏了的天性就再也恢复不过来，最后落得不仅白花了许多力气，而且使那些小神童既无强壮的身体，又无美好的德行，让人一看就知道是一个百无一能，没有用处的人。"

"这些道理，我都明白，"我对朱莉道，"你自己曾说过，培养每个人的天资和才能，无论是对他的幸福还是对全社会的利益，总是有好处的，因此，我很难把你的这些道理同你自己的看法一致起来。先塑造一个有理智的、诚实的人的完美的典型，然后经过教育，把每一个儿童和这个典型加以比较，鼓励这个，约束那个，克制其欲望，增进其理智，匡正其天性，这样做，不是好得多吗……"

"匡正其天性！"沃尔玛打断我的话说，这句话说得很好，不过，在实践这句话以前，你必须先对朱莉刚才向你讲的那些道理表明你的看法。"

我觉得，最好是干脆利落地回答说我不赞成她的意见，我决定这样回答她："你经常说，人与人之间在才智和天分上的差别，是大自然造成的，这个道理是不言自明的，因为，人的才智之所以不同，是因为人的才智的多寡不相等，而大自然之所以使人的才智的多寡不相等,是因为它有偏向,赐给某些人的灵敏的感觉,博闻强记的能力和专心致志的注意力,比赐给另外一些人多。不过,就感觉和记忆力来说,经验证明,它们的广度和完善的程度,并不是衡量人的才智的尺度;而专心致志的注意力,则完全视刺激我们的欲望的力量的大小而定。经验证明,所有的人天生就是容易受欲望的影响的,当欲望的影响相当强烈时,人的注意力就会首先贯注于欲望的满足。

“如果人与人之间的才智上的差别,不是大自然造成的,而是教育的结果的话,也就是说,是由于各种观念的影响的结果,是由于我们从童年时候起所见到的事物和所处的环境以及得到的印象使我们产生的思想决定的,那么,为了培养我们认为有天分的儿童,我们不仅不能等待,反而应当早日通过适合于他们的教育使他们具有人们所希望的才智。”

对于我说的这一番话,他回答说,当他不能解释他所看到的事物时,他不会因此就否认他所看到的事物是真实的。“你看,”他对我说,“院子里的那两条狗,它们是同一胎生的,他们吃同样的食物,受同样的待遇;它们从来没有彼此离开过。然而两条狗中,有一条很活泼,很聪明,见人就摇尾巴,而另一条则很笨,脾气凶恶,无论教它做什么,它都学不会。只因它们的禀性不同,所以它们的个性便有所差异;同样,人的才智之所以有差别,唯一的原因是因为人的内在素质不同。其他方面都是相似的……”“相似吗?”我打断他的话说,“差别很大嘛!有许许多多的小事情,对这个人起作用,而对另一个人则不起作用。有许多环境对人的影响大不一样,这一点,你并未发现!”“好!”他接着说,“你这番话,是星相学家的说法。当我们问星相学家：为什么在同一个星座下出生的两个人的命运竟完全不同，他们避而不谈这一点。他们说：星辰的移动是很快的，一个人的星宿和另一个人的星宿相距很远，因此，你发现，两个人出生的时刻尽管都是在同一个时刻，那也会出现两个人的命运完全不同的情况。

"现在，让我们把这些很难弄清楚的问题放在一边，集中精力谈我们所观察到的情况。它告诉我们说，有些人的性格几乎在出生的时候就表现出来了；有些儿童，我们看他们在乳母怀中吃奶的情况，就可推知他们的性格。这样的儿童属于另外一种类型，他们从出生的时候起就可开始培养了。至于那些性格的表现不那么快显露出来的儿童，如果在没有弄清楚他们的天资之前就进行培养的话，那等于是在糟踏大自然创造的财产，给儿童带来更多的害处。你的教师柏拉图不是说过吗：即使我们用尽所有的化学方法，我们从一种混合物中分离出来的黄金，也只能是它含有多少，我们才能分离出多少；同样，即使我们运用我们的全部知识和哲学方法，我们从一个人的心灵中培养出来的才智，也只能是大自然在他心灵中存放多少，我们才能培养出多少。就我们的感情和我们的思想来说，柏拉图的话说得不对，不过，就我们希望能培养的才能来说，柏拉图的话是对的。要改变人的内心，要改变人的性格，就要改变产生这种性格的气质。你可曾听人说过一个脾气急躁的人会变得很冷静吗？一个做事有条不紊的头脑冷静的人能变成充满幻想的人吗？我认为，把一个棕色头发的人变成金黄色头发的人，把一个傻子变成聪明人，那是容易的，然而，要把各种不同才能的人按照一个共同的模式重新塑造，那是办不到的。你可以管束他们,但不能改变他们;你可以不让他们表现出他们的真面目,但你不能使他们变为另外一种人。他们在平常的生活中即使能以伪装的面目出现,但你将发现,在遇到重大的事情时,他们又将恢复他们原来的面貌,而且将更加淋漓尽致地表现他们是怎样一种人。再说一次,要想改变人的性格和扭曲人的天性,那是不可能的;相反,最好是,它能如何发展,就让它如何发展,对它加以培养,不让它退化。只有这样,才能使一个人尽量发展他的才智,大自然的目的才能通过教育最终在他身上得到实现。不过,在培养一个人的性格以前,应当先对它进行研究,耐心地观察它如何表现,向它提供表现的机会;宁肯什么事也不做,也千万不可做对它有害的事情。对有些有天才的人,应当给他们添上翅膀,而对另外一些有天才的人,则应给他们加上羁绊;有的应当加以鼓励,有的则应当加以约束;有的需要给以夸赞,有的则需要施加威吓;有时候需要多加启发,有时候则应使之少知道一些事情。有些人生来就是适合于做大学问的,有些人如果能识字念书反倒是对他大有害处。我们应当耐心等待理智的第一道火花;正是通过第一道火花,观察人的性格,弄清它到底是什么类型,从而对它进行培养,因此,在具有理智以前,人是无法接受什么真正的教育的。

　　"你对朱莉的意见表示反对,我不知道你发现她说的道理哪些地方不对。就我来说,我认为它们是完全正确的。每个人在出生的时候就具有一种性格、一种天才和特有的才能。命中注定过乡村简朴生活的人,用不着发挥他们的才能就可生活得很美好;宛如不许开采的瓦勒的金矿一样,他们的才能被埋没了。但在社会生活中,需要动脑筋的时候多,需要用体力的时候少。无论对人对己都要尽到最大的努力,因此,应当让一个人尽量发挥大自然赋予他的才能,指引他向最有前途的方向走去,尤其要用有助于他们的倾向的发展的事物培养他们。就身居乡村的人来说,他们接触到的是他们的同类,每个人看别人做什么,自己就做什么,照人家的样子做,按习惯办事,使用大家都共有的那一部分才能就可以了。但身居城市的人,不仅要注意自己,而且要注意所有的人,因此应当教他一些可以用来胜过他人的东西,大自然让他走多远,我们就让他走多远,使他成为人类当中最伟大的人,如果他有成为伟大人物的资质的话。对这两种人的做法,并不互相矛盾,所以在他们幼年时候都可以采用。不必对农村的儿童进行教育,因为他们用不着受什么教育;也不必对城里的儿童进行教育,因为你还不知道他适合于受什么教育;总之,在儿童的理智未开始活动以前,应当尽量让身体成长,然后才是对他进行教育的时候。”

“我认为你讲的这些方法都对,”我说道,“不过,我发现其中有一个缺点,对你所讲的方法带来的好处大有损害;这个缺点是:让孩子们养成本来可以用好习惯防止的千百种坏习惯。你看那些没有人管的儿童,他们看见别人做坏事,他们也学着做坏事,因为做坏事的榜样容易学,而做好事的榜样他们却不学,因为好事做起来要花力气。他们已经习惯于要什么就有什么;无论在任何情况下,他们想怎么干就怎么干,变得性情执拗,顶撞大人,一点也不听话,谁也管不了⋯⋯”“看来,”德·沃尔玛先生说道,“你在我们的孩子身上看到了相反的情形,这一点,正是引起我们有这一番谈话的原因。”“我承认这一点,”我说道,“使我感到惊奇的,正是这一点。为了使孩子们听话,她采取了哪些办法呢?她从什么地方着手呢?

她用什么东西来代替纪律的桎梏呢?""用一个很结实的枷锁,"他马上接着说道,"用生活的需要来代替纪律的约束。不过,在向你详细讲述她的做法以前,她将先向你更明确地阐述她的观点。"于是,他请她向我说明她的做法;稍稍休息一会儿以后,她就开始向我讲了;我把她讲的话记录如下:

"亲爱的孩子,这两个孩子生下来的时候长得很好！我并不认为我们将像德·沃尔玛先生所说的那样,要花那么多的心血。尽管他说的都有道理,但我怀疑,一个脾气坏的孩子,我们能把他的脾气变好,我并不相信任何人的天性都可以向好的方向转变,不过,由于我深信他的方法是好的,所以在家庭的管理方面,我尽量使我的做法和他的做法相配合。我的第一个希望是:我不生坏孩子;第二个希望是:在他们的父亲的指导下,我把上帝赐给我的孩子抚养好,以便他们将来长得像他们的父亲。为此,我尽量按他给我规定的方法去做,只不过不像哲学家那样冷漠,多给他们一点母爱,使孩子们时时都很快乐。这是我做母亲的人的心中的第一个心愿。我每天的时间和精力都用来实现这个愿望。当我第一次把我的大儿子抱在怀里的时候,我在心里想:拿寿命活得比较长的人来说,童年的光阴几乎占了他一生四分之一的时间,而能活满余下的四分之三时间的人是很少的,因此,如果为了保证这四分之三的时间的幸福,就不让孩子过好第一个四分之一的时间,这种做法虽说是出于谨慎,但是是很残酷的,何况那四分之三的时间也许还活不满呢。我认为,在儿童幼小的时候,大自然有许许多多的办法约束他;如果在大自然的约束之外,我们再任意剥夺他不仅极其有限而且不可能滥用的自由,那就太不合情理了。因此我决定尽量少管他,让他使用他的那一点点儿力量,尽量不妨碍他的天性的活动。我这样做法,有两个大好处:一个好处是,使他正在成长的心灵不受谎言、虚荣、忿怒、嫉妒,一句话,由于管得过多而产生的种种恶习的浸染,而有些人则不然,他们为了让儿童按他们的要求去做,反而利用这些恶习去熏染儿童。另一个好处是,让他不断地自由活动,增强他的体质。现在,他已经能像农民那样光着头在烈日下或在寒风中奔跑,他跑得气喘吁吁,满身是汗,也不在乎;他像农民那样不怕风吹,身体长得很结实,生活得快乐。这样做,才真正是为他日后长大成人着想,使他能应付一个人可能遇到的种种意外事件。我担心那种害死人的胆怯心理使一个儿童变得很柔弱和娇嫩,受到没完没了的束缚的折磨;我绝不管得过多,绝不处处提防,把他限制得死死的,最后让他一辈子没有应付不可避免的危险的能力;我绝不为了使他一时不遇危险,使他小时候不患伤风感冒,反而让他长大后死于胸部的炎症,死于胸膜炎或死于中暑。

"那些放任自流的儿童之所以有你所说的那些缺点,其原因是,他们不仅不满足于能按照自己的意志行事,而且还要别人也按照他们的意志行事。这种情况,是由于母亲的过分纵容造成的;这样的母亲,人们只有完全按照她们的孩子的无理要求去做,她们才感到高兴。我的朋友,我感到庆幸的是,你在我家中的人当中,没有见过任何一个人觉得我独断专行,即使是最低级的仆人也没有这种感觉;你也没有见过我听人家说我孩子的恭维话,我就暗暗高兴。我在这件事情上,走的是一条可靠的新路子,使一个孩子既能享受自由,又表现得很文静,能体贴他人,听大人的话。我们做到这一点的办法,也很简单,那就是:使他认识到他只不过是一个小娃娃。

"从孩子的本身来看孩子,也可以看出:在世界上,还有哪一种生物比儿童更柔弱、更可怜、更受他周围的一切的摆布,而且是那么地需要他人的怜惜、爱和保护呢?大自然之所以让他们发出的第一个声音是哭声和哀告声,他们之所以长那么一张漂亮的脸儿和那么动人的神情,难道不是为了使所有接近他们的人都爱惜他们柔弱的身体和积极帮助他们吗?所以说,还有什么事情比看见一个盛气凌人、桀骜不驯的孩子指挥他周围的一切人,而且还厚着脸皮以主人的口气向那些只要一不管他就可置他于死地的人说话,更令人气愤和违反事理呢?头脑糊涂的父母听任他们的孩子胆大妄为,让他成为他的乳母的暴君,直到最后成为他们自己的暴君,这难道不令人生气,不说他们做得不对吗?

"至于我,我已竭尽全力,不让我的儿子有作威作福和颐指气使的可恶样子,不让他有任何借口说别人该伺候他而不是因为怜惜他才帮助他。这一点,也许是整个教育过程中最重要的和最难做到的事情;为了使孩子养成对仆人的雇佣劳动和父母的关心爱护一看就可区别清楚的本事,我采取了种种措施,其中就数这件事情做起来最零碎,而且也永远做不完。

"正如我已经向你讲过的,我采用的主要办法之一是:使他充分认识到,在他这样的年纪,没有我们的帮助,他就活不了。之后,我就告诉他,一个人不能不接受别人给予的帮助,这是一种依赖行动;仆人们比他强,所以他不能没有他们;而他对于他们,是一点用处也没有的。这样,他便不会因为他们在伺候他,便自以为了不起;反之,他倒是感到了自己的弱点,觉得很不好意思,巴不得赶快长得身强力壮,能够自己的事情自己办。"

"这些做法,"我说道,"在做父母的人也像孩子那样要人伺候的家庭里,是很难实行的;但在你们家里,从你开始,每个人都有自己的工作;主人和仆人的关系是互相关心和互相照顾,所以我相信,你的做法是行得通的。不过,我还有两点不明白:有些孩子的需要尽管经常得不到满足,但他们总会要这要那,提出更多的要求,在这种情况下,我们怎样才能使他们知道不应当再有更多的奢望? 如果一个仆人把孩子的真正需要误认为是多余的要求,而不满足他们,我们如何才能使他们不因此而感到难过?"

"我的朋友,"德·沃尔玛夫人接着说道,"缺乏远见的母亲,把孩子们都养成了脾气很怪的孩子。其实,无论儿童或大人的真正需要都是很有限的。我们应当关心的是他们的长久的舒适,而不是一时的快意。你以为一个不受束缚的孩子在母亲跟前能听任保姆不让他舒舒服服地活动吗? 你列举了一些由于养成恶习而产生的缺点,但你不知道我的全部精力都集中于不让他们沾染恶习。女人自然是很爱孩子的。孩子和保姆之间的矛盾,完全是由于一方要另一方听从自己的摆布而产生的。不过,这种情况在我们家里,既不会出现在孩子身上,因为谁也不强迫他做什么,也不会出现在保姆身上,因为孩子从来不用命令的口气叫她办什么事。在这一点上,我和其他当母亲的人的做法完全不同:她们假装要孩子听仆人的话,而实际是要仆人听孩子的话。在我们家里,谁也不命令谁,谁也不完全按谁的指使行事。孩子要对他周围的人好,他周围的人才对他好。这样,他意识到他对周围的人除了亲切相处以外,便无其他的权威,因此也就变得听大人的话,讨大人的喜欢了。

由于他力求别人拿真心对他，因此他也要拿真心对待别人。任何人都希望自己为别人所爱，这是自爱之心的必然结果。从这样的互爱中便产生了平等，从而用不着费多大力气便可养成良好的品行；反之，如果一刻不停地向孩子们说教，反而使孩子任何一样好的品行也养不成。

"我认为，儿童教育中的最重要的部分，在精心设计的教育中从来没有人提到过的部分，是要使儿童感觉到他是可怜的，柔弱的，需要依靠他人的，而且，正如我的丈夫向你说的，要让儿童知道在他身上还有大自然给人类戴上的沉重的生活的枷锁；不仅要使他知道人们为了减轻他的枷锁，做了哪些工作，尤其是要及早让他认识到上帝给他安排的是什么地位，他不能超过他能够达到的地位；人类社会的事情，没有一样不与他有关。

"年轻人由于出世后就娇生惯养，受到大家的关心；他们要什么，大人就给什么，想怎么胡闹，大人就让他们怎么胡闹，因此，他们在进入社会的时候便狂妄自大，往往要碰了一鼻子灰，遇到许多屈辱和不顺心的事以后，才知道改正。为了不让我的儿子去受这种凌辱人的教育，我一开始便使他对事物有一个较正确的看法。

"由于我深信初期的天性的活动一定是好的，对身体有益的，所以在开始的时候，我决定，他想要做什么，就让他做什么。但我也及时发现：孩子以为要人家服从他，是他的权利，因此，他几乎是一生下来就脱离了自然的状态，学我们的样子，沾染我们的恶习，由于我们的做法不对，使他养成了一些坏毛病。我发现，如果他所有的无理要求，我都一一满足的话，则他无理的要求将随着我对他的迁就而日益增加，因此，必须对他的无理的要求设置一个界限，到了这个界限，就应当加以拒绝。如果他平时很少遭到拒绝的话，则对此时的拒绝将感到十分难过。我不能让他一点难过的事情都不遇到，但我使他遇到的难过的事情要小，而且遇到的时间愈早愈好。为了使他遭到拒绝时候的难过心情小一点，我首先设法使他对我拒绝他的要求表示服从；为了使他心中难过的时间不至于过长，不至于叫苦连天地发展到表示反抗，我每一次拒绝，只要一说出口，就不再更改。当然，我拒绝的次数要尽可能少，而且要反复考虑决定之后才说。凡是打算给他的东西，他一说要，我马上就无条件地给他，而且出手大方；但是，如果他纠缠不休地硬要什么东西的话，那他是任何东西也要不到的。无论他哭也好，说好话也好，都是没有用的。这一点，他是完全知道的，所以他已经不采用这两个办法了。我一说不行，他就马上丢掉他要东西的念头，因此，当他看见我把他想吃的糖果收起来，把他手里捉的鸟放走，他也不怄气，因为他知道，要得到这两样东西，是办不到了。我把他手中的东西拿走，他也觉得无所谓，无非是自己不占有罢了；我拒绝给他的东西，他也觉得没有什么关系，无非是得不到罢了。他不拍桌子（拍桌子会伤他的手）也不打拒绝他的人；在种种使他难过的原因中，他知道，最重要的原因是他的要求不当，是他自己力量柔弱的结果，而不是由于别人有什么坏心……等一等！"她看见我要打断她的话的样子，便赶紧说道："我早就看出你不赞同我的意见；现在，让我来详细给你解释。

"孩子们之所以哭闹，是由于大人一听见他们哭闹就着急，对于他们的要求，不是迁就，就是拒绝。他们一看大人怕他们哭，他们就偏要哭，而且，有时候一哭就哭一天。为了制止他们的哭闹，无论是采取迁就的办法还是威吓的办法,都不对,几乎都是没有什么效果的。如果一听见他们哭,大人就赶快去瞎操心,这恰恰成了他们要继续没完没了地哭的理由,反之,如果大人不理他们,他们是不会哭个没有完的,因为,无论是大人也好,小孩也好,谁都不愿意白费力气的。我的大孩子就是这样;开头,这个爱乱叫乱嚷的小娃娃,把大家弄得没有办法。你看,现在在家里就一点也听不到他的吵闹声,就好像家里没有小孩子似的。他身体不舒服的时候哭,这是自然的声音,这就不能命令他不要哭,但是,只要他不舒服的感觉没有了,他马上就会停止哭闹的。因此,我对他的哭声非常注意,因为我知道他是不会无缘无故地哭的。这样,我就可以很准确地弄清楚他身上是不是真的感到哪儿痛,他是有病还是没有病。对于那些因为他们的无理要求得不到满足和只是为了让人家去哄他而哭的孩子,许多人都没有用这个好办法去处理。此外,我也承认,乳母和保姆也是不容易做到这一点的,因为,再也没有什么事情比听见一个孩子哭闹更令人心烦的了。好心的乳母和保姆是只顾眼前的,她们没有想到:今天叫他闭嘴不哭,明天他将哭得更凶。更糟糕的是,他将因此养成执拗的脾气,在他长大后对他产生严重的后果。正是这个使他在三岁的时候常哭闹的原因,使他在十二岁时常和大人顶嘴,二十岁时常和人家吵架,三十岁时盛气凌人,一辈子令人难以忍受。

“我现在来解答你的疑问,”她微笑着对我说,“孩子们当然知道我给他们东西,是为了让他们高兴,而在我要求他们做什么或者不让他们做什么时,他们当然也会猜想其中必有原因,只不过他们不问是什么原因罢了。这是我在必要时对他们行使权威而不采取说服办法所得到的另一个好处,因为,他们有时候虽看不出我行使权威的原因,但他们自然而然地会明白其中必有道理。相反,你只要有那么一次让他们说了算,他们以后就会认为什么事情都得听他们的,他们就会变成诡辩家,机灵鬼,心眼儿多,非常狡猾,爱讲歪道理,想方设法把那些不善于阐述自己看法的人弄得哑口无言。当你不得不向他们讲一些他们难懂的事情时,如果他们听不懂你煞费苦心的讲解,他们就会把你讲的话当作耳边风。总之,使他们事事听话的唯一办法,不是对他们讲一番大道理,而是让他们明白,在他们那样的年纪,他们还没有明白事理的能力,因为,在这个时候,他们总是从正面去理解事物的道理,除非你有意让他们产生另外的想法。他们是知道我爱他们的,因此他们也相信我不会为难他们,在这一点上,孩子们很少有弄错的时候。因此,当我拒绝把某种东西给我的孩子时,我根本不和他们讲什么道理,我不向他们说明我为什么不给,但我在方式上要尽量使他们看出其中的道理,有些时候是事后告诉他们。通过这个方法,他们便逐渐明白我之拒绝他们的要求,一定是有一个正确的理由的,尽管他们不可能每次都把这个理由看出来。

　　"根据这个理由,我也不允许我的孩子在大人谈话的时候乱插嘴,即使让他们随便说几句,我也不允许他们因此就傻里傻气地自以为同别人是一样的身份。当人们问他们的时候,我要求他们答话要稳重,语句要简练;不允许他们主动说这说那,尤其不能向年龄比他们大的人乱问一气,因为他们对年长的人应当表示尊敬。"

　　"实际上,朱莉,"我打断她的话说,"一位如此慈爱的母亲,这样做法,已经是够严的了! 毕达哥拉斯对他的弟子,也没有你对你的孩子这么严厉；你不仅没有把孩子当大人看待，而且可以说还生怕他们过早地脱离孩子气。他们对于不知道的事物，除了请教那些知识丰富的人以外，还有什么其他更好的办法自己去搞明白呢？巴黎的太太们，与你的做法不同，她们认为她们的孩子开始贫嘴的时间既不早也不长，而且想从孩子小时候说的那些傻话中看出他们长大的时候有多少才干；她们对你的这番理论将怎样看法呢？沃尔玛先生也许会说，巴黎的太太们的那些看法，在一个以善于贫嘴薄舌为首要长处的国家里，也许是对的；在那样的国家里，你只要能说，就可以不动脑筋思考了。不过，既然你们想给你们的孩子创造一个美好的命运，你们将如何把那么幸福的生活和那么束缚人的规矩协调起来呢？你说你给了他们的自由，但清规戒律一大堆，你给的自由又如何使用呢？”

“什么？”她马上反问我道，“难道说不让他们侵犯我们的自由，就是妨碍他们使用他们的自由吗？难道说非要大家都静下来听他们的那些傻话，他们才高兴吗？不使他们产生虚荣心，或者，至少是不让他们的虚荣心有所发展，这才是真正为他们的幸福着想，因为人的虚荣心是造成大痛苦的根源；一个即使是十全十美的人，只要有了虚荣心，他从中得到的痛苦也将多于他所得到的快乐*。

“一个小孩子，如果看见围绕在他周围的人都洗耳恭听他的话，都鼓动他，称赞他，都迷迷糊糊地好像是在等他嘴里说出什么惊人的话，对他的每一句放肆的话都连声叫好，他对他自己将怎样

---

* 如果虚荣心真能在地球上使一个人感到幸福的话，我敢肯定，那个幸福的人必定是一个傻子。

想法呢？一个大人的头脑是受不了那种虚假的叫好声的,你想想,一个小孩子的头脑怎么经受得住呢！在小孩子的天真烂漫的话中,也可能有一些像历书上的预言似的话的。在那么多废话当中,不偶尔碰巧有一两句精彩的话,那倒是怪事。你想象一下:对一个已经被自己的宝贝儿子弄得糊里糊涂的可怜的母亲,对一个根本就不知道自己说了些什么和自己为什么受到人家夸奖的孩子,连声叫好,其情状多么令人难堪！你不要以为我批评这种错误的做法,我自己就没有犯过这种错误;不,我知道那是错误的,但我也犯过这种错误。不过,尽管我夸我的儿子巧于应答。但我总是暗暗称赞。他虽看见我对他回答的话鼓掌,但他绝不会因此就变成一个喜欢碎嘴唠叨的爱说废话的人;那些吹捧的人,虽要我让孩子再说一次,但他们绝不会笑我有爱听吹捧话的弱点。

"有一天,我们家里来了客人。当我去吩咐仆人做事的时候,我进屋就看见四五个大傻瓜在和我的孩子玩;他们夸大其词地向我叙述他们刚才听见他说了许多殷勤待客的话,而且说他们听了以后感到很惊奇。'先生们,'我相当冷静地对他们说道,'我知道你们有许多办法使一个木偶说好听的话,不过,我希望我的孩子将来长成大人后他无论做事或说话都自己做主,都很得体,我心里那才真正高兴呢。'他们看见没有讨到我的好,就开始把我的孩子当孩子看待,而不当作木偶戏中的木偶;我不和他们一起串通捉弄孩子,他们很明显地感觉到我是不赞同他们先前那种对待孩子的做法的。

"至于向大人提问题,我也不是不分青红皂白地什么事情都不许他们问。我首先对他们说:他们想知道什么事,就有礼貌地直接问他们的父亲或者问我;但我不允许他们一想到点什么,就冒冒失失地打断别人严肃的谈话,让人家听他们的。提问题的方法,并不像人们想象的那么容易。这方面,老师总是比学生做得好;必须知道许多事情之后,才知道问你所不知道的事情。有一个印度人说得好:有学问的人无所不知,但不懂就问;而无知的人什么都不懂,甚至连该问哪些事情也不晓得*。由于缺乏这方面的初浅的知识,所以放肆的孩子问的都是一些毫无意义的傻问题,或者问一些非他们的智力所能弄懂的难问题。他们无须什么都知道,所以他们也用不着什么都问。他们之所以通常从大人问他们的问题中得到的教益,比他们从自己问的问题中得到的教益多,其原因就在这里。

"既然这个方法对他们非常有用,那么,他们应当掌握的最重要的头一门学问,难道不是如何慎于发问和语言谦逊吗? 难道要他们放下这门学问不学而去学其他的学问吗? 孩子们还不到能发表意见的时候,就听任他们毫不礼貌地对大人随便乱提问,这对他们将产生什么后果? 有些爱提问题的小孩子之所以问这问那,其目的,不是为了增长知识,而是为了纠缠别人,使大家都为他们办事;另外,他们发现,乱问问题,有时候会把人问得窘态毕露,只要他们一开口,每个人就感到紧张,他们便觉得絮絮叨叨地乱问一气,是挺好玩的。这样做法,不仅对他们毫无教益,而且将使他们变成莽撞和自以为了不起的人。我认为,这个方法的害处大于他们得到的好处,所以是不能采用的,因为,他们无知的程度虽将逐

---

* 这段话,引自沙尔丹的著作,卷五170页,12开本。

渐减少,但爱虚荣的心是必然会愈来愈大的。

"过多地要求孩子说话谨慎,很可能产生这样一个害处:我的儿子到懂事的年龄时,与人谈起话来,显得不那么轻松,讲的话不那么生动,不那么多;不过,即使这个不把光阴浪费于说废话的习惯可使一个人的思路变得狭窄,但我认为,慎重的寡言少语是一个优点,而不是一个缺点。只有那些无所事事的人,成天闲得无聊,才觉得会说废话是一件好玩的事情,而且还说待人接物的要诀是:对人说话,尽说空话;送人礼物,尽送无用的东西。人类社会是有一个高尚的目的的;一个人即使在非常快乐的时候,也应当保持庄重。他不能把表达真理的器官,把人身上至为重要的器官,把唯一使人和动物有所区别的器官,用来像动物那样闹闹嚷嚷乱说一气,他应当用它来表述他的好的思想。如果他言之无物,尽说废话,那他就连动物都不如了,而一个人即使在消闲的时候,也应当保持人的尊严,在运用这个器官方面,高于动物。有一种表达礼貌的方式是尽说空话,把人弄得晕头转向,不知所云;而我认为,最好的表达礼貌的方式是:尽量让别人说话,听别人讲,而少让自己讲;要尊重别人,切莫以为说几句蠢话就可使别人感到高兴。处世的良法,使我们成为大家都乐于接近和喜欢的人的最好的办法,并不是如何使自己引人注目,而是要多让别人去出风头;自己处处谦逊,让别人的骄傲尽量表现出来。我们不必担心一个聪明人由于克制和谨慎而说话不多,会被人家当作傻子。即使在某些地方很可能出现这种情况,但对一个什么话也没有说的人,是不可能做出正确评价的,人们是不会因为他少言寡语就轻视他的。相反,人们都认为默不作声的人是很厉害的,在他们面前说话要多留神。这种人一讲话,大家都很注意听;这样一来,把选择讲话的时机和权利都交给他们了,一字不漏地听他们讲,把好处全都奉送给他们了。即使是一个非常聪明的人,要他在交谈过程中每次都聚精会神地讲,也是很难做到的,不过,他偶尔出言不慎,事后后悔的情况也是不多的;他宁可把中肯之言放在心里不说,也不愿意犯说话说得不对的错误。

　　"从六岁长到二十岁,这中间相隔的时间很长;我的儿子不能永远是小孩,他的理智一开始活动,他的父亲就让他加以运用。至于我,我的任务到这时候就结束了。我生养孩子,但我没有承担教育孩子的任务,我没有这个奢望;我希望,(她一边说,一边看着她的丈夫)有更适当的人担任这个工作。我是丈夫的妻子,又是孩子的母亲,我知道如何尽我的职责。再说一次,我承担的任务,不是教育我的孩子,而是使他们做好接受教育的准备。即使在这方面,我也是一步一步地按照德·沃尔玛先生规定的办法做的。我愈是按他的办法做,我愈感到他的那套办法是正确的,而且和我的办法完全吻合。你看一看我的孩子,尤其是大男孩;在世界上,你还见过比他更天真快乐而又不纠缠大人的孩子吗?你看他们成天笑嘻嘻的,跑呀,跳呀,但从来不使人感到心烦。在他们这样的年纪,能这样玩耍,这样独立活动,他们怎能不快活,怎么会滥用他们的自由?无论我在他们面前或不在他们面前,他们都不感到拘束;相反,在他们的母亲面前,他们反而觉得心里更踏实。尽管那些约束他们的严格规矩是我定的,但他们并不觉得我特别厉害,因为,如果我不能成为他们在世界上最亲爱的人,我心里是会非常难过的。

　　"当他们在我们身边的时候,我们要他们非遵守不可的唯一的规矩是：要尊重自由，即别人不妨碍他们，他们也不能妨碍别人；他们闹闹嚷嚷的声音不能比别人谈话的声音高；我们不要他们伺候我们，他们也不要指望我们去伺候他们。如果他们不遵守这些正确的规定，他们就要吃苦头：我们马上把他们打发走；我的诀窍是：把所有这些规定归结为一条，那就是：使他们感觉到，他们到任何地方都没有在这里和我们在一起好。除此以外，我们对他们就没有任何别的限制了。我们也不强迫他们学这学那；我们也不自以为是地去改正他们的缺点和错误，把他们弄得不高兴；我们从来不责备他们，他们唯一的功课，是到大自然纯朴的环境中去实践。按照前面讲的那些方法教育，他们每个人的举止言行都很合我的心意，说话和办事都十分聪明和细心，使我找不到什么可挑剔的，即使出现了什么错误，由于我经常和他们在一起，也易于防止和纠正。

"举个例子来说：昨天，哥哥硬把弟弟的一个小鼓抢走了，弄得弟弟大哭一场。芳烁茵什么话也没有说，但一小时以后，正当那个抢劫者玩鼓玩得起劲的时候，芳烁茵从他的手中把鼓夺走了。他跟在她身后，要她把鼓还他。这一回，又轮到他哭了。她对他说："你仗着你的力气把鼓从你弟弟手里抢走了，我也照你的样子，用我的力气把鼓从你手里抢走。你还有什么话好说呢？我的力气不是比你大吗？"接着，她也模仿他的样子使劲敲鼓，好像玩得挺高兴似的。直到这时，方烁茵都做得对。但过了一会儿以后，她想把鼓还给小弟弟，我便制止了她，因为这样做，不仅没有让当哥哥的受到自然的教育，反而在他们弟兄之间播下了记恨的种子。由于失去了小鼓，弟弟忍受了严酷的需要的规律之苦，而哥哥也知道了他那样做是不对的，两个人都认识到了他们的弱点，一会儿以后，又都很高兴了。"

一个如此之新，而且和通常的做法如此相反的办法，起先是使我大吃一惊，后来，他们进行一番解释，使我对他们的办法不能不感到钦佩。我认为，在培育人方面，自然的进程永远是最好的进程。我发现，他们的办法的唯一缺点，而且在我看来是一个很大的缺点，那就是，忽视了孩子们目前正处于能力的旺盛时期（随着年龄的增长，这个能力将愈来愈衰弱的）。我觉得，在理解的能力愈是微弱和不足的时候，孩子们愈是应当锻炼和增强他们的记忆力，这样才能使培养工作收到成效。"在理智产生以前，"我说道，"应当用记忆力来代替理智，而在理智产生以后，也应当使它更加充实。一个人的头脑如不运用，就会变得很迟钝。在没有耕耘的土地上，种子是不会生根发芽的。为了把孩子们训练得有理智，竟先把他们弄得很愚蠢，这种做法是很奇怪的。""什么，愚蠢！"德·沃尔玛夫人立刻就嚷了起来，她问道："你要把记忆力和判断力这两个极不相同、而且几乎是正好相反的东西混为一谈吗*？把许多未彻底理解而且又毫不连贯的事物灌输给一个幼小的头脑，这对理智来说，是害多于利的！我承认，在一个人的所有的官能中，记忆力是第一个发展得快，并在儿童时期最容易加以培养的能力。不过，依你看，是优先教他们最容易的东西呢，还是优先教他们最需要知道的东西？

---

* 我觉得，这种看法不对。对判断力来说，再也没有什么东西比记忆力更是它所需要的了；当然，我所说的记忆力，并不是记单词的能力。

"你看一看人们是怎样训练孩子们的这种能力的，看一看人们是多么粗暴，为了要孩子们死记一些东西便采取了多少强迫的做法；你比较一下他们从这些做法中得到的益处，和为了这点儿益处而受到的痛苦。什么？在一个孩子还没有把语言学好以前，就强迫他去学他将来根本不说的话，就硬要他没完没了地背诗和做诗（而实际上他对诗是一点也不懂的，对诗句的和谐是一点也不明白的），拿一些他毫无概念的圆圈和球形的东西把他的脑筋搞糊涂，硬要他记千百个城镇与河流的名称，结果，经常把名称搞混，每天都得重学。为了增进他的判断力，就用这样的方法去训练他的记忆力吗？为了学那些零零碎碎的知识，他流了好多眼泪，这值得吗？

"如果那些东西仅仅是没有用处，我也不至于提出这么多的批评；不过，教一个孩子尽说废话，并自以为已经知道了他根本就不懂的东西，这个问题还不严重吗？那么一大堆东西，不影响我们吸收充实我们头脑的必需的知识，这可能吗？岂不是宁肯让孩子一点记忆力都没有，也比给他塞进那一堆有害的东西强吗？因为，有了那一堆东西，哪里还有存放必要的知识的地方？

"不，虽说大自然使孩子们的头脑具有接受各种印象的能力，但不是为了让他死记历代国王的名字和他们登基的日期以及文章、天体和地理的名称；硬要孩子在智力贫乏的童年时期学这些东西，不仅在他这样的年纪毫无意义，而且以后无论他长到什么年纪也是没有用处的。我们应当使一切与人在社会中的地位有关的概念，和所有涉及他的幸福并对他在履行其天职方面有所启迪的东西，用不可磨灭的文字及早地深深印在他的脑海里，使他在一生中按适合于他的身份和能力的方式,用它们来指导他的行为。

"即使不读书,儿童的记忆力也不会因此就闲着没有用处。凡是他看见的和听见的事情,他都要加以注意,把它们记在心里。他把大人的一言一行都记在心中;他周围的事物就是书,不知不觉地使他所记的东西得到丰富,从而使他的判断力也得到增进。培养他的智力的最好的办法是:对用来教育他的东西慎加选择,不断把他应当知道的事物告诉他,而把他不应当知道的事物隐藏起来;用这个办法给他建立一个有利于他青年时期的教育和指导他终生行为的知识宝库。是的,这个办法不能培养出小神童,也不能给家长和老师增添光彩,但它培养出来的人,都是很精明的人,身强力壮,身心都很健康;他们小时候虽不受到人家的夸赞,但长大以后会受到人们的尊敬的。

"不过,你不要以为我们完全忽略了你所关心的那些事情。一位细心的母亲,是充分掌握她的孩子们的思想的。有许多办法可以用来刺激和培养孩子们读书或做这做那的欲望的;只要那些办法能够和孩子们享受的自由相协调,而且在他们身上不产生恶习的种子,我当然乐于采用,但一旦发现它们没有什么好的效果,我也不会还要坚持那样做,因为,读书的时间总是有的,而培养他有一个良好的天性,那是一分一秒也耽误不得的,因此,德·沃尔玛先生对儿童的理智的初期发展有这样一个看法:他认为,即使他的儿子长到十二岁的时候什么事情也不懂,那也没有关系,只要他到十五岁的时候受的教育不算少就行了,何况孩子将来是不是一个学者,那并不重要;而最重要的是,他为人要明智和善良。

"你知道,我们的大孩子识的字已不少了。现在让我把他产生学识字的兴趣的经过告诉你。我隔三差五地给他讲一段拉·封登①的寓言，他听了很高兴，但是，当他问我乌鸦是不是会说话的时候，我便有所警觉了。我发现，要使他非常清楚地知道寓言和谎言之间的区别，那是很难的。我要尽力解决这个问题。由于我认识到寓言是为大人写的，而对于小孩子，就应当讲真话。因此，我决定不再给他讲拉·封登的寓言；我给他选了一本很有趣味的和有教育意义的小故事书，其中大部分故事都是从《圣经》上摘录下来的。我发现，孩子对我给他讲的故事很喜欢，因此，我想，我还须使我讲的故事对他有用处；于是，我就自己试编了一些好听的小故事，在必要的时候讲给他听。我陆陆续续地把我编的故事抄在一本有图画的本子上，把本子合起来，拿在手中，时而给他念几段。故事不多，也不太长，而且经常重复讲，并在讲新故事以前，还要对老故事讲几句评语。当贪玩的孩子听《圣经》上的故事听腻了的时候，我就拿这些小故事来解除他的厌烦，但是，当我看见他听得正入神的时候，我就说我想起了一件事情要去办理，在讲到最有趣的地方走了，故意漫不经心地把本子放在那儿。他立刻去请他的保姆，或者请芳烁茵或别的什么人，把故事念完。但是，由于他没有命令任何人的权力，而且我早已告诉大家怎么对付他，所以大家并不是每次都照他的要求办；有的表示拒绝，有的说另外有事情，有的故意结结巴巴、慢慢吞吞，把故事念得乱七八糟，有的模仿我的做法，把故事念到一半，便放下书走了。当他发现自己每次都要这

---

①　拉·封登(1621—1695)法国著名的寓言故事作家。卢梭不赞同用拉·封登的寓言故事教孩子，他以《乌鸦和狐狸》的故事为例，详细阐述了他的观点。参见卢梭：《爱弥儿》，第二卷，第129—132页(商务印书馆1988年版)。——译者

样依靠别人的时候,有人就悄悄建议他学识字,以后就可以不依靠别人,自己想什么时候看书,就什么时候看书。他赞成这个办法。这时候,就要有一些相当热心的人教他识字;这对他来说,是一个新的难题,不过,我们用难学的字难他,难到适可而止。尽管采取了这些办法,他也有三四次表示厌烦了;大家不管他,让他爱干什么就干什么。我努力把故事愈编愈复杂,于是他又很高兴地来找我教他。尽管他开始学识字才六个月,但他已差不多能够自己单独一个人看书了。

"我大体上就是采用这些办法引起他求知的热情和愿望,使他不断去寻求能够加以应用而且又适合他年龄的知识。尽管他已学会看书,但他的知识并不是从书本上得来,因为在书中是学不到这些知识的,而且,无论从哪一方面讲,啃书本是不适合于儿童的。我希望使他早日养成用思想而不用书上的词句来充实头脑的习惯,这就是我为什么从来不让孩子背书的原因。"

"从来不!"我打断她的话说道,"这不可能,因为他要学教理问答课本和学念祷告词嘛。""这你就不知道了,"她说道,"关于祷告,我每天早晨和每天晚上,都在我的孩子们的房间里大声祷告,这已经足够他们学了,用不着另外再强迫他们照书本背了。至于教理问答课本,他们根本就不学。""什么!朱莉,你的孩子不学教理问答课本?""不学,我的朋友,我的孩子不学教理问答课本。""为什么?"我吃惊地问道,"一位如此虔诚的母亲!……我不明白你的意思。你的孩子为什么不学教理问答课本?""为的是他们将来有一天会真正信仰宗教,"她说道,"我希望他们将来有一天会成为真正的基督徒。""啊!我明白了,"我大声说道,"你不希望他们的信仰只是在口头上,不希望他们只知道他们属于哪一个教,而希望他们要信仰它。你的看法很有道理。要一个人相信他不懂的事物,那是不可能的。""你真会说话,"德·沃尔玛先生微笑着对我说道,"你能由于偶然的原因成为基督徒吗?""我要努力争取成为一个基督徒,"我坚定地对他说道,"在宗教问题上,凡是我能懂得的东西,我都相信;而对于不懂的东西,我表示尊重而不否认。"朱莉向我做了一个表示赞成的手势,接着,我们又继续谈论我们的话题。

在谈到其他的问题时,她的话使我想象得到她对孩子的爱真是无微不至,而且有远见。她说,她的方法完全适合她自己确定的两个目标,即:一边让孩子的天性自由发展,一边对它进行研究。"在任何事情上,我的孩子都不会遇到什么人与他们为难,"她说,"而他们也不滥用他们的自由;他们的个性既不会变坏,也不会变得过分拘谨。我们让他们自由活动,以增强他们的身体,并培养他们的判断能力,我们不用奴役人的事情去败坏他们的心灵。别人对他们的恭维,也不会使他们因此就自以为了不起;他们既不把自己看作是有力量的人,也不把自己看作是戴着锁链的动物,而是把自己看作自由自在的幸福儿童。为了保证他们不受外界的罪恶的侵害,我认为,他们拥有一种比大人说的千言万语更为有效的预防药,因为,大人的千言万语,他们是不听的,听不到几句就感到厌烦的。他们的预防药是:他们周围的人的模范行为和言谈(在我们家里,大家谈话都是很自然的,我们没有专门为小孩子编造一套话)以及他们身在其中的和睦气氛、彼此协调与言行一致。

"在他们天真烂漫的活动中,他们没有看见过罪恶的事例,他们怎么会做出罪恶的事情? 他们没有任何机会接触使他们产生贪欲的事情,他们怎么会产生贪欲？没有人对他们灌输偏见,他们怎么会产生偏见？你看得很清楚,他们没有做过任何错事,他们身上没有任何不良的倾向。他们虽没有什么知识,但他们的头脑并不笨;他们虽也有欲望,但并不是非要人家满足其欲望不可。他们往坏的方面发展的倾向,早已得到防止;大自然的安排是正确的;我认为,我们所指摘的孩子们身上的缺点,其根源,不在大自然,而在我们自己。

"我们的孩子,完全按照他们心中没有被外界事物所扭曲的倾向行事,因此他们没有任何外露的和虚假的样子。他们严格保持他们原来的性格;我们天天都能看到他们原来的性格有所发展,并对天性的活动进行研究,深入探讨它们最奥秘的原理。孩子们深信他们不会遭到大人的斥责或处罚,所以他们也就用不着撒谎或做事躲躲藏藏的。无论是在他们之间谈话,或是对我们说话,都让人一眼就可看出他们内心深处的活动。他们之间成天自由自在地说个没完,甚至在我们面前也没有一时一刻停止过。我从来不责备他们,也不命令他们闭着嘴巴不说,也不假装在听他们讲话;即使他们说的是一些应当加以斥责的乱七八糟的话,我也装作不知道,但实际上,我对他们讲的话是非常注意地听的,只不过他们没有看出来就是了。我把他们做的事或说的话都如实地记下来。应当加以培育的,是地上自然生长的东西。他们嘴里的一句难听的话,就是一株杂草,而它的种子,则是由风从别处刮来的。如果我用斥责的办法把那株杂草割掉,它不久又会重新长起来的。我不这样做,我暗中查找它的根源,我要除它的根。我只不过是园丁的助手而已,"她微笑着对我说,"我要锄去园中的杂草,把有害的草都除尽,而培育好草的工作,则由他去做。

"你要知道,尽管我花了许多心血,但要取得成功,还须得到他人的支持;我的工作的成功,有赖于也许只有在我们这里才能找到的各种因素的配合。我们需要有一个知识渊博的父亲的指导,才能摆脱根深蒂固的偏见,找到从孩子诞生之时起就开始培养的好办法。在实行这个办法方面,我们需要他的耐心,我们不能有任何与他的指导相矛盾的做法;孩子需要有相当充实的先天所得和令人喜爱的健康的身体;他周围的仆人必须是很聪明的有心人,在主人家里要不停地工作,只要有一个仆人是粗野的或爱吹牛拍马的,就会使大家的苦心安排破坏无遗。我当然知道,有许许多多外来的因素会使我们精心设计的方案遭到破坏,把我们齐心协力进行的工作全盘打乱;感谢命运的帮助,一切都进行得很顺利,不过,应当指出,我们之所以能实行这种明智的做法,在很大的程度上有赖于我们有一个幸福的家庭。"

"我认为,"我大声说道,"家庭的幸福也有赖于做法的明智。难道你没有发现,你所强调的各种因素的配合,都是出自你的安排,使你身边的人都不得不学你的样子吗?操持家务的母亲们,你们抱怨得不到人家的支持,这要怪你们没有正确理解你们的权利;只要你们按自己的身份行事,则一切障碍都可克服;只有你们很好地尽你们的义务,你们才能迫使他人尽他们的义务。你们的权利,不就是自然的权利吗?尽管有人散布邪恶的说法,但你们的权利是永远受到人们的尊重的。啊!你们要以作贤妻良母为荣;世间最温柔的权威,才是最受人尊敬的权威。"

在结束这次谈话的时候,朱莉说,自从昂莉叶蒂来了以后,所有的工作都进展得更加顺利。"当然,"她说,"如果我在他们弟兄两人之间采用互相竞赛的办法,我也许就用不着那么操心和想那么多办法了,但我觉得这个办法太危险,我宁可多辛苦点,而不愿冒任何危险。在这方面,昂莉叶蒂可以辅助我,因为她是女孩子,是他们的姐姐;他们都非常喜欢她。她的聪明远远超过了她的年龄;在一定程度上,我使她成了他们的第一位女教师;他们愈听她的话,我的计划便愈能获得成功。

"至于她,她的教育,由我负责;不过,对她的教育方法完全不同,值得我们在另外一次谈话中单独谈。目前,我可以这么说,除了大自然赋予她的天资以外,我们还想给她增加点什么的话,那是很难的,因为,在世界上如果要找一个能赶得上她的人的话,那就只有找她母亲本人。"

绅士,我们天天都在盼望你到来。这封信,是我从这里发出的最后一封信。我当然知道你还要在军队里多待些日子的原因,但一想到这一点,我就不寒而栗。朱莉也为此感到不安;她请你常来信,把你近来的情况告诉我们。她还希望你要想到:你把你的生命拿去冒种种危险的同时,也使你的朋友寝食难安。就我来说,在这件事情上,我没有别的什么话要对你说。你要好好地忠于你的职责;我愈是绝口不说一句叫你胆怯的话,我的心才愈是贴近你的心。亲爱的博姆斯顿,我知道:只有为了你的祖国的荣誉,才值得你去流血牺牲;不过,难道你一点都不为那个纯粹是为了你才活在人间的人而爱惜你的生命吗?

书信四　爱德华绅士来信

　　从你最近的两封信来看,我发现,在这两封信之前,还有一封信。这封信,显然是寄到我的部队,信中谈的是德·沃尔玛夫人为什么暗自伤心的原因。这封信我没有收到。我猜想,是由于我们的信使遭到抢劫,把邮包丢失了。因此,我的朋友,请你把信中的内容再写信告诉我。我现在忧心如焚,急于想知道详细的情形,因为,让我再说一次,如果愉快和宁静不来到朱莉的心里,它们在世间哪里还找得到容纳它们的地方呢?

　　她担心我会遇到危险,对于这一点,请她放心。我们的敌人真狡猾,弄得我们疲于奔命,他们就是那么一点儿人,竟耗尽了我们所有的力量,使我们处处都无法对他们发动进攻。不过,我们有信心,我们能够克服最好的将军也无法克服的困难,最后迫使法国人和我们打一仗。我估计,我们要付出很大的代价才能打赢头几仗。在德廷格,我们固然是打了一次胜仗,但很可能因此使我们在弗朗德勒吃一次败仗。他们有一位伟大的统帅指挥,而且,这位统帅对他所指挥的部队深有信心。法国的士兵对自己的将军完全信任,因此是不可战胜的。反之,如果他们的指挥官是他们所轻视的朝中的宠臣的话,我们要打败他们,那是不费吹灰之力的。这种情况,出现的次数是如此之多,所以只需等待对方在朝廷中彼此倾轧,就肯定有能战胜本大陆最勇敢的国家的机会。这种情况,他们知道得很清楚。马尔巴勒爵士看见一个在布莱汉之战*被俘的士

---

　　* 这是英国人给霍赫斯泰特之战取的名称。

兵精神饱满和斗志昂扬的样子,便对他说:"在法国军队中,如果有五万个像你这样的士兵,法国就不会被打败了。""哼!"那个投弹手反驳道,"像我这样的人,我们有的是;我们缺少的,只是一个像你这样的统帅。"现在在指挥法国军队的,就是他这样的人;而这样的人,我们却没有,不过,我们对这一点,考虑得不多。

不管情况如何,我都想看一看这一仗的结尾怎么打法,因此,我决定在部队撤回原驻防的地方以前,继续留在部队里。这样拖延下去,我们将得到许多好处。冬天已经提前来到,要越过那么多崇山峻岭是不可能的,所以我将到你们这里过冬,要明年春初才能到意大利。请告诉德·沃尔玛先生和夫人,我这样重新安排,是为了能从容不迫地欣赏你描写得那么动人的景致,并看望和他们住在一起的多尔贝夫人。亲爱的朋友,请继续像从前那样给我写信;你的信将使我感到莫大的欣慰。我的行李已被人拿走,因此我手边没有书看,只好看你给我写的信。

书信五　致爱德华绅士

你来信说,我们将一起在克拉朗过冬,这使我心里感到无比高兴! 不过,你要延长你在军中服务的时间,又使我感到十分惆怅! 尤其使我感到难过的是,我现在才明白:在我们分别以前,你要参加战斗的主意已经打定,但你对我却只字不提。绅士,尽管我知道你这样秘而不宣的原因,但我并不感谢你。你是不是太藐视我了,让我继续活下去,是为了我好吗? 或者,你是不是觉得我的爱情的旨趣太低,以为我宁要恋人而不愿和我的朋友一起去战死? 即使我不配跟你一起去，你也应当把我留在伦敦。你把我留在伦敦，也不至于像这样把我打发到这里来，让我如此生气。

从你上封信中得知，我写给你的信，有一封你没有收到，因此使你对其后的两封信中谈的事情，有许多地方不清楚。不过，要详详细细地补叙得让你完全明白，只好等到我有闲暇的时候再说了。目前，最急迫的事情是：要设法使你对德·沃尔玛夫人秘密的伤心事不要感到担忧。

在她的丈夫走了之后，我和她谈话的内容，就不向你叙述了，因为涉及的事情太多，所以有一部分已经忘记了，而且，在她的丈夫不在家期间，我们谈了好几次话，因此只能简单扼要地讲一讲，而不能一一重复。

她告诉我说，她的丈夫为了使她生活得幸福，对她真是无微不至地关心，然而，使她心里十分痛苦的，不是别人，也正是她的丈夫。他们相互依恋之情愈笃，反而愈使她感到难过。绅士，这个话，你相信吗？这个如此明智、如此通情达理和毫无邪恶与贪欲之心的人，却对美德之所以能受人称赞的道理一点也不相信，而且，在他无可指摘的清白的一生中，他心灵深处却是一个不信神的人，对宗教持可怕的冷漠态度；把这两种情况一加对比，便引人深思，使朱莉的心更加忧虑。看来，她是能够原谅他不敬神的，无论他是由于害怕神也好，还是由于傲慢之心促使他敢于和神对抗也好。一个有罪的人为求得良心的安宁而牺牲理智，一个武断的人非要自以为是地和一般人的看法有所不同，这种错误的做法至少是正在形成。"不过"，她叹了一口气，对我说道，"一个如此诚实和一点也不自炫博学的人，怎么会是一个不相信宗教的人！"

必须了解这夫妇两人的性格,想到他们两人的心都集中在他们的家庭里,互相把对方看作自己的一半,在所有其他的问题上都步调一致,你才能想象得到他们单单在这个问题上的分歧,就足以破坏他们家庭的美好气氛。德·沃尔玛先生是在信奉希腊教的环境中长大的,因此对可笑的宗教崇拜的荒唐做法,是无法忍受的。他的理智不容许人们强加在他身上的不合理的枷锁,不久就满不在乎地把它摆脱了;他把一个如此可疑的权威强加在他身上的东西都通通抛弃,成了一个不信宗教的人,一个无神论者。

以后,由于他陆续在几个天主教国家中生活过,所以不可能因为我们信基督教,他就对基督教的教义产生好感。他觉得,基督教的教义,和基督教的教士讲的不同。他认为,教义中的话,都是用一些毫无意义的词儿七拼八凑堆砌而成的空话和假话。他发现,所有一切诚实的人都一致赞同他的看法,而且不隐瞒他们的这一观点,就连行事谨慎的牧师也在暗中嘲笑他们对公众宣讲的东西。他经常对我的看法提出不同的意见,说他经过许多时间的探讨之后,他一生中只发现三个信神的教士*。由于他真心实意地想搞清楚这些问题,他竟坠入了形而上学的深渊。在这个深渊里,除了他自己带去的那套方法外,便没有其他的向导。由于他看见到处都是可怀疑的事物和矛盾,因此,当他最后来到基督徒当中的时

---

*　但愿我没有听错这一句十分武断的话! 我只想说明一点:说这种话的人,的确是有的,然而,各个国家和各个教派的教士的行为证明,说这种话的人的确是过于轻率。我加这个脚注的目的,不是我胆小怕事,不敢把这个意思写在正文里,相反,我要直截了当地说,我自己在这个问题上的看法是:没有任何一个真正的教徒是排斥或迫害异教的人。如果我是法官,如果法律规定不信神的人必须处死,谁来告别人不信神,我首先就把他当作不信神的人处以火刑。

候,已经太晚了;他的心已经对真理关闭了大门,他的理智再也不能理解真实的东西;人们向他论证的一切事物,不仅没有使他确立反而使他彻底改变了他对宗教的看法,结果,不论什么教,他都一律反对;他虽不再是无神论者,但却变成了一个怀疑论者。

正如你所知道的,朱莉的信仰是那样的朴实和那样的虔诚,然而上天赐予她的,却是这样一个丈夫。不过,你必须和她以及她的表妹与我亲密相处一段时间之后,你才能了解这个温柔的人之笃信宗教,是多么的出自天性。我们可以这么说:没有任何一样尘世的东西能满足她对爱的需要。多余的感情必须回到它的源泉去。她与圣泰雷兹完全不同;她的心不迷于爱情,不轻易受骗,弄错目标。她的心是一个真正的取之不尽的爱的源泉;无论是情人或朋友,都不能享尽她心中的爱;她把她多余的爱奉献给那个唯一配得到它的神＊。她爱上帝,但她的心不会因此就脱离其他的人,对人冷酷无情。所有这些由同样的原因产生的爱,互相激励,从而使它们变得更加温柔和打动人心。在我看来,我认为,如果她不那么爱她的父亲、她的丈夫、她的孩子、她的表妹和我,她就不会那么虔诚了。

奇怪的是,她愈是虔诚,她反而愈不相信自己是一个虔诚的信徒,而且忧伤地觉得自己的心灵,是一个不爱上帝的冷漠的心灵。"我的努力纯属徒劳,"她常常说,"我的心只有通过感觉或想象才能有所依附;我用什么方法才能看见或想象伟大的神的力量是无

　　＊ 怎么!上帝只能够得到他所创造的人的剩余的爱吗? 恰恰相反,世上的人能够用来占据人心的东西是如此之少,以致在人们认为已经使它充满的时候,它实际上还是空的。必须要有一个没有止境的目标,才能使它得到充实。

限广大的呢*？当我想达到他那样高的境界时，我不知道我应当从什么地方做起；由于我觉得他和我之间没有联系，因此我不知道应当通过什么途径才能达到他那里；我什么也没有看见，什么也没有感觉到，我发现，我已经落到了一种精疲力竭、极其颓丧的境地。如果我以我自己的情况去和他人相比的话，我很担心，我对神秘的事物的崇拜，不是出自充实的心，而是出自空虚的头脑。

"要怎样才能躲避已误入歧途的理智产生的幻影呢？我用一种粗俗的、但是是我能够理解的敬拜方式来代替那种超过我的智慧的文雅的静修。我违心地降低了神性的尊严，我在它和我之间放进了一些可以感知的东西，这样，我虽看不到它内在的实质，但至少能看到它产生的结果；我是因它做了好事才爱它的；不过，不论我采取什么方式，我奉献给它的，不是它所要求的纯粹的爱，而是私心的感谢。"

这样，在一个易动感情的人的心里，一切都以感情为准绳。朱莉认为，普天下的人都是能动之以情和义的；她到处都看到神的善行：她的孩子，是神交给她保管的珍宝；地里的出产，是神赠予她的礼物；她认为桌上的食物是神的恩赐；她在神的保护下安睡；她静静醒来，是受到神的召唤；当她受委屈的时候，她认为是神在教育她；

---

* 当然，要把人的心灵提到神那么高的境界，是需要动脑筋思考的。举行一次看得见和摸得着的礼拜仪式，便可以使一般人的心灵得到宁静；他们希望给他们提供一些礼拜神灵的东西，使他们不必再动脑筋去思考神是什么样子。天主教徒根据这些原理去写圣徒传、定历法、建教堂、绘制小天使和漂亮的小男孩与美丽的女圣徒，难道做得不对吗？在一位美丽的和端庄的母亲怀抱中的小男孩耶稣，是虔诚的基督教展现给忠实的信徒观看的打动人心的美妙图像之一。

她高兴的时候,是神在宠爱她;连她亲爱的人所享受的美好生活,都成了她敬拜神的新的理由。虽说她温柔的眼睛看不到宇宙的神,但她到处都看到人类共同的父亲在造福于人。她这样来敬拜神的崇高的善行,难道不是在尽她最大的努力来侍奉永远存在的神吗?

绅士,你想一想,同一个虽采纳我们的生活方式,但又不赞同我们喜欢过这种生活的理由的人一起过隐居的生活,是多么痛苦啊!我们既不能让他同我们一起请求神给我们以引导,又不能让他同我们一起祝愿神赐予我们美好的未来;我们看见他虽行善事,但又发现他对一切使善事值得去做的原因不理解;尤其不合逻辑的是,他一方面按不信宗教的人的方法思考问题,另一方面却按基督徒的方式行事!你想象一下朱莉和她丈夫一起散步的情形:一个看见大地五彩缤纷的景色,便赞叹创造宇宙的神的伟大和巧妙的安排;而另一个却认为,这只不过是偶然的组合,是由一种盲目的力量使它们组合在一起。这两个恩爱夫妻,由于互相都怕使对方感到不快,使一个不敢深入地谈论问题,另一个不敢尽情抒发他们周围的事物使他们产生的感情;他们相亲相爱,然而,正是由于相亲相爱,他们反倒必须不断地自己限制自己。朱莉和我,我们几乎从来不单独去散步,以免看到动人的景色,使她想起这些痛苦的情形。"唉!"她很有感慨地说,"大自然的景色,在我们看来,是那么的活活泼泼,充满生机,但在不幸的沃尔玛看来,却是死的。在这个人人都用极其柔和的声音称颂神所创造的万物大和谐中,他所看到的,却是永恒的寂静。"

你是了解朱莉的,你知道这个感情外露的人是多么喜欢把自己的感情传给他人,因此,你可以想象得到:她这样限制自己,心中是多么痛苦,何况限制的原因,不是别的,而纯粹是由于本该事事都有共同看法的两个人之间存在着一个很不协调的情形,而且,更有甚者,除了这个不协调的情形外,她心中还产生了一些更可怕的忧虑。她想丢掉那些不由自主的可怕的忧虑,但始终丢不掉,它们每时每刻都来扰乱她的心。对一个温柔的妻子来说,一想到最高的神对其神性遭到轻视要进行报复;一想到她死后,那个为她带来幸福的人的幸福,将随着她的死而化为乌有;而且必然使自己的孩子把他们的父亲看成是被天主弃绝的人;一想到这些,她的心就感到害怕! 面对这些可怕的情景,多亏她性情温柔,才使她没有陷入绝望的境地。由于宗教信仰的缘故,她对她丈夫的不信神,感到难过,但也正是依靠宗教信仰,她才有了忍受这种难过心情的力量。"如果上天拒绝使这个诚实的人皈依宗教,"她常常这样说,"我只好请求上天让我第一个死去。"

　　绅士,这就是她心中暗自悲伤的真正原因,这就是她内心的痛苦:她觉得,她的良心要对他人之硬不信仰宗教担负责任,而且,她愈想掩饰她内心的痛苦,她内心的痛苦反而愈增加。无神论在天主教徒中已公开流传,然而在理智允许人们信神的国家里,尽管不信神的人的唯一借口已不存在,但无神论还是不得不躲躲藏藏。这种状况使人感到忧虑,虽然有某些大人物和富翁赞成无神论,但它却到处使受压迫的穷苦人感到害怕,因为他们发现,它可以使他们的暴君摆脱自己所受到的唯一束缚,但同时也使穷苦的人们失去来生得到今生未能得到的唯一安慰的希望。德·沃尔玛夫人看出了她丈夫的怀疑一切的思想可能给这个家庭带来不良的后果,因此,特别注意不让她的孩子受这个危险的榜样的影响,不过,她也不要这个心地真诚、行事谨慎而又毫无虚荣之心、从不损害他人利益的人把他的怀疑一切的思想非隐藏起来不可。他对人处事从来不武断；他也和我们一起去教堂，按固定的习惯行事；他不宣讲连他自己也不相信的信仰，不做受人指摘的事情；凡是国家要求一个公民做的事，他都按照法律规定的礼拜仪式去做。

从他们结婚到现在将近八年的时间里，只有多尔贝夫人知道这个秘密，因为朱莉告诉了她。此外，由于他们在表面上做得很好，一点破绽也没有，所以，尽管我和他们一起极其亲密地相处了六个星期，但一点儿可疑的现象也没有看出来；要不是朱莉亲自告诉我的话，也许我永远也不会知道这件事情。

她决定把这个秘密告诉我，是有几个原因的。第一，我们之间的友谊这么深，还有什么可保密的？没有一个朋友分担她的忧虑，她的忧虑岂不愈来愈严重？再说，她也不希望我在她家期间，碍于我而不谈论这个使她极其伤脑筋的问题。最后，由于她知道你不久就要到我们这里来，因此，她希望，在取得她丈夫的同意后，把她的看法预先告诉你，想依靠你的聪明练达，来弥补我们的努力之不足，并取得只有你才能达到的效果。

从她选择把她的忧虑告诉我的时间来看，我怀疑她还有另外一个不愿意告诉我的原因：她的丈夫已经走了，就只剩下我们两个人：我们的心是相爱的，还记得往昔的情形，如果两颗心有一时一刻彼此忘记了的话，我们立刻就会做出可耻的事情。我看得很清楚，她害怕和我单独见面，尽量避免和我单独谈话。在麦耶黎发生的那段插曲[①]，使我深深认识到：在两个人当中，那个最相信自己

---

① 见卷四书信十七。——译者

的人，必然不相信另一个人。

她天生的胆怯心理，使她产生了不必要的恐惧；她觉得，最可靠的办法是：在身边经常有一个受到尊敬的见证人，让一个能明察秘密行动和了解内心思想的正直的和令人畏惧的监察官作为在场旁观的第三者。她周围都有最威严的评判人，我不断看见上帝站在她和我之间。什么样的犯罪的念头能逃过这样的守护人的监督？我的心被她的热情的火所纯洁，因此，我也像她那样处处遵循美德的引导。

当她的丈夫不在家的时候，我们面对面的单独谈话的内容，几乎都是这些严肃的问题；他回来以后，我们也经常当着他的面重谈这些问题。他也参加谈论，好像谈的不是他，而是别人似的；他对我们心中的担忧，不仅没有表现出满不在乎的态度，而且经常对我们与他辩论的方法提供建议，然而，正是这样，反倒使我们失去了成功的希望，因为，如果他不那么耐心的话，我们就可以严厉批评他心灵上的大缺点，向他指出，正是由于这个缺点，才使他不相信宗教。不过，如果问题只是在于说服他的话，我们到哪里去找到他尚未具备的知识和尚未听说过的道理来说服他呢？当我想和他争论的时候，我发现，我能够运用的论据，已经被朱莉用完了；我贫乏的知识，与她出自心灵的辩才和她分析入微的说服力相比，差得太远。绅士，我们将永远不能把这个人拉到信仰宗教的轨道上来，因为他头脑太冷静，但他绝对不是一个信奉异端的人；谁也无法感动他：他在内心上即感情上还没有得到神的存在的证明，而只有证明了这一点，才能使其他的论据不为他所驳倒。

不论他的妻子多么注意，不让他看出她的痛苦，但他还是感觉到了，而且尽力分担她的痛苦；想瞒过那么一双明察秋毫的眼睛，那是不可能的；她愈想隐瞒，反而使他对这使人备受折磨的忧虑更有所觉察。他对我说，他曾经有好几次准备在表面上让步；为了使她的心灵得到安宁，他曾经想假装表现某些他心中实际上没有的感觉。不过，这种可鄙的想法，他是绝不会实行的。掩饰内心真实思想的做法，不仅不能使朱莉产生好感，反而会给她增添一层新的痛苦；他们之间的真诚和坦率以及能使许多痛苦得到减轻的两心相印的感情，将受到不良的影响。为了使他的妻子不至于那么担忧，他就非得降低自己在她心目中的地位不可吗？他不仅没有对她有所隐瞒，反而很坦率地把自己的想法告诉了她，不过，他的话说得很简略，既没有对一般人的庸俗之见说什么轻蔑的话，也没有对大人物的狂妄自大的嘲笑反唇相讥，因此，他平平淡淡的一番表白，虽没有使朱莉生气，但却使她感到苦恼。由于她不能使她的丈夫接受她的观点，按她的希望去做，她便更加细心地使他周围的一切都能使他感到温暖，而他也使自己享受的幸福到此为止，不再多求。"唉!"她温柔地说，"如果这个不幸的人要把他的天堂建筑在这个世界上的话，我们就要尽可能把他的天堂建筑得很美好*。"

　　他们在感情上的这个矛盾给他们夫妻生活中所投下的忧郁的阴影，比一切其他的东西都更清楚地表明朱莉的巨大的影响力是不可战胜的，通过她温暖人心的做法，使忧郁的阴影大为冲淡，也

---

　　* 这个充满人情味的做法，岂不是比狂热的迫害更符合人的天性吗？那些迫害他人的人，成天忙于折磨不信宗教的人，他们甘愿充当魔鬼的马前卒，好像非把不信宗教的人今生就打入地狱不可似的! 这一点，我要继续不断地说，因为那些迫害人的人根本不是信徒，而是骗子。

许,在世界上只有她才能做到这一点。他们所有的争论,他们在这个重大问题上的分歧,不仅不会发展成尖锐的对立,不会发展得谁也看不起谁,互相吵起来,反而最终总是以某种动人的场面结束,使他们比以前更加相亲相爱。

昨天,我们谈的是平常只有我们三个人在一起的时候才谈的问题,即:恶的起源问题。我力图证明,在生物界中,不仅没有绝对的和普遍的恶,而且,即使是有个别的恶,它也没有初看起来那么严重,何况它又远远被特殊的或个别的善所克服。我向德·沃尔玛先生举出他自己的例子来说明这一点。我对他所享受的幸福做过深入的观察,因此,我描述起来是如此地符合实际,以致使他大为感动。他打断我的话说:"朱莉的迷人之处,就在于此;她经常以感情来代替理智;她的感情是那样地动人,使我只好用拥抱她的方式来回答她。"接着,他微笑着对我说:"她这个辩论的方法,不是从她的哲学老师那里学来的吗?"

他这句开玩笑的话,要是在两个月以前说,那会使我大吃一惊的;好在使人感到拘束的时候已经过去,因此我只是笑笑而已;朱莉尽管有点儿脸红,但她并不比我显得更难为情。我们继续谈论。对于恶的数量问题,他并没有争论,并承认这一点应当详细谈一谈,因为不论是多还是少,恶总之是存在的。他单单从恶的确存在这一事实推论它产生的第一原因,是由于缺乏权威,缺乏理解或善意;而我则竭力指出,身体上的痛苦的根源在于物质的性质,而精神上的痛苦的根源在于人的自由。我告诉他,除了创造像他那样完善的而且不受任何恶侵袭的人以外,其他任何事情,神都能办到。当我们讨论得正热烈的时候,我发现朱莉忽然不见了。她的丈夫看见我东张西望地找她,便对我说:"你猜她到哪里去了?"我回答说:"她去布置家务活儿了。""不是,"他说道,"在这个时候,她是不会去办别的事情的。她用不着离开我,就会把一切事情都安排好的;我从来没有看见过她闲着没有事做的时候。""她到孩子们的房间里去了。""她很少到她的孩子的房间去,她不会把她的孩子看得比拯救我更重要。""喔!"我说道,"她做什么去了,我虽不知道,但我可以肯定的是,她做的事情都是有益的。""更不对了,"他冷冷地说道,"来,来,你看我猜得对不对。"

　　他开始放轻脚步向外走去,我脚尖着地跟在他身后。我们走到她的房间的门口:门是关着的。他猛地把门推开。绅士,真想不到! 我看见朱莉跪在地上,两手合掌,两眼直流眼泪。她急忙站起来,擦一擦眼睛,把脸藏起来,想赶快跑开。我从来没有看见过她这样的羞愧样子。她的丈夫不让她跑掉,他心情激动地向她跑过去。"亲爱的妻子,"他拥抱着她说,"从你祝愿的真诚样子,就可以看出你这样祝愿的原因。为了使你的祝愿产生效果,还缺少什么呢? 好啦,如果你的祝愿能上达天庭,上天很快就会满足你的心愿的。""我的心愿一定能得到满足。"她用很坚定的和有信心的语气说道,"不过,我不知道在什么时候和在什么情况下得到满足。要是我能用我的生命去换取我的心愿早日实现就好了! 我的生命的最后一天将得到很好的使用。"

　　快来吧,绅士,别再去打那些给人类带来灾祸的仗了;你赶快来这里来履行一项更高尚的义务。难道说明智的人竟以把人杀光为荣,一个人也不救吗*?

---

　　* 此处原来有一封绅士致朱莉的长信,接下来本该披露这封信,但由于一些合理的原因,我只好把它删去了。

书信六　致爱德华绅士

什么！在离开部队之后，你还要到巴黎去一趟！看来，你把克拉朗和住在克拉朗的她完全忘记了。在你的心目中，我们是不是没有海德绅士那样重要？这位朋友，是不是比在这里等待你的人更需要你？你迫使我们不得不和你的愿望相反，巴不得法国当局不让你得到你所需要的护照，你应当知足了；快来看望你的可敬的女友。不管他怎么说，也不管你怎么说，我们将对你偏心的做法进行报复；不论你和他在一起是多么快活，我敢断定，当你和我们在一起的时候，你一定会后悔你没有把你的时间用在我们这里。

在收到你的信的时候，我开始还以为你有秘密的使命……多么适当的奔走和平的人啊！……不过，双方的国王对正直的人是不是相信呢？他们敢不敢说真话呢？他们是否尊重真正有才能的人呢？……不，不，亲爱的爱德华，你不是一个适合于当使者的人。我敢说，要不是你一生下来就是英国的绅士的话，你一辈子也不会当绅士的。

朋友，快到这里来吧！你在克拉朗，比在宫廷里还舒服。如果我们重新聚首的希望得以实现的话，我们将在一起度过一个多么美好的冬天！每天都在准备这件事情；这两个互相视为亲人的相亲相爱的妇女中的那　位如女①，不久就要到这里来；现在，她们好像是只等你一来，就全世界的人都可以不要了。当你得知和德

---

①　指朱莉的表妹多尔贝夫人。——译者

丹治男爵打官司的对方碰巧要从这里经过时,你就预言过他们见面之后会发生什么事情*,现在,你所预言的事情果真发生了。那个爱打官司的人,尽管和他的对手是一样的固执和不容商量,但也未能顶住那股使我们大家都屈服的影响力。在见到朱莉之后,在听了她说的道理以后,在和她交谈之后,他感到羞愧,说他不该去告她的父亲。他已经心情愉快地回伯尔尼去了。双方和解之事,正在顺利进行;从男爵最近的一封信看,他几天之后就会到我们这里来的。

这些情况,你也许已经从德·沃尔玛先生那里知道了,而你大概不知道的是,多尔贝夫人把她的事情料理完毕之后,已经于星期四到这里来了;她今后将以她朋友的家为家。她把她到达的日期只告诉了我,所以我瞒着德·沃尔玛夫人(因为多尔贝夫人想使她喜出望外,大吃一惊)悄悄去接她,在快到鲁特黎的地方接到之后,就立即和她一起回来了。

我发现她比从前更活泼、更漂亮多了,但表情变化无常,有点心不在焉的样子;和她说话的时候,她不怎么听,回答得更少,而她自己讲起话来,也杂乱无章,前后不连贯。每当我想从她那里知道我想知道的事情时,她就显得非常不安,可以说她急于想再返回她家去一趟。她这次来的日期尽管推迟了很久,但看来还是走得非常匆忙,以致把女管家和仆人们都搞得很忙乱。在她带来的小小的行李包中,各种杂七杂八可笑的东西都有。她贴身的女仆担心

---

*　我觉得,如同在其他几个地方一样,这当中还缺少几封信。读者也许会说,像这样删去几封信,效果反而会更好;我完全赞成读者的意见。

她忘记了什么东西,而克莱尔总说已经让人把东西都放在马车的车厢里了;有趣的是,到车厢里去找,车厢里却什么东西也没有。

由于她不愿意让朱莉听见她的马车到达的声音,她在街上下车,像发疯似地跑过院子,而且是那样飞快地往楼上跑去,以致刚刚跑过头一段楼梯,就不得不停下来歇口气,才能继续向楼上跑去。德·沃尔玛先生向她迎了上去,可是她对他一句话也没有说。

在打开房门的时候,我看见朱莉面向窗子坐着,小昂莉叶蒂像往常那样坐在她的两膝上。克莱尔本想说一番充满激情和欢乐的动人的话,但她的脚跨上门槛时,把想好的那番话全都忘记了。她向她的朋友扑过去,用难以形容的兴奋的声音说道:"表姐,我永远、永远和你在一起,死也不离开你了!"昂莉叶蒂一看见她的妈妈,便跳下地,向她妈妈跑过去,高声喊道:"妈妈!妈妈!"这个小女孩用劲太猛,以致一下子摔倒在地上。克莱尔的突然出现,昂莉叶蒂的突然跌倒和大家高兴的忙乱情景,使朱莉吃惊得猛地站起身来,张开双臂,尖叫一声,她自己也跌倒在地上,而且还受了伤。克莱尔原来是想搀扶她的女儿,但一看见她的朋友脸色苍白,竟吓得停住脚步,不知道该去搀扶哪一个好。她看见我把昂莉叶蒂扶了起来,便跑过去搀扶晕倒的朱莉,然而,最后连她自己也跌倒在朱莉身上,晕了过去。

昂莉叶蒂看见她们两个人动都不动了,便哭了起来,高声叫喊,使芳烁茵闻声赶来,一个跑去扶起母亲,一个跑去扶起主人。而我,既感到吃惊,又感到高兴,搞得手忙脚乱,大步在房间来回转,不知道怎么办才好,只好连声叹气,身子不由自主地颤动。沃尔玛,冷静的沃尔玛,也受到了感动。感情啊!感情!温柔的心灵！哪一个铁石心肠不被你所感动？哪一个不幸的人不被你感动得流下眼泪？但这位幸福的丈夫，不仅没有跑过去搀扶他的妻子，反而坐在一把扶手椅上，目不转睛地观赏这动人情景。"别害怕，"他看见我们忙乱的样子说道，"这只不过是令人欢乐的事情在一瞬间耗尽了她们心灵的力量，其目的，是为了使它获得新的精力。这没有什么危险。让我来享受我所感到的快乐，你们也来和我一起分享。刚才的事情你们都参加了！这种机会，我可没有得着，因此，在我们六个人当中，我的运气最不好。"

绅士，根据开头这几分钟的情形，你就可以推知其余了。这次聚会，使家里的人都感到欢欣，沸腾的气氛到现在还没有平静下来。朱莉高兴得忘乎所以；她这么激动的样子，我还从来没有见过。大家欢喜得说个没完，一再互相拥抱。这一天，什么事情都不想做了，甚至连阿波罗厅也不想去了，到处都是令人高兴的事，用不着到那里去了。到了第二天，大家才冷静下来，准备办一次庆祝会。如果没有沃尔玛，事情很可能办得不妥当。每个人都打扮得漂漂亮亮的；怎么玩得痛快，就怎么玩。庆祝会办得虽不铺张，但很有乐趣；会上七嘴八舌，乱作一团，使庆祝会开得更加激动人心：那乱哄哄的样子，它本身就是会场上的最好的装饰。

今天上午，确定让多尔贝夫人担任总务即女管家的工作。她立即开始执行任务；她那股积极肯干的天真劲头，我们看了都觉得好笑。在走进那间漂亮的餐厅吃午饭的时候，这两个表姐妹看见餐桌周围用她们名字起首的字母构成的图案是用鲜花组合而成的；朱莉马上看出是谁做的：她高兴得拥抱我，而克莱尔却一反她过去的习惯，迟迟不敢向我致谢。沃尔玛用开玩笑的口气责备她，她只好红着脸儿学她表姐的样子拥抱我。她这种羞答答的样子,尽管我曾经看到过多次,但这一次却对我产生了一种我自己也说不清楚的效果;她两臂拥抱我的时候,我的心不能不有所感触。

下午,在妇女们聚会的内室举行丰盛的茶话会,沃尔玛和我被邀请参加。男人们玩多尔贝夫人安排的游戏,那个新来的人玩得最好,尽管他比其他的人练习的时间都少。克莱尔的技巧并不比他差,昂兹也玩得不错,但他拒绝领奖,但所有在场的人都非要他接受奖品不可;你可以想象得到,他们在这方面也表现出了为人诚实的作风。

晚上,家中所有的人(又增加了三人)在一起跳舞。克莱尔好像是由仙女的手打扮过似的,她从来没有今天这样漂亮。她又是跳舞,又是和人又说又笑;她指挥一切,什么都管。她发誓说,一定要把我累得筋疲力尽;一口气跳了五六次快步舞之后,她也没有忘记照例责备我一句,说我跳舞也像一个哲学家,而我则说她跳起舞来活像一个小妖精,劲头不小。我担心她白天黑夜都不让我休息。"恰恰相反,"她说,"再跳一次,就让你去好好地睡一觉。"说完,她就拉着我的手去跳舞了。

她一点也不知道疲倦,而朱莉则不行:她勉强支持,跳舞的时候腿好像在发颤,她太激动了,所以反倒乐不起来。我好几次看见她流下欢乐的眼泪。她出神地看着她的表妹,她喜欢把自己看作是局外人,虽然这个庆祝会就是为她举办的;她把克莱尔看作是可以对她发号施令的一个家庭的女主人。晚饭以后,我放了几响从中国带回来的鞭炮,大家都觉得这东西很新奇。我们一直玩到深夜才散会。多尔贝夫人累了,或者说大概也感到累了,因此,朱莉让大家早些回去睡觉。

逐渐逐渐地一切又恢复了平静，一切又秩序井然。克莱尔尽管性格开朗，成天笑嘻嘻的，但在必要的时候也会摆出一副发号施令很有权威的样子。她办事很有头脑，很有判断力；她还具有沃尔玛那样尖锐的眼睛和朱莉那样善良的心，因此，她的举止言谈虽然是非常的随便，但也十分谨慎。尽管那么年轻就成了一个寡妇，并掌握她未成年的女儿的财产的享有权，但无论是她女儿的财产还是她自己的财产，在她掌管期间都有所增加。所以，我们毫不担心，都相信这个家在她经营之下会比从前好。这样，就可以使朱莉把她的全部精力用之于她喜欢的工作，即教育孩子。我深信，这样安排，对昂莉叶蒂有极大的好处，让她的两个母亲，一个减轻另一个的负担。我之所以说她有两个母亲，是因为从她们对她的态度来看，很难看出哪一个是她的生身之母。今天来的客人，有几位到现在还搞不清楚哪一个是她的亲娘。两个人都叫她昂莉叶蒂或"我的女儿"，都这样叫法，毫无分别。她管一个叫"妈妈"，另一个叫"好妈妈。"她对两个人都同样亲热，对两个人的话都同样地听。如果客人们问这两位夫人：昂莉叶蒂究竟是谁的孩子，每个人都会回答"是我的孩子。"如果问昂莉叶蒂，她会回答说她有两个母亲。结果，弄得谁也搞不清。最有辨别力的人认为朱莉是她的亲生母亲。昂莉叶蒂（她的父亲是金色头发）跟朱莉一样，长一头金发，样子很像朱莉。深情的母爱，在朱莉的温柔目光中，比在克莱尔活泼的目光中表现得更明显。小昂莉叶蒂对朱莉总带着一种更加尊敬的样子，对自己的言谈举止更加注意。她不由自主地经常来到朱莉身边，而朱莉也总有事情要告诉她。应当承认，从表情上看，她对"好妈妈"是比较偏向的。我发现,这一错误,在这表姐妹两人看来是如此有趣,以致使她有时候干脆故意这样做,好让她们二人感到高兴。

绅士,再过半个月,你就要到这里来了。来到这里以后,谁要是再说他要到世界上的其他地方去寻找他在这个家庭里没有找到的美德和欢乐,我们就要另眼看他了。

书信七　致爱德华绅士

这几天,我每天晚上都想给你写信,但劳动一天之后,我一回到屋里就想睡觉:早晨,天一亮我就又要去干活。一种比酒还令人陶醉的兴奋劲儿使我的心灵深处感到:虽成天忙个不停,但忙得很有趣味。我想有片刻工夫不去看那些使人快乐的事情,都办不到,因为,每一件使人快乐的事情,在我看来都有它的新意。

我只要和我在这里结识的这些人在一起,住在哪里都是快活的。不过,你是否知道为什么使我对克拉朗这个地方这么喜欢呢?这是因为我在这里真正领略到了农村的美。这句话,几乎是我头一次敢这么说。城里的人是不喜欢农村的,他们在农村甚至不知道怎么生活;即使他们到了农村,他们也看不懂农民在地里所干的活儿。他们看不起农活和住在农村的乐趣,他们对农村的事情一无所知;他们到了农村,就好像到了外国似的。他们在农村感到不舒服,这我一点也不奇怪。到了农村,就要像一个农村人的样子,否则,干脆就别到农村去;要不,你到农村去干什么呢?自以为到农村去过的巴黎人,到了农村也没有和农村生活沾边:他们把巴黎的那套生活方式带到农村去了。什么歌唱家呀,自诩为有才学的人呀,作家呀,寄生虫呀;这一帮人都跟着巴黎人到农村去了。赌博、听音乐、演喜剧,他们到了农村,就只知道干这些事情*。他们桌上的饭菜跟巴黎一个样,而且按原来的钟点吃,仍然按巴黎的派头吃巴黎菜。他们到了农村,也按原来在城里的那套规矩办;这样,还不如待在城里,不来农村的好,因为,不管他们多么富有,不管他们准备得多么周到,他们终归会感到缺少点什么,他们总不能把整个巴黎都随身带到农村去吧,所以,这种变化,对他们来说,代价太高,想方设法避免;他们只会一种生活方式,因此总感到生活十分乏味。

农村的活儿,谈起来是很有意思的,其实它本身并不辛苦到需要人家表示怜悯。它既对大众有益,也对个人有益,所以是很有趣味的;它是人应尽的第一个天职;它使我们心中感到愉快,回想起黄金时代的美。看到耕作和收获的情景,我们的想象力是不会一点也不活动的;田园生活的朴素无华,的确有它感动人心之处。你看:人们在牧场上一边翻晒牧草一边歌唱,远处有成群的牛羊;我们的心不知不觉地受到了感动,而感动的原因何在,连自己也不清楚,所以说,大自然的声音有时候能软化我们残忍的心。尽管我们听到它的时候,心中有一种不必要的惋惜的感觉,但它是那样的柔和,使人听了不能不感到快乐。

---

* 还有打猎。不过,他们打猎也是舒舒服服地打的,既不感到累,也不会领略打猎的乐趣。在这里,我不准备谈打猎的问题;这方面的问题太多,在一条脚注里是谈不完的。这个问题,我以后会有机会在其他地方谈的。(后来,卢梭在他的《爱弥儿》中论述了这个问题。他在这个问题上的看法,在今天还是值得借鉴的。请参看卢梭:《爱弥儿》,第四卷,第 467 和 521 页,李平沤译,商务印书馆 1978 年版——译者。)

我承认,在税吏大量吞噬土地果实的地区,田园的荒芜,吝啬的农夫的贪得无厌,无情的主人的苛刻待人,所有这些,严重地损害了农村风光的美。在鞭打之下几乎要断气的瘦马,又饿又累、衣衫褴褛的贫穷的农民,房屋破烂不堪的小村庄,构成了一幅悲惨的景象:当人们想到出卖血汗的穷苦人时,几乎都后悔不该做人。但是,看见善良和聪明的理财家把耕种土地看作是创造财富和带来欢乐的手段,那是多么令人高兴啊! 看见他们大把大把地将神的赐予分给众人;用他们仓里、窖里和阁楼里装得满满的粮食,把他们周围的人都养得很健壮,使他们周围的人愈来愈富足和欢乐,把他们用以发家致富的劳动变成无穷的乐趣,那是多么惬意啊! 谁能不产生这些事物使人产生的美妙的幻想呢? 人们忘记了现今是什么时代,也忘了他们同时代的人;他们又回到了《圣经》上所说的族长统辖的时代,每个人都愿意自己动手劳动,分担一份田间的农活,并分享农活带来的幸福。啊,在天真无邪的爱的时代,妇女们是那样的温柔和端庄,男人是那样的诚朴,生活得那样美满! 啊,拉结! 你这个迷人的、被人执着地爱慕的女子,那个为了能够娶你为妻,当十四年奴隶也不后悔的人①是多么幸福! 啊,拿俄米的好学生②! 那个善良的老人③有你温暖他的脚和他的心,他是多么幸福! 不,美的事物,只有在田间劳动中才最能表现出它们的魅力。

---

①　指雅各。雅各为了娶拉班的二女儿拉结为妻,先后两次服侍拉班共十四年。事见《圣经旧约全书·创世记》第二十九章第十五—三十节。——译者

②　指路特。——译者

③　指波阿斯。关于路特和波阿斯的故事,请见《圣经旧约全书·路特记》。——译者

在田间,执掌美和欢乐的女神坐在她们的宝座上,她们朴朴素素,表情十分欢乐;不论你愿意或不愿意,你都将敬拜她们。好了,绅士,现在让我们继续谈我们的事情。

　　这一个月以来,秋天的阳光催促着欢乐的收获葡萄的时刻早日到来;已开始下了几次霜,为收获工作拉开了序幕*;葡萄架上挂着一串串的葡萄,把里埃老人①送来的礼物展现在人们的眼前,好像是在邀请大家都去摘取。所有的葡萄园都结满了上天为了让穷苦的人们忘掉忧愁而赐予他们的美好的果实;酒桶和酒缸发出碰撞的响声;人们从四面八方搬来勒格列发斯**;收葡萄的姑娘们的歌声传遍了各个山冈;川流不息的人把收获的葡萄运到压榨机那里去;乡村制作的乐器发出催人们加油干的粗里粗气的声音;人人皆大欢喜的情景此时已到处呈现;最后,那浓雾迷漫的烟幕,宛如戏台的幕布一样,在早晨被太阳拉开,让人们观赏那动人的戏剧;所有这一切,使收获葡萄的工作具有节日的气氛。这节日的气氛,事后回想起来更加有趣,因为,只有在这种场合,人们才能把劳动的乐趣和效益结合在一起。

　　德·沃尔玛先生把最好的土地都用来种植葡萄,所以他预先做好了一切必要的准备。酒缸、压榨机、食品柜和大木桶,全都准备好了,只等装甜甜的葡萄汁了。德·沃尔玛夫人指挥葡萄的收获工作,如工人的挑选,工作的分配和工作进度的安排,都由她负

---

　　*　在沃洲,开始收葡萄的时间相当晚,因为葡萄主要是用来酿造白葡萄酒的;下霜对葡萄有好处。

　　①　酒神巴卡士的别名之一。——译者

　　**　当地人使用的一种大酒桶。

责。多尔贝夫人则主管伙食和按照制定的规章发放工人的工资；他们制定的规章，是绝对不许违犯的。我负责检查工作；朱莉受不了酒缸的酒气，所以就由我去监督操作压榨机的工人执行朱莉的指示；克莱尔对我做这个工作极表赞成，她知道我是一个品酒的行家。

　　我们的工作就是这样分配的：摘葡萄的工作，大家都得会，哪里缺人，就去补上。所有的人都天一亮就起床，大家集合起来一起到葡萄园去。多尔贝夫人觉得她的工作还不够她忙，又自动增加任务，去监督和训斥那些懒人。我可以这么说：她对我也照样执行她的任务，而且还存心对我更加严格。至于那位老男爵，当我们大家都在劳动的时候，他却端着一支猎枪到处转悠，而且还常常把我从摘葡萄的女工那里叫去和他一起去打斑鸫。这件事情，难免让人们认为是我暗中要他这样做的，结果，我逐渐逐渐地失去了哲学家的称号，被人们改称为游手好闲的懒汉，当然，懒汉和哲学家实际上却也没有什么区别。

　　你从我刚才关于男爵的叙述就可看出，我们的和解是真诚的，因此，德·沃尔玛先生有理由对他的第二次考验感到满意*。我，

---

　　* 为了更好地了解这句话的意思，我从没有收入这本集子的朱莉的一封信中，摘录一段如下：

　　"你看，这就是我对他的第二次考验，"德·沃尔玛先生把我拉到一边，对我说道，"如果他不亲近你的父亲，我就对他不信任。""不过，"我说道，"如何把他对我父亲的亲近和你的考验，与你所发现的他们之间的反感调和起来呢？""他们之间的反感已不存在了，"他说道，"你父亲的偏见，已经对圣普乐造成了莫大的创伤；现在，他没有什么可畏惧的了，他不仅不再恨你父亲的那些偏见，而且还表示理解。男爵也不再担心他了；圣普乐的心是善良的，他知道男爵对他造成了许多伤害，但他对男爵表示同情。我认为，他们在一起是可以相处得很好的，彼此都将感到愉快。从此刻起，我完全信任他了。"

我对我的女友的父亲怀有仇恨！没有！如果我是他的儿子，我也许还不像现在这样十分尊敬他。说实在的，比这位善良的绅士更正直、坦率、宽容并在各方面令人钦佩的人，我还没有见过。不过，他的偏见之古怪，也真让人难以理解。自从他确知我不会成为他家的人以后，他就对我大为夸赞；只要我不当他的女婿，他就甘愿拜我的下风。我唯一不能原谅他的事情是，当我们两人单独在一起的时候，他往往拿我这个所谓的哲学家过去所教的功课开玩笑。我觉得，他的玩笑开得太尖刻，很难令人接受。他看见我生气，反而发笑，并且说："好了，我们去打斑鸠吧，我们的争论，进行到这里就够了。"接着，他一边走一边喊道："克莱尔，克莱尔，给你的老师做一顿丰盛的晚餐，我要让他吃个痛快。"他岁数那么大，可是他端着猎枪在葡萄园里跑得跟我一样快，而且枪打得极准。使我感到对他的嘲笑有所报复的是，他在他的女儿面前噤若寒蝉，不敢吭声。那个可爱的女学生，对她的父亲也像对她的老师那样威严。现在，让我继续谈我的收葡萄的事情。

自从我们开始这项有趣的工作以来，已经有一个星期了，但就整个工作来说，只仅仅完成了一半。预备拿到市场上去卖的和平常储存的酒，只要细心酿造就行了；除了这类酒以外，那位仙女般的好心人，还特别为我们这些贪杯好饮的人酿制了味道更美的酒。在像变魔法似的酿造工作中（工作的详细情况，我以前跟你讲过了）我当她的助手，用同一个葡萄园的葡萄酿出世界各国的酒。有一种酒的酿造法是：当葡萄熟了的时候，她让人把葡萄枝弯到葡萄树的根部，让太阳把葡萄晒蔫，然后才摘下来，拿去造酒；另一种酒的做法是：她让人把葡萄一颗一颗地摘下来，除去籽粒之后，才放进酿酒桶去酿造；还有一种酒，她让人在日出之前去摘红葡萄，趁葡萄上还留有花和露水的时候，很仔细地放进压榨机榨出葡萄汁来酿制白葡萄酒。她还酿造了一种含酒精的葡萄酒，方法是：把在火上炼成糖浆状的未经发酵的葡萄汁放进桶里，如果要酿成干酒，就不要让它在桶内发酵；如果要酿成健胃的苦艾酒或麝香酒*，就在酒中加药草。所有这些不同种类的酒，都各有特殊的酿造法，酿出来的酒，都是有益健康的纯酒。这样，除了地上的各种出产之外，他们又增添了一种节约开支的办法，单单用他们自己的葡萄就能酿造出二十个不同地方的酒。

　　你想象不到这些工作他们做起来是多么认真和多么快乐。他们一天到晚都喜笑颜开，歌声不停，工作进行得非常顺利。大家相处得极其亲密，人人平等，谁也不只顾自己不顾他人。女士们都不拿架子，农妇们说话做事都很得体；男人们虽爱开玩笑，但不粗野。他们唱的歌最好听，讲的故事最动人，说的话最有风趣。大家在一起，还常常贫嘴薄舌、插科打诨地争吵几句。他们之间互相顶牛，为的是表明他们彼此之间是多么的互相信任。谁也不自以为是地装出一副了不起的样子。他们的白天全都是在葡萄园里度过的；朱莉让人在葡萄园里搭了一间小屋子，以便大家在天冷的时候到屋里去暖和暖和，下雨的时候可以到屋里去躲雨。我们和农民们在一起吃，而且是按他们的钟点吃，以便吃完之后和他们一起劳动。他们的饭菜做得虽然粗糙了一点，但味道很好，合乎卫生，都

————————

　　* 在瑞士，人们爱喝麝香葡萄酒。由于阿尔卑斯山上的药草比平原上的药草的效力大，所以通常都使用药草浸剂。

是些新鲜蔬菜。谁也不说三道四地取笑他们笨手笨脚的样子和土里土气的话。为了使他们感到轻松自在,我们和他们交谈的时候都不装模作样。我们的这番好意,他们也看出来了,他们在这方面是很敏感的。看见我们对他们不拿架子,他们愈是循规蹈矩地守自己的本分。吃午饭的时候,有人把孩子们带来,让他们午后在葡萄园里玩。看见孩子来了,朴实的农民们是多么高兴啊!"啊,乖孩子!"他们用粗大的胳臂抱着孩子说道,"愿慈悲的上帝折我们的寿数去增加你们的岁数! 你们要像你们的父亲和母亲一样,为本乡本土造福!"他们大部分人都是当过兵的,使枪使剑,就跟使小截枝刀和锄头一样熟练,而朱莉在他们当中是那样地受到尊敬,她和她的孩子都受到他们的真心喜欢,这使我想起了勇敢的亚格丽娉让日耳曼里居斯的士兵看她的儿子的情形*。朱莉啊,你这个无人可比的女人! 你个人生活的朴实风范等于是明智的专制权威,大家都把神圣的希望寄托在你的身上,每个人都愿意为了保卫你而献出自己的生命,你在爱你的这些人当中,比各国的国王在他们的士兵当中还生活得更安全和更光荣。

傍晚,所有的人都高高兴兴地一起回家。在收葡萄期间,他们对工人管吃管住。即使是星期天,在晚间布道之后,他们也和工人们待在一起,跳舞一直跳到吃晚饭的时候。在其他的日子,大家回到住处以后,也是待在一起的;只有男爵例外,他从来不吃晚饭,而

---

* 罗马皇帝日耳曼里居斯怕自己的士兵反叛,便让他的妻子亚格丽娉带着儿子远离军营,但当士兵们看见亚格丽娉和她的儿子时,都大受感动,后悔不该有反叛的行为。

且睡得很早,因此,朱莉也带着孩子到他的房间去,一直待到他上床睡觉后才走开。此外,从开始收葡萄之时起,一直到最后结束,他们都不让乡村生活中搀有丝毫城市生活的气息。他们庆祝丰收的狂欢活动,比罗马人的狂欢活动更有趣味和更有道理。罗马人颠倒主人和奴隶的位置的做法①,实在是毫无意义,对主人和奴隶都起不到教育作用;而这里所实行的真正的平等,才合乎大自然的秩序,对主人有教育意义,对仆人也有安慰,因此,使大家建立了友好的联系*。

　　集会的地方是一个古式建筑的大厅,有一个大壁炉,燃着一炉好火。大厅里有三盏用来照明的灯;德·沃尔玛先生给三盏灯都加上白铁灯罩,一则遮挡灰尘,再则可反射灯光。为了防止有人产生嫉妒和羡慕之心,主人特别注意:凡是朴实的客人们家里没有的东西,他们就不摆出来给客人们看;唯一能表现他们家境富裕的是:他们拿出来的虽然是普通的东西,但都是经过挑选的好东西,在分送大家的时候,送得稍为丰厚一些。晚餐是在两张长桌上吃;筵席上没有什么奢侈和讲排场的东西,但菜肴很丰盛,大家吃得很

---

　　① 　古罗马人在庆祝农神节那一天,主人要和奴隶颠倒位置:主人成奴隶,奴隶成主人。——译者

　　* 　如果能由此产生一个可使大家都快乐的等级,使等级下降的人看来,其状况并不比等级上升的人差,如果能这样的话,岂不说明:只要人们有时候能够和愿意脱离自己的等级,则谁是什么等级,就无所谓了。乞丐是可怜的,因为乞丐始终是乞丐;国王是可怜的,因为国王始终是国王。而中等等级,使人们可以享受到既高于自己又低于自己等级的乐趣,并扩大占有这种等级的人的知识,让他们去了解各种偏见,比较不同的等级。人们为什么说通常是处在中等条件的人最快乐和最有见识,在我看来,其主要的原因就在于此。

快活。主人、短工和仆人，大家同在一桌吃。每个人都要离座起来为大家上一次菜，毫无例外，也不偏心只给谁上，而且，上菜的时候，姿势很优美，表情很高兴。酒让大家随便喝；唯一的限制是，必须老老实实，能喝多少才喝多少。有这样受人尊敬的主人在座，就能管住大家，不过，并不因之就让大家感到局促和不快乐；万一有谁忘乎所以，主人也不因此就加以斥责，以免影响宴会的气氛，但第二天就一定会毫不留情地把他辞退的。

我很喜欢这个地方的快乐气氛和季节的美，我按瓦勒人的生活方式自由自在地生活，常常喝一点纯葡萄酒，不过，我喝的酒，一定要由这两个表姐妹之一亲手倒的；其他人倒的酒，我一律不喝。她们根据我的酒量倒，对我的酒量掌握得很适当；谁能比她们更善于控制我的酒量，掌握什么时候让喝或不让喝呢？如果一天的劳动很有成绩，加上进餐的时间长，而且吃得很痛快，则她们倒给我喝的酒就更有劲儿，我就开怀畅饮，喝个痛快，即使头脑清醒的德·沃尔玛先生在座，我也要喝，一点也不在乎。我不怕他明察秋毫的眼睛能看出我心中的思想。如果我心中想的是一件甜蜜的往事，只要克莱尔的眼睛看他一下，就把他骗过去了，而朱莉的眼睛看我一下，就立刻会把我看得满面通红的。

晚饭之后，大家还要在一起用一两个小时的时间梳麻。大家轮流一人唱一首歌；有时候，摘葡萄的姑娘们在一起合唱，有时候又依次由一个人单独唱，其他的人合唱歌词末尾的叠句。她们唱的歌，大部分都是老的抒情歌曲，曲调并不生动，但有一种我难以形容的古朴幽雅的韵味，使歌声在我心中久久萦回。歌词很简单朴素，往往还带有伤感的意思，不过听起来使人很喜欢。当我们听到歌词中有些词句我们从前曾经说过时,我们都禁不住有所感触:克莱尔禁不住微微发笑,朱莉的脸儿发红,而我则禁不住发出叹息的声音。我抬头看她们,回想起过去的事情,我感到全身战栗,心中突然产生了一种难以承受的沉重压力,给我留下了一个难以磨灭的令人悲伤的印象。不过,在晚间的聚会中,我发现了一种我无法向你解说清楚的美,给我的感受极深。地位不同的人的这种聚会,聚会方式之简朴,对快乐、友情和安闲的追求,每个人的心灵感到的宁静,所有这些,的确有某种动人心弦的魅力,使人感到他们唱的歌别有一番情趣。女声合唱的歌声很柔和。就我来说,我认为,在一切和声中,没有任何声音像齐唱这样好听,而我们之所以需要添加和弦,是因为我们的鉴赏力已经衰败的缘故。实际上,任何一种和声不都是出自一种普普通通的声音吗?我们对它可以添加什么,而又不破坏大自然对各种和谐的声音相对的音量定好的比例呢?把这个加一倍,而其他的又不加,我们岂不一下子就把比例破坏了吗?大自然已经把一切都安排得尽量的好了,如果我们还想给它添加什么的话,结果必然会搞得一团糟的。

　　无论是晚间的工作或白天的工作,大家都要很起劲地搞竞赛。我昨天采取了一次弄虚作假的办法,结果使我遭到了一场羞辱。由于我不大会梳麻,同时又常常分心,而且又不愿意老让人家看见我梳的麻最少,我就用脚轻轻把我旁边的人梳的麻弄到我的麻堆里,结果被不讲情面的多尔贝夫人发现了。她给朱莉做了一个手势,朱莉立即把我当场抓住,狠狠地把我训斥了一通。"你这位坏先生,"她大声对我说道,不过说的话还不算不公正,而且语气也有点像开玩笑似的,"一个人就是这样逐渐变坏的,而且,最糟糕的是,觉得这样做,是很好玩的[*]。"

那天晚上的情况就是这些。当回房间休息的时刻到来的时候,德·沃尔玛夫人说:"好了,我们去放烟火。"于是,每个人马上拿着自己梳过的一捆麻茎(他劳动的光荣标志)很神气地把它放在院子当中,集中在一堆,做成一个纪功碑的样子,把它点燃;不过,不是随便什么人都可以点的,这要由朱莉来安排:把火炬交给当天晚上干活干得最多的他或她;如果劳动成绩最好的是她本人,她也毫不客气地把火炬拿在自己手里,自己去点火。庄严的仪式一开始,大家就鼓掌欢呼。麻茎燃起一团明亮的火,直冲云霄。这是一团欢乐的火,大家围着它跳呀,笑呀。接着,主人请大家喝酒,为夺得冠军的人的健康干杯,然后,带着对一天的劳动感到满意、高兴和没有枉过一天的心情回房间去睡觉;大家第二天,第三天,一辈子这样干下去,也不觉得累。

书信八　致德·沃尔玛先生

亲爱的沃尔玛,请享受您一番心血培育的果实,请接受一颗净化了的心的敬意;这颗心没有辜负您对它花费的那么多精力。从来没有哪一个人曾经从事过您所从事的事业,从来没有哪一个人尝试过您所实行的计划,也从来没有哪一颗感恩的心感受过您对我的启发。我的灵魂早已失去了它的活力和它存在的意义,是您

---

* 那位贪污奶油的人,我觉得,这句话用在你身上最合适不过了(这句话,指的是德·拉士底克伯爵,因为他拒不把该交给德莱丝·勒瓦瑟尔的一罐奶油交给她。——原编者)。

使我失而复得,我所失去的一切又回来了。我对美德和幸福已完全灰心;多亏了您,我的精神才获得了新生。啊,我的恩人! 啊,我的父亲! 我把我的整个身心都交给了您,不过,我奉献于您的,也像我奉献于上帝的一样,全都是得自您的恩赐。

我是否需要向您承认我的弱点和我的忧虑呢? 到现在为止,我始终不相信我自己。仅仅在一个星期以前,我还感到十分羞愧,认为您所花的心血已付诸东流。对美德来说,这段期间是严峻的和令人担忧的;感谢上天,感谢您,这段期间已经过去。我不仅仅是因为您对我说我的弱点已经消除,而是我自己也感觉到了这一点。我不再需要您对我担什么责任,您已经使我能够对自己的行为负责了。我应当离开您和她,以便看一看,没有你们的支持,我将成为怎样的人。正是在远远离开她居住的地方,我才能够学会不害怕接近她。

我已经把我们旅途的详细情况写信告诉多尔贝夫人,在这里,我就不再向您重复了。我衷心希望您了解我的弱点。但我没有勇气把我的弱点告诉您。亲爱的沃尔玛,这是我最大的错误;我认为,我现在已经把这个错误改正得如此彻底,以致一想到这一点,我就感到骄傲,但彻底改正的时间毕竟尚短,所以,要我承认,那也是很难的。您对我的错误曾屡加原谅,您哪能不原谅我羞于提及此事的心呢?

我真是高兴极了;爱德华已经把事情详细告诉我了。亲爱的朋友,您要我来为您效劳吗? 您要我来当您的孩子的老师吗? 要三个孩子当中最大的孩子来教其他两个孩子吗? 这个工作,我真是满心欢喜,求之不得啊! 我承担这一如此高尚的工作之后,一定要加倍努力,才能不辜负您的期望! 我曾经许多次大胆向朱莉说我打心眼里想担任这个工作;我一再很高兴地把您讲的话和她讲的话理解成对我的提议表示赞同! 不过,尽管她对我的热心表示欣赏,而且似乎同意我这样做,但我发现,她不敢贸然和我正式谈及此事。我知道,要有幸做这个工作,必须具备做这项工作的才能,而不是请求就能请求到手的,因此,我等待着您和她对我做出信任和器重的表示。我的希望没有落空;我的朋友,请你们相信我,我一定不会辜负你们的希望。

正如您所知道的,在我们对你们的孩子的教育问题进行过几次讨论之后,我根据讨论的结果,写了几条意见,并得到了您的赞同。我离开你们以后,对这个问题又再次思考了一番,并把我的想法归纳成一套完整的教育方法,等我把它更加完善之后就寄给您,由您仔细加以审定。此事,要等我们到了罗马之后,才有时间写信告诉您。这套方法,等朱莉对孩子的教育一结束,就开始实施,也就是说,这套方法是朱莉的教育方法的继续和发展,因为,全部方法的重点是:在使大自然创造的人适应社会生活的同时,要保护他的天性不遭到破坏。

经过您的细心照料,我已经恢复了我的理智,又重新成为自由的和心境安泰的人。我认为,我已得到了我所喜爱的人的爱,美好的未来已展现在我的面前,我的前途必然是光明的,不过,同时也注定了我的心灵今后将永远不会平静。在接近我们旅途的终点时,我看出了我这位好友此行的关系之重大,涉及他的命运,而且可以说,事情的成败要由我来决定。我是否能像他经常为我办事那样,至少为他办好这件事情呢? 我是否能忠忠实实地尽我一生中最重大的职责呢？亲爱的沃尔玛，我内心深处永远记得您的教导，但要使您的教导发挥作用，还必须像您这样行事明智才行。啊！要是我有一天看到爱德华幸福就好了！如果按照他的计划和您的计划，我们真的聚首在一起，今后不再分离，我还有没有其他的心愿有待实现呢？只有一个，而这个心愿的实现，既不取决于您，也不取决于我或世界上的任何人，它取决于那个对您的妻子的美德准备了一份奖励并暗中记录您的善行的上帝。

书信九　致多尔贝夫人

亲爱的表妹，你现在在哪里？我这颗软弱的心，你曾经多次分担过它的痛苦和分享过它的快乐，并多次给它以安慰；你这位深知我心的朋友，你现在在什么地方？你快来吧，让我的心今天向你的心诉说它的最大的过错。要洗涤我的心，这项工作难道不该由你来承担吗？尽管我已经就我的过错向你做过忏悔，但我的心是否知道它还应该自己责备它自己呢？它不知道；我已经不再是原来的我了，而这个变化还是由你造成的：你给我换了一个新的心，而这颗新的心，现在要向你呈现它新生的感情。但我只是在把它交给你手中之后，我才认为我是真正解脱了我过去的心。啊，你这位看见它诞生的人，请听取它沉痛的哀鸣吧！

有一件事情你没有想到吧？我一生当中对我自己最感到满意的时刻，正是我此次离开你的那一瞬间。走过了漫长的歧路之后，我要把那一瞬间定为我今后补尽我早该尽到的义务的开始。我终于开始偿还这巨大的友谊债了：我将离开一个如此美好的住所，去跟随一个恩人,一个智者;他假称说是需要我的帮助,实际上是要看他对我的帮助是否能收到成效。我对于这次远离愈感到痛苦,我愈是以作出这样的牺牲为荣。我半生的时间已浪掷于追求一种痛苦的欲望,因此我要把我后半生用来挽回我前半生的损失,用我美好的德行向那个受到我这么多年衷心尊重的女人献以更真诚的敬意;我要以高尚的行为给我的青年时期打上标志,表明在那个时期,我没有使你和她以及我所爱的一切人因我的行为而感到羞愧。

爱德华绅士怕见离别时的依依不舍之情,因此,我们决定不让你们发现,悄悄地走。虽然所有的人都在熟睡,我们也未瞒过你对我们友好的警觉。当我们看见你的房门半开着,你的贴身女仆在暗中警戒,而你前来迎接我们,并摆好了一桌茶点,我不禁想起了从前的事情;我把此次分别和上次分别做了一番比较,我觉得,我此次的心情和上次的心情迥然不同。我感到高兴的是,爱德华亲眼看到了两次离别的差异;我希望,到了米兰,能使他忘记那次在贝藏松的令人惭愧的场面。我从来没有感觉过我心中有这么大的勇气。我以我能向你表明我的勇气为荣,我要在你面前表现出你从未见我有过的坚决的样子;我认为,在离开你的时候,我必须有那么一瞬间让你看看我今后将成为什么样的人。有了这个想法,更增加了我的勇气;你对我的尊重,坚定了我的决心。也许在我向你道别的时候,我的眼睛是干的;当时,如果你的眼泪流到我的脸颊上的话,必然会使我两眼的泪水和你的眼泪流在一起的。

我走的时候,心中充满了责任感,尤其是你对我的友谊使我不能不把承担的责任铭记在心,决心要把我余下的生命用来尽我的责任。爱德华把我的错误一一加以回顾,在我面前展现了一幅令人沮丧的情景。他义正词严地指出我身上的弱点尽管是那么大，但他并不害怕会沾染上这些弱点。不过，他还是装出很害怕的样子，并怀着不安的心情对我讲述了他的罗马之行，并且说，他不应当有那样的依恋之情，以致情不自禁地又旧事重提。但是，我很清楚地发现，他是为了更好地照顾我，使我远远地离开我面临的危险，而冒此更大的风险的。

当我们即将到达维尔勒弗的时候，一个骑一匹劣马的仆人从马上摔了下来，头部受了轻微的挫伤。他的主人给他放了血，并打算就在这里过夜。我们早早地吃完午饭后，就骑马到贝克斯去看盐场。由于有许多特别的原因，绅士说他要去进行一次仔细的考察。我做了测量，并画了分区晒盐场的草图。我们天黑才回到维尔勒弗。晚饭后，我们一边喝潘趣酒，一边聊天，直到深夜。这时候，他才告诉我要把什么事情交给我做。他还告诉我，为了使这样的安排能见诸实行，他已经采取了哪些步骤。你可以想象得到这个消息对我产生了多么大的影响。我们谈了这件事情之后，就不想去睡觉了，然而，不管怎么说，觉还是需要睡的。

当我走进指定给我的房间时，我发现就是上次到锡昂时住过的那一间。一见到这个房间，我得到了一种难以向你描述的印象。它使我受到如此强烈的震动，以致使我觉得我顷刻之间又变成了那个时候的我。十年过去了，我的种种痛苦已完全忘记。唉！那件错误的事情是短暂的，而这第二次来到这个房间，使我感到我过去的痛苦对我的压力更加沉重。刚刚高兴了一阵之后，接踵而来的竟是这些痛苦的回忆。我心中产生了多么令人痛苦的前后对比啊！青春的美，初恋的甜蜜，你们为什么还要向我这颗充满厌倦的沉痛的心再次呈现昔日的情景？啊！美好的时光,幸福的时刻,你们已经一去就不再回来了！那时,我爱一个人,我也为一个人所爱。我怀着天真无邪的宁静心情尽情享受与她相爱的乐趣。我贪婪地品尝那使我心情愉快的生活的美妙感情,希望的憧憬使我的心为之陶醉。使人神魂颠倒的欢娱和如痴如狂的欣喜与难以控制的兴奋,耗尽了我所有的才情。啊！站在麦耶黎的岩崖上,时值霜天雪地的隆冬,眼前是可怕的深渊,在世界上,哪一个人的命运像我？……我哭泣！我觉得我是一个可怜的人,我的心感到悲伤！……如果我一切都得到了,我今天将是什么样子呢？如果我一切都失去了,又将如何呢？……既然我得不到我的幸福,则我遭受苦难,就是命中注定的……因此,我哭了……你哭了？……不幸的人啊,你不要哭了……你甚至还没有哭的权利……万一她死了！在狂怒的时候,我要大声叫喊;是的,我不会那样怯懦;我敢面对我的苦难,我将毫不犹豫地亲吻她冰冷的坟墓,尽情向她表达我的思念;我要这样告诉人们:"她将听见我的呼唤,看见我在哭泣;我哀哭的声音将感动她的心,她一定会领受到我真诚的敬意。"我至少有和她重逢的希望……然而,她还活着,而且还很幸福。她还活着,她活着就意味着我要死;她幸福就意味着我很痛苦。上天把她从我身边夺走以后,还不让我有追思她的机会！……她活着,但不是为了我;她是为了使我灰心绝望而活着的。我现在与她的距离,比她不在人世还远一百倍。

　　我怀着这些伤心的思想去睡。它们在我梦中还一直萦绕在我的心里,使我看到了许多忧郁的情景。痛苦、悔恨和死亡,反复出现在我的脑海里;我以往遭受的苦难又重新呈现在我的眼前,以便第二次折磨我。尤其是有一个幻象，一个最令人伤心的幻象，始终在追逐我；一个虚幻的影像刚刚过去，另一个虚幻的影像又接踵而来，变来变去，最终还是那个幻象。

我好像看见你朋友的母亲奄奄一息地躺在床上，她的女儿跪在她的床前，泪流满面地亲吻她母亲的手，听她母亲临终的遗言。我又看见了你以前向我描述的那个令人永远不会忘记的情景。"啊，我的母亲，"朱莉用一种使人心碎的声音说道，"您给我生命，然而使您失去生命的却正是我！唉！把您给我的恩赐收回去吧！没有您，生命对我来说就是一个令人伤心之物。""我的孩子，"她慈爱的母亲对她说道，"……你要完成你的使命……上帝是公正的……你将来也要做母亲……"她已没有力气把她的话说完。我想抬眼看她，但我看到的，不是她而是朱莉。我看到的是朱莉，我认出是她，尽管她脸上罩着一层薄纱。我惊叫一声，我扑身过去，想把薄纱揭开，但我没有抓着它；我伸开双臂，用尽全身力气，然而，我什么也没有抱住。"朋友，你冷静一点，"一个微弱的声音对我说道，"可怕的薄纱一罩在我的脸上，任何人的手都揭不开的。"听到这句话，我激动起来，又使劲去抓薄纱。接着，我突然醒来，发现我全身酸痛地躺在床上，周身都是汗水和泪水。

我心中的恐惧一会儿就消失了，我筋疲力尽地又重新入睡；那个幻象又来搅得我心神不宁，我又惊醒过来，接着，又第三次入睡，又重新看到凄凄惨惨的情景，看到那些为死者准备的东西；我的手还是达不到那模模糊糊的薄纱，我的眼睛仍然看不清那个被薄纱罩着的人。

最后一次醒来，我心中的恐惧感是如此的强烈，以致在我醒着的时候也无法消除。我猛然一下跳下床来，但又不知道干什么。我在房间里乱转一气，宛如一个在夜里遇见阴影的小孩子，觉得我周围都是幽灵；我耳朵里还仿佛听见那使我不能不伤感的凄楚的声音。晨曦虽已开始照亮我周围的东西，但却使它们听任我已经错乱的幻想把它们幻化成许多可怕的样子；我的恐惧感愈来愈大，以致使我失去了正确判断的能力。我费了很大的劲把房门找到之后，赶紧跑出房间，猛地一下冲进爱德华的屋里去，拉开他的窗帘，倒在他的床上，气喘吁吁地大声嚷道："完了，我再也见不到她了！"爱德华惊醒过来，以为有强盗来突然袭击，扑身过去端起他的枪。这时，他看见是我，而我自己也头脑清醒过来：在我一生中，这是我第二次①非常狼狈地站在他面前，你可以想象得到当时的情景是多么地令人难堪。

　　他让我坐下，冷静下来，讲一讲是怎么一回事。当他知道事情的经过以后，他开始是把它当作一个笑话，但是，他看见我是那样地受到惊吓，我心中的印象不易消除，于是就改变了语气。"你不配做我的朋友，也不值得我尊敬，"他语气相当生硬地对我说道，"如果我把我在你身上所花的心血的四分之一用在我的仆人身上，我也许已经把他培养成一个人才了。可是你，真是个没有用的人。""唉！"我对他说道，"你说得太对了。我身上的一切好的优点，都受赐予她，而我今后永远也见不到她了，我什么用处也没有了。"他笑了，并拥抱我。"今天你好好地冷静一下，"他对我说道，"明天

─────────────────

　　① 第一次是圣普乐向爱德华认错，承认他不该毫无根据地对他的朋友产生疑心。参见本书卷二书信十。——译者

你的头脑就清醒了。那件事，由我来办好了，"之后，我们便转变话题，谈其他的事情。他建议我们动身，我表示同意。于是，我们让人去把马套好；我们穿好衣服。在上马的时候，绅士对着车夫的耳朵悄悄说了几句话，接着，我们就出发了。

在路上，我们什么话也没有说；我心中还一直在回想我做的那个梦，因此，我什么也没有看，什么也没有听，甚至连湖上的风景我也没有看一眼；这个湖，它昨天在我的右边，现在是在我的左边。一阵路面的碎石声把我从昏昏沉沉的状态中惊醒过来，使我吃惊地发现，我们已经进入了克拉朗；在离栅栏门三百步远的地方，绅士让马车停下，拽我一下，对我说道："你现在明白我的计划了吧，"他握着我的手说道，"用不着详细讲了，去吧，幻想家，去看她吧；很好嘛，你去把你发疯的样子表演给那些爱你的人看吧！快一点，我在这里等你，不过，你必须把你头脑中的那块要命的薄纱撕破以后，才能回来。"

我还有什么话好说呢？我没有回答他的话就走了。我的步子很急，但快到那座房屋时，我心潮起伏，步子也就减慢了。我做出什么表情好呢？我怎么敢出现在她面前呢？用什么借口来解释这次突然回来的原因呢？我有什么脸面来解释我那可笑的恐惧感呢？见到那为人宽厚的沃尔玛的轻蔑的目光，我将如何是好呢？我愈走近沃尔玛的家，我愈像一个小孩子似的感到害怕；我觉得，我荒谬的想法实在可怜。不过，我的确有一种不祥的预感，心里很不踏实，尽管步子很慢，但我还是愈走愈近了。当我听见爱丽舍的门打开之后又关上时，我已经走到院子旁边了。我没有看见有人出来，我在外面转了一圈；我沿着水池边，尽量贴近养禽场走过去。

我顿时发现有人向养禽场走了过来。我仔细听，我听见你们两人都在说话，我虽然一句也听不清楚，但我从你的话声中听出了一种使我心情激动的忧郁和温柔的语调，而她的话声中仍然有她平时那种亲热甜蜜的声调，但她说话的语气是很平静的和从容的，这就立刻使我放下了心，使我真正从梦中清醒过来。

顷刻之间，我的心情变化是如此之大，以致使我觉得我自己委实可笑，我那场惊慌实在是毫无根据。一想到我只要穿过一道篱笆和几个小树丛，我就可以看见那个我以为再也看不到的人精力充沛，十分健康，我便彻底抛弃了我的恐惧、忧虑和无中生有的虚幻的想法。这时，我立刻决定，虽未和她见上一面，我也要马上离开。克莱尔，我告诉你，我不仅没有和她见面，而且在转身往回走的时候，反而以我没有和她见面而骄傲，以我没有任何意志薄弱和多疑的表现而自豪；我至少可以让我的朋友爱德华以使我走出了梦境而感到光荣。

亲爱的表妹，我要告诉你的，就是这些，就是这件我必须向你坦然承认的事情。我们旅途中的其他情况，没有什么有趣的细节可讲；我只需向你说明这一点就够了：从那时以后，不仅绅士对我感到满意，而我自己尤其感到满意。他觉得，我的病症的消除，比他想象的还要彻底。为了不让他有一点儿不必要的怀疑，我对他隐瞒了我根本没有和你们见面的实情。当他问我是否把那块薄纱去掉的时候，我毫不迟疑地回答说去掉了。此事，我们谈到这里就停止了。那块很久以来使我的心智陷入迷茫的薄纱从此永远去掉了，我极度不安的心情已完全消失。我已清楚地认识到我有哪些职责，我很喜欢我的职责。你们两人，在我心中比从前更加可爱；

不过,我的心不再把你和她看作两个人,绝不会把不可分离的人分别对待。

我们已于前天到达米兰,并决定于后天离开米兰,继续前进,预计一星期之后到达罗马。我希望在到罗马的时候能收到你的信。我深深盼望能早日见到你们这两个把男人当中最伟大的男人长期搞得心绪不宁的令人佩服的女人!啊,朱莉!啊,克莱尔!必须是和你们相般配的人,才值得你们使他得到幸福。

书信十　多尔贝夫人的复信

我们都很焦急地等待你们的消息,因此,你的信使这一家人感到的高兴,那是不用我说,你也是知道的。但你料想不到的是,在全家人当中,也许只有我不高兴。他们以为你们刚刚越过了阿尔卑斯山,而我,我知道你们已经在山那边走了好远好远了。

你在信中向我叙述的详细情况,我们对男爵只字未提;我把信中无关紧要的事情,用我自己的话讲了一下,德·沃尔玛先生便信以为真,说你们遇到的那些事情令人好笑,但朱莉一想到她母亲弥留时候的情景,又悔恨交加,流了许多眼泪。她非常注意的是:你梦境中使她再次感到痛苦的那些情节。

至于我,我告诉你,亲爱的老师,看见你继续不断地有自尊自重的表现,不再有某些荒谬的想法,开始做头脑明智的人,我是一点也不惊奇的,因为很久以来,你已经和昨日之你告别,准备迎接明日之你的到来了。

我还要告诉你的是,你既然已经走到了离我们很近的地方,却又转身像来的时候那样，悄悄地离去；这样做，固然是有勇气，但我并不像你那样把它看得有什么了不起。我觉得，你这样，出于虚荣的成分多于深思熟虑。总而言之，我倒是宁肯你行事少一点勇气而多一点理智。既然你采取那种方式走，我们就有权问你：你来干什么？似乎与朋友见面的喜悦，远远不能抵消朋友的取笑，所以你才不好意思露面！你是不是不愿意让我们看见你惶恐的样子取笑你？唉，说实在的，当时我不会笑你，而今天我却非笑你不可，而且要加倍地笑你；尽管我没有使你生气的意思，但不能不开怀大笑一番。

更糟糕的是，你心中的种种恐惧，我并不像你那样认为已经完全没有了。你这场梦，有某些令人害怕的情景，使我不能不感到忧虑和悲伤。在看你的信的时候，我责备你不该那么激动，而在看完以后，我又转而责备你不该那么心安理得，认为没有事了。我真不明白，为什么你一会儿是那么激动，一会儿又是那么平静。你把最令人悲伤的预感一直隐藏在心里，直到你能够消除它们的时候，你又不消除，你怎么这样古怪呢？只要多走一步路，做一个手势，说一句话，就全解决了。你惊吓得没有道理，放心得也没有道理；你倒不害怕了，然而却把恐惧的心理传给了我。原来，你一生当中幸而有这么一次有那样的勇气，是牺牲了我，你才有的。自从收到你那封令人伤心的信以后，我的心一直忐忑不安，我每和朱莉见一次面，就生怕从此以后再也见不到她了；我时时刻刻都觉得她的脸仿佛像死人那样苍白。今天早上，当我把她抱在怀里的时候，我感到难过，并流下了眼泪，但又不知道为什么会感到难过。那块薄纱！那块薄纱！……我每次想起它，心中就有一种难以形容的不祥的感觉把我搞得不安宁。是的，我不能原谅你在能够去掉那块薄纱的时候，你不去掉它。我很担心，今后，在未看到你回到朱莉的身边以前，我是不会有片刻高兴的时候了。请你想一想：你讲了那么多年哲学之后，到最后，遇事不善于处置，成了一个很蹩脚的哲学家。啊！但愿你再做一次梦，来看一看你的朋友，这样，远远比逃避她们和当一个哲人好得多。

从绅士写给德·沃尔玛先生的信来看，他好像在认真考虑到我们这里来，和我们住在一起。此事，等他一拿定了主意，并下了决心，你们两人就赶快高高兴兴地来，定居在这里。这是我们这个小小的家庭中的人的愿望，尤其是你那位女友的愿望。

克莱尔·多尔贝

又及：如果你真的没有听见我们在爱丽舍的谈话，这也许对你反而有好处，因为，你知道我是非常善于发现别人，而又不让别人发现我的。我能想出许多办法把偷听别人谈话的人狠狠地揶揄一番的。

书信十一　德·沃尔玛先生的复信

我已经给绅士去信，跟他谈一谈与你有关的事情；信写得很详细，已经没有什么还需要给你单独写信补充了；整个情况，你去看我写给他的那封信就全知道了。我之所以还要给你写这封信，只是从我这方面再表示一下必要的礼貌，把你请到我家里来，把你看作我的兄弟和朋友,让你把你过去的情人当作你的妹妹,把管教我的孩子的权力交给你;在夺取了你的权利之后,现在把我的权利委托给你;用这几句话来表示我对你的敬意,我认为是最适当不过了。在你这方面,如果你认为我的做法和想法是正确的,说一句赞成的话,我就相当满意了。我要以我对你的敬重使你感到光荣,而你则以你的德行为我赢得别人的尊敬。除此以外,我们之间就用不着再说其他赞颂的话了。

听说你被一场梦中见到的情景吓坏了;我觉得,这用不着大惊小怪,我看不出你有什么理由要那样自己责备自己。我认为,对一个有才学的人来说,做一两个梦,并不是一件大不了的事情。

不过,我要责备你的,不是你的梦的影响,而是你的梦的类型。我说这话的理由,与你可能想到的理由大不相同。从前有一个暴君,曾经因为有一个人说他梦见自己用匕首行刺暴君,那个暴君就把这个人处死了。你想必还记得那个暴君杀那个做梦的人的理由,你就照他所说的话办好了。什么!你想左右你的朋友的命运,你还在怀念你往日的爱情!要不是有前天晚上那次谈话,我将永远不会原谅你做了那样一个梦。白天,你多想一下你在罗马该做些什么事,夜里就可以少想一点过去在韦威的事情了。

芳烁茵生病了,因此我的妻子很忙,没有时间给你写信。这里有一个人愿意代替芳烁茵的工作。幸运的年轻人!你将诸事如意,生活得很快乐。美德的奖赏在等待你努力去争取。至于对我的善行的奖赏,我不委托任何人,而只委托你亲自去代我领取;我之有得到这份奖赏的希望,只是因为有了你。

书信十二　致德·沃尔玛先生

　　请注意,这封信中的内容,只让你我两人知道。但愿有一道厚厚的秘密的帷幕遮挡着那个男人当中最高尚的男人的错误。我发现我承担了一项极其危险的任务!啊,我的贤明的和乐于助人的朋友,正如我要把你对我的关怀铭刻在我心里一样,我也要把你对我的忠告牢记在我的脑海里!我从来不像现在这样感到行事需要谨慎,然而,正是由于怕我行事欠谨慎,我反而做事愈来愈欠考虑。啊!你对我的慈父般的关怀,我怎能忘记?你对我的教导,我怎不牢记在心?没有你,我将如何处理好这件事情呢?在这紧要关头,我宁愿拿我一生的前途来换取你到这里待一个星期。

　　我的推测完全不对;到现在为止,我所做的一切全都错了。我唯一害怕的人,就是那位侯爵夫人;看见她以后,我对她容貌之美丽和手腕之高强,感到吃惊,因此,我要想尽办法,使她旧日的情人的高尚心灵与她完全脱离。我很高兴,我终于把他带到了我觉得是毫无危险的偏僻地方。我怀着敬仰的心情与他谈到洛尔;我用另外一个人的爱来冲淡他对这个人的眷恋之情,希望最终能割断这两个人的关系。

　　开始,他对我的计划表示赞同,甚至还故意作出很高兴的样子,而且,也许是想用一点儿惊人的举动来报复我对他的纠缠不休,他假装对洛尔作出比以往更甚连他自己也不相信的热乎劲儿。你知道他今天的表现怎么样吗?他表现得还是那样热乎,但不那么做作了。他的心已经被那么多的战斗搞得筋疲力尽,处于一种被她利用的软弱状态了。要长时间假装对她的爱,任何另外一个人是很难做到的,所以你可以想象得到要对付他所喜爱的人是多么不容易。的确,只要他一看见这个可怜的女人,就要被她的风度和容貌所打动;她身上总有那么一种楚楚动人的样子;她脸上没有机灵活泼的表情,反倒使她更加讨人喜欢;正如透过乌云的阳光一样,她那双带有忧伤之情的眼睛射出的爱情的火焰,反而更加强烈。她谦卑的样子,本身就具有极其端庄的美:他一看见她,就很同情她;一听她说话,就尊敬她;总之,我可以这么说,从我的朋友讲的那番道理来看,我认为,在世界上只有两个人待在她身边不会掉进陷阱。

他的心已经乱了,啊,沃尔玛!我已经看出来了,感觉到了;我怀着沉痛的心情把这个情况告诉你。心神的纷乱,将使他忘记他现在是什么样的人,忘记他应当成为什么样的人。一想到这一点,我就全身战栗。我担心的是,他这样不顾一切地疯狂地爱,将使他不把公众的舆论放在眼里,促使他走向另一个极端,不遵守行事稳重和诚实的神圣的准则。爱德华·博姆斯顿要缔结这么一桩婚姻!……你想一想!……在他的朋友的眼皮下!……而他竟允许他!……容许他……而这个朋友是全靠他才有了今天!……只要他不怕辱没他的手,就让他来亲手摘我的心好了。

现在,怎么办呢?我采取什么态度呢?你知道,他的脾气是很暴躁的……长篇大套的理论,对他是一点作用也不起的,而他的那一套理论又解除不了我的忧虑。开始,我假装不听他的,我用一般的格言,从理智的角度间接谈及此事,而他也照样假装不听我的。如果我稍稍激他一下,他就用重话回敬我,而且还以为把我驳倒了;如果我坚持我的观点,他就发火,说一些一个朋友不该说的话;对于他那些话,从友谊上说,是不能针锋相对地回答的。请你相信我,我之不回答他,既不是因为我胆怯,也不是因为不好意思,而是因为一个人有责任心的时候,无论怎样挑动他,他也是不会从保全面子的角度行事的。在这件事情上,问题不在于保全面子,而在于取得成功;错误的想法,是有害于良好的办法的实行的。我几乎不敢和他进行正式的讨论,因为我每天都觉得你对我提出的忠告是很有道理的:他比我更善于讲理论;绝对不能用争吵的办法刺激他。

看来,他对于我已经有点儿感到心凉了。你也许会说,这是因为我搞得他心情不好的缘故。一个在各方面都有许多优点的人,怎么会由于一时的失误便如此地放纵自己! 豪放的爱德华怕他的朋友,怕他的知心人,怕他的学生! 在选择他的住处时,他话中的意思似乎是,无论他是否结婚,他都要考验一下我是否忠诚。他很清楚:我不应当也不愿意离开他。啊,沃尔玛! 我一定会尽我的责任,我的恩人在哪里,我就追随到哪里。如果我是胆怯的和卑鄙的人,我背信弃义,有什么好处呢? 朱莉和她可敬的丈夫能把他们的孩子交托给一个背叛朋友的人吗?

你常常对我说:小欲望一产生,虽往往执著地追求,有不达目的不休之势,但我们可以用高尚的情操去克服。我相信,我能够在这件事情上运用这个原理。的确,同情之心,对偏见的蔑视,生活的习惯,所有一切使爱德华在这件事情上采取这种做法的原因,都是由于太微小而逃脱了我们的注意,而且,即使注意到了,也不便于指摘。真正的爱和心地忠诚推己及人是分不开的;我用这样的态度对他,一定能影响他。我已试过这一间接的办法,相信能取得成功。这个办法看起来是令人痛苦的，我也是迫不得已才采取这个办法的。不过，从各方面权衡，我认为，对洛尔本人也是有益的。如果她真的得到了那种地位，又有什么好处呢？除了暴露她从前的丑行以外，还能得到什么呢？但是，如果她保持她现在的身份，她反倒成了一个高尚的女人！如果我对这个奇特的女子的了解不错的话，从她的素质看，她作此牺牲，得到的好处将远远超过她得到不该得到的地位。

如果上述办法达不到目的，我就利用宗教信仰的不同来约束他；不过，这个办法，只有到最后别无他法可想的时候才使用。总之，不管怎样，我都要尽一切努力，不让这一不相般配和不体面的婚姻成为事实。啊，尊敬的沃尔玛！我衷心钦佩你料事如神的本领，不论爱德华给你的信上怎么说，也不论你对他的话如何理解，只要我的心还在我胸中跳动，洛尔达·皮萨娜就不会成为博姆斯顿夫人。

如果你赞成我的办法，就不用回我的信。如果我的办法不妥，就请来信告诉我。不过，回信要快，因为事情紧急，刻不容缓。此信的信封上的姓名和地址，我将请另外一个陌生的人写。你给我回信，也照此办理。你研究好应采取的办法以后，就把这封信烧掉，把信中的话通通忘掉。这是我一生当中对两个表妹隐瞒的第一个也是唯一一个秘密，如果我再大胆一点，认准我这个办法是正确的，那就连你也不会知道这件事情了 * 。

---

* 为了更好地理解这封信和卷六的书信三，就需要了解爱德华的风流史。开始，我打算把他的风流史收入这本集子，但再一考虑，我觉得，我不能用他的浪漫行为来破坏这两位情人的故事的朴素性质。最好是留点事情，让读者去猜想。

书信十三　德·沃尔玛夫人致多尔贝夫人

从意大利来的邮件,好像是特意等你启程以后才到达,以便惩罚你由于它而推迟你启程的时间。发现这个有趣的奥秘的人,不是我,而是我的丈夫;他注意到:马车八点钟就套上了马,而你却延迟到十一点钟才动身,其原因,并不是舍不得我们;你问了一二十次是不是十点钟了,十点钟通常是邮差经过此地的时间,可见你是在等邮差。

可怜的表妹,你已经被当场抓住,想赖也赖不掉了。不管莎约的预言准不准,这位如此疯狂的,或者说得更确切一点,如此聪明的克莱尔,已经不能一直聪明到底了。现在,你已中了你花了许多力气才把我解脱出来的圈道*,未能为你自己保住你给我的那种自由。现在,是不是该轮到我来笑你?亲爱的朋友,要像你这样会开玩笑,就需要具有你这样的魅力和风度,并使玩笑本身具有亲切的和动人的格调。我们彼此都一样,有什么区别?拿由我引起的麻烦开玩笑,这,我怎么好意思呢?何况你是为了解脱我的困境才自找这份麻烦的。你心中的感情,没有一样不使我的心也产生一种激情;你的一切,甚至连你的弱点在内,都是你自己的美德的产物,而使我感到欣慰和高兴的,也正是这一点。对于我的错误,我当然会自己责备自己,感到痛心,但我觉得,你对于和你一样纯洁

---

　　* 我本想用"圈套"二字的,但由于多尔贝夫人有浓重的日内瓦女人的口音,所以没有用。参见本书卷六书信五。

的感情也感到赧颜,这种假害羞的样子,就实在令人好笑了。

现在,让我们回头谈来自意大利的信件,暂时把道德问题放在一边,不去谈它们。我不能再像从前那样到处都长篇大论地说教,因为,我们可以使读者打瞌睡,但不能使读者着急。现在,好了!我盼了许久才盼到的这封信,谈了些什么呢?除了我们那两位朋友的健康和给你的一封信以外,其他什么消息也没有。啊!好嘛!我看见你在笑,舒了一口气,因为,信既然到了,信中的内容,你早一点知道或晚一点知道,也不要紧。

不过,这封信尽管让我们等了很久才收到,但还是很有意思的,因为它散发出一种如此……不过,我只想跟你讲点新闻,当然,我讲的新闻,已经不新了。

与这封信一起寄到的,还有爱德华绅士给我丈夫的一封信,他一再向我们问好。在这封信中,的确有许多消息,而第一封信中,什么消息也没有。他们第二天要动身去那不勒斯,绅士在那里有些事情要办理;然后,从那不勒斯去游览维苏威……亲爱的表妹,你是否知道那里的风景有什么好看的吗?他们回罗马之后,克莱尔,你想一想,猜一猜他们回罗马去……爱德华要结婚……天啦,要娶那个可鄙的侯爵夫人为妻,可是,他又说她很坏。到底娶谁呢?洛尔,可爱的洛尔,她……唉……这桩婚事!……我们的朋友对这桩婚事只字未提。他们三人一起动身之后,就会到这里作最后的安排。我的丈夫没有告诉我是什么安排,不过,他深深相信圣普乐会留下来和我们在一起。

我对你说实话,他不告诉我,倒真有点儿使我感到不安。我不知道其中的究竟,我觉得有些情况很奇怪,有些人的心理活动实在叫人不明白。一个如此高尚的男人,怎么能对这位侯爵夫人这么坏的女人如此情深? 而她本人,脾气是那么的急躁凶狠,怎么会对一个与她的脾气大不相同的男人如此喜爱呢? 怎么能够把一种足以促使人做出犯罪行为的疯狂的迷恋美其名为爱呢? 一个和洛尔的心同样宽厚、同样温柔和同样无私的年轻的心,怎么能容忍她当初的放荡行为呢? 使许多诚实的妇女失足的爱情,为什么还要使她成为一个堕落的女人? 亲爱的克莱尔,请你告诉我,把两个相爱但不相配的人分开,使两个相配但不互相了解的人结合,以一个人的爱情去战胜另一个人的爱情,把罪恶和不名誉的行为变为幸福和美德,既把他的朋友从一个泼辣的女人的手中救出来,同时又为他可以说是造就了一个伴侣……是的,她是不幸的,但是是可爱的,而且是诚实的,我相信,人们至少可以使她重新成为一个诚实的女人,克莱尔,请你告诉我,能做好这几件事情的人,反倒成了罪人吗? 忍辱负重的人,反倒该加以谴责吗?

博姆斯顿夫人要到这里来了! 到这里来,我亲爱的表妹,你以为如何? 这个令人刮目相看的女子,尽管她受的教育害了她,但她的爱情又把她挽救回来了;对她来说,爱情是通向美德的道路,这样一个女子,的确是一个了不起的奇女子。我过去的一切,和她恰恰相反,在周围的人都对我循循善诱的时候,我却走入了歧途,因此,谁有我这样钦佩她呢? 是的,我堕落的程度比她轻,但我像她那样挺起身来了吗? 我躲过了那么多的陷阱,做了那么多的牺牲吗? 她从最可羞的境地上升到最光荣的地位;尽管她过去有罪,但她现在却比过去可敬一百倍。她是多情的,性格刚强的;她哪一点不如我们呢? 尽管我已不再犯青年时期的错误,我也没有权利得

到更多的宽容；我能得到人们的原谅吗？我不尊敬她，难道还要人
家来尊敬我吗？

　　唉！表妹，当我的理智对我说这些话的时候，我的心也在这么
思考。我隐隐觉得爱德华的这桩婚事是好的，我的朋友进行干预
是对的。啊，舆论！舆论！人们真难摆脱它的束缚，它经常使我们
做出不公正的事情。过去做的好事，被现在的坏事抹去了；而过去
做的坏事，难道今后不论做了多少好事也把它抹不掉吗？

　　我让我的丈夫看出了我对圣普乐在这件事情上的做法感到不
安。"他好像不好意思对我的表妹讲，"我说道，"他倒是不怯懦，但
他太优柔……对一个朋友的错误太宽容……""不，"他对我说道，
"他已尽到了他的义务；我知道他还将继续这样做。除此以外，我
就没有什么可告诉你的了。圣普乐是一个诚实的年轻人，我保证
他不会把这件事情办坏的，你放心好了……"克莱尔，沃尔玛是不
会骗我的，他也不会自己骗自己的。如此肯定的一句话，使我把心
放下来了。我终于明白，我的种种疑虑，纯粹来自不必要的操心；
如果我少一点虚荣，多一点公正，我就会觉得博姆斯顿夫人和她的
地位是相称的了。

　　现在，让我们把博姆斯顿夫人暂且放在一边不谈，回头来谈我
们的事情。当你看这封信的时候，你难道不觉得我们的朋友回来
的时间比我们预期的时间太提早了一点？你心里一点想法都没有
吗？你的心很温柔，与我的心非常相似，它现在难道不比平常跳得
更厉害吗？它难道不想一想：和一个喜爱的人亲密相处，天天见
面，住在同一座房屋里，是不是太危险？虽说我的错误不会使我失
去对你的尊重，但我过去的事情你不引以为戒吗？在我们年轻的

时候,你是多么理智,多么重视友谊和荣誉,为我担心,怕盲目的爱情会使我遭到别人的轻视!我亲爱的朋友,现在是轮到我来为你担心了;为了使你能听我的话,我要把我从过去的事情中得到的令人心酸的经验告诉你。你要及早听从我的忠告,以免你为我的错误伤心了半生之后,在后半生又为你自己的错误而哭泣。不要再把这件事情拿来闹着玩了,因为,把这件事情拿来闹着玩,有时候固然不要紧,有时候会出麻烦的。克莱尔,克莱尔!你曾经拿爱情开过一次玩笑,不过,这是因为你不了解它的缘故;由于你还没有意识到它的特点,你就以为不会受到它的损害。它将进行报复,它会捉弄你的。你要提防它用使你得到快乐的办法来出卖你,使你将来有一天感到后悔和哭泣。亲爱的朋友,现在是到了你反躬自问的时候了,因为,到现在为止,你对你自己并不十分了解,你看错了你自己的性格,没有正确估计你自己的长处。你把莎约的话信以为真;她根据你爱开玩笑的活泼天性,就说你是一个不太动感情的人。然而,你的心思,是远远超过她的理解力的;像莎约这样的人,是无法理解你的;在世界上,除我一人以外,其他的人都难以理解你,甚至我们的那位朋友,也只是感觉到而未真正认识到你的可贵之处。只要你的错误对你有用处,我就让你继续错下去,但现在,它很可能把你毁了,因此,应当把它加以消除。

　　你很活泼,并自以为是不太动感情的人。我可爱的朋友,你对你自己的看法,是大错特错了。你如此活泼,这本身就表明你是很有感情的。不正是在有关感情的事情上,你才表现得如此活泼吗?你活泼的优美表情,不是来自你的内心吗?你开玩笑的话,比另外一个人的恭维话更能打动人心:你说是开玩笑,实际是表示亲热;你笑,你的笑深深地触动了他的心;你笑,竟使他高兴得流下了眼泪;我发现,对其他不相干的人,你的表情几乎时刻都是很严肃的。

如果你只不过是你所说的那种人,请告诉我:是什么东西把我们彼此联系得这么紧密? 什么是我们之间绝无仅有的友谊的纽带? 由于什么奇特的原因,一个怀有如此依恋之情的人偏偏要寻找一个对他人的依恋之情无动于衷的人? 什么! 一个只是为了自己的朋友才活着的人,能不懂得爱吗? 一个为了跟随自己的朋友而甘愿离开自己的父亲、丈夫、亲戚和家乡的人,能不把友谊看得高于一切吗? 我这个有一颗敏感的心的人,连这些都看不出来吗? 表妹,我已经完全接受了你的爱,我要尽最大的努力,把我的全部感情用来向你奉献一份与你对我的友谊相称的友谊。

这些矛盾,使你在思想上产生了你这样泼辣的女人很容易产生的极其古怪的想法,认为你自己是一个热情的朋友,但是是一个冷淡的恋人。由于你不能摆脱你所感受到的亲密的友情,你就以为你只能接受这种感情。除了你的朱莉以外,你认为世界上谁也打动不了你的心;好像天生的多情人只能为一个人动感情似的;你只知道爱我,你就想做到比我本人还更加爱我这个人! 你曾经很风趣地问我:灵魂有没有男女之分。没有;亲爱的朋友,灵魂没有男女之分,但它对所爱的对象是有所选择的;在这一点上,你早已有所表现了。因为第一个来向你求爱的人未曾打动你的心,你就以为你的心不可能被人所打动;你对那个来向你求爱的人不感兴趣,你就以为你对任何人都不感兴趣;然而,当他一成了你的丈夫,你就很爱他,而且爱得那么深,甚至使我们亲密的友谊都受到了影响。你这个不太动感情的人,也知道为了使一个诚实的男人感到满足,必须对爱情添加温情。

亲爱的表妹! 今后要由你自己解决你自己的疑虑了;如果

> 一个冷淡的恋人
>
> 必然是一个不可靠的朋友*。

这句话说得不错,我很担心,我现在又多了一个我依靠你的理由。现在,让我把我想讲的话通通讲出来。

我怀疑你已经不知不觉地爱上了一个人,而且,开始爱的时间比你想象的早得多,至少是,如果我不及早提醒你的话,使我堕落的那种爱恋之心早已把你引上了钩。你以为那么自然和那么甜蜜的感情要经过很长的时间才产生吗? 你以为在我们这样的年纪,可以和一个可爱的年轻人亲密交往而不招来麻烦吗? 我们的爱好有那么多共同的地方,难道单单对他这个人的看法不一致吗? 不,我亲爱的朋友,要不是我先爱他的话,我敢说,你也许早已经爱上他了。你虽不像我这样容易失足,但同我一样易动感情;你也许比我冷静,但并不比我更聪明。在你真诚的心灵中,是什么力量战胜了你对背叛和不忠的恐惧? 友谊把你从爱情的陷阱中救出来,你才把你女友的情人只看作是一位朋友;你就是这样牺牲我的心,来拯救你的心的。

这些推测,并不是你想象的那样纯属假设;如果我回忆一下那段应当忘掉的往事的话,我就会发现一些事情表明,在你以为你只

---

　　* 我把原诗的词序颠倒了一下,不过,漂亮的太太小姐们是不会因此就不高兴的。作者的话说得很真实,句子也很美。

是关心我一个人的时候,你对我心爱的人也有关心的表示,而且程度之强烈,并不亚于对我。由于你不敢爱他,你就让我去爱他;你认为,在我们当中,每一个人都是另一个人的幸福所需要的人。那位举世无双的人,我们两人都爱。可以肯定的是,如果你自己没有此心的话,你也许对我就不会那么放任了,你就不会怕人家说你嫉妒,对我采取应当采取的严厉态度了。你没有认识到你有权与我身上应当克服的倾向作斗争;你怕人家说你无情无义,所以处处谨慎行事,你为了我们的幸福而牺牲你自己的幸福,你认为这样做才合乎美德。

　　我的克莱尔,这就是你真实的心情;这就是你一味以友谊为重的做法促使我做出可羞的事情和犯错误的原因。你对我的用心是好的,但得到的效果竟是如此。你不要以为我在这件事情上会仿效你的做法;你以我为榜样,我可不愿意以你为榜样。既然你不怕我犯错误,谢天谢地,我就可以不按你的话来放任你,因为,除了帮助你保持美德以外,还有什么其他更好的办法运用你对我培养的美德呢?

　　因此,我必须把我对你目前的状况的看法告诉你。尽管我们的老师已经很久不在这里,但你对他的好感并未改变。你已重新获得自由,而他也将回到这里,这样就产生了一个可以让爱情充分发展的机会。你心中并未对其他的人产生感情,而埋藏在你心中如此之久的情感,只需稍稍用力,就会迸发出来。要是你敢自己对自己承认这一点,就请赶快告诉我。我认为,必须承认这一点,才能使它成为纯朴的感情。对你的女友来说,这是一件有罪的事情,但对你来说,就不是有罪的事情了。也许,你放心进行你反对过多年的坏事,反倒能更好地纠正我的过错。

亲爱的表妹,这些话,我是经过深思熟虑之后才说的。我并不因为我利用一个人的爱情来保护我而感到不安,因此,你也不必自己责备你自己。我们一起平平安安地在友谊的怀抱里度过的那个冬天,看见你快乐的心情不仅没有失去,反而有所增加,我就有了更大的信心。我看见你对人十分亲切和热心,办事很周到,有啥说啥,对人非常真诚;玩的时候,表情天真,不故作神秘,在任何事情上都不玩弄诡计;即使在你毒嘴毒舌地逗弄人的时候,也可以看出你有一颗天真无邪的快乐的心。

然而,自从我们在爱丽舍的那次谈话以后,我对你就不再是那么信心十足了。我发现你表情忧郁,若有所思;你只有和我单独在一起的时候,才有高兴的样子。你的语言没有变,但音调变了,不大爱和人说说笑笑了,再也不像从前那样经常谈到他了,好像是怕他听见了似的。从你心神不安的样子就可看出,你经常在等待他的消息,尽管你没有向人打听。

我的好表妹,一想到你对你的失态的样子毫无觉察,我就不寒而栗;你好像害怕那支箭,其实那支箭早已深深地射中了你的心。我告诉你,你应当好好地探查一下你已经纷乱的心。我再说一次,你要仔细思量:不管你多么谨慎,长期和你所喜欢的人在一起,会不会出危险?我相信他,结果毁了我自己,而你相信他,会不会也要毁掉你呢?你们两人都是自由的,但正是这一点,才使事情愈受到人们的猜疑。一个心灵坚强的人是不会做令人后悔的事的;我同意你的看法:你是相当坚强的,完全能够不受罪恶的引诱,不过,唉!谁能保证自己永不失足呢?因此,你要注意后果,要好好想一想，那是多么令人羞愧。必须自己尊重自己，才能得到别人的尊重。自己不尊重自己，是否能赢得人家的尊重？在罪恶的道路上，一个敢大胆迈出第一步的女人，到哪里才能停止得下来？我要向上流社会的妇女提出的，就是这两个问题。对她们来说，道德和宗教是一文不值的；别人怎么说你，她们也就怎么说你。可是你，一个忠实的基督教徒，一个深深知道并始终忠于自己天职的人，一个不人云亦云有自己的行为准则的人，应当以自己的良心给予的荣誉为第一荣誉；你应当保持的是这种荣誉。

　　你想知道在这件事情上你错在哪里吗？我再次告诉你：你错就错在，本来是正大光明的事情，只要一公开表明，就毫无罪过，但你却一提起它就脸红，就羞于启齿＊。尽管你爱闹着玩，但谁也不像你这么害羞。你开玩笑，那是为了假装勇敢。我已经看出，你可怜的心在颤抖；你嘻嘻哈哈地笑，那是假装的，你实际上是在谈情说爱，同小孩子夜里害怕就唱歌壮胆是一样的。亲爱的朋友，你记不记得你曾经说过一千次：表面上假装害羞，实际是心甘情愿，而有德行的人，是只有在做了错事的时候才害羞的。爱情本身有什么罪？难道它不是最纯洁的和最温柔的天性的倾向吗？它的目的不是很好的和值得称赞的吗？它所鄙弃的，不是那些奴颜婢膝的人吗？它所激励的，不是那些坚强勇敢的人吗？他们的行为之所以那么高尚，难道不是因为他们忠于爱情吗？他们的人生，难道不是因为有了爱情才更有意义吗？使他们达到忘我境界的，难道不

　　＊　编者为什么要在这封信中，把这些话和他的论点一再加以重复？理由很简单：因为他毫不怀疑它们将使那些提出这个问题的人感到高兴。

是爱情吗？唉！如果说为了做一个诚实的和谨慎的人，就不能对爱情的美有所感受的话，请你告诉我，在这个世界上还有什么东西值得重德行的人去追求呢？就只有大自然抛弃的废物和人类当中最邪恶的人了。

你究竟做了什么错事，要那样自己责备自己？你所选中的人，不是很诚实的吗？他不是自由的吗？你不也是自由的吗？难道他不值得你的尊敬吗？他不是很尊敬你的吗？为一个如此真诚的朋友创造幸福，用你的心和你的身为你的女友偿还旧债，难道不是一件好事吗？与一个因为没有财产而遭到羞辱的好人作伴侣，使他感到光荣，这难道不是一件值得称道的事情吗？

我认为，阻挡你进行此事的，都是一些不必要的顾虑：改变了你当初宣布的决定，给你死去的丈夫找了一个后继的人，让大家都发现你产生了爱情，竟嫁给一个闯荡江湖的人为妻；让那些爱说三道四的小人发现你的对象原来就是此人；就是由于这些顾虑，你才对你的心愿加以责怪而不赞许，你才把你的爱情藏在内心而不光明正大表现出来！不过，我且问你：是嫁给你所喜爱的人可羞呢，还是光爱他而不嫁给他可羞？现在，你必须对此作出抉择。你应当为你死去的丈夫争的面子是：他的遗孀是堂堂正正地嫁人的，而不是光与人相恋而不与人结婚。你还年轻，如果不能不有一个人来填补你死去的丈夫的位置的话，选择一个他所喜欢的人，岂不表明你对他更加怀念吗？

至于两个人的条件不相等的问题，我认为，在一件需要尊重理智和善良风俗的事情上，去和一个如此之微不足道的反对理由作斗争，那是在自己贬低自己。就我所知，只有性格和教育程度不相等,才是不合适的。一个一肚子坏心眼的人,无论他上升到什么地位,都是不能与他为伍的,但是,一个受过尊重荣誉的教育的人,和所有的人都是相等的,可以和任何地位的人生活在一起。在我和我们的朋友的关系方面,你是知道你的父亲的看法的。他的家庭虽非名门,但是是一个忠厚的家庭;他受到公众的尊重,他是值得公众尊重的人。有了这一条,即使他是地位最卑微的人,那也用不着犹豫,因为,我们宁肯丢掉贵族的身份,也不能丢掉美德;一个烧炭工人的妻子,也比一个王侯的情妇更值得尊敬。

我发现,另外还有一个难处,使你不敢第一个表明你的态度,因为,正如你也许已经感受到的,只有你愿意答应他,他才敢来求你。这是地位不相等的人正确往来的方式之一;这样做,往往是要付出极高的代价的。这个难处,我能原谅你。我觉得,如果我不设法消除它的话,后果是严重的。我希望你相信我的话,我不会害你的;在我这方面,我有信心促成这件事情,我对事情的成功是有相当的把握的,因为,关于把一个朋友变成一个情人的问题,不论你们两个人过去对我讲了哪些为难之处,如果我对一个我非常熟悉的心的了解不错的话,我不相信此次办这件事情颇费力气。因此,请你允许我和他商量,以便能够高高兴兴地看到他回到这里来,而不要忸忸怩怩或做出后悔的样子。此事,不会有什么危险,你也不要觉得不好意思。啊!表妹,能把两个彼此如此称心如意的人永远结合在一起,这对我来说,是多么令人高兴的事情啊,更何况你们两个人的心早就和我的心融合在一起了!如果可能的话,愿我们的心融合得更紧密,把你的心和我的心合为一个心。真的,克莱尔,你让你的爱情得到美满的结果,就等于是再一次帮我的忙了;

当我不能在你们之间区别哪一个是他的心哪一个是你的心的时候，我就更加满意了。

尽管我讲了这么多理由，但如果你觉得这个计划不合适，我认为，我们就应当不论付出多大的代价，都要把这个对你和我都是很危险的可怕的男人打发走，因为，不管情况如何，对我们来说，我们的孩子的教育问题，总不如他们母亲的品德问题重要。我给你充足的时间，让你在旅途中把所有这些问题都好好地想一想，等你回来以后，我们再详谈。

我决定把这封信给你直接寄到日内瓦，因为你只能在洛桑住一晚上，如果寄到洛桑，你是收不到的。请把你在这个小小的共和国里的见闻来信告诉我。至于人们所说的这个美丽的城市里的种种好东西，如果我请你为我的朋友代买几样的话，我想你是一定会去买的。我从来不喜欢奢侈，我现在恨它使你离开我这么长时间。亲爱的表妹，你和我都没有到日内瓦去买过结婚用品；不管你的弟弟是多么好，我觉得，你的弟媳妇即使有弗朗德勒的花边和印度绸子，也未必有我们这样朴朴素素穿着舒服。不过，尽管我有点生气，但我还是要委托你请你的弟弟到克拉朗来举行婚礼。为了请他们来，我的父亲给你的父亲写了一封信，我的丈夫也给你的弟媳妇的母亲写了一封信。现在，把他们的信附上，请你代为转交。请你运用你愈来愈大的影响力，使此次邀请获得成功。为了我能参加这次热闹的婚礼，我能做的工作，就是这些。我要事先向你说明的是：不论要付出多大的代价，我都是不愿意离开我的家的。再见了，表妹，请来信把你的情况告诉我，你无论如何要来信告诉我：你什么时候回来。今天是你启程之后的第二天，要是你老不回来，我真没有办法活下去了。

又及:当我埋头写这封信的时候,昂莉叶蒂小姐好像也在写信。由于我希望孩子们讲的都是他们心里想讲的话,而不是别人告诉他们的话,因此,我让这个好奇的小女孩子想怎么写就怎么写,一个字也没有改她的;这是我信中附来的第三封信。不过,我敢说,它不是你打开邮包就急于想看到的信。你想看的信,你不必在邮包里找了,因为你是找不到的。它寄到克拉朗去了,只有到克拉朗才能看到:如果你想看这封信,你就赶快回来。

书信十四　昂莉叶蒂给她妈妈写的信

妈妈,你现在在什么地方? 他们说你在日内瓦,路很远,要整整走两天才能走到:你走那么远,是想周游世界吗? 我亲爱的爸爸今天上午到埃丹治去了,我亲爱的外公打猎去了,我亲爱的妈妈刚才把房间门关上,准备写信了,只剩下我的朋友佩尔尼特和我的朋友芳烁茵了。我的上帝呀! 我不知道到底是怎么一回事情,自从我们的好朋友走了以后,大家都东奔西散了。妈妈,开头第一个走的就是你。当找不到人玩的时候,我就生气。啊! 自从你走了以后,情况更糟了,因为亲爱的妈妈的情绪没有你在这里的时候好。我亲爱的马里身体很好,不过,他不喜欢你了,因为你昨天没有像平常那样跟他一起玩。我,我相信,如果你赶快回来的话,我还是依然爱你,我不会生气的。如果你要我完全不生气的话,你就给我的小马里带回几样他喜欢的东西。至于他,你要他不吵不闹的话,还得开动脑筋想办法才行。唉！我的上帝啊！如果我们的好朋友在这里的话，他早已经想出办法了。我那把漂亮的扇子已经破了，那条蓝色披肩已成了一块破布了，那条金黄色饰带也破了，那双玩的时候带的独指手套也不能用了。祝你身体好，妈妈！我的信写到这里就该停止了，不写了，因为亲爱的妈妈已经把她的信写好了；她走出房间的时候，我看见她两只眼睛都红了，但我不敢告诉她，要等她看我这封信的时候，她才知道我已经看见她的眼睛哭红了。我的好妈妈，如果是你把我亲爱的妈妈气哭的话，你就是一个坏妈妈了！

又：我拥抱我的外公，拥抱我的叔叔，拥抱我的新婶婶和她的妈妈；所有的人，我都拥抱，就是不拥抱你。妈妈，你明白我为什么不拥抱你吗？因为我的胳臂没有那么长，没有办法拥抱你。

卷　　六

书信一　多尔贝夫人致德·沃尔玛夫人

　　在离开洛桑之前，我应给你写一封简短的信，使你知道我已到了这里，不过，此行并不像我原来想象那样愉快。我本来把这次你本人也很希望的短期旅行看作是一件很快乐的事情，但由于你拒绝和我同行，我就感到这次旅行可以说是毫无乐趣，因为我一个人有什么趣味可言呢？如果这次旅行令人烦闷，我只好一个人烦闷；如果令人愉快，我觉得，没有你，我一个人也愉快不起来。当初你提出了种种不来的理由，我什么话也没有说，你就以为我认为你的理由很充分吗？唉，表姐，你大错特错了，而更使我恼火的是，我还没有权利生你的气。你这个坏表姐，你对我老是强词夺理，硬是不做几件使我高兴的事情，而且还不许我发脾气，你说说，你这样做，不感到害羞吗？即使把你的丈夫、你的家务事儿和那几个娃娃撂在家里一个星期不管他们，人家也不会说这一家人就完蛋了吧？当然，你这样做，是有些冒失，但如果你真那样做了，人家也许会说你做得很对的。如果你想把什么事情都做得十全十美，你必然会落得一无是处，只好到天使那里去交朋友了。

　　尽管过去有些不愉快的事情，但我回到我家人中间，心情还是十分激动的。他们见到我都很高兴，对我很亲热。至于我的弟弟，等我对他的情况有所了解后，我才能把我的看法告诉你。尽管他的脸盘儿相当漂亮，但显得呆板，具有他家乡的一股土气。他表情严肃，对人冷漠，我甚至觉得他有点傲慢；我担心这个年轻人会长成一个爱摆架子的绅士和老爷，而不会成为一个你我的丈夫那样的好丈夫。

　　我父亲见到我真是高兴极了;他当时正在看一份报道法国最近在弗朗德勒打了一场胜仗的报纸;他马上把报纸放下,迎上前来拥抱我;这次胜仗真是应验了我们的朋友的朋友[①]的预言。幸亏他当时不在那里! 你想象一下:勇敢的爱德华看见英国人逃跑,他本人会逃跑吗? 不,绝对不! ……他宁愿死一百次,也不愿临阵脱逃。

　　我们那两位朋友已经很久没有给我们写信了。我想,昨天是该来邮车的日子吧? 如果你收到了他们的信,请不要忘记让我也看一看。

　　再见,表姐,我就要离开这里了。估计我们明天晚饭时到达日内瓦,我希望在日内瓦接到你的信。另外,我要预先通知你:我弟弟结婚那天,你无论如何都要来,如果你不愿意到洛桑来,我就要带领我全家的人到克拉朗来大吃一顿,把你们家的酒全喝光。

书信二　多尔贝夫人致德·沃尔玛夫人

　　好极了,你这个爱说教的姐姐! 可是我觉得,你的说教不会像你想象那样收到预期的效果。我不知道它们是否会使你那位朋友听了打瞌睡,但我告诉你,我听了你那番说教,直到今天也毫无睡意;昨天晚上我看了你的信,我不仅没有昏昏欲睡,反而一夜没有

---

　　① “我们的朋友的朋友”,指圣普乐的朋友爱德华·博姆斯顿。他对英国在弗朗德勒必败的预言,见本书卷五书信四。——译者

合眼。真担心我那位明察秋毫的人①看见你这封信,会把你教训一通!此事由我来处理好了;我劝你:不要把信给他看,以免自找麻烦。

如果我逐条驳你,就显得我对你不尊敬,因此,最好是按我的思路,想到什么就说什么;不过,为了表现得谦虚,但又不把主动权全交给你,我首先不谈那两位旅行家和从意大利寄来的信的问题。如果非要我谈不可,我就要把这封信重新写过,把开头谈的事情移到末尾。现在,让我们先谈那位所谓的博姆斯顿夫人。

单单这样称呼,就让我生气。我不能原谅爱德华这样称呼她,也不能原谅圣普乐允许那个女人接受这个称呼,不能原谅你承认能用这样称呼称呼她。朱莉·德·沃尔玛竟让洛尔达·皮萨娜到自己家里来!容许她生活在你身边!唉!我的表姐,你想过这些问题没有?你对她能这么亲热吗?难道你不知道你周围的空气对做过丑事的人是致命的吗?那个可怜的人敢来和你一起呼吸吗?她见到你,一定比一个被魔鬼附身的人见到圣物还难受。单单你的目光就会把她吓得想钻进地缝;在你面前,她必然会羞得无地自容。

上天作证,我丝毫没有看不起洛尔的意思,恰恰相反,我很尊重和佩服她,因为,她能痛改前非,就足以证明她有很大的勇气,而能做到这一点的人,是不多的。但是,你能因此就辱没自己,让她和你相提并论吗?真正的爱,也不能爱到不保持自己身份,不珍惜自己的荣誉嘛!不过,我理解你,原谅你。现在,远处的东西和低

---

① 指朱莉的丈夫德·沃尔玛。——译者

处的东西，你已经看不清了，你站得太高，看不清地上的情形，看不清世上的事物有高有低，根本不平等。你居然把你这样自轻的态度看作是美德。

唉！你那样做的用意何在？你天生的好恶之心，现在不像从前那样强烈了吗？你的自尊心不像从前那样起作用了吗？尽管你口上不说，但你心里是厌恶的，只是你把厌恶的原因说成是由于你为人傲慢的缘故罢了；你想克服它，说它是由社会舆论造成的。好心的女人，你凭什么说一个人的严重缺点之可羞，是由社会舆论造成的？你想一想：一个女人一听见人家谈起贞操、诚实和德行就羞得哭泣，就想起从前的痛苦，即使人家不羞辱她，她也感到后悔莫及，这样的女人，谁愿意接近她呢？你听我的话，亲爱的表姐，你可以尊重洛尔，但不能见她。诚实的女人躲避她，就是在尊重她了；她和我们在一起，反而会感到非常难过的。

你听我说。实际上，你心里也认为这桩婚姻不合适；你是不是也巴不得它不成功？……依你看，我们的朋友在信中谈不谈这件事？……你说他给我写了一封信，他在这封信中谈不谈此事？……你猜想他这封信写得很长吗？……还有，把你丈夫的意见告诉我！你的丈夫，他这个人呀，真让人捉摸不透！……你们这一对坏蛋，跟我耍心眼儿，其实……在这件事情上，也用不着他发表什么意见……特别是对你，因为你已经看过那封信了……也用不着对我说什么，因为我还没有看到那封信……我相信你我二人的朋友，他的见解胜过所有的哲学家。

唉！我也不知道是怎么搞的，我又想起了那个纠缠不休的人！天啦，我不想他，他偏要出现在我的脑海里；他既然要我谈他，现在就让我把有关他的话谈完,以免以后还要谈第二次。

我们切莫陷入虚妄的幻想。如果你不是朱莉,如果你的朋友没有成为你的情人,我不知道他对你有什么意义;我也不知道我本人和他有什么交道可打。然而,我非常清楚的是:如果他当初是打我的坏主意,那他那个脑瓜子就把主意打错了;不管我是不是疯子,我都肯定会把他变为疯子的。至于我的结果如何,那有什么关系呢?现在来谈谈我做了些什么事情。我做的第一件事情是爱你;从童年时候起,我的心就和你的心融为一个心了。不论我是多么的多情和敏感,我自己是不会懂得什么叫爱什么叫情的。我的一切感情都是来自你,你是我的一切,我活着就是为了作你的朋友,这一点,莎约是看出来了的,她就是根据这一点来评价我的。表姐,请你回答我,她的看法对不对?

我把你的朋友当作我的哥哥,这你请楚。我的女友的情人对我来说就是我的同母弟兄。我这样待他,不是出自理智,而是出自我的感情。不管我是多么多情,我也不会以另外的方式爱他。我拥抱你时,也就同时拥抱了你最亲爱的一半。我以我自己特有的活泼方式与他相处,反而保证了我对他的关心纯属至诚。一个女孩子能这样对待她心爱的人吗?你是这样对待他的吗?不,朱莉,我们爱的表现是羞羞答答的,开始总表现得很矜持和不好意思,往往还要推三推四;可是,温存之情一旦变成情有所钟,两者的表现程度就大不相同了。友谊是慷慨的,而爱情是吝啬的。

我承认,在他和我这样的年纪,接触过于密切,毕竟是很危险的,但我们两个人都一心一意地爱你,我们已经习惯于把你置于我们中间,除非你不存在,我们是谁也不会靠近谁的。我们之间已形成美好习惯的亲密关系,在其他情况下是很危险的,然而在当时却成了保护我的盾牌。我们的感情取决于我们的思想,当我们一形成某种模式后,就很难改变。这种情形,就如同我们用某种腔调说话说惯了,要改用其他腔调就难了;好比走路一样,我们已经走了那么远,就不可能再折回去了。爱情有它自己的前进道路,它不喜欢有一半路走的是友谊路。总之,我以前曾经说过,而且现在也这样认为:在天真无邪的人吻过的那张嘴上,我就不能犯罪去吻它了。

　　除了这些理由以外,何况上帝又为我选定一个人,让我和他在一起度过了短暂的幸福生活。表姐,你是知道的,他年纪轻,很漂亮,对人很诚实、温存、随和;他不像你的朋友那样懂得爱,但他的确是爱我的。当我们的心还是自由的时候,别人向我们表达的炽热感情总是容易感染人的。我把我心中剩下的爱全都给了他①,他所得到的那份爱,足以使他对自己的选择毫无遗憾。做到了这一点,我还有什么不满足的呢? 我甚至得承认,有一段时间,由于享受两性的爱,再加上我对我的天职的爱,已经影响到了我对你的爱,因为按我的新的身份,我首先是妻子,然后才是朋友。现在我又回到你的身边,我带给你的不是一个人的心,而是两个人的心;我不会忘记我成为单身以后要偿还这笔双重债。

　　我亲爱的朋友,我对你还有什么好说的呢? 我们以前的老师回来以后,可以说,我们对他应当重新加以认识。我应当用另外的

---

　　① 这句话的意思是:她首先是爱朱莉,把爱朱莉剩下的爱全都给了她自己的丈夫。——译者

眼光看他;当我拥抱他的时候,我感到一种我从未感到过的颤栗。这种感受愈使我高兴,就愈是让我担心。我警告我自己:尽管我这样做,不能算什么大错,但实际上现在是不应该这样做了。因为我很清楚:他已不再是你的情人,而且也永远不会再成为你的情人了;我完全明白:他是自由的,我也是自由的。我亲爱的表姐,后来的情况,你全知道;你也跟我一样,感到害怕,有所顾虑嘛。在这么一种新情况下见到他,我没有经验的心感到如此之恐惧,以至我埋怨自己那样着急回到你这里来;即便要回来,也最好是赶在他的前面回来。我丝毫不愿意他来到的地方正好是我早就想到的地方,我觉得,要是我想到你这里来的心没有那么强烈,同时也不是完全为了你,我也许没有这么难过。

最后,我终于到你这里来了,我的心随之也就踏实下来了。我把我心里的想法如实告诉你以后,我就不那样责怪自己心虚了;和你在一起,我就更不怕了:现在轮到你来保护我,我就不再为自己担心了。我听从你的劝告,决定不改变我对他的态度。但是过分的矜持反倒会成为一种爱的表示;有许多次我的确是无意中把冷若冰霜的样子做过了头,但没有一次是故意的。因此,我只好愈是害羞,便愈是和他开玩笑;愈是怕他,反倒愈是和他亲近。我的举止不如过去自然,也许也没有从前那样掌握得有分寸。我原来爱打打闹闹,现在简直就是疯疯癫癫的了。我之所以放心大胆地这么做,是因为我知道我做了,也不会受到责备。这或许是你为我树立了恢复信心的榜样,使我有学习你的勇气,也可能是我的朱莉净化了她周围的一切,使我完全放下了心;的确,当初的紊乱心情,现在都变得很甜蜜而平静,它要求我的心一定要永远保持这种状态,不要再起波澜。

是的,亲爱的朋友,我和你是一样温柔、多情,但我的表现形式不同。我的爱表现得比你热烈,而你的爱则比我的爱更能打动人心。也可能由于我的性格活泼,所以我有好多办法遮掩自己的感情。这种活活泼泼的作风使那么多妇女丧失了贞操,而我却恰恰靠它保持了我的名节。可是我得承认,要做到这一点,也是不容易的。像我这样年纪轻轻守寡,叫我怎么守法呢?我怎么不有时候感到白天好过,夜里难熬呢?但是正如你说过的和经历过的:保持头脑清醒,是做头脑清醒的人的最好的办法,尽管你的仪态大方,但我并不认为你的情况和我的情况有什么不同。当时,正是这种乐呵呵的样子帮了我的忙,在保持美德方面,它所起的作用也许比那些严肃的理性的教条还大。在寂静的夜晚,有许多次我不能自已时,我就思考明天该怎么玩,以驱赶心中的烦恼!有多少次,我用一句荒诞的俏皮话就避免了两个人幽会的危险!噢!亲爱的表姐,当一个人处于脆弱的状态时,快活的性格往往在某一刹那间变得很严肃,不过,这一刹那间的变化,我还从未经历过。以上所说,都是我真实的思想,我敢向你保证,句句话都是真的。

谈了我心中的真实思想以后,我要毫无保留地讲一讲我在爱丽舍告诉你的我心中萌发的恋情,我还要讲一讲我去年冬天度过的幸福时光。我的心沉浸在甜蜜的喜悦之中,因为我与我所爱的人在一起,别的我什么都不想了。如果这样的时光无限地延续下去,我永不再寻求别的时光了。我的喜悦来自对生活的满足,所以不是假装的。我无时无刻不在关心他,我把为他办事当做一件闹着玩的事情来做,我感到,我的生活中充满了笑,我就不哭了。

　　表姐，说真的，有时候我发现他对我的玩笑并没有什么很不高兴的表示。这个狡猾的人生气也不是真生气；他之迟迟不消气，是为了让我多哄他一些时候。我趁此机会表面上对他讲好话，实际是在嘲笑他。我们两人争相要小孩子脾气。有一天你不在家的时候，他和你丈夫下棋，我和芳烁茵在他们下棋的房间里打羽毛球。她打得很起劲，而我则注意观察我们那位哲学家。从他那抑制不住的得意神情和挪动棋子的敏捷动作来看，我知道他走了一着高棋。桌子很小，棋盘比桌面还大。我看准时机，做出不是故意的样子，打了一个反手球，球拍一下打翻了即将把对方将死的棋盘。他大为光火，那样子，你一生中也许还没有见过。我把脸伸过去，让他决定是打我一下耳光还是亲我一个脸蛋来惩罚我，可他却转过身去不理我。我向他道歉，他还是不理我。如果我给他跪下，他也不会拦我的。后来我又捣了一次乱，才使他忘掉这一次的恶作剧，并使我们两人比以前更亲密了。

　　如果换一下做法，我肯定不会把这件事情处理得这样好；有一次我发现，玩笑如果开过了头，就会弄假成真。有一天晚上，他为我们两人演唱勒奥的那首又朴素又动人的《好友瓦多之死》伴奏。你漫不经心的唱；我也唱得不认真，我的一只手放在羽管键琴上，在唱到最令人悲伤的地方，我很激动，就在这时，他在我手上吻了一下，我的心怦怦直跳。我没有经历过爱情的吻，但我知道，在朋友之间，即使是在你我之间，是不能这样吻的，万一人家这样吻你，你也不能接受！噢！亲爱的表姐，当一个人经历了这样的事情之后，怀着美好的回忆独自遐想时，他的心情是什么样子呢？当时，我中断了歌唱，借口说该跳舞了；我请哲学家去跳舞。我们在露天吃完夜宵,一直玩到深夜;我睡下时已筋疲力尽,一觉睡到天亮。

我觉得当时大可不必表现得忸忸怩怩或改变自己的态度。因为需要改变态度的时候即将到来,所以用不着提前改变,不能过早地做出老成持重的样子。我现在只有二十几岁,我要赶快享受我的权利,该玩就玩,因为一过了三十岁,再疯疯癫癫,就惹人笑话了。你那位爱挑刺的朋友竟然说我再过六个月,就会用手指拌沙拉①。等着瞧吧!为了报复他挖苦我,我说六年后我一定用手指给他拌一份沙拉,他必须吃下去。好,我们言归正传,继续谈我们的。

我们即使不能控制自己的感情,至少也要掌握自己的行为。当然我希望上天给我一颗更为平静的心,让我在生命的最后时刻,听到最高的审判说我的一生也像去年冬天那样没有太多的过错,我就满意了。事实上,我在这个唯一能使我犯错误的人的身边没有做过一件可以指摘的事。噢,亲爱的朋友,自从他走了以后,情况反倒不一样了:他不在时,我总想他,白天时时刻刻都在想他;我发现,他在我心中的形象比他本人对我的危险还大,如果他离我远去,我就爱他;如果他来到我身边,我就装疯卖傻;让他回来好了,我不再怕他了。

他远离而去,已使我感到难过了,现在又增加了一层忧虑,不知道他的近况如何。如果你把这一切都归咎于爱情的话,那你就错了;我的忧愁有一部分起因于友谊。自从他们走后,我看你面色

---

① 在18世纪,青年妇女拌沙拉用手指而不用工具,动作不利落,因此"用手指拌沙拉"一语,用来比喻年轻妇女说起话来像老太婆。——译者

苍白,容貌憔悴,我时时刻刻都担心你会病倒。我这不是瞎疑心,而是有些担忧。我当然知道梦就是梦,而不是事实,但我总担心梦过后,事情也就随之发生。直到我看见你恢复健康,脸上有了血色,我才不做这种可恶的梦,睡觉睡得踏实。不论我心中是否夹杂着我自己也没有觉察到的个人目的,只要他呆头呆脑地回来,在我们这里露个面,我付出多大的代价也愿意。最后,你的气色好了,我的无谓的担心也就随之消失了。你的身体健康,有了食欲,这比你说笑话更使我心里高兴。你在饭桌上大发议论,说我不该那么担忧(其实我的忧虑早已完全消失)。幸运的是他回来了,不管从哪方面说,他的归来都让我高兴。他回来,我不但不害怕,反而会使我放心。从我们见到他的那一时刻起,我就不再为你的生活操心,我也不会休息不好了。表姐,你永远是我的朋友,你放心,我也永远是你的朋友。我起誓只要我有了你,我就永远是你的知己……天哪! 我总觉得有些事情还不放心,令人十分忧虑。究竟是什么事,连我自己也不知道! 噢,我亲爱的表姐,我们两人当中是不是总有一个人在某一天看到另一个人先死去? 遭到这样残酷的命运打击的人真是太不幸了! 她继续活下去就没有意思了,还不如死在前头好呢。

你能告诉我,我为什么这样无病呻吟吗? 让这些毫无根据的恐惧心理见鬼去吧! 让我们把死的问题抛开,谈一谈婚姻问题吧,这个问题谈起来比较愉快,你的丈夫很早就想到了这个问题,如果他不向我谈这个问题,我也许永远也想不到。自从他和我谈了以后,我有时候思考这件事情,但总觉得此事毫无意义。唉! 还是不考虑为妙! 否则,我这个年轻的寡妇会变成老太太的。如果我再结婚，再生孩子，那时候我也许已经到了给我的前夫的孩子当祖母的年龄了，我觉得你太热心，以致把你的女友的名誉不当一回事，而且还说你这样做，是出于对我的关心和善意，好嘛！我告诉你，你出于好心而要我再婚的那些理由，只要我稍加驳斥，就站不住脚了。

让我们严肃认真地来谈这个问题。我反对这桩婚事。我反对的理由，既不是羞于违背我自己立下的不再嫁人的誓言，也不是怕我再次履行妻子的职责会遭到人家的非议，更不是因为两人贫富悬殊，其实，富有的一方把自己的财产给予另一方，这对后者来说是一件光彩的事，我还不至于如此庸俗，把这些作为反对的理由；我也不重复我多次对你说过的自己的独立性格和对婚姻束缚的天生的反感；我只坚持一条理由，而这条理由的根据是如此神圣，以致在这个世界上谁也不会像你那样尊重它。如果你能驳倒这条理由，我就认输。这些感情上的纠葛，你是那样地担惊受怕，而我心里却很坦然。我没有做过任何羞见我死去的丈夫的事，我可以请他来做我的清白的见证人。他在世时我敢做的事，为什么在他死后我反而不敢做呢？朱莉啊，如果我违背了把我们结合在一起的神圣誓约；如果我敢向另一个男人许下我对我丈夫许过无数遍的山盟海誓；如果我的心厚颜无耻地被两个男人所爱，偷偷把应该倾注在另一个男人身上的感情用来怀念我的丈夫，如果我向两人当中的一个人履行自己的职责就必然伤害另一个人，我的心还能像原先那样坦然吗？我丈夫亲切的音容笑貌将使我惊慌和恐惧，不断扰乱我的快乐的心情，对他的怀念本来是我生活中的慰藉，那时反倒成了我的生活中的一大痛苦。你怎么敢在自己发誓绝不再嫁之后,要我再去嫁人呢? 你对我说的那些理由似乎对你就不适用了! 你以我的丈夫和他的感情融洽为理由吗? 那就更是大错了。当我的丈夫得知自己的好友夺取了自己的权利,使自己的妻子做出不忠贞的行为,他该多么气愤啊! 是的,我现在对我丈夫已不再负有任何义务,但我对他的爱情就可以不珍视了吗? 如果他能料到我将把我们的独生女儿和另一个男人的孩子混杂在一起,他当初还会娶我为妻吗? 还有一句话,我就说完了。谁对你说过一切障碍来自我这一方? 当你对一方担保说这桩事必定很美满的时候,你为什么不问一下你自己的愿望是否妥当,而只认为你能左右他就可提出此事? 尽管你对他的心事了如指掌,但他的心已被另一个人①的爱情折磨得不成样子,你怎么能毫无顾忌地把这颗受伤的心交给我呢? 你以为我的心喜欢这样一颗心吗? 你以为我和一个我不能使之得到幸福的男人在一起,我能幸福吗? 表姐,你把这些问题好好地想一想;我不要求对方给予我的爱多于我给予他的爱,我只希望我所付出的爱能得到同样的回报;作为一个诚实的女人,如果我不能使我的丈夫感到高兴,那怎么行呢? 你有什么依据,认为你能把我们两人撮合在一起呢? 因为我们相见时两人都感到高兴吗? 其实,这完全是出于友谊嘛;因为我们曾经有过短暂的心醉神迷吗? 其实这是我们这样年龄的人,男女接触很容易产生的感情嘛;你怎么能认为有了这些理由就足够了呢? 如果那短暂的心醉神迷真产生了某种持久的感情,他为什么不但对我闭口不说,而且对你,对你的丈夫,也只字不提呢? 只要他一提出此事,

---

① 指朱莉。

我们三个人，谁不赞成呢？他向别人提过此事吗？当我和他单独在一起时，我们不谈别的，不都是专谈你吗？而你们两人在一起时可曾谈到过我？我很纳闷：如果说他在这件事情上有什么难言之处，可他在我面前又从未有欲言又止的表现，莫非他真能做到滴水不漏，守口如瓶？请问：自从他走后，他来信谈我们两人之中的哪一个人谈得多？他梦中萦怀的，是我们两人之中的哪一个？我佩服你看出我是一个多情的人，但你却没有料到我会提这么多问题！我的小宝贝，我已经发现了你的阴谋。你之所以指责我过去牺牲你而保全我自己，是为了使你有权报复我。我不是傻瓜，我不会上你的当的。

　　表姐，以上所说，都是我的心里话，我说这些话的目的是为了向你解释清楚，而不是批驳你。我还没有谈到的是我在这件事情上已经做了什么决定。现在，你对我内心深处的想法，已与我本人一样清楚，甚至比我更清楚；和我本人一样，你也非常珍惜我的荣誉和幸福，当心情平静下来时，理智将使你更清楚地知道我应该到何处去寻求我的荣誉和幸福。请你告诉我应该怎么做，我完全服从你的指挥。让我们还像昔日那样相处在一起；只不过把我们的工作调换一下罢了，我们两个人都会把事情处理好的。一切由你掌握，听你的话，我的行动由你来决定，你的愿望由我来实现，把我们两人的心合为一颗心，既然我们永不分离，又何必要两颗心呢？

　　啊！现在让我们回过头来谈那两位旅行家。不过，我已经对其中的一个谈了很多，所以我不敢再谈另一个了。以免你觉得我谈这两个人所用的语气迥然不同，认为我对那位英国朋友之所以表示友好，实际上是在对那位瑞士朋友传情。何况那些信我没有看过,有什么好说的呢?你至少应该把爱德华绅士的信寄给我,但是你又不敢寄他的信而又不同时寄另一个人的信。你干得真不错……看你还有什么更好的办法……咳!还是二十岁的监护人好!她们比三十岁的监护人容易对付。

我一定要进行报复;告诉你,我已经识破了你这样捣鬼的目的,是要我猜想那封信……那封信是不是……千真万确已经丢失。我巴不得信上写的都是一些天花乱坠的话。好吧,如果信中没有赞美我的话,我就要罚你在信上补写。

说实话,我不明白,有了这番经过以后,你怎么还敢和我谈论那封意大利的来信。你想证明:我的错误不在于等那封信,而是我等的时间不够长。再等那么短短的一刻钟,我就会收到邮包,成为最先拿到信的人,从从容容地把它看完。这一次,该轮到我发表意见了。狐狸吃不到葡萄,就说葡萄是酸的。尽管有人扣下了我两封信,但我收到了另外两封信;不管你信不信,我还是要对你说,即使从意大利来的信还在,我也绝不会用我收到的这两封信去换那两封信。我告诉你,我之所以没有把昂莉叶蒂和你的信放在一起讲,那是因为她的信比你的信写得好;无论是你还是我,都写不出生活中如此美好的事物,而你竟公然指责这个小天才放肆!啊!这纯粹是出于嫉妒。事实上,你不是有时候也跪在她面前,重重地吻她的手,吻了左手又吻右手吗?在你的熏陶下,她已经变得像圣母那样端庄,像卡托那样严肃;她尊重所有的人,包括她的母亲,因此,她说的话或写的信,没有一句是闹着玩的,都是很有意思的。自从我发现她这种才能以后,为了防止你像歪曲她的话那样篡改她的信,我就在她的卧室和我的卧室之间派一名专差传送意大利来的邮件，以免有人偷拆邮包。

　　再见，亲爱的表姐，你看了我的回信，就会重新信任我的。我原来还想谈谈这个地方的景物和这里的居民，但这封信已写了这么多，应当搁笔了，再说，你那些异想天开的想法已经把我搞糊涂了，而你的丈夫又使我几乎忘掉了我们的客人。我们在这里还要逗留五六天，因此，我还有时间再仔细观察一下我所见到的事物；在我离开这里之前，你还可以收到我一封信，那封信不会使你失望的。

书信三　爱德华绅士致德·沃尔玛先生

　　不，亲爱的沃尔玛，你没有看错这位年轻人，他办事很稳妥，而我还没有他那样步步踏实。我险些付出巨大的代价，才认识到这一点。我本想考验他，结果要是没有他，我自己反倒掉进了圈套。正如你所知道的，为了让他能实现他想报答我的心愿，用新的事物来充实他的心，我故意夸大了这次旅行的重要性。我之所以要做这次旅行，一是为了去了清一笔旧债，再一次去看望一位相识已久的女友，二是为了去办理一些和圣普乐有关的事情。我希望这次旅行结束后，既能与我青年时代的恋人一刀两断，又能带回一位身心完全恢复健康的朋友。

　　我曾对你说过，他在维尔勒弗做的梦使我感到不安。后来，当我告诉他，你将把负责教育你的孩子的工作交给他，并让他和你们住在一起时，他就欣喜若狂，这使我不能不从他所做的那个梦，推测他之所以那么兴奋，也许还有其他的原因。为了更好地观察他内心的感情活动,我开始是想把他今后将遇到的困难告诉他,并让他知道,我也要和你们住在一起,使他从友谊出发,不同意也得同意。但由于种种其他的原因,我改变了主意。

圣普乐和侯爵夫人只见了一两次面,就对她产生了和我一样的看法。她的做法很不对:她想赢得他的心,但她对他使用的尽是诡计。这个女人真笨!她资质不错,但品德欠佳!她如痴如狂地爱,但不讲究体面!她真心实意的狂热的爱打动了我的心,使我入了迷,激发了我对她的爱;但她的爱情带有她丑恶灵魂的阴暗的色彩,结果使我感到十分厌烦。现在我和她的事情已经了结了。

当圣普乐和洛尔见了面,了解了她的心,发现了她的美和才情,认为她那样狂热地爱我反而不能使我得到幸福后,我便决定利用洛尔来弄清圣普乐的思想状况。"如果我娶洛尔为妻,"我对他说道,"我不打算带她去伦敦,因为怕人家认出她来。我带她去一个人人都敬重美德的地方,这样,你就可以担任教师的工作,而我们也能永远在一起。如果我不和她结婚,我就隐居。你知道我在牛津郡有一座房子;你可以选择:是去教育你的一个朋友的孩子呢,还是陪伴另一个朋友去隐居。"他的回答不出我的预料,但我还要看他的行动。不管是他为了到克拉朗来便赞同一桩他本该反对的婚姻,还是在这紧要关头,把朋友的荣誉看得比自己的幸福更重要,他都会感到进退两难,经受一场考验,暴露他真正的心意。

一开始,他像我所希望的那样,坚决反对我故意骗他的计划,而且还摆出种种理由,劝我不要和洛尔结婚,他那些理由,我知道得比他更清楚;我继续不断地去看洛尔,我发现她内心十分痛苦,而对我仍非常温柔。我的心早已背离了侯爵夫人,我现在天天去看洛尔,我这颗心全都扑在她身上了。我发现她的感情中有某种东西吸引我,使我对她更加依恋。我一向蔑视舆论,而这一次却迫于舆论的压力,我没有给她以应有的敬重,对此,我深感惭愧。即使我口头上没有说过什么爱她的话,但我至少曾对她表示过关心,从而使她对我产生了幻想,在这一点上,难道我一点责任也没有吗?即使我没有作过任何许诺,但对她采取不负责任的态度,就等于是在欺骗她,而且,这样的欺骗,性质更狠毒。因此,在我对她的感情中终于增添了责任感,考虑自己的幸福的时候多,考虑荣誉的时候少,结果,出于理智的驱使,我终于爱上了她;我决心假戏真做,使事情能发展到什么程度就发展到什么程度,即使将来陷入不采取不正当的手段就不能自拔的境地,也在所不惜。

不过,我对我这位年轻的朋友越来越担心,因为他没有尽力去完成他承担的任务。虽然他不同意我的想法,反对我与洛尔结婚,但他并未怎么阻止我对洛尔萌发的爱情。而且,和我谈到洛尔时总是赞不绝口,表面上好像是在劝我打消与洛尔结婚的念头,但实际上反而使我更加爱她。他这种矛盾的做法令我感到惊异。我觉得他根本没有他本应该有的坚决态度:他似乎不敢正面顶撞我,我一坚持,他就让步,他怕惹我生气;他平时总鼓励那些喜欢大胆发表自己意见的人发表自己的意见,但此次他没有把大胆对我进献忠言作为自己应尽的责任,这一点,我很不满意。

另外,还有一些现象加深了我的疑心。我知道他偷偷去见过洛尔。我发现他们之间有一些心照不宣的迹象。洛尔并不因为有和她热爱的人结合的希望而感到高兴。我发现她的目光虽和以往一样充满柔情，但不仅没有平时见到我时的那种喜悦的神情，反而显得很忧伤。接着当她向我倾吐衷曲时，她总要偷偷看一眼这个年轻人，还悄悄流下几滴眼泪，不让我发现。这些令人迷惑难解的迹象终于发展到使我十分担心的程度。你可以想象得到，我当时是多么吃惊。有什么话好说呢？我尽心竭力挽救的这个人，难道是一条毒蛇吗？我还要忍耐到何时，才能以其人之道，还治其人之身，对他进行报复？我们人类是多么懦弱和多么不幸啊！我们所做的这一切，都是自作自受。好人尚且互相倾轧，我们何必抱怨坏人害我们呢？

我一定要把事情弄个水落石出，尽管我还不了解他们玩弄的是什么花招，但我觉得洛尔对我的爱始终如一，有了这一点，我反倒比过去更加爱她了。我本想在下结论之前和她谈一谈，但我觉得还是等一等，等我自己把情况搞清楚以后再说。对于他，我决心不露声色，也不采取任何措施，尽管我断定和他绝交已经是不可避免的事，但我并不愿意仅凭一点可疑的迹象就去为难一个天性善良的人，败坏他二十年的好名声，因此，我下决心等最后掌握了使我和他都信服的证据以后，才找他理论。

侯爵夫人对我们这里发生的事情了如指掌。她在洛尔的女修道院里有她的耳目，所以她终于知道我和洛尔要结婚。单是这一点，就足以使她恼羞成怒，给我写了许多威胁我的信，她不光是写信，还采取了其他行动，不过，由于我不是第一次见到这样的事，加之我们又有提防，所以她的企图没有得逞。通过这件事，我欣慰地看到，圣普乐肝胆照人，在朋友有难时，能不惜自己的生命，挺身相助。

　　在盛怒之后，侯爵夫人一病不起，她的痛苦*和罪恶到此即告终结。我知道她生病的消息后，心里很难过。我请埃斯万大夫去给她看病，派圣普乐代我去问候她：她执意不见这两个人，甚至不愿意听人提起我；当她一听到我的名字，就用世界上最恶毒的语言诅咒我。我感到悲伤，我觉得已断的旧情又将复活，不过理智还是占了上风，只是一想到我曾经热爱过的女人已生命垂危，我就对结婚之事毫无兴趣。圣普乐担心我禁不住还是要去看她，就劝我去那不勒斯旅行，我接受了他的建议。

　　我们到达那不勒斯的第二天，他走进我的房间，表情十分严肃，手里拿着一封信。我失声说道："侯爵夫人死了！""但愿如此！"他冷冷地说道，"活着做坏事不如死了好。不过我不是来和你谈她的事。听我说。"我默不作声等他讲下去。

　　"绅士"，他对我说道，"你不但赋予我'朋友'这个神圣的称号，而且还教我如何行事才无愧于这个神圣的名称。我已经完成了你交给我的任务；现在，我发现你有些忘乎所以，因此，我要提醒你注意你的行为。你挣脱了一个枷锁又套上了另一个枷锁，其实，这两个女人都配不上你。如果这桩婚姻仅仅是因个人的地位悬殊，那我就会对你说：'你要记住，你是英国的绅士，因此，在这件事情上，你要么就丢掉你在上流社会的荣誉，否则就按一般的舆论行事。然而这桩婚姻有损你的名声！……你……你要慎重选择你的妻子。她为人贤慧，这还不够，她还应该白璧无瑕，一生清白……爱

---

　　* 从爱德华绅士以前被删掉的一封信中，我们得知他认为恶人死后，灵魂将随之毁灭。

德华·博姆斯顿的妻子不是轻易就能找到的。你看我说的这番话对不对。”

说到这里，他递给我一封信。信是洛尔写的。我心情激动地把信打开。"爱情胜利了，"她写道，"你想娶我为妻，我很高兴。但你的朋友向我指出我应该怎样处理这个问题，我照他的话做了，我毫不懊悔。败坏你的名声，我的生活也不会幸福的；能保持你的体面，我也体面。尽管尽一项严峻的义务而牺牲了我一生的幸福，但我这样做，却能使我忘记我青年时期的耻辱。永别了，从此刻起，你就不用管我了，我要自己管自己。永别了，唉，爱德华！不要因为我在你的生活中消失而苦恼，这是我最大的心愿。但也不要让另外一个女人在你心中占据我没有占据的位置。在这个世界上有一颗心是为你跳动的，这就是洛尔的心。"

我激动得说不出话来。他看我不说话，便接着告诉我说：在我走了以后，她就到她原先住过的女修道院里当了修女，罗马教廷知道她想嫁给一个路德教徒，就禁止我再去见她；他坦率承认这一切都是他和洛尔协商后安排的。"一开始，我没有作出竭力反对你的打算的样子，"他接着说道，"因为我担心你又会回到侯爵夫人身边，我就想用你对洛尔的感情转移你对侯爵夫人的旧情。以后，当我看到你走得太远时，我首先想用理智来感化你，然而，鉴于我过去走过的弯路，我有充分的理由不相信理智能解决问题，于是，我便去试探洛尔的心，我发现她具有那些真正懂得爱情的人所具有的宽阔的胸襟，因此我极力促使她为你作出这么大的牺牲。当她深信她以后不会受到你的轻视，就勇敢地采取了这个行动，从而使她更值得你的尊敬。她已经做了她应该做的事，现在该轮到你了。"

接着,他心情激动地走到我面前,紧紧搂住我说:"上帝为我们安排了共同的命运,为我们制定了共同的行动准则。谈情说爱的时期已经过去,以友谊为指针的时期现在开始了;我的心只听从友谊的神圣的呼唤,它把我和你紧紧联系在一起,你想去什么地方定居,由你选择:是去克拉朗,还是去牛津、伦敦、巴黎或罗马;只要我们两人在一起,去哪里都行。去你愿意去的地方,寻找一个安身之地,即使到天涯海角,我也永远跟随你;我向永生的上帝宣誓:我只有死,才离开你。"

我十分感动。这个满腔热情的青年的眼睛里闪耀着虔诚和激动的神情。我忘记了侯爵夫人,也忘记了洛尔。只要我们在这个世界上还有一个朋友,我们还有什么可遗憾的呢?从他在这件事上采取的果断决定看,我认为,他心中的创伤确已痊愈,你在他身上花的心血没有白费。总之,根据他发自肺腑的愿与我永远在一起的誓言看,我敢断言他把美德的实践看得比旧日的恋情更重要。因此,我怀着充分的信心把他带回你的家。是的,亲爱的沃尔玛,由他来教育你的孩子,尤其是住在你家,那是一百个令人放心。

几天以后,我得知侯爵夫人已经去世。其实在我心中,她早已死了,所以我并不怎么难过。在此以前,我一直把婚姻看成是人出生之后对自己的同胞和自己的国家所欠的一笔债务,因此,我之所以决定结婚,与其说是为了爱情,不如说是为了尽自己的义务。现在我的看法改变了。并不是每一个人都非尽这个义务不可的,尽不尽这个义务,这要取决于每个人命里注定的社会地位:就平民百姓、手工匠人、农民和真正有用的人来说,他们不结婚是不对的;对于统治阶层的人（大家都想当这样的人，所以这种人的人数总是过多）可以允许他们过独身生活；让他们过这种生活，甚至是件好事。否则老百姓的人数就会减少，而由老百姓负担的人就会增加。发号施令的人将比比皆是，英国缺少的是农夫而不是贵族。

我认为，既然上天在我出生时就为我安排好现在的社会地位，我就可以自由行事，自己掌握自己的命运。在我这样的年纪，感情上的损失是无法弥补的。今后我要把我的心用来存放我剩余的感情，只有在克拉朗我的心才能完成这项使命。因此我接受你的提议，到你家定居，但有一个条件，那就是：把我的财产和你的财产合并在一起，否则它毫无用处。由于圣普乐发过和我永远在一起的誓言，我也只有和你生活在一起，才能使他留在你的身边；万一有一天我成了多余的人，我离开就是了。唯一的麻烦是：我要经常去英国，因为，我尽管对议会已不感兴趣，但只要我还是议会成员，我就要始终如一地履行自己的职责。不过我有一个同僚和一个可靠的朋友，我可以委托他们以我的名义处理日常事务。在我觉得我非亲自去不可的时候，我们的学生可以陪我去，甚至他的学生们在稍大一点的时候，只要你放心把他们交给我们，我们也可以带他们去。这样的旅行对他们颇有好处，而且旅行的时间不会太长，他们的母亲也不会舍不得。

这封信我没有给圣普乐看，你也不要让两位夫人看，我策划的这次考验，除你我两人外，也不要让第三个人知道。但是，能给我们尊敬的朋友带来荣誉的事情，你可以毫无保留地告诉她们，即使有损我的名誉也无妨。再见，沃尔玛。我随信寄来我的院子的图纸：你可以随意修改和变动，如果可能的话，最好立即动工。我原来想去掉其中的音乐室，因为我对音乐的爱好已完全消失，但在圣普乐的请求下，我保留了它。因为他打算在这个房间里教你孩子练习音乐。你还将收到一些书。丰富你的图书室。不过在这些书中哪有什么新东西？啊，沃尔玛！若想成为世上最聪明的人，你只要善于阅读大自然这本书就行了。

书信四　复信

亲爱的博姆斯顿，你那多年的恋爱关系如此结局，我早已料到。但我感到奇怪的是：你已经和自己的感情做了长期的斗争，想不到还需要有一个朋友来帮助你，你才能最终战胜你的感情，其实，我们最好是凡事依赖自己，不要指望别人。说实话，当我接到你上封信说你和洛尔的婚事已完全决定时，我的确感到吃惊。尽管你话说得很坚决，但我还是半信半疑，而且，如果这件事情不像我所预料的那样结局，我这一生就不愿意再见到圣普乐。你们两个人都没有辜负我的期望；你们的行为完全证明，我对你们的判断十分正确，你们赞同我最初的安排，我心里非常高兴。来吧，超凡脱俗的人，给我们这个幸福的家庭带来更多的欢乐，与我们一起享受这幸福的乐趣。不管那些信奉宗教的人向往的来世生活是多么美好，我都宁愿与你们一起过这现实的世间生活；我觉得，你们是怎么样的人，就怎样和我在一起，这很好，如果你们的思想和我完全一样，那反而糟糕。

此外，在你临行之前，我已向你说过我对圣普乐的看法。没有你这次考验，我也能对他作出正确的判断，因为我已经考验过他。

我认为，我对他的了解，比任何一个人对他的了解都深。再说，我有充分的理由相信他的心，我对他的评价，比他自己对自己的评价还好。尽管他似乎要步你的后尘，抛弃结婚的念头，但到这里后，你可能有办法使他改变主意。此事等我们见面时，我再向你细谈。

至于你，我发现你主张独身生活，颇有新意，很值得玩味，从政治上说，为了平衡国家的各种力量，使之保持安定，我认为，你的见解是很有道理的。不过，我不明白的是，根据你所讲的那些道理，是不是就足以免去个人繁衍后代的义务。我觉得生命如同一笔财产，你在接受它的同时，就承担了把它传给下一代的任务，代代相传，永无穷期。因此，无论是谁，只要是父亲所生，他本人也应该成为父亲，留有后人。你以前是这样看法的，你此次罗马之行也是为了达到这个目的，不过，我知道你的新的见解是怎样产生的，我在洛尔的信中发现了一个你无法反驳的论点。

我们的表妹和她的家人在八天或十天之前已去日内瓦购买物品，并办理其他事情。我们天天盼着她回来。我把你信中该告诉我妻子的事情都告诉她了。我们从米奥尔先生那里得知你已解除了婚约，但我妻子不知道圣普乐在这件事上所起的作用。请你相信，当她知道他为了报答你的恩德和不辜负你对他的敬重而做的一切努力时，她肯定是万分欣喜的。我把你的院子的图纸给她看，她觉得房子的式样极其雅致。因建房地点条件的限制，我们要做一些改动，使你住得更舒适，我想，你肯定会同意的。但是，我们要等克莱尔同意后才能着手修改图纸，因为，正如你所知道的，没有她，我们什么事情也办不成。在此期间，我已经命令人破土动工，我希望在冬天来临以前，砖瓦活儿可大部分完成。

谢谢你寄给我们的书。不过,我已经知道的东西,我就不再到书上去寻找了;至于不知道的东西,要我到书中去学习,那又为时太晚了。我并不像你说的那样无知。自然界里的真正的书,在我看来是人的心,我受益于这本书的证据,就是我对你所怀有的友情。

书信五　多尔贝夫人致德·沃尔玛夫人

表姐,我悔不该到这里来住这么些日子,因为,问题已经严重到我越住就越想住下去。日内瓦是一座迷人的城市,市民很殷勤好客,风俗很敦厚,尤其是在我心目中高于一切的自由,看来,在这里真是找到了安身之地。我愈观察这个小国,我愈是感到有祖国的人是多么幸运;愿上帝保佑那些希望有一个祖国,而实际上只不过希望有一个家园的人,不要遭受灾祸! 就我来说,如果我出生在这里,我也会有十足的罗马精神。不过,目前我不敢夸口说:

> 罗马精神已不在罗马,
> 我在哪里,它就在哪里;

因为我怕你的坏心眼想到反面去了。不过,为什么要谈罗马呢? 为什么要三句话不离罗马呢? 我们还是谈谈日内瓦吧。

我不和你谈日内瓦的风光。因为它与我们这里的样子很相似,只是它丘陵少而田园多,没有鳞次栉比*的乡间别墅。我也不

---

　　* 编者认为,"鳞次栉比"一词应为"彼此相邻。"

和你谈这里的政府。如果上帝肯帮助你,他会让我父亲来告诉你的:他整天津津有味地和官员们议论政治;我发现,由于报纸上很少谈日内瓦的事情,所以他的消息很不灵通。你从我给你的信中就可想象得到他们谈论了些什么问题。每当我对他们的谈话感到厌烦时,我就躲到一边,给你写信,为了消除我的厌烦,我只好让你厌烦。

对于他们没完没了的长篇议论,我还能记得的,是他们对这个城市的良好的秩序的许多赞美之词。看到这个国家靠各种力量的相互作用来保持平衡,人们不能不认为这个小小的共和国政府的治国术和使用的有本事的人才,比那些疆域辽阔的帝国政府的治国术和使用的人才强得多。庞大帝国之能够得到维持,全靠它的幅员广大,人口众多。在这样的国家里,权力很可能是掌握在一个傻子手里,然而国家的事务仍可照旧进行。我向你保证,这个国家不会出现这种情形。每当我听见父亲谈起宫廷的那些高级官员时,我就不能不想起那位可怜的音乐师,他在洛桑的一架大风琴*上神气十足地乱弹,他自以为弹得不错,其实弹得乱七八糟,一片噪音。这儿的人用小小的斯频纳琴弹的曲子也很和谐,虽然说不上是非常和谐。

我也不和你谈……你看,我说不和你谈,结果,反而觉得有些话还没有说完。为了快些说完,我们抓紧时间谈几件事情。日内瓦人是世界上最不掩饰自己性格的人,人们与他们一接触,很快就

---

　　*　"大风琴"这个词中的"大"字,也有用阴性形式的形容词(法语的形容词和名词,有阳性形式和阴性形式、单数和复数之分。——译者),我发现,我们瑞士人和日内瓦人为了炫耀自己的法语纯正,认为"风琴"这个词,单数时为阳性,复数时为阴性,用单数或复数都可以,不过用单数比用复数好。

能了解他们。他们对自己的善良习俗，甚至对自己的恶习都直言不讳地一块儿讲。他们心里觉得自己好，所以不怕在外人面前以自己的本来面貌出现。他们为人宽厚，通情达理，思想敏锐，但他们太看重金钱：我把这个缺点归咎于他们所处的环境使然。因为他们的土地少，不能养活所有的居民。由于这个原因，他们散布到欧洲各国去赚钱，他们学外国人的样子，大摆架子，染上了所在国家的人民的恶习后*，就把那些恶习连同他们赚到的钱财一起带回国来。学会了外国人的奢侈，他们便蔑视自己的古朴，原来引以自豪的自由精神，他们现在认为可悲可鄙了。他们用银子打造项链，不仅不认为那是套在脖子上的枷锁，反而认为它是一种装饰。

　　噢，你看，我这些话不还是在谈讨厌的政治问题吗？它们装满了我的脑子，把我都搞糊涂了，我烦死了，不知该怎样办，才能摆脱这类问题。只有当我父亲不和我们在一起的时候（只有邮差来的时候，他才不和我们在一起）我们才能谈别的问题。亲爱的表姐，我们走到哪里，就要把自己的影响带到哪里，因为，关于国家问题的谈话，总是有用的，可谈的话题也是很多的，我们从谈话中可以学到许多在书本上学不到的东西。由于英国风俗对这个国家的影响甚深，因此，男人和女人的接触不像我们这里这么密切；男人谈起话来，态度很严肃，语气很庄重，但这个优点，显然伴随有缺点。他们的谈话的句子太长，爱讲理论，开场白太多，稍稍有些做作，有时候有点咬文嚼字，轻松的字眼很少用；使别人容易接受的只表达感情而不表达思想的天真朴实的话，也从来不说。法国人写文章

---

　　* 现在，他们已用不着到外国去沾染恶习了，因为他们自己就有。

像说话一样，而这里的人说话却像写文章一样；他们不是在说话，而是在念论文，是在做论文答辩。一张口就是 ABCD，段落分明，他们用著书立说的手法来谈话，他们是作家，而且是大作家。他们谈话就像是在念书，抑扬顿挫，吐字发音十分讲究！他们使劲咬音，一个音节也不漏。"葡萄'渣'"这个词中的"渣"字，从他们口中说出来，就好像是在叫一个姓"查"的人；他们不说"烟草"而硬要说"烟草叶儿"；不说"阳伞"而硬要说"太阳伞"；不说"前天"而硬要说"前一天"；不说"书记"而硬要说"书记官"；不说"争风吃醋的情场"而硬要说"自投罗网的情网"。总之他们的语言非常雕琢，说起话来，就好像是在发表演说，甚至闲谈也像是在说教一样。

奇怪的是，尽管他们说话冷冰冰的，口气十分武断，但他们却很活跃，容易冲动，而且对人特别热心。如果他们谈话不是那么面面俱到，或者只是点到为止，他们的话还是富于感情，很有意思的。可是，他们那种有板有眼，一句一个停顿的说话方式，也真叫人受不了；本来是心里紧张，情绪十分激动的话，他们却慢慢吞吞，从容不迫地说，因此当他们把话说完后，大家都要看一看他们周围的人，看哪一位听懂了他们所写的文章。

应当承认，我是花了一番心血，付出许多代价才对他们的风俗习惯有一个正确的认识，才发现他们并不庸俗。我告诉你一个秘密：此间有一位漂亮的未婚男子（据说他家里很富有）曾对我大献殷勤，一听他那番柔情蜜意的话，我不用打听，就知道他是谁。啊！如果他一年半以前来找我，那才好玩呢，我准会把这样一位公子变成我的奴仆，把这位阔少爷迷得神魂颠倒！但是现在，我已经没有这个兴趣了，也不觉得这种事有什么好玩了；我疯狂的劲头已完全消失,处处按理智行事了。

现在我回头来谈谈日内瓦人喜欢读书求知的问题。在这里,各阶层的人都喜欢读书,读书已蔚然成风,都觉得读书有好处。法国人读的书很多,但是他们只读新书,更确切地说,他们读得并不认真,只不过大致看看,浏览一遍,以便日后可以炫耀自己读过哪些书。而日内瓦人只读好书;他们认真地读,认真地消化,他们对书不妄加评论,尽管他们对一本书的好与坏完全清楚。对书的评价和挑选,是在巴黎进行的。送到日内瓦的书,都是经过挑选的。因此,日内瓦人读的书少而精,从中得到的益处也比较多。妇女们关在房间里*看书,她们的观点都是从书上来的,只不过表达的方式不同而已。像我们这里一样,日内瓦的漂亮女人都是女学士,风雅的女才子。城市里的姑娘们也从书中学到一套优美的语言:宛如儿童有时候也会说几句乖话似的,她们口中有时候也会说出某些经过精挑细选的词语,让人听起来感到吃惊。必须具备男人的智慧,必须具备女人的细心,而且还要具备男人和女人都有的才情,才体会得到日内瓦的妇女并非故意卖弄学问,日内瓦的姑娘也非故作风雅。

昨天,在我窗口对面,有两个当工人的女孩子,她们长得很美,在她们的作坊前面聊天。她们谈得很起劲,引起了我的好奇心。我侧耳细听,一位姑娘笑着说,她们两个人都应该写日记。"是的,"另一位立刻回答道,"我们每天上午写日记,到了晚上再把上午写的日记,拿来对照自己的言行检查一遍。"表姐,你对那位姑娘

---

　　* 请注意,这封信是老早以前写的,这一点,我担心很多人看不出来。

说的话有何看法？我不知道这两个女孩子说的话是不是办得到，但是我知道，如果一天之中，她们要到晚上才能抽出时间检查日记，那么她们一天的工作安排一定是非常紧张的。毫无疑问，这位姑娘肯定看过《一千零一夜》的故事。

尽管日内瓦女人说起话来有些做作，但她们仍然保持了做事干脆利落的泼辣性格，在这里也和城里的上流社会一样，也有许多钟情的妇女，她们的穿扮很朴素，但却显得很大方，懂得什么是美。她们的举止谈吐都很朴实。日内瓦男人温存有余，但风流不足，而日内瓦女人则感情丰富但缺乏魅力。这种丰富的感情使最老实的日内瓦女人显得楚楚动人，让人看了不能不动心，觉得她们非常聪明。只要日内瓦妇女保持日内瓦女人的特点，她们就永远是欧洲最可爱的女人，但后来，她们却偏偏去学法国女人的样子，结果，让法国女人占了她们的上风。

因此，风俗坏了，一切都跟着坏了。正确的审美观取决于美德，它随美德的败坏而败坏，人们的矫揉造作，崇尚浮华都是追逐时髦的结果。有学问的人几乎都染上了这种习气。我们女人难道不是因为天生是害羞的，才不能不用巧妙的办法来对付男人的纠缠吗？虽说他们能玩弄花招，想方设法让我们听他们的那些花言巧语，但我们又何必费那么多心机？只要我们不理睬他们，不就行了吗？难道不是因为他们，我们才必须才思敏捷，口齿伶俐，善于反唇相讥*，对他们百般奚落吗？不管你怎么说，做出某种调皮、

---

　　* 应当写作 risposte，意大利文为 risposta，但也有写作 riposte 的，所以我就这么写了。多一个书写错误，也不要紧。

撒娇的样子反倒比采取沉默和轻蔑的态度更能把那些痴心妄想的人弄得狼狈不堪。看见一个来求婚的漂亮的先生被我们伶牙俐齿的话问得慌慌张张,手足失措,那是多么开心啊!我们用不冷不热,似爱非爱的态度对他,用干巴巴的严肃的问题把他问得张口结舌,那是多么好玩啊!你也一样,别看你装得若无其事,你以为凭你天真和娴静的态度以及羞涩和温柔的举止,就比我莽撞冒失的做法更能掩盖你的诡计和狡猾吗?天哪,可爱的表姐,如果统计一下我们两个人各自嘲弄的风流男子的人数,很难肯定用你假装正经的样子嘲弄的人数没有我用大大咧咧的样子嘲弄的人数多。直到现在,我一想到那个可怜的孔弗郎,还忍不住要笑,他曾经气冲冲地跑到我这儿来埋怨你爱他爱得过了分,"她是那样的温柔,"他对我说,"我不知道还有什么不满意的,不过,她和我说话时,总是那样的理智,以致我不敢在她面前稍有差池;我是如此明白无误地发现她处处以朋友待我,以致我不敢成为她的情人。"

在这个城市里,夫妻关系之和睦和家务安排之有条理,是世界上任何一个地方都无法比的。他们的家庭生活很愉快和温馨,丈夫对妻子百般体贴,而妻子可以说个个都像朱莉。你那套做法在这里得到了实行。男女双方都各自想方设法找点活儿做,找点好玩的事情玩,因此他们非但不互相感到厌腻,反而更愿意常在一起。智者就是这样享受快乐的。为享受而克制,这是你的哲学;这是有理智的享乐主义。

可惜的是,这种古老的享乐要有节制的传统已开始消失。人与人之间也往往貌合而神离。在这里和在我们国家一样,任何事情都有好的一面和坏的一面,只是程度不同而已。日内瓦人的优点是固有的,而他们的缺点则是从别人那里学来的。日内瓦人不仅去过很多地方,而且喜欢模仿其他民族的风俗和习惯,他们会讲各种语言;尽管他们自己有拖长重音的毛病,但他们学别人的腔调,还是一学就会,尤其是妇女,虽然她们旅行的地方不多。他们不为自己所享有的自由而自豪,却因自己国家的疆域狭小而自卑。可以说他们心里是巴不得与居住国的人同化,从而忘记自己的祖国;也许,由于他们有贪财的坏名声才使他们产生了这种不应有的自卑感。其实,他们最好是把钱财看淡些,努力洗刷日内瓦人的坏名声,否则,他们将愈怕说自己是日内瓦人,就愈给日内瓦人的脸上抹黑。不过,即使别人尊敬日内瓦,日内瓦人也是自己看不起自己的;他们还有一个错误是:不知道用自己的功绩为祖国带来荣誉。

　　无论日内瓦人多么贪财,他们都从来不采取卑劣的手段去谋取金钱。他们不喜欢结交权贵,不愿意讨好宫廷。在他们看来,个人被奴役,就等于国家被奴役。他们像阿尔西比亚得那样能屈能伸,但不愿受制于人。当他们不能不照别人的习惯办时,他们也只是大体上模仿,而不做别人的习惯的奴隶。在众多发财致富的手段中,商业是最能够与自由相和谐的,所以,日内瓦人最喜欢的职业就是经商。他们几乎人人都是商人或银行家,而且为了实现经商致富的目的,他们往往宁愿埋没大自然给予他们的少有的天才。这些情况,我在这封信的开头已经提到。他们有智慧,也有勇气,他们的思想活跃,看问题也能够看得很深刻。他们本可以成为最体面的和最高雅的人。但是由于他们把金钱看得高于荣誉,所以他们宁愿一生默默无闻,也要挣一个万贯家资;他们为子女积攒钱财,他们给子女树立的唯一榜样是:珍惜这些钱财。

　　以上这些都是日内瓦人自己对我说的,他们对自己的评价非常公正。就我来说,我不知道他们在别的国家的表现是什么样子,但他们在自己的国家里是讨人喜欢的,因此,要我离开日内瓦而又不感到遗憾,那就只有一个办法。表姐,你知道是什么办法吗?啊! 我的天啦,你不要假装谦虚了,如果你说你猜不出来的话,那你是在撒谎。后天,我们这一群快乐的人将乘坐一只装饰得漂漂亮亮的帆船,启程回来,因为,这个季节的天气不好,同时为了大家都能同行,所以我们选择了水路,我们打算当天晚上在莫尔日过夜,第二天到洛桑*参加婚礼,到第三天……你就能见到我了。当你看到远处火光熊熊,旗幡招展,当你听见炮声隆隆,你就会像疯子一样地满屋子乱跑乱叫:“快拿起武器呀! 快拿起武器呀! 敌人来了! 敌人来了!”

　　又及:虽然分配住房的权利已不容置疑地交给了我,但这一次我不想行使这个权利。我只希望我父亲住在爱德华绅士的房间里,因为他有许多地图,只有这个房间才挂得下。

书信六　德·沃尔玛夫人来信

　　当我提笔写这封信的时候,我的心情是多么愉快啊! 这是我

---

　　*　这怎么可能呢? 洛桑又不靠湖滨;从码头到城里还有一段半法里难走的路,而且,要实现这些乐观的估计,还不能碰上顶头风。

平生第一次给你写信不感到胆怯和羞涩。我对于把我们联系在一起的友谊终于得到了无比美满的结果感到高兴。有些人能够抑制强烈的爱情,但能使爱情变成纯洁的友情的人却很少。我们能为了荣誉而忘却我们珍贵的爱情,这是我们诚实的心共同努力的结果,我们之能从昨日之我成为今日之我,乃是美德的真正的胜利。制止我们两颗心继续相爱的理由也许是很错误的,但使我们缠绵的爱情变成深厚的友谊的原因则是无可非议的。

单凭我们自己的努力,我们能取得这样的成就吗?不能,我的朋友,永远不能;这样的成就,我们甚至想都不敢想。我们两人应互相躲避,这是我们从前必须遵守的第一条规矩,无论如何不能违犯。尽管我们互相把对方依然放在心里,但我们已不可能再次聚首或互通音讯;我们要尽力做到彼此不再思念,而我们为了互相维护荣誉的最好办法,就是断绝我们之间的一切往来。

这一切都已成过去,现在让我们来看一看我们目前的情况。世间还有比我们目前的情况更令人称心的吗?我们不是每天都要千百次地品尝我们为达到这种情况而进行的斗争的胜利果实的美好滋味吗?现在我们可以见面,可以相爱,可以感受这种感情;我们心满意足,天天像兄妹似地亲密相处,清清白白、平平安安地在一起,我们互相照顾。我们回顾过去,而无悔不当初之心;我们谈起过去,而不感到有什么可令人羞愧之处,我们多年来互相责备不该产生的感情,现在在我们心目中已经成为光荣的事情。这就是我们目前的情况。啊!朋友,我们走过的道路是多么光荣!为了保持我们的光荣,我们要敢于为它高唱赞歌。我们的友情是怎样开始,也要怎样结束。

是谁帮助我们获得这么美好的幸福？这，你心里很明白，我发现你对这位世界上最好的人给你的恩惠是万分感激，永不忘记的。但是，为什么又说他的恩惠是我们——是你和我的一笔待偿还的债呢？他没有给我们添加什么新的义务，他只是要求我们更加珍惜我们已经建立的神圣的关系。为了报答他对我们的关心，唯一的办法是：我们必须成为无愧于他关心的人，用我们的行为来证明他对我们的关心取得了成功。我们一定要始终不渝地坚持这样做。我们要用自己的美德来回报我们恩人的美德。我们要这样来偿还我们欠他的情谊。他为我们和为他自己所做的工作是否恰到好处，那就看他是否已经使我们恢复了我们的理智。因此，不管我们是分散或是团聚在一起，也不管我们是死了还是活着，我们都要处处表明我们的友情无愧于我们三个人当中的任何一个人。

这是在我丈夫决定由你来教育我们的孩子时，我内心反思而得出的结论。当爱德华绅士写信告诉我说他和你即将回到这里时，我又一次思考了这些问题和另外一些事情，因此，应当趁此机会一并告诉你。

我心中思考的不是我，而是你：我认为，我现在更应当对你提出一些忠告，因为我的忠告丝毫不掺杂个人的利益，而且与我的安宁也毫无关系；我的忠告只与你个人有关。我知道你完全相信我对你的深厚的友情，因此，我毫不怀疑我的话你能听进去。

请允许我给你描述一下你即将所处的地位，以便你自己判断，看它是不是真的没有什么可怕的地方。噢，善良的年轻人，如果你爱美德的话，就请你怀着虔诚的心听一个女友的忠告吧。现在，她全身战栗地开始讲她原来不想讲的话，因为，不讲出来，就一定会背弃我对你的情谊！如果等你误入歧途之后再来讲这些应该防备的事情，那岂不是太晚了吗？我的朋友，不能等你误入歧途之后才讲；在这个世界上，只有我与你的关系密切到可以向你指出这些事情。在必要的时候，难道我不能像妹妹或母亲那样与你谈这些事情吗？啊！如果我诚恳的忠告有害于你的心，我早就不会有什么忠告向你提出了。

你说你一生的追求已经结束。但你要承认：你的追求虽已结束，可是你的年纪尚轻；爱情熄灭了，但肉欲依然存在。当唯一能抑制爱情的高尚思想不存在时，则对肉欲的贪恋将更令人害怕。一个人的感情如果无所寄托，则他随时随地都可能堕落。有一个多情善感的男子，他年纪轻轻，尚未结婚；他想克制自己的情欲，保持一身的清白。他知道，他深深懂得，而且说过千百次；一个人的实践美德的毅力，来自他崇尚美德的纯洁的心灵。如果说爱情在他青年时期曾保护他不受恶劣的风气的侵袭，那么他希望理智能使他永远不沾染那些恶劣的东西。他知道这样做是很艰难的，但一想到他将得到一项赞美他砥砺品行的奖赏，他就努力去做了。既然他为了克制自己能进行一次又一次的斗争；如今为了他所崇拜的上帝，难道还不能像他过去伺候情人那样努力吗？你现在就是本着这种精神敦品厉行和指导你的行为的，因为你历来看不起那些表里不一，言行脱节的人，他们把重担子推给别人，而自己却什么责任也不承担。

一位明智的男子要怎样生活才能遵循他自己规定的行为准则呢？他应当少一点哲学家的气息，而多一点美德和基督徒的精神，当然他更不能傲字当头，目中无人。他知道，一个人躲避外来的诱惑容易，而要战胜它们则比较难，问题不在于如何抑制受外界诱发的感情，而在于如何防止它们产生。他想远远地离开危险的环境吗？想躲避诱惑他的事物吗？不，恰恰相反，他应当毫不犹豫地投入到最需要勇气的斗争中去。年仅三十，他就将孤单单地和几个与他同年龄的女人朝夕相处：其中有一位女人他曾如此钟爱，对往日两心相爱，令人心醉神迷的回忆将令他难以忘怀；另一位女人与他过从甚密，第三位女人因受恩于他，对他怀有感激之情。他的处境将十分危险，因为他周围的一切都将使他重新燃起尚未完全熄灭的爱情的火焰，他时时都可能跌入他最害怕的陷阱。无论是在哪位女人面前，他都没有把握能够坚持自己的毅力，只要他稍一松懈，则三个女人当中的任何一个女人都将永远败坏他的名声。他真有充分自信的毅力吗？时至今日，它在保障他的前途方面究竟起了什么作用？在巴黎，他为什么不倚靠自己的毅力走出那位上校夫人的房子？去年夏天，他在麦耶黎的那番表现，就是在自己的毅力作用下做出来的吗？去年冬天，他顶住了另一位女人的魅力吗？今年春天，为什么一场噩梦就把他吓成那个样子？为了能不断地自己克制自己的感情，他可曾有一次真正靠自己的力量战胜自己？在朋友需要他的时候，他能够帮助朋友战胜感情，可是，他自己呢？……啊！他应当根据他美好的前半生，好好地想一想如何度过他的后半生。

　　暂时的强烈的感情冲动是可以忍受的，半年，一年，那算不了什么。因为一想到它有一个尽头，人就有了勇气。可是，如果永远处于这种状态，谁又能经受得住呢？谁敢说自己到死都能克制自己的感情呢？噢,朋友！虽说人的一生中享受欢乐的时间是很短的,但他实践美德的时间则是很长的。所以我们一刻也不能掉以轻心。欢乐的时刻一去便不复回来,而罪恶的时刻将反反复复,不断地出现:一时忘乎所以,就将永远堕落。在这令人惴惴不安的环境中能平平静静地生活吗？经历了艰难的岁月,躲过了种种危险后,难道不应该使我们今后的生活不再出现危险吗？

你今后还将遇到许多事情,它们和你已经逃脱的事情同样危险,而且也是事先预料不到的！你以为令人担心的事只发生在麦耶黎吗？无论我们在哪里都会有类似的事情发生,因为我们走到哪里就会把它们带到哪里。噢！你很清楚地知道,一个心地温柔的人,可使宇宙万物都与他的感情息息相通;你也知道,感情的伤口虽然愈合,但是自然界的一草一木仍能使我们在看见它们的时候回想起我们昔日的感情。因此我认为,而且敢断言,这样的危险将再次发生,我的心深深了解你的心。不过,为了防止可耻的行为,你轻浮的心能克服自己的弱点吗？在这里,你对之必须克制感情、并给予尊重的人,难道就只有我一个吗？你要知道,圣普乐,我所喜爱的人都应该像我一样受到你的尊重。你要估计到,你将经常无端地受到一位漂亮和天真烂漫的女人的戏弄。你还要想到,如果你一时疏忽,竟敢辱没你应该衷心尊重的人,那你必将受到人们永远的唾弃。

我希望做人的义务、为人的真诚和旧日的友情能够约束你的行为;只要你崇尚美德,你就必然会抛弃某种幻想;我希望你至少要发挥理智的力量,克服种种非分的念头。做到这几点,你就可以不受欲望的驱使,并摆脱你心中的妄念了吗？由于你不得不尊重我们两个人，并且忘掉我们是女性，你就会注意到伺候我们的人是女人，降低身份和她们在一起就可以少犯过错吗？地位的差别就可以改变错误的性质吗？恰恰相反，如果你为了达到目的而使用不诚实的手段，则你的行为便愈卑鄙。多么恶劣的手段啊！啊！你！……哼！让那些出卖良心、把爱情当作商品的贱人见鬼去吧！他们使世界上充满了荒淫无耻的罪恶行为。出卖过一次肉体的人怎能不继续出卖肉体呢？她迟早要沦落风尘，掉进勾栏的。她的苦难，是谁造成的呢？是那个在勾栏院中践踏她的男子，还是那第一个用金钱买她的肉体并把她诱入烟花之地的骗子？

　　还有一个问题，如果我没有搞错的话，也许会涉及你，我可以把这个问题大胆地提出来吗？你已经看到，为了在我家里建立良好的家规和家风，我花了多少心血；现在在我家里，秩序井然，一片宁静，人人都感到快活，心地十分天真。我的朋友，你要想一想你，想一想我，想一想我们的过去和现在，想一想我们应当怎样做人。将来会不会有那么一天，我的全部心血付之东流，发现："把我家搞得一团糟的人原来是他！"

　　如果必要，我可以把该说的话全都说出来。既然我们真正崇尚美德，我们就不必害羞，把什么问题都讲清楚。人不是为了过单身生活来到世上的，要这种与人的天性大相违背的生活不导致公开的或秘密的放荡行为，那是很难的。如何驱赶这缠身的恶魔？你看，在其他国家就有那么一些狂人，宣称他们不愿意尽男子的责任。他们违背上帝的旨意，上帝也将抛弃他们。他们自诩为圣人，其实他们为人并不诚实。他们貌似无欲，实际上是一肚子的肮脏思想，由于他们憎恶人类，他们反而堕落到不配做人。我认为，要批驳那些只是表面上为人遵守的法规,并不难*。一个实心实意实践美德的人,即使不添加其他新的义务,他就已经感到他所承担的义务是够多的了。亲爱的圣普乐,基督徒真正的谦恭之处,在于他始终感到他所承担的任务远远超过了他的能力,因此绝不会狂妄到还要给自己增加其他的任务。如果你按照这条原则行事,那么,在别人是略感不安的事情,也将使你不寒而栗的。越是不害怕的事情,就越是要当心;如果你对应尽的义务满不在乎,则你就不会有履行你的义务的心。

这就是你将在此间面临的危险。趁现在还来得及,你好好地想一想。我知道你从来不会存心去做坏事,我只是担心你因事先未曾考虑而做错事。所以我不要求你按照我说的这些话去做,而是要求你对它们加以考虑。如果你认为我讲的话有几分道理,我就满意了;只要你敢相信你自己,我就敢相信你。你若对我说:"我是一个天使。"我就热情欢迎你来。

什么!还不让你享受你该享受的权利!还要你忍受痛苦!还要你没完没了地履行难以履行的义务!还要你远远躲开你心爱的人!不是这样的,我亲爱的朋友,今生为美德作出牺牲的人是幸福的人!我曾经见过一个不愧为男人的人为美德勇于斗争,甘愿受苦。我之所以不认为我对你的要求太过分,是因为我相信我准备

---

* 有一些人的禁欲是无恒心的,另一些人的禁欲则是出于伪善之心。我认为有几个天主教士属于这后一种人;可是,硬要一个像罗马教会那样人数众多的宗教团体中的教士都打单身,那与其说是禁止他们娶妻,毋宁说是在唆使他们拿别人的妻子来满足自己。我感到惊讶的是:在那些仍然崇尚善良风俗的国家里,法律和法官居然容忍这种丑事。

给你的报偿能了结我的心对你的心欠下的情,你得到的幸福将比上天允许我们结为伉俪得到的幸福还多。如果我的计划能够实现的话,假使你不能使自己变成天使,我就想送你一位天使,让她守护你的灵魂,使它净化,使它恢复活力;在她的指引下,你一定能够和我们一起过天堂般宁静的生活。我相信你不难猜出我打算给你的这个人是谁;可以说她早已在你心中占有她将来有一天占有的位置。

我已想到了实现这个计划将遇到的种种困难,但我还是没有灰心,因为这个计划是正当的。我知道如何左右我的女友,如何利用我对她的影响,让她倾心于你。可是她的决心很大,这你是知道的,所以,在动摇她的决心之前,我必须把你的工作做好,才好劝她答应你的求婚,对她担保你的为人和你对她的感情,因为,如果说由于命运的安排,你们彼此所处的地位不平等,因而你没有权利自己向她表白爱情的话,你就更没有权利贸然向她亲自求婚了。

我知道你考虑问题是很周到的。如果你不同意我的计划,那是因为你为她着想而不是为自己着想。丢掉一切不必要的顾虑。难道你比我还珍惜我朋友的名誉吗?不,不管我是多么爱你,你也休想我会为了你的利益而牺牲她的名誉。我非常尊重通情达理的人,但同时也非常蔑视一般人的轻率的结论,他们迷惑于虚假的外表,不知道什么叫真诚。不管社会地位的差距是多么大,没有任何一个等级是有才有德的人达不到的。一位妇女为什么不能嫁给她引以为荣的朋友呢?我们两个人在这个问题上的看法,你是完全知道的。不必要的羞怯心理和害怕受他人的责难,将使人做错事的时候多,做好事的时候少;而以美德为重的人,是只有在做了错事的时候才感到赧颜的。

就你来说,你的骄傲我是领教过的,但在这件事情上,你若骄傲,那就不对了,如果你不愿意再一次受到她的恩惠,那就太辜负人的心了。而且,不管你是多么地不通达情理,你也不能不承认,从妻子那里得到钱财总比从朋友那里得到钱财体面,因为你成了你妻子的保护者,而不再是要朋友保护的人,而且,不管怎么说,一个诚实的男子的最好的朋友,莫过于他的妻子。

如果你内心深处对建立新的爱情有一种厌恶的情绪,那就赶快为了你的荣誉和我心灵的宁静把这种情绪彻底消除。因为只有在你确已成为你应该成为的那种人,并且愿意承担你必须承担的义务以后,我才能对你和对我自己感到满意。唉!我的朋友,我担心的是你又要犯老毛病,而不是你对新的爱情的厌恶情绪。为了还清我欠你的债,我何事不可做!我将做的事情一定比我答应你的还多。我给你的这个人,难道不也是朱莉这样的人吗?你将要得到的,难道不是我本身最好的部分吗?这样一来,你不是更加为另一个人所爱了吗?到那时,我就可以多么愉快地和多么毫无约束地爱你呀!是的,把你过去对我的一片痴情全都奉献给她,把你过去对我的海誓山盟拿去对她说,如果可能的话,你要把欠我的情义全都还给她。啊,圣普乐!我把这笔旧债移交给她,要记住,这笔债不是轻易就能还清的。

我的朋友,这就是我想在不必冒任何风险的情况下和你团聚的办法,以便让你在我家中占有一个如同你在我们心中占有的位置。按照把我们大家联系在一起的亲密而又神圣的关系,我们将比兄妹还亲。你再也不必惧怕你自己,也不必惧怕我们。因为亲密的关系一旦变成正当的关系,就不再是危险的事情了,就没有必要再抑制它,更没有必要惧怕它。我们不仅不把温馨的感情拒之门外,反而会把它看作对朋友应尽的友情,并从中得到快乐;这样,我们彼此将爱得更深,真正领略到友谊、爱情和天真融为一体的甜蜜。在你今后承担的工作中,如果上帝为了酬谢你对我们孩子的培养,使你也当了父亲,享受到做父亲的快乐,到那时,你自己就会明白,你为我们所做的一切将得到什么报偿。当你拥有了人类真正的财富时,就会乐于过那种对你的亲友有益的生活。你最终将感到,在这个世界上,只有有美德的人才能体会到这种生活的幸福,这一点,是那些自以为聪明的恶人永远理解不了的。

你要从长考虑我对你的建议,不过,我要你考虑的,并不是这个建议对你是否适合,这一点,我不需要你作出回答;我要你考虑的,是对多尔贝夫人是否合适,正如她要考虑她是否能使你幸福一样,你也要考虑你是否能使她幸福。你已经知道她对一个女人以不同的身份应尽的义务,是如何尽的。因此,你根据她现在的为人,就可以想象得到她将如何要求于你,如果她像朱莉那样爱一个人,则她也应该像朱莉那样得到对方的爱。如果你觉得你配得上她,你就对我说;其余的事,由我凭我和她的友谊去争取,我以友谊对她,她也将以友谊对我。虽说我对你的希望过高,但你至少是一个诚实的人,你对她的贤德是完全了解的;你不是一个牺牲她的幸福,只顾你自己幸福的人;你爱她就必然真心实意地爱她,否则就不会向她表露任何情意。

再说一次,你要好好考虑这个问题,三思之后才回答我。在事关命运的问题上,我们必须谨慎,而不能轻率作出决定;在涉及命运和道德的问题上,任何轻率的决定都将铸成大错。噢,我的好友,你必须十分明智地考虑这个问题,慎之又慎。我能因为怕羞就不提醒你最需要考虑的问题吗?你有宗教信仰,但我担心你没有完全奉行宗教中有关行为准则的教诲,我担心你这个高傲的哲学家看不起基督徒的纯朴。我知道你对祈祷所持的态度,你的态度我是不能赞同的。你认为这一虔诚的行为不会给我们带来任何好处;你认为上帝启迪我们,使我们一心向善以后,就不再管我们,就让我们自由行事了。你完全知道,这些话,圣保罗从未说过,我们的教会也未讲过。是的,我们是自由的,但我们是无知的、软弱的、易受邪恶的诱惑的。上帝是智慧和力量的源泉,不是他给我们以智慧和力量,我们的智慧和力量又是从何而来呢?如果我们不乞求上帝赐予我们智慧和力量,我们为什么还希望获得它们呢?我的朋友,你要当心,不要让人类的骄傲心理给你对上帝的敬拜中掺杂人类所特有的庸俗见解;说什么万能的上帝也像我们一样需要采用一些弥补弱点的手段,说他也像我们一样需要采用取巧的办法,才能把各种事物综合起来,使之易于处理。按照你的意思,眷顾每一个人,对于上帝来说,似乎是一件很麻烦的事情;你担心他时时刻刻为这么多人操心会感到疲倦,你认为他最好是按一般规律行事,就可以少操许多心。啊,伟大的哲学家!上帝感激你为他想出了这么简便的方法,感激你减轻了他的工作!

你还要说,求他有什么用?难道他不了解我们的需要吗?难道他不是和我们一样希望我们幸福吗?亲爱的圣普乐,你真会诡辩啊!我们最大的需要,我们唯一能自己解决的需要,是必须对我们的需要有一个清楚的了解。为了逃脱苦难,首先应该知道什么是苦难。只有谦卑，才能成为贤人；先了解自己的弱点，然后，才能成为强者。只有司法和仁慈相辅而行，世界才能充满祥和与自由。我们因体力柔弱而受束缚，我们向上帝祈祷便获得自由，因为只有祈祷上帝，我们才能获得我们自身没有的力量。

　　因此在困难的时刻，不要只相信自己，而要听从上帝的指示，因为，只有他既有力量，又行事谨慎，能帮助我们作出最正确的决定。人的才智，即使是一切以道德为准绳的人的才智，也有一个最大的弱点，即过于自信，使我们往往根据现在判断将来，根据一时的事情来判断整个人生。在某一个时刻，我们觉得自己是很坚定的，从而就以为自己永远不会动摇。我们有了日积月累的阅历，便以为了不起；认为自己曾经逃脱了某一个陷阱，便不怕任何陷阱。勇士总是非常谦虚地说："我在某一天是勇敢的"；那些自称"勇士"的人，明天是什么样子，连他自己也很难说；他本来没有勇气，却硬说自己有勇气，因此，当真正需要他拿出勇气时，他就拿不出来了。

　　在上帝面前，我们的种种计划都是可笑的，我们的一切推论都是荒谬的，因为，对于上帝来说，时间是无始无终的，空间是无近无远的！我们考虑离我们较远的事物是徒劳的，我们只能了解与我们有关的事物，因为随着地位的变更，我们也许会作出完全相反的结论，推翻我们原来的依据。我们按照今天适合我们的情况去安排将来，而不知那些情况明天还是否适合；我们看自己时，总觉得自己还是原来的样子，而不知我们每天都在变化。谁知道我们现在喜欢的东西，将来是否仍然喜欢，我们现在追求的，将来是否仍然追求，我们现在是什么样子，将来是否还是这个样子；外界的事物和我们自身的变化是否会以某种方式改变我们的感情，我们现在为获得幸福而作的安排,将来是否反而会给我们带来不幸? 请你告诉我应当如何运用人的智慧,我将把你的话作为行动的指针。但是,如果经验教训告诉我们不能完全相信人的智慧,我们就只好求助于那不会欺骗我们的上帝的智慧,做他要求我们做的事情。我现在乞求他判断我的建议是不是好;你也乞求他判断你的决定是不是对。不管你的决定如何,我都相信你想做的事情是高尚的和诚实的。但这还不够,而应当使它永远如此;至于是否真的高尚和诚实,那就不是你或我所能判断的了。

书信七　复信

朱莉! 是你写的信! 整整七年杳无音信①! ……是的,是她写的;我的心已感觉到是她写的:我的眼睛哪能认错我的心永不忘记的笔迹呢? 怎么! 你还记得我的名字! 你还记得怎么写法! ……在写这个名字的时候*,你的手不发抖吗? 我可是有些糊涂了,这要怪你。信的格式,信纸的折叠法,用的印章,信上的地址,总之,信上的一切在我看来大有破绽。你的心和你的手似乎在闹矛盾。啊! 你怎么能用原来的笔体写另外的感情呢?

你也许以为我把你过去的信中所说的话还放在心上,所以你有必要再写这封信②。你错了。我现在头脑很清醒,我已不再是

---

①　自本书卷三朱莉给圣普乐的那封信(卷三书信二十)以后,这两个情人就断绝了书信往来。——译者

*　有人说"圣普乐"是随便编的名字。信封上也许写的是他的真名。

②　指书信六。在这封信中,朱莉劝圣普乐和克莱尔结婚。——译者

过去的我了,或者说你也不再是过去的你了,因为,在我看来,你除了秀丽的风姿和善良的心没有变以外,其他均与以前判若两人,简直令我吃惊。这一点首先可以打消你的顾虑。我不凭借我的意志,而凭借我的感情,感情可以取代意志。我深深知道,为了维护我不再追求的这个女人的荣誉,我应当怎么做,就怎么做,过去是如何爱慕,现在就应当如何尊敬。是的,我对你满怀感激之情,因此,我和过去一样爱你,但是,我现在之所以依恋你,最重要的原因是我恢复了理智。理智使我看到的你是本来面貌的你,它比爱情更能如实地认识你。是的,如果我现在还有罪恶的念头的话,我就不会如此钟爱你了。

自从我不再行事荒唐,再加上明察秋毫的沃尔玛帮助我分析我自己的真实思想后,我就学会了如何更好地认识自己,就不像以前那样担心自己的弱点了。尽管我有时候仍胡思乱想,回味过去的错误,但只要我对你的爱无损于你,我的心就踏实了;使我误入迷途的遐想反倒使我能避免真正的危险。

啊,朱莉! 有些印象是永恒的,是不会随着时光的流逝或人心的淡漠而消失的。伤口愈合了,但伤痕仍然存在,伤痕是一个庄严的封铅,它保护我们的心不再次受到冲击。见异思迁和爱情专一是水火不相容的:真正的情人是人变而心不变;他始也爱终也爱。就我来说,我已经结束了我的爱,不过,尽管我已不再属于你,但我仍然受到你的关心。我已不再怕接近你,而且,有你在,我也不怕接近另一个女人。不,朱莉,不,我敬佩的女人,今后,在两人之间的关系上,我只能是你的朋友,而在心灵上,我仍是你的情人,因为,我们的爱情、我们唯一的初恋之情,是永远不会从我们心中忘却的。青春的花朵在我的心中永不凋谢。即使我再活千百岁,我青年时代的美好时光也不可能再回来,但也不可能从我的记忆中消失。尽管我们已不再是原来的样子,那也枉然,因为我不能忘记我们当初是什么样子。好了,现在让我们来谈一谈你的表妹吧。

亲爱的朋友,应该承认,自从我不敢贪恋你的姿容以后,我就对她的姿容感兴趣了。谁能对眼前一个又一个美貌女人视若无睹,不起心盯住其中的一个呢? 我重新见到她时,也可能是太高兴了,因为自从我离开你们以后,她的容貌已深深刻画在我心中,在我心中的印象越来越深。我的心虽然关闭了,但她的形象却留在里面。我不知不觉地对她采取了一种如果当初我没有遇上你就可能采取的态度,因此,也只有你才能使我判断她在我心中激起的感情是不是爱情。人的理智,只要能摆脱可怕的情欲,就能与温馨的友情交融在一起。我们能因此就说这种情况是两相情爱吗? 朱莉啊,这差得远呢! 这当中,哪里有追求的意思? 哪里有把对方当作偶像来崇拜的意思? 怎么看不出它是比理智本身还高雅还真诚一百倍的圣洁的喜悦呢? 我心中曾经产生过短暂的情欲,也曾经有过一个时期的心醉神迷,然而,所有这些都早已过去。我认为她和我是朋友,我们互相友爱,倾诉友情。两个情人是不是相亲相爱? 不,情人之间是不称您和我的,因为他们不再是两个人,而是一个人。

难道我就不动心吗? 我怎么能不动心呢? 她长得很漂亮,她是你的朋友,也是我的朋友;我感激她,因而也爱她,她在我心中留下了最美好的记忆。对她这么一个热心人,我怎么能报答得完呢? 而在深深的感激之情中,又怎么能不掺杂亲密的感情呢? 唉! 可以说，我和她，与你在一起的时候，我的心没有一刻平静过。

女人啊！女人！你们是世上的珍珠，同时又是害人的祸水，大自然把你们装扮得那么美丽，为的是让你们来折磨我们，谁冒犯你们，谁就要受到惩罚；谁害怕你们，你们就纠缠谁，不论对你们是爱还是恨，我们都是要遭殃的。不论是追求你们还是躲避你们，我们都是要吃苦头的！……你们长得很俊，让人一看就着迷，就产生怜爱之心；你们是活生生的人，同时又是不可思议的幻影；你们是害人的深渊，同时又是令人魂销的温柔乡！啊，美丽的女人，你们比你们周围的一切都更令人害怕；谁相信你们骗人的文静样子，谁就要倒霉！兴风作浪，危害人类的人，是你们。啊，朱莉！啊，克莱尔！你们竟然向我夸赞这害人的友谊，让我为它付出那么大的代价！我天天遭到风吹浪打，而兴风作浪的人，正是你们。你们使我的心经受了千百种风浪的打击！日内瓦湖的风浪与浩瀚的大洋的波涛完全不同。湖里的风浪小而急，浪花翻腾，无有宁时，尽管它不是波涛滚滚，但有时候也会把船儿沉到水底。而在表面看来是风平浪静的海洋上，我们感觉到一股缓缓移动的水流使我们随波逐浪，不知不觉地把我们平安地送到远方；我们以为还停留在原地，实际上已经到了世界的尽头。

这就是你的美和她的美对我产生的影响的差异。我的初恋，那决定我一生命运的唯一的爱情，除自我控制外便无论什么力量也阻挡不住的爱情，在我心中不知不觉地萌发了，我已经做了它的俘虏，我还不知道：我迷失了方向，尚未觉察自己已误入歧途。在爱情的旋风中，我忽而升到天上，忽而堕入深渊；当我镇定下来时，我已不知道我身在何方。恰恰相反，我一到了她的身边，我便感到局促不安，而且把不安的情况想象得比实际的情况更严重；我经历过短暂的欢乐，但欢乐一阵之后就无下文。我神魂颠倒于一时，随之便恢复心灵的平静：任凭波涛如何晃动这条船，它都安然行驶，风无论怎样吹，它都鼓不起船上的帆。我的心虽然爱她的美，但从不产生任何遐想；我眼睛看到的她，比我心中想象的她更加美丽，我离她近，比离她远更害怕她。而你在我心里所起的作用，几乎与她所起的作用恰好相反，在克拉朗，我无时无刻不受到这两种作用的影响。

是的，自从我离开克拉朗以后，她来看过我几次，但态度比以前严肃得多。可惜的是，我很难有机会单独会见她。现在，我终于见到她了。这就够了；她在我心中激起的不是爱情，而是不安的情绪。

这是我对你们两个人的真实的想法。除了你们以外，其他的女人都不在我心里；长期的痛苦已经使我把她们通通忘记了。

我一生的追求，到我中年就结束了。

痛苦的事情反倒使我有了抑制欲望和战胜诱惑的力量。当人们在经受磨难的时候，就没有什么欲望了；而你也曾经告诉过我如何采取抑制欲念的办法来消除它们。应当把爱情上遭到的巨大的不幸变成增益智慧的手段。我的心可以说是已经变成了控制我一切欲望的总机关；当我的心平静时，任何欲望也就没有了。希望你和她都不要扰乱我的心，让它今后永远保持平静。

处在我目前的状况，我对自己还有什么可担心的呢？你为了不使我有失去幸福之虞，为什么又要如此千方百计地来夺走我的幸福呢？你为了从我手中夺走胜利的果实，竟然还要我再进行一番苦苦的斗争！你这不是硬要无缘无故地把已经过去的一件危险的事情搞得十分严重吗？既然要冒那么多的风险，你为什么又要把我召唤到你身边？当我完全有资格和你在一起的时候，你为什么要把我撵走？你怎么能让你的丈夫白操心呢？既然你认为没必要费那么多的心，你为什么还要让你的丈夫多此一举呢？为什么你不对他说："让他离我们远远的吧，我也希望把他打发走了算了？"唉！你愈为我担心，你就愈该赶快把我召回来。因为，不是在你身边时有危险，而恰恰是不与你在一起时有危险；你不在我身边的时候，我才怕你。如果这可怕的朱莉来纠缠我，我就躲到德·沃尔玛夫人的身边；在她的身边，我的心就平静了。如果失去了这块避难处，我又逃到什么地方去呢？只要我离开她，无论何时何地我都会遇到危险；我到处去寻找克莱尔或朱莉。无论是过去还是现在，她们两个人轮番搅乱我的心，因此，只有当我看到你们时，我才不胡思乱想；只有当我在你身旁时，我才能驾驭自己的感情。如何向你解释我来到你身边时的感情变化呢？你对我的影响力，和从前完全是一样的，但效果却不同。我过去见到你就神魂颠倒，现在你巨大的影响力已能使我自己抑制自己的感情；我现在心情非常平静，已不像过去那样感情冲动，心绪不宁了。我的心要学你的心：我过去像你那样爱，现在也要像你这样平静。然而这短暂的平静只不过是一时的停顿；我在你身边时，总努力上进，想达到你这样的水平，但结果未能成功；一离开你，我又重新回到我原来的样子。朱莉，说真的，我觉得我有两个灵魂，其中那个好灵魂捧在你的手里。啊！你想把我和它分开吗？现在，你仍然担心我在感情上会犯错误吗？你为一个郁郁寡欢的年轻人今后的日子担忧吗？你不放心在你监护下生活的年轻人吗？你对我不放心的地方，贤明的沃尔玛从来不曾担心过！上帝啊！你对我如此不放心，实际上是看不起我！在你的心目中，你的朋友竟不如你最差的仆人！我可以原谅你对我有不好的想法，但我永远不能原谅你不为恢复自己应有的荣誉而努力。不，你不能这样做，我在我自己点燃的火中得到了净化，我已不再是一个普通的人了。过去的我，已不存在；今后，如果我再产生片刻的邪念，我宁愿逃得远远的，即使逃到天涯海角，我也会感到无地自容。

什么！你担心我会破坏我十分喜欢的良好秩序吗？你担心我会玷污我曾经怀着十分敬重的心情住过的纯洁和安静的房屋吗？我是那样无耻的人吗？……唉！即使是最堕落的人，见到这么美好的图画，不也是会受感动的吗？到了这么安静的地方，他怎能不诚诚实实地做人呢？他不仅不会把他的恶习带到这座房屋来，他反而会改掉他的恶习……你担心的是谁？朱莉，你担心的是我吗？……太晚了吗？……在你的眼皮下吗？……亲爱的朋友，你不要担心，把你家的大门打开；对我来说，你的家是道德的殿堂。在你家里，我无处不看到道德的尊严的偶像；只有在你的身边，我才能真正做到崇奉道德。是的，我不是天使，但是我住的是天使的房屋，我以他们为楷模；如果我不愿意学天使的话，我早就躲开他们了。

你看得出来，我迟迟不谈你信中的关键问题，如果我把这件事看成是一件好事，那么我就应该首先考虑它，并且只考虑它了！噢，朱莉！你是一个乐于助人的人，是我最忠实的朋友！你把那个可以说是半个你的人，把那个在世界上除你之外的最珍贵的珍宝奉献给我，如果能实现的话，则你此次对我的恩惠，比你过去对我的任何一次恩惠都大。爱情，盲目的爱情可以使你奉献你自己，而献出你的朋友，则确实是你看重我的明证。从此时起，我才真的认为自己是个有价值的人，因为我受到了你的尊敬。不过，对我来说，给我这么大的面子，我实在是不敢当！如果我接受的话，我很可能有负这份光荣，而要我做到受之无愧的话，最好的办法就是放弃它。你是了解我的，请你来判断，我这些话是不是实话。你可爱的表妹为我所爱，这还不够，她应该像你这样为我所爱才行，有一点，我必须弄清楚：她将来能像你这样为我所爱吗？她能不能做到这一点呢？在这个问题上，她能否达到她应当达到的要求，是取决于我吗？啊！如果你想让我和她结合的话，你为什么当初不让我把我的心给她呢？你为什么不让我的心把它的初恋之情用来回报她对我激起的新的感情呢？爱过你的人还能去爱她吗？只有具有贤明、善良的多尔贝那样宁静、自由的心，才能做到一心一意地去爱她；才能接替他；否则，一和她的前夫相比，这个人在她的心目中会变得一无可取的。第二个丈夫若有若无的冷冷淡淡的爱非但不能减轻她失去第一个丈夫的痛苦，反而令她更加怀念前夫。她很可能把一个对她怀有感激之情的亲密的朋友变成一个平庸的丈夫。这对她有什么好处呢？她的损失将很大很大。她多情而敏感的心肯定会后悔受到这么大的损失的。而我，当我见她因为我而成天郁郁寡欢，而我又无力帮助她的时候，我怎么能受得了呢？唉！我甚至可能因经受不住这种痛苦而比她先离开人间。不，朱莉，我绝不能为了自己的幸福而以她的不幸为牺牲。正因为我太爱她，所以我不能娶她。

　　我的幸福？不，我不能使她幸福，我自己能幸福吗？在夫妻之间，哪一个人能只顾自己的命运而不管对方的命运？尽管各有各的快乐和痛苦，但两个人难道不应当同甘共苦吗？一方使另一方成天忧忧郁郁，最终不也会把自己搞得忧忧郁郁吗？她痛苦，我也痛苦，尽管她对我好，我也不会幸福。虽然恬静的生活，美丽、贤惠的妻子和财产，我全都有了，但我的心，唯独我的心对这一切感到厌腻，使我在幸福之中反而成为一个不幸的人。

　　虽说我现在在她身边感到很快乐，但这种快乐的心情不仅不会随着我们的关系进一步密切而增加，反而会使我原有的乐趣完全消失。她喜欢拿我开玩笑，只有当其他人在场看见她对我关心时，她才对我表示友好和热情，我有时对她也有过于热情的表示，但这也只是当我在你身边，不用再想你的时候，我才对她有这些表现。她和我单独会面的时候，也是因为有了你，我们才感到单独会面很有乐趣。我们愈是接近，我们愈是想到把我们连在一起的纽带，我们的友情就愈浓；一谈起你，我和她就更加亲热。把我们连结在一起的，是你的女友永不忘怀、你的男友更是一辈子不会忘记的千百件往事；如果把我和她连结在一起的是其他的关系，我就应该和她断绝那些关系，否则，我们美好的往事不就成了对她不忠实的事情了吗？我怎么好意思把我所钟爱的妻子当作心腹向她倾诉令她伤心的旧情呢？我将再也不敢向她诉说我的心里话，我一见到她，就要处处留心。开始，我不敢和她谈你，不久以后，连我自己的事也不敢对她说了。为了尽朋友的义务和保全朋友的名誉，我应该事事对她采取谨慎的态度，把我的妻子当作外人，再也听不到她对我的忠言，启发我的心灵，纠正我的错误。她愿意我这样对她吗？我能这样爱她和报答她对我的爱吗？这样下去，我能为她和我自己带来幸福吗？

朱莉，你难道忘记了我们的海誓山盟吗？就我来说，我是一点也没有忘记，我失去了一切，唯独没有失去我对你的诺言，直到我死，我也将把它牢记在心。我活着不能属于你，我死时也不会属于任何人。如果要我对这一点起誓的话，我今天就可以向你发出我的誓言。虽说结婚是人应尽的一项义务，但还有一项不可推卸的义务是：我们不能给任何人造成痛苦。如果我和别人结婚，那将使我一辈子遗憾没有能够和我苦苦追求的人结为夫妻。我将用过去的想法来看待我和另一个女人的神圣关系，结果必然使我感到痛苦，使那位不幸的女人也感到痛苦。我将埋怨她不能像你一样使我幸福。我要把两个女人加以比较嘛！世界上哪一个女人能忍受丈夫拿她和别人相比呢？唉！我不能和你结合，已经很痛苦了，现在要我和另外一个女人结合，叫我怎么受得了呢？

亲爱的朋友，请你不要来动摇我的决心，否则我的生活将不能平静。我已心灰意冷，你就别来再搅动我的心，以免使我在了无生趣的思想上再加上其他的痛苦；切莫使我突然改变我的生活，从而重新打开过去的伤口。我回来之后，我意识到自己更加注意你的女友，但我并不感到这有什么奇怪。因为我知道，我现在的心情不会让我的感情走得太远，当我发现在我以往对她的深情厚谊之外，又增加了新的兴趣时，我感到庆幸的是，这种兴奋的情绪帮助我转移我的注意力，使我见到你时不那么痛苦。这兴奋的情绪含有爱情的甜蜜，而无爱情的痛苦。我见到她时高兴固然是高兴，但丝毫没有想占有她的心；我愿像去冬那样和你们一起度过我这一生，我

发现处在你们两人之间,我的心是平静的*我不仅不感到美德的
严格的约束,反而觉得处处按美德行事是愉快的。万一我一时冲
动,忘乎所以,我周围的一切也将使我立即克制冲动,恢复平静;我
曾战胜过比这更危险得多的冲动,所以我现在什么也不怕了。对
你的朋友,我既尊重她也爱她,仅此而已。当我有什么非分之想
时,我一想我与她之间的珍贵的友情,我就不会冒失去这份情谊的
危险,做超过友谊的事情。我们单独在一起时,我从来没有对她说
过一句不敬的话。虽说她有时候发现我对她的态度过于殷勤,但
她知道我内心并不想这样做。这半年我在她身边是什么样子,我
今后一生对她也是这个样子。除你之外,我还没有见过哪一个女
人是像她这样完美;不过,即使她比你更完美,我也只有在从未作
过你的情人的条件下,才能成为她的情人。

　　在结束这封信之前,我应谈一谈我对你的信的看法。在你的
信中,我看出你不仅谨小慎微,顾虑重重,而且你自己在吓唬自己,
认为必须处处防范,才能万无一失。过于胆小与过于自信都同样
是有害的。本来就没有恶魔,却硬要疑神疑鬼,和幻影搏斗,结果
把自己搞得精疲力竭;毫无根据地担惊受怕,反倒使我们疏忽了真
正的危险。你不妨再看一看爱德华绅士去年给你那封谈论你丈夫
的信,在信中他就许多问题向你阐述了很好的见解。我无意指责
你的忠诚,你忠诚的态度,和你本人一样可敬可爱,十分感人,你的
丈夫当然也非常喜欢你这番心意的。但要小心,由于过分胆怯,瞻

---

　　* 他在前面几页所说的话恰恰相反。我认为,这位可怜的哲学家在两个美丽的妇
人之间一定感到很为难;我们可以说他是想采取哪个都不爱的办法达到两个都爱的目
的。

前顾后，反而会使你得不到心灵的宁静，觉得处处都有危险，最后弄得对任何人都不相信。亲爱的朋友，持身之道，犹如打仗，要想生存下去，还经常要和自己做斗争。这个道理，你难道不明白吗？我们要少去琢磨什么危险，而多想想我们自己，做好应付一切事件的精神准备。如果一味地等待机会，那就只好活该倒楣，可是，如果处事缩手缩脚，那就往往会白白失去许多很好的机会。我们不要总是怕受人的诱惑，即使是为了躲避诱惑，而老是琢磨这件事情，那也不好。我从来不去自找苦吃，也从不单独和女人在一起，但是，不管命运让我生活在什么样的环境里，我有了在克拉朗八个月的经历，我今后就信得过我自己，不怕任何人会夺去你使我应得的奖赏。我今后再也不会像过去那样意志薄弱，没有什么事情要我去进行更艰巨的斗争。我感受过悔恨的痛苦，也体验过胜利的快乐。经历过这两种恰成对照的感情的人，在需要作出选择的时候，就不会举棋不定了；这一切，甚至连我过去的错误在内，将保障我将来的一生。

我不想再和你讨论世界的秩序以及构成世界的人类今后的趋势；关于这些超越人类智力的问题，我仅仅告诉你，人类只能就他所看到的事物推论他所看不见的东西；我们可以用各种各样的类比法来论证你似乎不甚赞成的这个大原理。理智本身，以及我们从上帝那里得到的最神圣的启示，都和这个看法相吻合。尽管上帝有巨大的能力，用不着采取什么简化其工作的办法，但他还是愿意通过最便利的途径达到目的，以免走不必要的弯路和产生无用的结果。在创造人类时，他已使人类具备一切为完成他赋予人类的使命所必需的能力，因此，我们若乞求他使我们具有行善的能力,就多此一举了。因为他已经给了我们明辨是非的理智、爱善的心*和选择的自由。这美好的资质是神的恩赐,由于我们都得到了这些恩赐,所以我们都应做到无愧于它们。

我听到了很多反对人类自由的说法,对这类胡乱的说法,我均嗤之以鼻,因为他们枉自向我论证我不是自由的,我内心深处的感觉,比他们的论据有力得多,足以把他们驳得体无完肤;不管我采取什么立场,不管我思考什么问题,我都十分清楚,是否改变立场,完全取决于我自己。他们的烦琐哲学之所以没有说服力,恰恰在于他们想论证的东西太多。他们既反对真理,也反对谎言;不管自由是否存在,他们都硬要用他们的那套哲学来证明自由不存在。按照他们这些人的说法,甚至连上帝也可能是不自由的,"自由"这个词没有任何实际意义。他们之所以显得洋洋得意,并不是因为他们解决了问题,而是因为他们以空想代替了问题。他们一开始就假设一切有智慧的生物完全是被动的,然而,从这个假设出发,推论出人是没有主观能动性的。他们的方法多么简便啊!如果他们以为他们的对手也是这样推理的话,他们就错了。我们不说我们是主动的和自由的,而说我们感觉到自己是主动的和自由的。我们不仅要他们给我们论证这种感觉是否会给我们造成错觉,而且还要论证它确实给我们造成了错觉**。德·克洛英主教说:物质和物体的表面虽无任何变化,但实际上也许已不存在;单用这句

---

　　*　圣普乐把意识看作是感觉,而不是判断,这种看法和哲学家的看法是相反的。我认为,在这个问题上,圣普乐是正确的。

　　**　不仅仅限于这些问题。还需论证人的意志是否不受外界影响,如果受外界影响,究竟受的什么影响。

话就可以断定它们不存在吗？在这一点上，表面比实际更重要；我
看问题比较简单。

　　我不相信上帝满足了人类的需要以后，还要给这个人而不给
另一个人以特殊的帮助，因为滥用上帝给大家的帮助的人是不配
受到上帝的特殊帮助的；而善于利用上帝帮助的人又不需要上帝
的特殊帮助。认为上帝偏袒某一些人，这是对公正的上帝的侮辱。
当有人说这种蛊惑人心的论点恰恰出自《圣经》的时候，我首要的
任务难道不是为上帝恢复名誉吗？尽管我非常尊重《圣经》上的文
字，但我更尊重它的作者；说《圣经》已被篡改或过于深奥，这倒没
有什么，但如果说上帝不公正或怀有恶意，那可不行。圣保罗不愿
听花瓶问陶瓷工人："你为什么把我做成这个样子？"如果工人只要
求花瓶具有他制作时所预期的功能，圣保罗的不满不算过分，但
是，如果工人指责花瓶不具备当初制作时所没有设想的功能，花瓶
当然有理由质问工人"你为什么把我做成这个样子呢？"

　　是不是因此就可以说祈祷毫无用处呢？但愿上帝不要使我失
去这一能帮助我克服弱点的手段！所有一切能使我们接近上帝的
精神活动，都能使我们超越自我；我们祈求上帝帮助，我们就会得
到上帝的帮助。并不是上帝改变我们，而是我们向上帝接近时，我
们自己改变自己 *。凡是可以向上帝提出的要求，我们都能自己

---

　　* 我们这位风流的哲学家在仿效阿贝拉的行为后，似乎还想采纳他的理论。他们
对祈祷的看法有许多共同之处。许多人把他们的看法视为邪说，这些人宁肯走入歧
途，也不愿有错误的行为。我可不这样认为。犯错误是小缺点，而走入歧途则是严重
的问题。我认为，我在这里讲的，和我在前面针对错误的道德教条的危害性发表的意
见，并不矛盾。不过，应该留些问题，让读者去考虑。

解决；正如你所说过的，人们承认自己的柔弱却等于增加了自己的力量。但是，如果过分依赖祈祷，变成一个神秘主义者，我们固然是接近了上帝，但自己也就变得无所作为了。因为，凡事寻求上帝的恩赐，我们就不运用自己的理智。得了上天的一项赠与，就必然会损失另一项赠与；处处要依赖他来启发我们，我们就会闲置他给与我们的智慧。我们有什么权利强求上帝创造奇迹呢？

你知道，任何好事做过了头，就会成为坏事；信教信过了头，就会变为狂热。你对宗教的信仰太纯洁，所以不会发展到疯狂的程度；不过，使人走入歧途的过分行为总是开始在前的，所以你应该对这一阶段加以注意。我经常听你责怪苦行主义者的精神恍惚；你知道这种现象是怎么产生的吗？这是因为他们祈祷的时间之长，超出了人的忍受力，因此他们神志不清醒；想象力活跃，产生幻觉，他们就以为是受到神灵的启示，变成了先知；其实他们的理性和智慧均已失去，陷入了精神狂乱的状态。你把自己经常关在房间里，冥思静想，没完没了地祈祷；你还没有见过虔信派教徒*是什么样子，你就去读他们的书。我从来不责备你喜欢看善良的费纳隆的书，但你对他的门徒写的书持何看法呢？你看穆拉的书，我也看他的书，但我看的是他的《关于英国人和法国人的通信》，而你却去看他的《神授的本能》，你看他是怎样的结局，你就会为这位哲人的误入迷途感到叹息，同时也想想你自己。虔诚的女人，虔诚的基督徒，难道你想成为一个假装虔诚的教徒吗？

---

* 一种疯子似的人，狂热的基督徒，只知道死板地按《福音书》上的字面意思行事。他们有点儿像当今英国的卫理会教徒，德国的摩拉维亚派教徒，法国的冉森派教徒。只是后面提到的这几派教徒还缺乏主人气概，不像他们的敌人那样狠，那样排斥异己。

　　敬爱的朋友,我像一个孩子似地乖乖地听你的意见,但我要像一个父亲似的对你恳切地提出我对事物的见解。为了实践美德,我们不但没有因此就断了联系,反而使我们的关系紧密得不可拆散。我们既履行了道德上的义务,又获得了友谊的权利。我们有共同的教训,也有指引我们前进的共同的利益。我们的心共同向往的,我们的目光共同寻求的,无一样不是使我们一起达到更高境界的光荣的事物;我们两人中的任何一人的进步都有利于另一个人。不过,虽说我们事事共同商量,但不能共同作决定,作决定的权利属于你一个人。噢,我的命运是掌握在你手里的,因此,现在仍然应该由你作出决定。请你把这些话加以考虑之后,把你的意见告诉我。不管你命令我做什么,我都服从;我至少要做到值得你不断给我以指导。即使我今后再也看不到你,你也依然在我身边,时时指导我的行动。即使你不让我担任你的孩子的老师,你也不会使我失去我从你身上学到的美德;它们是你的灵魂的结晶,我的灵魂得到它们以后,什么力量也不能把它们夺走了。

　　朱莉,不要和我转弯抹角,请直截了当地把你的意见告诉我。现在,我已经向你讲了我的感受和想法,请你告诉我,我应该怎么办。你也知道,我的命运和我的挚友的命运是多么紧密地连在一起。这件事我没有和他商量,我这封信和你的信也没有给他看。如果他知道你不同意他的计划,更确切地说,不同意你丈夫的计划,他自己也不会同意的。我这样做,并不是对你的顾虑有意见,而只是认为,你在作出最后决定之前,最好是让他知道。在这期间,我会找一些他肯定能接受的理由,推迟我们的行期。就我来说,我是宁肯永远不见你,也不愿意仅仅为了向你道一声永别而来看你。但是，如果让我像外人那样在你家生活，则是对我的侮辱，我不应该受到这样的对待。

书信八　德·沃尔玛夫人来信

好嘛！你这不又是在胡说吗？我问你，你这是不是在乱怪人？怪我真心诚意地对你表示尊敬和友好，怪我为了你真正的幸福而平心静气地和你商量问题，怪我向你提出最慎重和最有利于你的好建议，怪我过分热心地，也可能是考虑不周地想通过不可分割的关系把你和我的家庭联系在一起，怪我想把一个以为我或者假装以为我不把他当朋友看待的忘恩负义的人变成我的至亲。为了解除你心中似乎存在的忧虑，你只需按照文字的原意理解我的信就行了。很久以来，你喜欢毫无理由地自己折磨自己。你的信和你的一生的经历一样，有高雅的地方，也有卑鄙的地方；有些话写得很有力量，有些话又显得很稚气。我亲爱的哲学家，你怎么总脱不掉孩子气呢？

你凭什么说我想把一些清规戒律强加于你，和你断绝关系，把你赶走，用你的话说，把你撵到世界的尽头？天哪，你认为我写那封信的目的就是这些吗？恰恰相反，当我设想和你一起生活的快乐时，又担心会有些麻烦的事情来扰乱我们喜悦的心情，因此我才设想了一些令人愉快的巧妙方式来防止麻烦事情的发生，为你安排一种与你的才情和我对你的爱都相宜的命运。我的全部过错就是这些，我觉得这当中没有任何值得你如此大惊小怪的地方。

你错怪了我，我的朋友，因为你明明知道我很爱你嘛；你想让我再说一遍我爱你,而我想重复这句话的心情也不亚于你,因此,你的心愿容易得到满足嘛,用不着牢骚满腹,和生我的气嘛。

你放心,如果你在这里能过得愉快,我也和你一样愉快。沃尔玛先生以往为我作的一切,都比不上这一次,他想方设法地请你到我们家来,让你长期住在这里。我赞同他的安排,我们在一起,对彼此都有益处。因为我们有时候自己想不出什么好的办法,所以我们两个人都需要有人来指导。什么事情该谁去做,我们两人,谁能比那个精通这项工作的人清楚呢?谁能比那个付出了巨大的代价才回到正道上来的人更了解走错道路的危险呢?什么事情能使我们更加警惕这种危险?在谁的面前,我们因为使他作出了巨大的牺牲而感到羞愧?在中断了我们那段关系以后,难道不是因为我们时常想起使我们断绝这种关系的原则,才不做不符合那些原则的事情吗?是的,正因为我忠于它们,我才愿意把你永远留在我身边,作我一生行为的见证人,在我心情激动时,我就对你说:"我当初看得比你更重要的,就是这一点。"啊!我的朋友,我知道如何珍视我心中的深厚的感情。也许我在任何人的面前都可能失去意志,但在你面前,我敢保证我自己不会走错一步路。

我们的心灵之所以能够达到这么高的境界,我们在一起时之所以彼此能够感受到这种精神的力量,其原因,并不是由于德·沃尔玛先生行为高尚,善于处事,而是因为我们经历了真正的爱情之后,在我们心中产生了这种处处防微杜渐的思想。这种解释,至少比你所讲的道理更符合实际,更符合我们的心情,更能鼓励我们行端品正,所以我倾向于这种解释。请你相信,我现在的心情完全不是你想象的那样古怪,而是恰恰相反,如果放弃我们重聚的计划的话，我认为，这对你，对我，对我的孩子，甚至对我的丈夫，都是巨大的损失；我的丈夫，正如你所知道的，在许多方面是赞成我留你在这里的，至于我个人的态度，你想必记得你刚刚回到这里的情形，当时我见到你，难道不也是像你向我走来时同样地欣喜吗？你在克拉朗期间，可曾见过我有厌烦和为难的样子？你以为我愿意你离开这里吗？难道你要我像以往那样毫无掩饰地把什么都说出来吗？我坦率地告诉你，我们最近在一起度过的六个月，是我一生中最甜蜜的时光；在这短短的时间里，我领略到了我敏感的心所能领略到的一切美好的感情。

我永远忘不了去年冬季有一天，我们在一起阅读了你的游记和你的朋友的爱情故事后，我们在阿波罗厅里吃晚饭，我看着我的父亲、我的丈夫、我的孩子、我的表妹以及爱德华绅士和你，还有芳烁茵（把她当作我们当中的一员，是一点也不影响这幅家庭晚宴的画面的）坐在我周围，为了幸福的朱莉，他们济济一堂，欢聚在这里，我便感谢上帝赐予我这么大的幸福，我对我自己说："这间小小的餐厅里的人都是我最亲爱的人，也可能是世界上最好的人；我心里所关心的人都围坐在我身边，这里就是我的整个天地，我既给予他们我对朋友们的爱，同时也享受到了他们对我的爱和他们之间相互的友情；他们之间之所以相互关心，是因为有了我，是因为他们都是与我有关的人；我周围的一切都是我自己的延伸，什么力量也不能将我与他们分开；我的生命就在我周围，没有任何一个人是与我无关的；我再也用不着想什么或求什么了。对我来说，感受和享受是同一回事情；我生活在我所喜爱的人当中。我已经享尽了幸福和人生的乐趣。噢，死神！你想什么时候来就来吧！我告诉你：我已不再怕你，我已充实地度过此生；我不需要再领略什么新的感情，你用不着躲躲闪闪，怕来见我。"

　　我愈是感到和你生活在一起的乐趣，我便愈是憧憬这美好的前景，愈是对一切可能破坏这幸福的因素感到不安。你责备我胆小怕事的处世哲学和所谓的信仰虔诚，这个问题，我们暂且放在一边，不去谈它，但你不能不承认，我们之间相处得这么和谐，是因为我们坦诚相待，我们在感情上和精神上都息息相通，每个人都开诚布公地真心实意地对待别人。你设想一下，万一有人搞什么阴谋，有什么需要隐瞒的秘密来往，有什么难以出口的事情，那么相聚的乐趣便立刻消失，彼此都感到别扭，尽量互相躲避，即使见了面，也巴不得立即分手；说话客客气气，全是一番虚礼，结果彼此怀疑，互有戒心，我们怎么能长久地爱那些让我们担惊受怕的人！我们都会变成彼此讨厌的人……朱莉讨厌她的朋友！……她的朋友也讨厌她！……不，不，这样的事情永远不会发生；对于我们能与之相处的人，我们是不必担心的。

　　我之所以如实地向你陈述我的顾虑，绝不是想动摇你的决心，而是为了使你心中有所了解，以免你在没有估计种种后果以前就作出决定，直至你想改变主意时，已为时过晚，后悔莫及。至于说到德·沃尔玛先生有没有顾虑，你要知道，他根本就没有什么顾虑，有顾虑的人不是他，而是你，对于你本身的危险，谁也不知道该怎么办。你先好好地想一想，然后对我说一声你没有顾虑，我就不再顾虑了，因为我知道你为人诚实，所以我从来没有怀疑过你有什么不好的动机，即使你的心有什么出人意料的错误想法，你也不会因此就存心去做坏事。意志薄弱的人和用心险恶的人的区别就在于此。

再说,既然你认为你对我提出的意见比我所说的话有道理,那为什么一开始就把事情看得那么糟呢?我根本不像你所说的要采取什么严格的预防措施。你为什么要匆忙放弃你的一切计划,并永远离开我们呢?不,我可爱的朋友,用不着出此下策嘛。你的头脑还是孩子的头脑,可是你的心已经老了。热情一经消磨,对其他的事情就不再感兴趣,往后就只求心灵宁静,舒舒服服过日子了。然而多情的人是怕静的,因为他不知道这种状态是什么滋味,但是一旦他领略到这种滋味,他就再也不愿意离开这种状态了。把两种截然相反的状态加以比较以后,他当然要挑选好的,不过,为了能够进行比较,就需要实际去尝试。就我来说,我也许比你本人还更清楚地看到你心灵宁静的时刻即将到来。你想得太多,所以你不可能想到长久以后的事情;你爱得太多,所以不能不变成一个无动于衷的人。已经出炉的灰烬当然是不能再点燃了,但在未出炉以前还是应该等它烧尽了再说嘛。你再磨砺几年,就再也不怕什么危险了。

你如果接受我为你安排的婚姻,你和我在一起就不会发生任何差错;就是抛开这一点不说,这么美好的婚姻也足以令人很羡慕的嘛;如果你瞻前顾后,不敢接受我的安排,你就不必多此一举,对我说什么你这样谨慎从事,也付出了什么代价。我担心你在你所讲的理由中会掺杂一些花言巧语和毫无道理的借口;我担心你标榜你在履行早已失去效力、谁也不感兴趣的誓言的同时,又错误地认为你这样做是出于什么忠诚;你这样的忠诚,该受谴责而不值得表扬,而且,今后根本就不合时宜。我以前对你说过,为错误的事情许下错误的誓言是错上加错。虽说你的誓言从前没有错，但现在就错了，应该撤销。我们应该始终不渝地遵守的诺言是做诚实的人，坚定地履行自己的职责；职责变了，你行事的方法也要跟着变；这不是什么见风使舵，而是真正的忠诚。一个诺言，在过去是好的，现在可能就是错的。在任何时候都应该做美德要求我们做的事情，这样，你做事就不会半途而废，有始无终。

你的顾虑是否有道理，我们可以从容考虑。你没有像我这样热衷于这个计划，我也不生气；你这样做也好，因为，在这件事情上我可能做得有些冒失，你不马上接受，就给你少带来烦恼。我是在表妹不在的这段时间里酝酿这个计划的。自从她回来，我给你写了信以后，我与她谈了几次话，泛泛地谈到再婚的问题，她的看法与我的看法相距太远，因此，尽管我知道她对你怀有好感，我也必须对她使用超过我的身份的权威才能消除她对再嫁（即使是嫁给你）的厌恶情绪，不过，朋友的劝勉，只能到一定程度为止，过此即应尊重对方的感情和她给自己确定的履行天职的原则，尽管她的原则是任意的，但与她当初确定那些原则的心态是有关系的。

我现在仍然坚持我的计划，因为它对我们大家都有好处，可以使你很体面地改变你在人们心目中的不明确的地位，使我们的利益完全一致，使我们永远不能割断的友谊自然而然地变成亲戚关系。是的，我的朋友，我愿你成为我最亲的亲人，你成为我的表妹夫，我还嫌不够亲，啊！我要你成为我的哥哥。

不管这些想法是否正确，你都要想到我对你的一番苦心。你应该毫不迟疑地接受我对你的友谊、信任和尊重。请你记住，我对你任何要求都没有，我觉得，我根本没有必要对你提出什么要求；

而你也不要剥夺我对你提建议的权利,切莫把我的建议看作是命令。如果你认为能够在克拉朗无拘无束地生活,你就来住在这里,我将非常高兴。如果你觉得自己仍是一位容易冲动的青年,应该与我们再分离几年,以免引起麻烦,那你就经常给我写信,并且随时都可以来看我们,与我们书信往还,密切联系。无论我们有多么大的痛苦,我们都能在友情中得到安慰!只要我们最后有相聚的一天,我们现在无论相距多么远也没有关系!我还要告诉你一件事:我准备把一个孩子托付给你,我觉得,他在你那里比在我这里好;等你以后把他带回到我身边时,我不知道你们两人当中哪一个人的归来最使我高兴。如果你终于明白了事理,把你头脑中的种种离奇古怪的想法通通抛弃,做一个配得上我表妹的人,你就来吧,你就爱她,侍奉她,让她喜欢你;真的,我相信你现在已经开始这样做了;你要赢得她的心,战胜她给你设置的障碍,我一定尽最大的力气帮助你。最后,只要两人都幸福,我的幸福就十全十美,什么都不缺了。此事,不论你有何打算,只要经过深思熟虑,你就信心十足地拿定主意,而不要冤枉我,说我不信任你。

我只顾谈你的事,竟忘了谈我自己,现在该谈谈我自己了。你和朋友争论,就像和人下棋一样,总是以守为攻。你责怪我是虔信的教徒,目的是想表明你当哲学家当得有道理,好像我滴酒不尝,而把你灌得酩酊大醉。按照你的意思,我是为了你才成为或准备成为虔信的宗教徒吗?就算你说得对,难道用一个带贬义的称呼就能改变事物的本质吗?如果虔信宗教是善行,那么对宗教有虔诚的信仰,错在哪里呢?也可能你认为对我只能用这个粗俗的词。高傲的哲学家是看不起普通人对神的崇拜的,他想以更高雅的方式侍奉上帝。他在上帝面前也自命不凡,十分骄傲。噢,我可怜的哲学家！……让我们继续谈我的情况吧。

我从小就尊崇美德,时时注意培养自己的理智,我想凭我的感情和智慧进行自我修养。但结果却做得很糟糕。因此,只有在你给我一个可以信赖的向导以后,我才能抛弃我所选定的向导。我亲爱的朋友,不管做什么事情,你都那样骄傲！把你抬得很高,把我看得很卑微。我认为我可以和别的女人媲美,尽管千百个其他的女人比我聪明,她们拥有我没有的能力。既然我认为自己生来是善良的,我为什么又要隐瞒我所做的事情呢？我为什么要恨我不由自主地做的错事呢？因为我除了自身的力量以外,就无其他的力量,而我自身的力量是远远不够的。我浑身的解数都用尽了,但最终还是打了败仗。那些能抵抗诱惑的女人,为什么能做到这一点呢？因为她们有更好的力量源泉。

我开始仿效她们那样抵抗诱惑以后,我发现这样还有一个我从来没有想到的好处,只要我控制感情,感情反而帮助我忍受它给我带来的痛苦;它使我对自己向往的事情怀抱希望。只要我们对幸福怀有美好的幻想,我们即使得不到幸福也没有关系;我们可以等待着成为幸福的人:即使幸福没有降临,我们的希望还存在嘛,只要有引起幻想的感情,我们就始终陶醉于幻想。这种状态可以长期保持下去,它所引起的不安,实际上是一种享受,甚至比对真正的幸福的感受还好。万念俱灰的人是不幸的！可以说到头来他所有的一切都将失去。人们得到某种东西时的喜悦心情,远不如他想得到那个东西时的心情喜悦;我们只有在未得到幸福之前,才感到幸福。事实上,人是贪心大而能力有限的,他想拥有一切,但得到的却很少；上帝为了安慰他，而赋予他一种想象力，使他在想象中接触他所希望的东西，在幻想中看到和感受到他向往的事物，而且使它们随他的感情的变化而呈现美好的形象。然而，他所向往的东西一旦成为现实，它的魅力也就随之消失，在得到这东西的人看来，它也就不美了；任何事物，只要我们亲眼看到了，我们就不去想象它是什么样子了，只要我们得到了，我们就不去想象它是不是美了，只要我们开始享受它，我们的想象力就停止活动了。幻想之乡是世界上最值得久留的地方，除了人的自身外*，世间的一切事物都是虚无的，再也没有什么东西比不存在的事物更美好的了。

虽说就我们所追求的个别事物而言，也可能不会出现这些情况，但就一般的事物而言，这些情况就必然会发生。人的生活中不可能没有痛苦；没有痛苦的生活，是死人的生活。如果一个人除了不能成为上帝以外，其他什么事情都能办到的话，这个人必将成为一个很可怜的人，因为他将失去幻想的乐趣；缺少这种乐趣，比缺少任何东西都更难以忍受**。

这就是我结婚以后以及你归来之后的一些感受。我一切事情都很顺心，可是我并不满意。在我心灵深处隐隐有一丝厌倦的感

---

*　此处应该用"以外"二字，沃尔玛夫人不会不知道这一点；除了由于她不知道或是疏忽而写错地方外，她似乎太重视语言的听觉上的和谐，所以不愿遵守她所熟知的语言规则。当然别人的笔法也许比她的笔法规范，但是不会比她的用词造句更和谐和优美。

**　正是由于这个原因，一切想搞专制的君主都烦闷到恨不得立即死去的程度。在世界上的各个君主国家中，你想找最厌烦国事的君主吗？你就直接去找那位专制君主，尤其是那位绝对专制君主。因此，为了使他能烦死，他的无数臣民受苦也是值得的，不过，能不能让人付出的代价小一点呢？

觉。我觉得心里空空荡荡，就像以前你所描述的你的心情。我这颗心，除了爱亲人和朋友们以外，还有剩余的力量，不知如何使用。我承认，这伤感的情绪是很奇怪的，但它确实是存在的。我的朋友，我是太幸福了，幸福得反而感到厌倦了*。你有什么办法医治我这颗对安逸生活感到厌倦的心吗？我要向你承认，这样一种难以解释的心情大大影响了我对生活的乐趣；我不知道我的生活中还缺少什么，或者还需要补充点什么。我不如别的女人聪明吗？难道她们比我更爱她们的父亲、丈夫、孩子、朋友和亲属吗？她们比我更受到亲人和朋友的爱吗？她们的生活比我的生活更如意吗？她们比我更能自由地选择另一种生活吗？她们的身体比我的更健康吗？她们比我有更多的排遣烦恼的办法吗？她们比我的交游广吗？我对这些问题感到不安，我不知道我还缺少什么，我的心总是在希望，但又不知道希望的是什么。

因为我贪婪的心灵在世上得不到满足，我就只好到别处去寻找能够充实它的东西：当我追寻感情和人生的起源时，我心中的冷漠和厌倦的情绪便烟消云散。我的心灵得到了新生，增添了活力，获得了新的生命；它找到了另外一种不以肉体的感情为转移的生活，换句话说，它已不再依附于我自身，它存在于它所想象的浩瀚的空间。暂时挣脱肉体的羁绊，庆幸自己通过希望有朝一日达到的高尚境界的考验，找到感情和人生的源泉。

我的朋友，你在嘲笑我，我听到了；我把我自己的见解告诉你；

---

*　怎么，朱莉！你也有矛盾的时候吗？啊！可爱的虔信的教徒，我担心你太跟自己过不去了；此外，在我看来，这封信是你手中所写的最后一篇好文章。

我过去曾指责这种沉思的状态,而今天,我要承认我很喜欢它。对于这一点,我只补充一句话:这种状态,我还从来没有经历过。我不打算以这样或那样的方式替它做任何辩解。我没有说这种状态合乎理智,我只是说它是令人愉快的,它可以代替失去的幸福感,可以充实空虚的灵魂,使过去的生活获得新的意义。如果这样做会带来痛苦的话,那就不这样做好了,如果它不能给我们带来真正的快乐,欺骗我们的心,我们就更不要这样做了。我且问你,谁更崇尚美德,是爱讲大道理的哲学家,还是质朴的基督徒?在这个世界上,谁更感到幸福,是理智的哲人还是虔信的教徒?当我丧失了一切能力的时候,我还有进行思考或想象的必要吗?你曾经说过,人在醉时最快乐。咳!这种沉思的状态就是和喝醉了酒时一样的嘛。因此,要么就让我沉湎于这令人愉快的状态,否则就告诉我怎样做才更好。

我曾经批评过神秘主义者之追求精神恍惚的状态。如果这种状态使我们忘记我们应尽的义务,使我们耽于幻想而不愿过活跃的现实生活,使我们陷入槁木死灰的心境的话,我还要更加严厉地批评它;你认为我与那些心如槁木的人很相近,其实,我和你一样,与他们有很大的区别。

侍奉上帝,并不是让人成天跪在祈祷室里,这一点,我很清楚;所谓侍奉上帝,就是说要在世上尽上帝要求我们尽的义务,我们的所作所为要符合他为我们安排的命运,讨得他的欢心:

> ·····················只要心诚;
>
> 尽自己的义务,就等于在祈祷上帝。

首先是做自己该做的事,然后,如有时间再去祈祷;这就是我给我自己定的规定。我根本不像你所指责的那样成天陷入沉思,而是把祈祷当作工间的休息。我不明白在我们所能得到的快乐中,我为什么不可以享受这最甜蜜的和最纯洁的快乐呢?

接到你的信以后,我认真反省,再三思考了你似乎十分讨厌的虔信的倾向在我心里产生的影响。到今天为止,我还没有发现,至少在此时此刻还没有发现任何令人担心的迹象证明我对宗教的信仰是过分的,对宗教的理解是错误的。

首先,我对宗教仪式就没有过多的兴趣,如果不去参加这些仪式,我也不会感到痛苦,如果在进行仪式的过程中有人来打扰我,我也不会不高兴。我不会因为参加宗教仪式就对正常的生活漫不经心,也不会对应该做的事情产生厌倦或烦躁的情绪。我之所以有时候要在我的小书房里祈祷,那是因为某种感情使我心绪不宁,如到别的地方去祈祷,反而会使我的情绪变得更糟;我在小书房里闭门静思,就易于恢复我的理智,使我的内心得到平静。如果我遇到了什么忧虑或痛苦的事情,我就把它们带到小书房里去思考。我把它们和一个伟大的目标相比较,它们就算不了什么,不值得我忧虑或痛苦了。想到上帝给我们的种种赐予,发现我自己竟被一些如此琐碎的事情弄得忧忧郁郁,以致忘记了上帝给我的巨大恩惠,我就感到羞愧。我并不经常这样静思,而且每次静思的时间也不长。当忧伤萦绕心头不能自已时,在慈祥的上帝面前流些眼泪,我的心就立刻会得到宽慰。我的沉思从来不会给我带来痛苦和辛酸;我忏悔,但从来不惊慌。我对自己的错误感到惭愧,而不感到恐惧;我心中遗憾但从不后悔。我侍奉的上帝是仁慈的上帝,他像

父亲一样；最使我感动的是他的善心。在我看来，他的善心比他的
其他品质都更有益于人，因此，它是我时刻铭记在心的唯一的品
质。善心的威力之大，使我惊奇不已，它普及于人的范围之广，使
我赞叹不绝，它待人之公正……上帝是仁慈的和公正的，因此他造
的人是柔弱的。有仇恨之心的上帝是恶人的上帝：我自己不怕他，
我也不去求他去害别人。噢，和平的上帝，仁慈的上帝，我崇敬你！
我非常清楚：我之有我，全是靠你。我希望你在对我进行最后审判
时，我看见你仍然像平日与我的心交谈时的样子。

　　我不知道如何告诉你这些想法使我感到生活是多么美好，我
的心是多么愉快。当我在书房里沉思之后走出来时，我顿时觉得
心情轻松，精神愉快，一切痛苦都烟消云散，一切困惑也不复存在。
世上再也没有什么难事和苦事，一切都变得很容易和顺利，在我看
来，一切都是很光明的；我热情待人，于我无损，我更加爱我所喜爱
的人，他们也觉得我更加可爱。我的心情好，我的丈夫也高兴。
"虔信是灵魂的鸦片。"他对我说，"少量使用可使人愉快和兴奋，增
强信心，但如用得过多，那就会使人麻醉，性情狂暴，甚至死亡。我
希望你不要发展成这个样子。"

　　你看，我既不像你所希望的那样对"虔信的教徒"这个称号深
恶痛绝，也不像你想象的那样对这个称号沾沾自喜。例如，我很不
喜欢有人在外表上过分表现自己虔信，好像除了笃信宗教以外，其
他什么事情都可以不做似的。你说的那位居雍夫人，其实，她应该
尽好她当家庭主妇的职责，以基督徒的方式教育她的孩子，把她的
家治理得井井有条，而不应该去写什么讲虔信宗教的书，不应该去
和主教争辩，最后因为说了些谁也听不懂的梦话而被投入巴士底

狱。我也不喜欢有些人用故弄玄虚的语言,给人们的头脑中灌满许多离奇的幻想,用虚情假意的世俗的爱去代替对上帝真正的爱;想用这样的语言来唤醒人们的心,那是不行的。一个人的心越是敏感和富于幻想,就越应该避免可能刺激他的心和幻想的事物;因为,一个人如果从来没有见过性器官,他怎么能理解对这种神秘物体的描述呢?一个正派的女人怎么能对她不敢瞧的东西有一个确切的概念呢*?

最使我对神职人员敬而远之的,就是他们那种故作正经,对人冷漠无情的样子,就是他们那种狂妄自大,对谁也看不起的傲慢作风。即使他们放下架子去做一点儿好事,他们的那种神气样子也是叫人受不了的。他们对别人说同情话时的语气是那样的生硬,对别人的指责是那样的苛刻,对别人的施舍是那样的悭吝,对别人的热情是那样的令人难受,对别人的轻蔑态度是那样的凶狠,简直是如同仇恨,就连上流社会人士对人的冷漠无情也没有神职人员对人的怜悯同情那样粗野。他们借口爱上帝,便不爱任何人。他们彼此之间也互无感情。谁看到过虔信的教徒之间有真正的友谊?然而,他们愈脱离人,他们反而愈需要人。我们可以说他们是靠在人间行使权力而接近上帝的。

我厌恶一切恶习,所以我自然不会沾染上它们;万一我沾染了什么不良的习气,那也不是有意的,我希望我周围的朋友都了解我这句话不是无缘无故说的。我坦白地告诉你,我很长一段时间以

---

　　* 我认为这一点说得很有道理,无可辩驳,如果我在教会中稍有一点儿权力的话,我就要把《雅歌》从《圣经》中删掉,我很后悔我迟到现在才说这个话。

来为我的丈夫的命运担忧,久而久之,使我的性情也随之有所改变。幸亏你做得对,把爱德华绅士的信及时寄给我,他信中的话和你信中的话,都说得很有道理,看了令人感到宽慰,完全消除了我的忧虑,并且还改变了我原来的看法。现在我明白,要一个不宽容的人不变成铁石心肠的人,那是不可能的。我们怎么能用温柔体贴的态度去对待我们厌恶的人呢?对罪人能行慈悲吗?爱他们,就等于恨上帝,因为是上帝在惩罚他们。想做好人吗?那就要对事不对人;千万不要去做只有魔鬼才干的事,不要悄悄把地狱的门给我们的同胞打开。唉!既然地狱是为犯错误的人而设的,谁能逃脱呢?

　　噢,我的朋友们,你们解除了我心中多大的忧虑啊!你们告诉我不能把错误看成罪行,从而使我摆脱了重重顾虑。我不再去研究那些我根本无法懂得的教理,我服从显而易见并令人折服的真理,服从使我不能不履行义务的具体的事实。对于其他一切,我就按你给沃尔玛先生的那封回信*上的话办。信教或是不信教,能由自己做主吗?不善于阐述道理,这能算罪过吗?不能;我们的良心虽无法了解事物的真相,但能告诉我们如何履行我们的义务;它不强要我们如何思考,但强迫我们去做应该做的事情;它虽不教我们如何阐述我们的理论,但能教导我们如何好好地行动。在上帝面前,我的丈夫在什么事情上做错了呢?是他不理睬上帝吗?不,是上帝把自己的脸遮住了嘛。他从来不惧怕真理,而是真理惧怕他嘛。他从来不自高自大,他从来不想用自己的思想去影响别人,

---

　　* 见卷五书信三。

如果别人的看法和他的看法不一致，他也毫不介意。他喜欢听我们的见解，他也希望他能采纳这些见解，但他做不到；我们抱有什么希望，想得到什么安慰，他一点也不了解。他行善，但不期待任何报偿。他比我们更正直，更没有私心。唉！他值得我们同情；他哪里有该受惩罚的过错呢？没有，没有；上帝要求于我们和奖励我们的，是心地善良和正直，是品行良好，为人诚实，并实践美德，这才是我们对上帝的真正崇拜；我的丈夫每天都做到了上帝要求我们做的事情。如果上帝以一个人的行为来判断其是否虔诚的话，那他一定会认为我的丈夫是一个好人。真正的基督徒是正直的人，真正不信教的人是恶人。

我亲爱的朋友，请不要感到奇怪，说我不与你辩论你信中那几个我们观点不一致的问题。我非常了解你是一个坚持自己观点的人。不过，所有那些关于自由的无意义的问题，与我有什么关系呢？不管我自愿做好人，还是通过祈祷而愿意做好人，只要我最终找到了行善的手段，其效果不是一样的吗？不管我是强要上帝赐予我所没有的东西，还是通过祈祷，上帝将它赐予我，只要我具有了我所要求的东西，有什么必要非说明是怎么得到的不可呢？只要在信仰的基本原则上我们是一致的，这就够好了，难道还非要什么都一致才好吗？难道硬要陷入形而上学的无底深渊，把应当用来为上帝增光的短暂的生命浪费于争论上帝的实质吗？我们虽不知道上帝的实质是什么，但我们知道他的确存在，这就足够了嘛；他让我们在他的事迹中看到了他，他让我们在内心中感到了他。我们可以与他争辩，但不能故意错误地理解他。他赋予我们敏锐的感觉力，使我们能发觉他和感触到他；我们应该可怜那些不能理解上帝的人，不过，不要自以为是地取代上帝，去教训他们。我们当中，谁愿意做上帝不愿意做的事呢？让我们不声不响地按他的旨意行事，履行我们的职责；以身作则才是告诉别人如何履行自己职责的最好办法。

你可曾见过什么人比沃尔玛更通情达理？谁有他那样为人真诚、正直、公正、忠实和不放纵自己的情欲？谁有他那样应该受到上帝的公正对待和获得不灭的灵魂？你可曾见过什么人比爱德华绅士更坚强、更有教养、更高尚和争强好胜？谁有他那样用自己的美德捍卫上帝的事业，坚信上帝的存在，对上帝至高无上的尊严深信不疑？有谁比他更珍视上帝的荣誉和善于维护上帝的荣誉？你亲眼看到这三个月发生在克拉朗的事情；你看到这两个男人是多么地互相钦佩和互相尊重，但由于处境不同，或是因为两个人爱像中学生那样为一些无所谓的事情争吵，而发生分歧；他们整整一个冬天都在争论，他们争论的方式是明智的和平心静气的，但言辞是尖锐的，意思是深刻的，他们力图通过争论说明自己是对的；他们互相批评，并为自己的观点辩解，抓到一点儿谁都明白的小事就争个不休，其实两个人辩论的问题的旨趣是一样的，都巴不得取得一致的意见。

结果如何呢？他们互相更加尊重，但仍然各持己见。如果这种事情还不足以纠正一个明智的人爱争辩的毛病，则对真理的爱就更难感动他了，因为他总千方百计地想炫耀自己嘛。

至于我，我早就抛弃了这个无用的武器。除非为了公正评价我自己的信仰外，我决心在任何时候都不和我的丈夫谈有关宗教的事情。我这样做，并非因为我有上帝那样的宽容心，对我的丈夫是不是该有一种宗教信仰漠不关心。恰恰相反；我告诉你，尽管我不担心他未来的命运，但我想使他皈依宗教的热情未减半分。我宁愿用自己的生命去换取他的皈依；这不是为他来世的极乐，而是为他今世的幸福。因为，不这样做，他将失去多少甜蜜的乐趣啊！当他痛苦时，用什么话去安慰他？谁去鼓励他默默地做好事？什么人的声音能够打动他的心？他的美德将得到什么奖赏？他如何看待死亡？不，我不愿意看见他在这么可怕的状态中死去。我只有一个办法能使他从这个状态中解脱出来，我要为此贡献我的余生；我的办法不是说服他，而是感动他，为他树立一个榜样，诱导他，使宗教对他具有不可抗拒的吸引力。啊！我的朋友，用真正的基督徒的一生来驳斥怀疑论者，这才是最有力的论据呢！他认为有人会无动于衷，不信服吗？好，我以后就专门在这方面下工夫，也请你们大家都来帮助我完成这项工作。沃尔玛比较冷漠，但不是没有感情的人。当他的朋友、孩子、妻子都来感化他，使他树立宗教的信仰；当他们不是用语言宣扬上帝，而是用自己在上帝启发下的行动，用上帝赐予他们的美德，用使上帝感到喜悦的美好心情来表明上帝的存在；当他看到上帝光辉的形象来到他的家，当他一天之中禁不住无数次地感慨说："不，人不是靠自己达到这个境界的，其中有某种超人的力量在发挥作用！"时，你想一想，我的丈夫将感到多么愉快啊。

如果你对这个计划感兴趣，如果你认为值得你和我们为实现它而努力，你就来吧，来和我们在一起生活，只要我们还活着，我们就不分离。如果你不喜欢这个计划，或者有所顾虑，你就听你良心的声音，它会告诉你应该做些什么事情。我想对你说的话，就是这些。

据爱德华说，你们两人大约在下月底到达这里。你将认不出你原来住的那个房间，从房间布置的变化中，你将看到你的女友是多么高兴地装饰它，付出多大的辛劳，花费多大的心思。房间里还有一套书，是她在日内瓦选购的，比《阿多娜》写得好，令人看起来更有趣味，尽管她一时高兴把它和其他的书放在一起。不过，在这件事上你切莫多嘴，因为她不愿意让你知道这是她干的，所以我赶在她禁止我对你讲这件事情以前写信告诉你。

再见了，我的朋友。明天我们在希戎堡*的聚会，将缺少你。这是很令人遗憾的，尽管大家都很高兴去。大法官先生也邀请了我们的孩子，所以我没有任何借口不去。可是，我不知为什么，现在就巴不得已经是去过那里又回来了。

书信九　芳烁茵·阿勒来信

啊！先生，啊！我的恩人，他们怎么要我来告诉你！……夫人……我可怜的女主人……唉，上帝呀！我想你读到这里已感到

---

* 希戎堡是维维伊历任大法官的旧住所，它修建在日内瓦湖中一个半岛形的岩石上，我曾看见人测量过，它周围的水深有一百五十多法寻（法国古时的水深单位，约等于一点六二四米——译者），也就是说差不多有八百法尺，还没有到底。人们在堡里挖了一些地下室，并在低于水面处造了几间厨房，以便在需要的时候，用水管把水引进去。弗朗索瓦·庞里瓦尔在这里被关押了六年，此人是圣维克修道院院长，是一个很高尚、正直、经得起任何考验的人；他尽管是萨瓦人，但热爱自由；他是教士，但对不信教的人持宽容态度。在最后这几封信写作的年代里，维维伊的大法官们已经有很长时间不住在希戎堡里了。看来，在写这封信时，这位大法官曾到那里去住过几天。

惊慌……但你哪里知道我们是多么难过……我一分钟也不耽搁了,应该对你说……应该立刻告诉你……我真希望我已经把全部事情都对你讲了……。啊! 当你得知这不幸的消息时,你怎么办呢?

那天,夫人全家都去希戎堡作客,男爵先生因为要去萨瓦的布洛莱住几天,所以吃完饭就走了。大家送了他一段路,然后就沿着堤岸散步。多尔贝夫人、大法官夫人和先生在前面走。夫人跟在后面,一手牵着昂莉叶蒂,另一手牵着马士兰。我和她的大儿子走在最后面。大法官先生停下来和一个人谈了几句话,接着就赶上我们想陪伴夫人走。夫人因为要用一只手去挽大法官的胳臂,就让马士兰来跟我在一起:他朝我跑来,我也迎着他跑去,跑着跑着,这孩子一脚踩空,跌到水里。我尖叫一声,夫人回过身来,看到儿子掉在水里,便像箭也似地飞跑过来,跟着跳到水里。

啊! 真后悔呀,我没有同时跳下去! 我还站在岸上! ……唉! 我紧紧拉着大男孩,他也想跳到水中……她双臂抱着孩子在水里挣扎……那时,既没有人,也没有船,我们花好些时间才把他们救上来……孩子救活了,可是母亲……由于落水时精神紧张,她的体质又弱……谁能比我更了解这次落水对她是多么危险! ……她昏迷不醒了很长时间。她一醒来就要见她的儿子……她非常激动地抱着她的儿子! 我以为她没有危险了,但她激动的样子一会儿就消失了。她想回家,在途中她说了好几次她感到难受。从她对我的吩咐看,我发现她还没有完全清醒。我太伤心了,她也许永远也清醒不过来了。多尔贝夫人的状况比她还糟糕。所有的人都惊恐不安……在全家人里,我是最镇定的了……我担心的是什么呢？……我善良的女主人！啊！如果我再失去你，我就什么人也没有了……噢，我亲爱的先生，愿上帝保佑你经受住这次打击……再见……医生从房间里出来了。我要去问他。如果他说还有希望，我就告诉你。如果我没有信给你……

书信十　致圣普乐（此信系多尔贝夫人开始，最后由德·沃尔玛先生写完）

你这个凡事考虑不周的人，不幸的人，耽于幻想的人，我告诉你，现在一切都结束了，你再也见不到她了……已经给她盖上面纱……朱莉已经不在人间……

她给你留下了话。请你等待她的信：你要实现她的遗愿。你在世上还有许多重要的事情要做。

书信十一　德·沃尔玛先生来信

在你最初的悲哀的日子里，我没有给你写信；如果那时给你写信，是只能使你更加悲痛的。当你此刻读到我信中讲的详细情况时，你的心情也不会比我写这些情况的时候好受。今天，这些情况值得我们两人都记在心上。她离我而去，给我留下了无数的回忆，我要把这些回忆都记下来。你将为她流许多眼泪，你的眼泪可以减轻你的悲哀。而我尽管遭此不幸，但我不能像一个不幸的人那样用哭泣来减轻我的痛苦，因此，我难过的心情更甚于你。

我要和你谈的，不是她的病，而是她这个人。在孩子落水时，别的母亲也能跳到水中,意外的事件,身体发烧和死亡,这些都是自然的安排,人人都可能遭此厄运。但她临终前对她最后几天时间的使用之好,她谈话的含义之深,她的感情表现之丰富,她心灵的活动之纯洁,所有这些,却只有朱莉一个人才做得到。她的一生和其他人完全不同;就我所知,她的死也和别人不一样。这一切,只有我一个人才能看出来,而你也只有从我这里才能了解到这些情况。

　　正如你所知道的,由于惊吓和激动,她跳下水去,直至被救上岸来以后,她有很长一段时间处于昏迷状态,到了家里才完全恢复知觉。刚一到家里,她就要见她的儿子;儿子来到母亲身边,她看到他能走路,回答她问他的话,她才放下了心,说想休息一会儿。没过多久,她又醒来,而医生还要等一段时间才能到,于是她让芳烁茵、她的表妹和我围坐在她的床边。她对我们谈她的孩子,说采用她的教育方法就必须时时刻刻看着他们,否则,稍一疏忽,就会出危险。尽管她不太在乎自己的病,但她预料她生病这段期间里不能像以前那样照看她的孩子,所以要我们大家都分担她的责任。

　　她还谈到她的计划,也谈到了你的想法和实现她的计划的最好的途径,谈到她过去在这方面发表的意见,哪些是有利于或不利于计划的实行,最后还谈到在她被迫中断尽母亲的义务期间,我们应如何替她尽她的责任。当时我想,只有认为自己仅仅几天之内不能做这些重要工作的人才像她这样吩咐,但使我惊奇的是,她为昂莉叶蒂想得更为周到,对她的两个儿子,她只考虑他们童年阶段的问题,好像他们成年之后,会有别人来照顾他们似的;对于女儿,她考虑到了各个阶段的问题,她认为,在女儿的教育方面,谁也不

能代替她来实行她根据自己的亲身经历总结出来的方法；她简明
扼要而又条分缕析地向我们陈述了她为女儿制订的教育计划，她
对昂莉叶蒂的母亲①详细阐述了她制订那些计划的理由，并再三
鼓励她按照她的计划去做。

　　她一边谈孩子们的教育和做母亲的职责，一边又一再提到她
过去的事情，因此愈谈愈激动。我发现她过于兴奋，克莱尔不断地
把表姐的一只手放在自己的嘴上亲吻，哭得什么话也说不出来；芳
烁茵也非常难过。至于朱莉，她眼睛里虽噙着泪水，但忍住没有
哭，以免使我们更加慌乱。我当时思忖道："她知道自己快死了。"
我希望她是因为惊吓过度，所以把病情想象得比实际严重，比实际
危险。可是我太了解她了，知道她说那些话，不是随随便便说的。
我几次劝她心情不要过于激动，一次又一次地求她不要因为谈话
过多而无缘无故地伤心，说有些话可以慢慢讲。她说："啊！女人
不把心里的话全都说出来，那是最痛苦的，何况我在发烧，说的虽
然是胡话，但谈的是有益的事情，总比清醒地谈无意义的事情好。"

　　医生的到来，给全家造成的混乱情形，我简直难以用语言形
容。仆人们都拥挤在卧室门口，眼睛里充满了焦急的神情，双手不
安地紧握在一起；对于他们来说，医生对女主人的病情的诊断，就
如同对他们的命运做判决似的。此情此景使可怜的克莱尔受到很
大的刺激，我担心她的头痛病又会发作。必须找各种借口把仆人
们打发开，以免使她看到这可怕的情形。医生笼笼统统地说病人
还有些希望，但从他的声调可以听出是没有希望。朱莉一句话也

① 指她的表妹克莱尔，即多尔贝夫人。——译者

没有说，因为她的表妹在场，她不敢说。当医生走出房间，我便跟着他走出去；克莱尔也想跟着医生走出房间，但朱莉不让她走，并给我使了一个眼色，让我知道她的用意，我急忙提醒医生说，如果有危险，对多尔贝夫人比对病人还要更加注意隐瞒，以免使她神情慌乱，无法照顾她的朋友。医生说病情确实危险，但从事情发生到现在才二十四小时，所以还需要过一段时间才能做出确切的诊断；并说病人的命运如何，要看今天夜里病情的发展，到了第三天，他才能作最后的判断。这一番话，只有芳烁茵一个人听见；我们费了很大的劲才说服她不要把这些话传给别人，并商量好对多尔贝夫人和其他人说什么。

傍晚时，朱莉强要她的表妹去休息几个小时，因为她已经守了一夜，还想再守一夜。此时，病人知道医生要抽她脚上的血，还要开药方，便叫人去把医生请来。"杜波松先生，"她对他说道，"胆小的病人怕自己的病，医生就瞒哄他，这是人道的做法，我赞成，但是，对所有的病人都这么做，那就是多余了，令人不愉快了，因为对有些人根本不需要这样做。你认为我该怎么治就怎么治，我完全照办，但是，如果你给我开的药只是为了使我抱有幻想，那就不用开了。因为，我的身体有病，而不是精神有病，我不害怕生命结束，但害怕我余下的日子使用得不好。一生中的最后时光是非常珍贵的，是不能乱用的。如果你不能延长我的生命，就更不要不让我好好使用大自然留给我的最后一点儿时光，因为那样做，等于是在缩短我的生命。我余下的时间愈短，就愈应加以珍惜。能治就治，不能治，就不用管我好了：我自己知道如何死法的。"谁会想到这位平时谈话那样腼腆和温和的女人在关键时刻说话的语气是如此的坚定和有力。

这一夜是很难熬过的,是决定性的。她一会儿气喘,一会儿胸闷,一会儿昏迷;她的皮肤干瘪发烫。她发高烧,全身发烫,一会儿大声喊叫"马士兰!"好像要想抓住他似的;一会儿又喊她从前发高烧时反复喊叫的另一个人的名字①。第二天医生坦率地对我说,他估计她最多只能活三天。这一可怕的秘密,只有我一个人知道,这是我一生中最可怕的时刻,因为我心里藏着这个秘密,不知如何是好。我独自到小树林里踱步,反复思考我该怎么办,这时,我不免悲伤地想到命运使我在本该享受更甜蜜的幸福的时候,反而又要重新过孤独的生活。

头天夜里,我曾经答应朱莉把医生诊断的结果如实告诉她;她对我讲了许多使我深受感动的话,要我履行诺言。我感到我的良心受到压力。唉! 难道为了随随便便答应的一句话,就硬要实行,硬要去伤她的心,让她慢慢领略死亡的滋味吗? 我有什么理由要采取如此狠心的做法? 把她的死期告诉她,这不等于是在使它提前到来吗? 在这么短短的一段时间里,欲念和希望,这些维系生命的要素,她还会有吗? 当她知道她的生命很快就要结束时,她还能享受人生的乐趣吗? 难道由我来促她死亡吗?

我怀着从未有过的不安的心情,疾步走着。我没完没了地走到哪里,愁到哪里,心里像压了一块沉重的石头似的。最后,一个念头终于使我下了决心。你不必去猜测是什么念头,让我告诉你。

我想,我这样考虑究竟为的是谁? 是为她还是为我自己? 我

---

① 指圣普乐:朱莉从前出天花发高烧,在昏迷中曾反复喊叫圣普乐。——译者

采用什么思路来考虑问题？是采用她的思路还是采用我的思路？采用她的思路或我的思路能说明什么问题？我的论点必须具有几分或然性，我才认为它是正确的，是没有任何人可以推翻的；但是，应如何论证才能说明它是正确的呢？她也有她的论点证明她是正确的，她认为自己的论点是有依据的；这一点，在她的心目中是确定无疑的。在涉及她的事情上，我有什么权利硬要采用连我自己也半信半疑的论点而不采用她认为是经过检验的论点呢？让我们来比较一下两种论点的结果。按她的论点，她认为她生命的最后时刻的安排将决定她来世的命运。按我的论点，我认为，我为她做的安排，在三天以后就与她毫无关系了。因为，我认为，她三天以后什么感觉也没有了。不过，万一她的论点是正确的，其间的差别是多么大啊！永恒的善或恶！……万一这是真的！很可能！这个词儿太可怕了……"不幸的人啊！"我对自己说，"宁伤你的心，而不要伤她的心。"

以上是我对曾经被你多次批评过的怀疑论感到怀疑的第一个问题。从那个时候起，这个问题反复出现在我的脑海里。不管怎么说，它使我摆脱了过去迷惑不解的疑问。因此，我立刻做出决定，而且，为了不让自己改变主意，我马上跑到朱莉床前。我让所有的人都走出她的房间，只我一个人坐在她身边；我当时是什么神情，你是可以想象得到的。在她面前，不必像在心胸狭隘的人面前那样说话吞吞吐吐，句句留神。不过，我还没有开口，她就明白了我的来意。"你认为还有必要把医生的话告诉我吗？"她一边向我伸手，一边说道，"没有必要，我的朋友，我已经感觉到了：我的死期已近，我们已经到了该分手的时候了。"

　　然后，她对我讲了很多，她的话，将来在适当的时候我一定告诉你；她一边讲，一边写她心中想留下的遗言。如果说我以前还不十分了解她的心，那么，她最后对我说的话就足以使我充分了解它了。

　　她问我家里的人是否都知道她的病情。我说大家都惊惶不安，但谁也不知道确切的情形。杜波松先生只对我一个人说了真话。她求我当天要严守秘密，还说："克莱尔只有从我这里得知这个消息，她才能经受得住这个打击。如果让别人告诉她，她会伤心死了的。我决定今天夜里做这件令人难过而又非做不可的事情。正是由于这个缘故，我才想确切知道医生的诊断，以免只凭我自己的猜想使这个可怜的人错受一次如此可怕的打击。在今天夜里之前，不能让她产生任何怀疑。否则你将失去一位朋友，孩子们也将失去一位母亲。"

　　她还和我谈到她的父亲。我告诉她说，已经派专人给他送信了，但我不敢告诉她：这个人不但没有遵照我的嘱咐，只把信送到就完了，反而急急忙忙地把事情的全部经过都讲了，而且把事情讲得如此严重，以致使我的老友以为他的女儿已被淹死，吓得摔倒在楼梯上，而且还受了伤，在布洛勒卧床不起。朱莉非常想见到父亲，可是我知道这个希望根本不能实现，这一点，真使我难过极了。

　　一夜的高烧使她的身体十分虚弱。长时间的谈话又消耗了她的许多精力。她精疲力竭，想在白天休息一会儿。到第三天，我才知道，她那一天根本没有入睡。

　　在这期间，家里笼罩着非常难过的气氛。人人都愁容满面，默不作声，希望有人来解开他们的疑团，但又不敢向别人打听，生怕听到不愿听到的消息。每个人的心里都这样想："如果有什么好消息，立刻会告诉我们的；如果有什么坏消息，还是知道得越晚越好。"他们惶惑不安，因此最好还是什么消息也不告诉他们。在这愁闷的等待中，唯有多尔贝夫人在说话，在忙碌。有时候她虽然离开了朱莉的卧室，但不是回自己的房间去休息，而是跑遍整幢房子，见人就问医生说了些什么，他们听到了什么。昨天夜里她已亲眼看到，她不可能不知道她看到的情况是怎样一回事情，只是她企图欺骗自己，想否定她亲眼看到的事实是真的。被她问到的人都只说好的消息，这就更鼓励她去向别人打听；看到她那种忧心忡忡、惊慌失措样子，别人即使知道许多真实的情况，也是不会告诉她的。

　　但在朱莉身边，她竭力表现得很镇定，看着可怜的病人，她默默地伤心，而无坐立不安的样子，她最怕病人看出她有惊慌的表情。可是她并未成功地掩饰她的情绪，甚至在她故作镇静时也流露出不安的神情。至于朱莉，她也装出若无其事的样子，好像她的病已经过去，只是恢复健康，还需要一段时间。看到她们千方百计地互相安慰，我心里更加难过，因为我十分清楚，她们两人当中，谁也不能像对方所希望的那样高兴起来。

　　多尔贝夫人守护了两夜，已经连续三天没有脱衣睡觉；朱莉劝她去睡觉，她根本不听。"唉！"朱莉说，"就在我的房间里给她支一张小床，否则你和我同睡一张床，表妹，你的意见呢？"朱莉沉思了一会儿又说："你知道我的病是不传染的，如果你不嫌我，那就和我同睡一床吧。"克莱尔接受了朱莉的意见。她们让我走；说实话，我也需要休息。

　　第二天我起得很早。我心里惴惴不安，不知道昨天夜里的情况如何,所以一听到朱莉房间里有动静,我就进去了。根据前一天多尔贝夫人的状态,我猜想她此刻不是我头天晚上见到她那种绝望的样子,便是心情烦躁,坐卧不宁。我进门时,看到她坐在一把椅子上,精神委顿,脸色苍白,确切地说,面呈土色。她眼圈是黑的,眼神呆滞,但显得温柔和镇静,她说话不多,默默地做着别人让她做的事情。朱莉比前一夜里好一些,她的声音比较有力,动作比较灵活,好像她把克莱尔的精力拿去归她用了似的。我从她的脸色一眼就可以看出,她的病情好转是表面的,是发烧的结果,不过我发现她的眼睛里闪动着神秘而又快乐的神情,其中的原因,我怎么也猜不出来。医生的诊断和昨天的情况完全一样,病人也和他持同样的看法;至此,我是一点希望都没有了。

她们让我出去一会儿,当我再进去时,我发现房间已收拾得很整齐,很雅致。壁炉上放着花盆,窗帘微微拉开,并系好;房间里也换过了空气,散发出一股清香,根本就看不出是一个病人的房间。她和平常一样地梳洗过了,她的穿扮尽管简单;但仍显得高雅大方。从这些表现看,她俨然是一位等候客人到来的社交界贵妇,而不像一个等待死神的乡村女人。她见我满脸惊异就微笑起来,她猜到我在想什么。她正想对我说话时,有人把孩子们领进房间,于是她就只顾去管他们了。你可以想象得出:她知道即将离开孩子们,她的抚爱是多么温柔而又尽量克制自己的感情。我发现她一次又一次地使劲亲吻她以生命救活的孩子,好像这孩子是她用命换来的,所以更加宝贵似的。

可怜的孩子们不懂得母亲为什么那样叹息、那样激动和那样使劲地吻他们。他们爱母亲,但这是他们这种年龄的孩子的爱。

他们一点也不知道母亲现在的病情，不明白她为什么一次一次地爱抚他们，不理解她是因为再也见不到他们而伤心。他们看见我们难过的样子，他们就哭了；此外，他们就什么也不知道了。尽管他们也听说过"死"字，但他们根本不懂死的含义。他们怕痛而不怕死。当母亲因疼痛而呻吟时，他们会大声哭叫，但是，如果有人告诉他们说他们要失去母亲时，他们就傻里傻气，不知道是怎么一回事。只有昂莉叶蒂年龄较大，又是女孩，感情和智力都早熟一些，知道妈妈平时比孩子们都起得早，而现在还躺在床上，就感到不安和吃惊。我想起在起床这个问题上，朱莉对维西帕西恩在能行动时偏偏要卧床不起，而在什么也不能做时却硬要起床的愚蠢做法*有她独特的见解。她说："我不知道一位皇帝是否应该站着死，但我知道一位母亲是只有在将死的时候才该躺在床上。"

她把她心中的感情倾注在孩子们的身上，她一个一个地拥抱他们，特别是拥抱昂莉叶蒂的时间最长，而女孩在受到母亲的亲吻时也哭了；接着，她把三个孩子都唤到身旁，祝福他们，并指着多尔贝夫人对他们说："去吧，孩子们，去跪在你们的母亲跟前，她是上帝赐予你们的母亲，上帝没有让你们失去你们的妈妈。"孩子们立刻跑过去，跪在她面前，拉着她的双手，称她是好妈妈，他们的第二个妈妈。克莱尔俯身把他们搂在怀里，想说点什么却说不出来，只是啜泣，激动得喘不过气来，最后还是一句话也没说出来。你可以

---

　　* 这话不确切。叙埃多纳说，维西帕西恩临死前在床上还像平时一样工作，甚至还接见宾客。不过在接见宾客时，他最好是从床上起来；然后再躺在床上等死。我知道，维西帕西恩虽不是一位伟大的人物，但却是一位好国王。一个人不管活着时能扮演什么角色，但在临死前是不应该装腔作势的。

想象得出当时朱莉是多么激动！这个场面太令人悲痛,我不得不赶快设法使它结束。

这催人泪下的时刻过去之后,大家又围坐在病人床前谈话;尽管因为发烧,朱莉的精神没有刚才好,但她仍和刚才一样高兴,她无忧无虑,无所不谈,而且无论谈什么都谈得很专心,很有兴趣,当时,好像除了谈话以外,就没有别的事情可做似的。为了尽量多和我们在一起,她建议我们在她的房间里用晚餐,你当然知道,她这个建议我们是一定采纳的。上菜时没有出一点儿声响,没有出现混乱和差错,一切都有条不紊地进行,就像在阿波罗餐厅用餐一样。芳烁茵和孩子们也和大家在同一张桌上吃饭。看到我们没有食欲,朱莉便略施小计,一会儿说是她的女厨子叫我们多吃,一会儿又说她要亲自尝一尝,一会儿又要我们尽量吃饱,说有了好身体,才能照顾她;总之她想方设法让大家把所有的东西都吃光;她做一切都显得高高兴兴,生怕我们难过。总之,即便一位殷勤的家庭主妇在身体健康时接待客人的态度,也没有临死的朱莉对家人这么细心,这么周到和感人。我担心的事情一件也没有发生,我所看到的一切都出乎我的意料。我简直不明白是怎么回事,我都被搞糊涂了。

晚饭后,仆人报告说神甫来到我们家。他是我们家的朋友,是经常来看我们的。这一次,尽管我没有派人去请他,因为朱莉没有说要请他来。但他来了,我还是非常高兴的,我想,此时此刻,即使是最狂热的信徒见到他,也不会有我看到他这样高兴。因为他来了,能给我解开许多疑团,使我从一种奇异的困惑中解脱出来。

你想必还记得是什么原因促使我决心告诉朱莉她已病入膏

肓，根据我认为这个可怕的消息可能产生的影响，怎么能想象到她的反应竟完全出乎我的意料呢？怎么！这个在身体健康时没有一天不进行沉思和喜欢祈祷的虔诚的妇女，在只能再活两天就要去接受严厉的审判的情况下，不仅不为这可怕的时刻做准备，不反思自己，反而雅兴大作，布置自己的卧室，梳妆打扮，和朋友们聊天，使他们高高兴兴地用餐，而且，在谈话中只字不提上帝和灵魂得救！对她这个人和她真正的心情，我怎么猜得透呢？如何把她现在的行为和我过去认为她的虔诚的思想统一起来呢？她对医生说她最后的时刻是非常宝贵的，而她又是这样利用这一段时间，这到底是怎么一回事呢？对此，我百思不得其解。尽管我知道她不是那种表面上虔信宗教的人，但我觉得她现在应该思考的是她自己认为非常重要和刻不容缓的事情。如果一个人在这喧嚣的尘世笃信宗教的话，在即将离开尘世和向往天堂之际，能变成不信宗教的人吗？

对这些问题的思考，使我达到了我意想不到的境界。我开始感到不安，怕我顽固坚持的观点，对她的影响太大。我虽不赞同她的观点，但我也不愿意她把它们都通通放弃。如果我病倒了，我肯定会怀着自己的信念死的，所以我希望她也怀着她的信念离开人世。可以这样说，我对于她，比对我自己还担心。你也许觉得我这矛盾的心理很荒唐，我也认为它不合情理，但我确实是这样想的。在这里，我无意证明我的想法是正确的，我只是告诉你罢了。

不过，解开我的疑团的时刻终于到来，因为神父或早或迟会把话题引到神职人员为之奋斗的目标上来；即使朱莉在答话中能掩饰她真实的想法，但只要我注意听和事先做好准备，她想隐瞒也是难以隐瞒的。

事情果然不出我所料。这里,我把神父在谈到正题前的那些穿插了许多夸奖话的泛泛之词以及他关于以基督徒的身份圆满结束诚实的一生是多么幸福的感人的话,都略而不提。他把开场白讲完以后,便接着说:他有时确实发现她在某些问题上的看法不完全符合教义,也就是说,不完全符合思维最健全的人从《圣经》里推导出的原理,但是,由于她从不固执己见,所以他希望她离开人世时像在生前一样仍然和忠实的教徒们在一起,并在各方面都赞同他们共同表明的信仰。

因为朱莉的答复是解决我的疑难的关键,尽管都是老生常谈的话,但毕竟不是训诫之词,所以我一字不漏地把她的答复告诉你。她的话,我听得很仔细,并且当时就记了下来。

"先生,首先请允许我向您表示感谢,感谢您费心引导我走上正确的美德之路,并信仰基督的教义;当我误入迷途时,您又以宽容的态度对待我,帮助我改正错误。我钦佩您的热情,感激您的仁慈。我很高兴地宣布:我做得对的事情,都归功于您,是您鼓励我行善和信仰真理。

"我生活在耶稣教徒中,我也要死在他们中间;因为耶稣教徒以《圣经》和理智始终作为自己唯一的行动指南;我嘴上说的就是我心里想的。有时我对您的教诲之所以不是言听计从,那是因为我不喜欢伪装,示人以假象。对于我不相信的事,我不能说我相信它。我一直真诚地追求符合上帝的荣耀和真理的事物。在这过程中,我难免走弯路。我从来不妄自尊大地认为自己永远是正确的;我很可能常犯错误,不过我的目的是纯洁的,我嘴上说相信的事,我心里就真正相信。在这个问题上，一切由我决定。上帝没有让我的理智去寻求超过我的能力的事物；他这样做，是仁慈的和正确的；既然他没有赋予我这样的能力，他怎么能对我有所要求呢？

"先生，在信仰问题上，我要讲的话，就是这些。至于其他问题，您只要看我的身体状况，您就知道我想说什么话了。我因身体疼痛而精神不能集中，因高烧而意识模糊，在这样的情况下，我能像头脑清晰时那样阐明我想说的问题吗？如果我平常还有说错话的时候，我今天的错话还少得了吗？我在精神委顿的情况下，相信一些我平时不相信的事情，这能怪我吗？一个人只有在头脑清楚时才能正确说出自己想说的话，而现在，我的头脑已不能正确地思考，在这种情况下，谁有权力让垂危的我去赞同只有在我头脑不清时才可能接受的观点呢？今后我该怎么做法呢？我今后只有笃信我以前相信的事情。因为我依然保持自己正直的秉性，只是判断力差一点罢了。如果现在我在什么事情上搞错了，那也不是故意的，只要把这些话说清楚了，我对我自己的信仰问题就不担忧了。

"至于死前该做的准备工作，先生，我已经做了，只是做得不好，确实做得不好，但是我已尽力而为，而且超过我现在能做到的程度了。我尽量提早做这项重要的工作，而不等到心有余而力不足的时候才做。我身体健康时经常祈祷，现在我不做了。病人的耐心就是祈祷。诚实地度过一生，就是为死亡而做的准备工作。当我平时与您谈话，当我独自沉思或努力完成上帝交给我的任务时，我就认为我已经见到了上帝，并用上帝赋予我的全部力量敬拜他。现在，我的力量已丧失殆尽，我哪里还有力量敬拜他呢？我混乱的心灵还能和他沟通吗？我这被疼痛折磨得奄奄一息的生命，还配得上奉献给他吗？不，先生，上帝让我把这残存的生命留给他让我平时爱、而现在即将与他们分别的人；在去上帝那里之前，我要向他们话别，我现在应该关心的是他们，因为，不久以后，我就只关心他了，我在世上最后的乐趣，亦即我最后应尽的义务，难道不是在脱离躯体之前完成人类赋予我的使命吗？我这样做，不就是在侍奉上帝，顺从他的意志吗？我的心并不惊慌，又何必去寻求镇静呢？我问心无愧，即使我有良心不安的时刻，那也不是现在，而是当我身体健康的时候。我只要信奉上帝，我心中就不惊慌；我的良心告诉我：不管我犯有多么严重的错误，上帝将以仁心对我，我愈接近他，我愈感到安全。我绝不会在他面前敷衍了事地做一番事后不得不做的忏悔，因为这样的忏悔是出于畏惧心，而不是出于真诚，是在欺骗上帝。我生命的最后这几天，充满了痛苦和忧虑，疾病缠身，苦不堪言，不知何时死去；这样一种残存的生命，我是不会奉献给他的；我是不会只是到了我残存的生命已毫无用处的时候才奉献给他；我要奉献，就要奉献我的全部生命，尽管它充满了罪和错，但它没有不信宗教的人的悔恨和恶人的罪行。

　　"上帝将让我的灵魂受什么样的折磨呢？人们说，被天主弃绝的人是仇恨上帝的；难道上帝还不让我爱他吗？我并不害怕自己被列为被天主弃绝的人。啊！伟大的上帝！你是永恒的存在，最高的智慧，生命与幸福的源泉；你是创世主和主宰者，是人类的父亲和万物之王；万能的和仁慈的上帝啊！我从未怀疑过你，在你的关怀下，我是多么热爱生活呀！我知道：我不久就要到你面前去接受你的审判，对此，我感到高兴。几天以后，我的灵魂即将离开死去的躯壳，更加虔诚地向你奉献我永恒的敬意，为我的永生带来幸福。在这一时刻到来之前,我将变成什么样子,这我不在乎。我的躯体还活着,而我的精神活动却已结束。我已经走完人生的旅途,我的过去已受过上帝的评判。我现在唯一要做的事情就是忍受痛苦和等待死亡,这是大自然的安排;我,我要尽量活得没有时间去考虑死,尽管现在死神已经来临,但我并不惊慌。睡在慈父的怀抱中,就一觉不想醒来了。"

这一大段话,她开始说的时候,声音低沉而平稳,然后渐渐提高,因此,给听到的人(我也不例外),留下了深刻的印象。再加上她眼睛中闪动着超自然的光芒,所以,给人的印象就更加令人难以忘记;她的脸上又重新出现了红晕,她周身好像散发着光辉,如果世界上有什么东西称得上是天堂的东西的话,那就是她说话时的面部表情了。

至于神父,他听完这番话,真是又惊又喜,于是张开双臂,仰头望着天上,大声说道:"伟大的上帝啊,这才是真正使你感到荣耀的崇拜方式,愿你保佑这个崇拜你的人,人类中像她这样奉献你的,为数不多。"

"夫人,"他走近朱莉的床边说道,"我原以为我来开导你,结果反而是你启发我。我现在没有什么可以向你说的了。你真心信仰上帝,因此你博得他的爱。怀着这问心无愧的平静的心情,你就能达到你的目的。像你一样生命垂危的基督教徒,我见过许多,但临死前心境能如此泰然的人,我只见过你一个。心境如此平静的死,与那些只因得不到上帝的宽恕才空话连篇地一再祈祷的又悔又恨的罪人的死,是多么不同啊!夫人,你的死与你的一生一样,是值得钦佩的,你为对他人行善事而活,你为尽母爱而自我牺牲。无论是上帝让你回到我们之中做我们的楷模,还是把你召唤到他身边以奖赏你的美德,我们都要像你这样活,也要像你这样死!这样,我们就一定会得到来世的幸福。"

神父想告辞离去,朱莉挽留他,并对他说:"你是我的朋友,是我最喜欢见到的人之一;正是为了他们,我才这么珍惜我最后的这点儿光阴。我们虽然要长久地分离,但我们不要这么匆匆一见就分手。"神父很愿意留下,于是我便走出她的房间。

我回来时,发现他们没有改变话题,但语气不同了,好像是在谈一件无关紧要的事似的。神父谈到人们对基督教的错误的理解,说他们把基督教看成纯粹是垂死的人的宗教,说神父都是不祥之人。"人们把我们看作死神的使者,"他说道,"他们往往以为做一刻钟的忏悔就可以勾销五十年的罪恶,只有在这个时刻他们才愿意看到我们。所以我们应该身着丧服,表情严肃:人们把我们描绘得十分吓人。至于其他宗教的做法,比这还糟。天主教徒临死前,他周围摆满了使他感到恐怖的东西,他还没有死,就要目睹人们为他举行葬仪。当他看到人们为他做驱赶魔鬼的法事时,他便觉得他房间里满屋都是魔鬼;法事还没有做完,他就已经吓死了无数次;教会一而再地让他处在这种恐惧的状态中,以谋取他更多的钱财。"这时,朱莉插话道:"让我们感谢上天没有让我们信仰那些谋财害命、收受贿赂的宗教。它们把天堂卖给富人,让他们把人间的不公平的贫富不均也带到天上。我相信这些邪恶的想法一定会引起人们对宣扬它们的宗教感到怀疑和厌恶。"说到这里,她转过脸来对我说:"我希望将来教育我们孩子的那个人要采取相反的做法,不要老是把宗教和死连在一起。以免使他们认为信仰宗教是一种令人毛骨悚然的可怕的事情。如果这位教师能把他们教得好好地生活,他们就会正确地对待死的问题。"

这次谈话,当然不像我信上写的一句接一句的这样紧凑,中间停顿的时间也比较多;我从他们的谈话中,终于领会到了朱莉采取的行为原则,并理解她为什么有那些令我惊奇的行为的原因。原来她之所以要那样做,是因为她知道自己无法治愈,所以便尽量避免那些不必要的使人联想到即将举办丧事的东西,以免使周围笼罩一片悲戚的气氛,这样,一方面可以分散我们的悲痛,另一方面也使自己不至于看到徒增悲伤的场面,她说:"死已经够难过了,为什么还要使它变得令人厌恶呢?有些人临死前枉自想方设法地苟延性命,而我则要尽情地把它享受到最后一口气:关键在于自己要拿定主意,我行我志,其他一切听其自然。当我最后要把我亲爱的人都召集到我房间的时候,我怎么能把它变成一个令人厌恶的病房呢?如果我让这个房间充满污浊的空气,那就应该让孩子们都出去,否则就会损害他们的身体。如果我的穿扮令人望而生畏,别人就会认不出我来;因为我完全变了样,尽管你们大家都记得我是你们亲爱的人,但也不能忍受我这副样子。否则,尽管我还活着,我也会像死人一样使大家,甚至我的朋友都觉得害怕。因此我不能那样做;我想达到的目的,是扩大我的生命的影响而不是延长它。我还活着,我还能表现我的爱,我也得到你们的爱,直到生命的最后一刻,我都要活得有生气。人死的那一瞬间并不可怕;来自大自然的痛苦不算什么;一般人所说的那些痛苦,我根本就没有。"

这些话,和其他类似的话,都是病人和神父之间交谈的,有些话是她和医生、芳烁茵和我谈的。她和我谈话的时候,多尔贝夫人始终在场，但她从不插嘴。她留意着病人，一有什么事就立刻去做。没有事的时候，她一动不动，毫无表情；她默不作声，注意观察病人，对我们的谈话一句也没有听进去。

我担心这样不停地说话会使朱莉过于疲倦，于是就趁神父和医生开始交谈的机会，我走到朱莉的身边，悄悄对她说："一个病人怎么能老是这样谈话！一个认为自己已丧失思考能力的人哪里讲得出这么多道理！"

"你说得对，"她低声说道，"作为一个病人，我是说得太多了些，但就一个临死的人来说，我说的话并不多。我不久以后就什么话也不说了。至于我所讲的那些道理，不是现在才想到的，而是过去老早就想到了。我身体健康时就知道人终归是要死的。那时，我经常思考在我病情严重的最后时刻我应如何对待；今天我说的这些话，都是我早就想好了的。我现在既无力进行思考，也不能做什么决定，只好说我过去想说的话，做我过去决定做的事情。"

那一天的其他时间，除了几件小事外，一切都很平静，几乎和大家身体健康时一样各做各的事情。朱莉显得和平时身体好的时候一样，既温柔又招人喜欢。她讲话仍然很有条理，思维也和从前一样敏捷，情绪很好，甚至有时显得很高兴。最后，我发现她的眼睛闪烁着某种使我越来越感到不安的快乐的神情，因此我决心要向她问个究竟。

我没有等多久，当天晚上就有了机会。其实，她也看出我想和她单独谈话，她对我说："你的意思我早看出来了，而我确实也有些话要对你谈。""太好了，"我说道，"但是，既然是我先想到的，那就让我先说吧。"

接着，我在她身边坐下，注视着她说："朱莉，我亲爱的朱莉！你让我太伤心了，唉！你一直等到这时候才让我单独和你谈话！"她惊讶地看着我，我继续说道："是的，我已经猜到了你的心思，你对死感到高兴；你对于离开我也看得很轻。想一想自从我们共同生活以来，你的丈夫哪一点对不起你，你为什么对我这样没有恩情？"她立刻握住我的双手，用她那动人心弦的声音说："我？你说我想离开你吗？你是这样猜测我的心吗？我们昨天谈的话，你怎么就忘记了呢？""可是，"我接着说道，"你已临死，还显得很快活……我看得很清楚……我看你心里很快活……""别说了，"她说道，"是的，我要高高兴兴地死；过去我是怎样生活，我现在就怎样死，是死得无愧于你的妻子。不要再问我什么了，我不会再对你说什么了。我现在给你一样东西，"她从枕头底下拿出一张纸，对我说："你看完就可以明白全部奥秘。"她手里拿着的是一封信，我看是写给你的。"这封信没有封口，"她一边把信交给我，一边接着说，"以便你看过后好考虑如何做最符合你的心意，又能更好地维护我的荣誉，你最后可以作出决定是把它寄出还是把它销毁。我求你等我死后才看这封信，我相信你能照我的话去做，所以不需要你对我作出保证。"亲爱的圣普乐，她的信随此信寄上。尽管我明明知道写这封信的人已经死去，但我很难相信她确已不在人间。

然后她忧心忡忡地和我谈起她的父亲。她说："他知道女儿病危，可是为什么一点儿也没有听说他要来的消息。难道他出了什么事吗？难道他不再爱我了吗？这怎么可能！我的父亲！……如此慈祥的父亲……就这样抛弃我！……在我死前不让我见他一面……不祝福我……也不最后亲亲我！……噢，上帝啊！当他再也见不到我时,他将多么悔恨呀!……"她一想到这些,便非常痛苦。我想,让她知道父亲有病,比让她认为父亲对她漠不关心,心里会好受一些,因此,我决定把真实情况告诉她。果然,当我把她父亲的情况告诉她以后,她反倒没有原先那样难过。当然,一想到再也见不到她父亲,她还是很伤心的。"唉!"她说道,"我死以后他怎么办呀?他还有什么希望呀?他的家人都死了,只有他还活着!……他怎样生活呀?他孤单一人,他也活不长了。"这时,她脸上流露出对死亡的恐惧,心中又充满了对她父亲的爱,她叹息着,紧握双手,两眼望着天上,我发现这位病人做祈祷已非常吃力了。

接着,她又回过头来对我说:"我已觉得精神不够,我想,这可能是我们之间最后一次谈话了。看在我们夫妻一场的面上,看在我们爱情的保证——我们亲爱的孩子们的面上,你不要再错怪你的妻子了。我,你说我高兴离开你!你,使我幸福和聪明的人,是你;在所有的男人当中,最适合于我的人,是你;唯一能使我成为贤妻良母的人也是你,我怎能离开你!啊!告诉你,我之所以珍惜生命,那完全是为了想和你在一起。"这一番出自肺腑的话,使我激动得把她握在我手中的手不停地放在我嘴上亲吻,我感觉到我的眼泪浸湿了她的双手。我从来不相信我会流眼泪,这是我有生以来第一次流泪,将来,直到我死,我也只流这一次眼泪。为朱莉流过泪以后,任何事情都不会使我再流眼泪了。

这一天,她做的事很多。夜里和多尔贝夫人谈话,上午和孩子们谈话,下午和神父谈话,晚上又和我谈话,结果她筋疲力尽。她可能是因为太虚弱,也可能是体温有所下降,高烧已稍减退,这一夜,她比前几夜都睡得好。

第二天上午，仆人告诉我说，有一个穿一身破旧衣服的人再三要求见夫人，仆人告诉他说夫人病了，他还是坚持要见她，并说他要求她做一件好事，说他了解德沃·沃尔玛夫人的为人，只要她活着，她就会乐于作这种好事的。由于朱莉曾经有严格的规定，仆人不得回绝任何来访的人，尤其是穷苦人，所以仆人先来向我报告，问我是不是打发他走。我让他进来。他一身破破烂烂，样子非常可怜，不过，在他的外表和谈话中，我倒没有发现什么令人不快的地方。他说他非要见朱莉不可。我告诉他，如果是为了想得些帮助以维持生活，就不要打扰一位病危的女人，我可以替她办这件事情。"不"，他说，"我根本不是来要钱的，尽管我非常需要钱。我要的是一项属于我的财产，一项比世上任何东西都更珍贵的财宝，由于我一时糊涂失去了它。只有夫人才能使我失而复得，因为这项财产本来就是她赐予我的。"

听了这一番话，尽管我一点也不明白，但我还是决定让他去见朱莉。一个不诚实的人也可能说出那些话，但不会用他那样的语气说的。他要求不要被任何人看见，不管是仆人还是贴身女佣，都不让他们看见。他如此谨慎，使我感到奇怪，不过我还是照他说的办了。我把他领到朱莉的房间。他告诉我说多尔贝夫人认识他，可是当他从她面前走过时，她丝毫没有认出他来。这一点，我当时并没有怎样吃惊。至于朱莉，她一下子就认出他了；她看到他那身打扮，就埋怨我没有给他换衣服。他们见面的情景很感人，克莱尔听到声响，便清醒过来，走上前去，也终于认出这个人，而且很高兴见到他。不过她高兴的样子转瞬就变得很难过，她心中只装了一件事情，她对任何其他的事情，都无动于衷了。

我想没有必要告诉你这个人究竟是谁。他的出现勾起了她们对往事的回忆。可是当朱莉安慰他并鼓励他要有信心时，她也激动得很，情况非常糟，竟使我以为她就要停止呼吸了。为了不惊动大家，避免在救助朱莉的时刻出现忙乱，我让仆人把他带到书房，并吩咐他一走进书房就把门关好。我派人把芳烁茵找来。经过一段时间的护理，病人从昏厥中清醒过来。看到我们神情沮丧地围坐在她床边，她说："孩子们，这只不过是一次试验罢了，它没有人们想象的那样难过。"

一切又恢复了平静；可是刚才那一番惊慌使我忘了书房里的人。当朱莉问起那人时，餐桌已经摆好，大家都上桌吃饭了。我想到书房里去和那个人谈话，可是他照我的吩咐从里面把门关上了。所以我只能等到晚饭后才能叫他出来。

晚饭时，杜波松也在场。他谈到一位传闻要再嫁的年轻寡妇，并发表了一番关于寡妇的悲惨命运的议论。我说："更可怜的是那些丈夫还活着的寡妇。"芳烁茵听出我这句话说的是她，于是就接过话茬儿说："是的，特别是当她们还爱她们的丈夫的时候。"于是大家就谈到她的丈夫。过去她谈到他时总是很有感情，现在她的恩人即将死去，所以一提到她的丈夫，她就更加感到失去一位亲人是多么难过。她继续用温柔的词句称赞她丈夫的脾气，谴责那些把他带坏的人。她是那样真诚地想念他，以致说到这里，压抑不住难过的心情，竟激动得哭了起来。忽然，书房的门打开了，那个衣衫褴褛的人冲出来，跪在她面前，抱住她的双腿亲吻，放声大哭起来。她手里端着的酒杯掉到地上，她大声问道："啊，不幸的人！你从哪儿来？"她俯身去拥抱他，如果大家不及时扶住她，她会瘫倒在地的。

以后的事情，我不说你也想象得出来。霎时间，所有的人都知道克洛得·阿勒回来了，善良的芳烁茵的丈夫回来了！多大的喜事啊！他一走出房间，就给他预备好了衣服。那天，如果每个人有两件衬衣的话，有多少人在座，阿勒一个人就有多少件衬衣。当我走出房间吩咐人们给他找衣服时，我发现大家已经给了他那么多，以致我不得不使用我的权威，让他们把衣服各自收回去。

芳烁茵不愿意离开她的女主人。为了让她去和她的丈夫一起待几个小时，我们就托辞说孩子们需要出去呼吸新鲜空气，让他们两人领着他们出去。

这件事情，不像前几次事情那样使病人感到不舒服，她高兴得好像病情随之减轻了许多。下午，只有克莱尔和我在她身边。我们平静地谈了两个小时；她使这次谈话谈得最愉快、最有趣；像这么高兴的谈话，我们过去还从来没有过。

她首先从刚刚发生的这件激动人心并使她回想起她青年时期的事情谈起，然后她按照时间的顺序对自己的一生做了简短的回顾，并由此得出结论说，不管怎样，她的一生是快活的和幸运的，是一点一点地享受到了在这个世界上可以享受到的最大幸福的。而这次在她中年夺去她生命的意外事件，从一切迹象看，是她生活中善与恶的分界线。

她感谢上帝赐予她一颗敏感和善良的心、健全的智力与和蔼可亲的面孔；她还感谢他让她诞生在一个自由的国家，不受他人的奴役；诞生在一个体面的家庭，而不是诞生在一个恶人的家里；她们家，家道小康，而不是败坏人心的富豪，也不是令人看不起的贫穷人家。她庆幸自己的父母心地善良、品行端正、富有正义感和荣誉感,他们互相取长补短,并按照他们的理性培养她的理性,但又不让她受他们的缺点和偏见的影响。她还庆幸自己受到一种合乎理智的和健康的宗教教育,它不仅不使人变得很愚昧,反而使人变得高雅和纯洁;它既不赞同有些人的亵渎宗教,也不主张对宗教持狂热态度;它使人既明智又有信仰,对人既厚道又谦逊。

说完这些话以后,她紧紧握住她表妹的手,用你熟悉的目光看着她;尽管由于身体虚弱,她的眼神显得有些困倦,但却更加动人。"我刚刚讲的这些得自上天的财富,"她说道,"上帝也赐予了千千万万其他的人,唯有这个财富!……上帝只给了我。我是女人,我有一个女朋友。上帝让我们同时诞生,使我们的性情如此相投,从来没有发生过龃龉,他使我们的心互为对方而具备;当我们还在摇篮里的时候,上帝就把我们连在一起,她在我的生活中永远占据重要的位置;我死的时候,我要她的手来合上我的眼睛。像我这样的情况,如果世界上还能找到第二个,我就不再夸耀。她不是给了我很多明智的建议吗?她不是多次从危险中挽救了我吗?我痛苦时,哪一次不是她来安慰我?没有她,我会落到什么地步?如果我更听她的话,我岂不比现在好上许多倍?也许我今天做的事能称她的心。"克莱尔什么话也没说,把头依在她朋友的怀里,想用哭泣来减轻心里的哀伤,但这也无济于事。朱莉也默不作声地把她紧紧搂在怀里。这时,两个人既没说话,也没有哭。

她们平静下来以后,朱莉接着又说道:"我虽有这些得天独厚的有利条件,但我也有不利的一面;世上的事往往如此。我是为了爱而具有这颗心的,我对自己要求甚严,对一般人心目中的财产看得很淡。我父亲的偏见和我的性格可以说是难以调和的。我要自己选择情人。他主动来找我,可是我认为是我选中他的;毫无疑问,这是上帝为我做的选择,他宁肯让我受感情的错误的驱使,也不愿我犯可怕的罪恶。因为,等到我的感情平静后,我心中至少还保持着对美德的爱,他谈吐文雅,娓娓动听,而每天有千百个骗子却用这种语言去引诱千百个出身良家的少女,在那么多男人当中,只有他是诚实的,表里如一的。我是一眼就看中他的吗? 不,我开始只注意到他的言谈;他的言谈使我着迷。由于无可奈何,我才做了别人厚颜无耻地心甘情愿做的事。用我父亲的话说,就是我一头扎进他的怀抱。他很尊重我。只是到了这时,我才看中了他这个人。尊重女人的男人都是有一颗善良的心的,所以我认为他是可信赖的人。我开头是信赖他,后来就信赖我自己,我失足的原因就在于此。"

接着,她极力称赞她的情人的人品,她对他作出公正的评价。我们看出,她对他的公正评价是出自内心的。她甚至为了赞扬他而不惜贬低自己。为了为他说公道话,她宁愿委屈自己;为了维护他的荣誉,她宁愿错怪自己。她甚至说他对通奸行为的厌恶比她更甚,而忘记恰恰是他不赞成人们谴责通奸的人。

她怀着同样的心情谈到她一生中的其他事情、爱德华绅士、她的丈夫、她的孩子、你的归来以及我们的友谊,对这一切人和事,她都尽说好话。甚至对她遭遇的不幸的事情,她也认为虽然暂时受损失,对她也是有好处的,使她躲过了更不幸的事情。例如:正是在她不该失去母亲的时候,她失去了她的母亲,不过,如果上帝真的保全了她母亲的话,她的家肯定会出乱子的。她母亲如果支持

她,哪怕是略表支持,就足以使她有勇气违抗她父亲的意志,结果
弄得全家不和,酿成丑闻,甚至会发生祸事,败坏家庭的名声,如果
她的弟弟还活着,情况还会更糟。后来,她不由自主地和一位她当
时根本不爱的人结了婚,但她认为,和任何别的人结婚,甚至和她
爱过的人结婚,也不会比和现在的丈夫结婚更幸福。多尔贝先生
的去世,使她失去一位男友,但却把她的女友还给了她。甚至连她
的忧虑和痛苦,她也认为有好的一面,因为它们可以使她推己及
人,不会对别人的痛苦不表示同情。她说:"对自己的痛苦和别人
的痛苦一样看待,这是一种多么美好的感情啊。对别人表示同情,
往往使自己也感到某种非财富和运气所能产生的满意心情。我曾
无数次地叹息! 我曾流过许多眼泪! 唉! 如果能重新诞生在同样
的环境中的话,我唯一不愿意重犯的,就是我过去所做的那桩错
事。不过,我所做的那桩错事,现在想来还是令人愉快的。"圣普
乐,我信上告诉你的,是她的原话;你看完她的信后,也许会更清楚
地明白她的意思的。

　　"你看,"她继续说道,"你看我是多么幸福。我得到的东西已
经很多,但我希望还要得到更多的东西。我们家庭将日益兴旺,孩
子们将受到良好的教育,我所爱的人都与我团聚或将与我团聚。
我现在幸福,将来也幸福;一想到我既享受了现在,又憧憬着未来,
我心里就十分高兴,我的幸福一步一步达到顶点,从来没有倒退
过;它不期而至,可是当我以为它能持久时,它却离我而去。命运
该怎样安排,才能使我长久幸福呢? 一个人能永久处于某种状态
吗? 不,一个人有所得,必有所失,甚至得到某物时的乐趣,也会因
为已经到手而消失。我的父亲已经老了;我的孩子们年纪还小,他

们的生活还没有安排好。今后，我只有所失，而无所得，这是多么令人痛苦啊！母亲对孩子的爱永无止境，可是子女对母亲的爱，将随着与母亲的分离而日益淡漠。我的孩子们年岁愈大，他们与我的距离就愈远。他们也许会分散在世界各地，他们也可能会把我忘记。你想送一个孩子去俄国，他出发时，我将要流多少眼泪啊！一切都将渐渐离我而去，什么也不能填补我失去的东西。我将一次又一次地看到自己处于我使你所处的状态。人最终不是要死的吗？也许死在所有的人之后！被人遗忘而孤独地死去。人活得越久，就越想活，哪怕是活得一点乐趣也没有。我也会厌倦生活和畏惧死亡的，人老的时候都是这样的。和上面所说的情况相反，我现在死，我生命的最后几天是活得很愉快的，因为我还有精力去死；我认为：死只不过是与我所爱的活着的人暂别而已。不，我的朋友们，不，我的孩子们，我没有离开你们，可以说我仍然和你们在一起。我的身虽离开你们，但我的精神，我的心依然在你们这里。你们将常常看到我在你们当中，你们将时时觉得自己在我身边……我们以后会团聚的，我坚信这一点；善良的沃尔玛不会躲避我的。一想到我是回到上帝那里，我的心就异常平静，就不觉得死亡是很痛苦的。上帝也答应我要像对我这样安排你们的命运。我的一生是好的，是幸福地度过的。我过去是幸福的，现在是幸福的，将来仍然是幸福的：我的幸福已定，它是我和命运搏斗以后得来的，是永恒而无止境的。"

　　说到这里，神父进来了，他真心敬佩她，尊重她。他比任何人都更了解她的信仰是多么真诚。他昨天和朱莉的谈话，以及他亲眼看到的朱莉的表现，使他深受感动。临死前装腔作势的人，他见得多,而像朱莉这么镇定的,却一个也没有见过。因此,从他对她非常注意的情况看,很可能他还有一个秘密的目的:看朱莉是否能这样镇定到底。

她侃侃而谈,用不着故意转变话题就可以谈一些适合于刚走进她房间的神父听的事情。她身体健康时,从不谈无意义的小事;此时静静地躺在床上,她也继续若无其事地谈她和她的朋友们关心的问题;她谈的问题,没有一个是无关紧要的。

当她顺着她的思路谈到她死后给我们留下什么时,她重新提到她过去对离开躯体的灵魂的看法。她欣赏有些人的天真,竟答应朋友们说死后要来告诉他们另一个世界的情形。"这个话,"她说,"同那些胡说八道的吓唬善良女人的鬼魂的故事同样荒谬,好像鬼魂真有喉咙可以说话,真有手可以抓人似的*! 一个虚无缥缈的鬼魂怎么能对包在躯体里的灵魂起作用呢? 既然和躯体混为一体的灵魂只有通过各种器官的中介才能有所感觉,鬼魂又如何去影响它呢? 鬼魂不能对灵魂起什么作用和产生什么影响。脱离躯体的灵魂可以返回它曾经生活过的人间,在它喜爱的人的周围游荡和停留,我承认这样的假设不算荒谬,但它来到人间,并不是为了让我们知道它的存在,它没有办法做到这一点;也不是为了影响我们,将它的想法告诉我们,因为它根本没有能力触动我们的大

---

　　* 柏拉图说,在世上一生清白、毫无污点的正派人死后,他们的灵魂也清清白白地脱离躯体;而那些在世上放纵情欲的人死后,他们的灵魂是不能马上恢复原先的纯洁的;它们在离开躯体时,将带上世上的牵挂,像一堆残骸似地把灵魂束缚得不能自由。他说:"人们有时候在坟地看见飘飘荡荡去投胎转世的鬼魂,就是这样产生的。"历代的哲学家都爱用这种一孔之见来否定实际存在的事物和解释不存在的事物。

脑;更不是为了看看我们在干什么;因为它没有视觉,看不到我们在做什么事;它来到人间,是为了亲自了解我们的思想和感受,直接和我们沟通,同上帝如何了解我们在世上的思想是一样的;通过直接沟通,我们可以了解他在另一个世界的想法,因为我们可以面对面地看见他*。""再说,"她看着神父接着说道,"如果感官什么作用也不起,我们要它又有什么用处呢？ 我们既看不见永恒的上帝,也听不到他的声音,我们只能感觉到他的存在,他的旨意,既不传达给我们的眼,也不传达给我们的耳,而是传达给我们的心。"

从神父的回答以及他们彼此点头首肯的表示,我明白了人的身体的复活是他们过去争论过的问题。此时,我才开始重视朱莉的宗教信条,我觉得她的信仰比较接近理智。

她对自己的这一套理论,是那样地深信不疑,以致尽管她不固执己见,但若要推翻其中任何一个她目前认为很正确的观点,也会使她十分难过的。她接着说道:"我许多次做好事时,都默想我母亲也在场,她了解我的心,并且赞同我的行为,我就愈发感到愉快。在我们死去的亲人的见证下行善,我们感到活得很有意义！ 这就是说,她身虽然已死,而心还和我们在一起。"你可以想象得出,当朱莉说这番话时,她把克莱尔的手是握得多么紧。

神父答辩时,尽管声调柔和,措词也思虑周到,而且还假装观点没有和她不同,可是又担心他对某一个问题的沉默,会被看作是对其他问题的认可,所以他一刻也不忘记教士的立场,要阐明他对

---

　　* 我认为这句话说得很好;因为,如果不是为了得到最高智慧的启示,我们面对面地看到上帝又有什么意义呢?

来世的看法，虽然他的看法与朱莉的看法截然不同。他说，真正幸福的人的灵魂唯一关心的事情，是上帝的伟大、光荣和权能。在心中这样虔诚地默念上帝，就可使人忘却一切往事；人死后就不会再相遇，也不会彼此相识，即使是在天上，也是如此，何况在天上看到令人陶醉的景致，就不会再想人间的事情了。

"很可能是这样的，"朱莉接着说道，"我们平庸的思想与上帝的神性相距是如此之远，以致即使我们心中默念上帝的神性，我们也很难想象它能对我们起什么作用。不过，我现在只能按自己的思想考虑问题，我承认，有些感情对于我来说是十分珍贵的，一想到我要失去它们，我就很难过。我甚至为自己的希望制造论据。我认为，我的幸福在某种程度上表明了我有一颗善良的心。因此，我将回忆我在人间做的事情，怀念我以往喜欢的人，今后，我还将继续喜欢他们；如果再也见*不到他们，那将是一件很痛苦的事情；不能让这种事情出现在有福之人的家。"接着，她很高兴地望着神父说："即使我错了，一两天的错误，很快就过去了；几天之后，我到了天上，就会比你更清楚谁错谁对了。目前，我敢肯定的是，只要我还记得我曾在这世界上生活过，我就会爱我曾经爱过的人，而我的神父不会是我爱得最少的人。"

这一天的谈话到此就结束了。朱莉的心情从未像今天这样平静、闲适和对未来充满希望。据神父说，这表明她在尚未进入真福

----

*　很显然，她这个"见"字，指的是纯粹的理解，类似于说上帝"看"我们，意思就是说上帝理解我们；我们"看"上帝，意思就是说我们理解上帝。感觉不能够达到心灵的直接沟通，但理智却做得到，而且，在我看来，比身体运动的接触更能清楚地表达心灵的感受。

者的世界之前就提前获得了真福者的安宁。在病中,她从来没有像今天这样兴致好、表情真,还时时安慰别人,讨人欢喜,一句话,又恢复了她原来的样子。她处理问题,既合乎理,又合乎情,既像智者那样冷静,又像基督徒那样热心。她说话既不故作姿态,又无夸张或说教的词句;她朴素的语言,句句都是她真实的感受:在她的谈话中,无处不体现出她的一颗纯朴的心。她有时忍住疼痛不发出呻吟的声音,这并不是故意装出坚强的样子,而是怕使她身边的人感到悲伤;当死亡的恐惧使她一瞬间吓得脸色苍白,她也丝毫不掩饰自己的惊慌,听别人的安慰。然而,她一恢复了镇定,便转而去安慰别人。大家从她温柔的神情中看出和感觉到她又回到了原来的状态。她的快乐绝不是勉强做出的,她说说笑笑的样子,本身就很感动人。大家的嘴上虽挂着微笑,但眼睛里却含着眼泪。她知道,如果不克制恐惧的情绪,她就不可能享受即将失去的东西,因此她显得比平时还高兴,比身体健康时还可爱;她生命的最后一天比任何一天都更令人兴奋。

傍晚时,她感到不舒服,虽然没有上午严重,但使她不能和孩子们长久待在一起。她发现昂莉叶蒂有些憔悴。我们告诉她说,这个孩子总是哭,一点东西都不吃。"这样是治不好她的病的,"她看着克莱尔说道,"因为病根在血液里。"

由于她感到好受多了,她希望大家在她房间里吃晚饭。医生晚上也在。芳烁茵也来了;平时,我们要叫芳烁茵来和我们一起进餐,她才来和我们一起进餐,而这一次是她主动来的。朱莉发觉后,笑着对她说:"好,我的孩子,今晚再和我一起吃一次饭,你将来和你的丈夫相处的时间,要比和你的女主人相处的时间多得多。"

然后，她对我说："我用不着说把克洛得·阿勒托付给你，你也会照顾他的。""是的，"我说道，"凡是你想照顾的人，用不着一一叮嘱我了。"

晚饭吃得比我预料的还愉快。朱莉觉得自己可以忍受灯光，就吩咐把桌子挪近她的床，而且她胃口特别好，这一点就她的身体状况来说，简直是不可思议的。医生也不限制她的饮食，给她一块鸡胸脯肉。"不，"她说，"我想吃费拉鱼*！"我们给她一小块，她就着一点面包吃，觉得味道很好。当她吃鱼的时候，你看多尔贝夫人是多么高兴地看着她吃啊；你要是在场亲眼看到就好了，因为我无法用语言来形容。朱莉非但没有因吃下东西感到不舒服，反而一直到晚饭吃完都很高兴。她的心情是那么的好，竟想起我已很久没有喝外国酒，便用略带责怪的口气说："给先生们拿一瓶西班牙酒来。"她从医生的面部表情看出他在等着品尝真正的西班牙酒，于是，她微笑着看了她表妹一眼。我发现克莱尔对大家吃饭的情形并不留意，她显得心情不安，一会儿看看朱莉，一会儿又看看芳烁茵，她的眼睛好像在对这两个人说什么或问什么。

酒迟迟没有送来。地窖的钥匙找不到，其实找也是白找，因为人们断定，而且也是事实：钥匙在男爵的贴身仆人手里，他无意中把钥匙带走了。还有人说，这显然是因为原来一天喝的酒，现在喝了五天，所以尽管这几天大家都熬夜，但谁也没有发觉该买酒了**。医

---

　　*　费拉鱼是日内瓦湖里的一种非常鲜美的鱼，个是随时都可以捕到的。

　　**　家有漂亮的仆人的读者们，请你们不要用嘲笑的口气问这种仆人是从哪儿雇来的；因为我早已说过，这种人不是从什么地方雇来的，而是你们自己培养的。要解决这个问题，只需一句话：只要有了朱莉，其他一切都有了。一般地说，不是人有这种或那种之分，而是看你怎样培养他们。

生听后大失所望。至于我,不论这件事情的疏忽,是因为心情不好造成的,还是由于对仆人的疏于控制造成的,我都对使用这样漫不经心的仆人感到羞愧。我让人把地窖的门砸开,并吩咐他们今后可以随意饮酒。

酒送上来了,我们都喝。大家都称赞是好酒。朱莉也想喝,她说把酒倒在小匙子里,掺上些水;而医生却把酒倒在杯子里,没有掺水。此时克莱尔和芳烁茵频频传递眼色,不过都是偷偷地,怕被察觉。

朱莉因为病中忌食,身体很弱,再加上平时饮食又有节制,所以不胜酒力。她说:"啊! 你们把我灌醉了! 等了这么久,才把酒取来,就别喝了,因为,一个醉醺醺的女人是招人讨厌的。"她的话开始多起来,但仍旧和往常一样,思路很清楚,只不过说得快一些罢了。奇怪的是,尽管她的脸上没有红晕,眼睛也因久病疲惫而黯然无光,但除了气色不好以外,她看上去像是一个健康的人。此时,克莱尔突然显得不安。她用害怕的目光一会儿看看朱莉,一会儿看看我和芳烁茵,而她看得最多的是医生。从她的目光就可以看出:她想问什么,可是又不敢问。许多次她话到嘴边又咽回去,生怕听到什么不祥的答复;她此时的心情是那样的焦虑,就好像是喘不上气来似的。

芳烁茵看到这情形,就鼓足了勇气,用颤抖的声音低声说:"夫人今天好像好些了……刚才的痉挛也不像昨天那样严重……晚上……"她说到这里,突然停止。在芳烁茵说话时,克莱尔全身抖得像一片树叶,向医生投去不安的目光,定睛看着他,并且屏着呼吸,生怕听不清楚医生的话。

只有傻子才不明白她是什么意思。杜波松站起身来,走过去把病人的脉搏,说:"病人既没有醉,也不发烧,脉搏很正常。"话音刚落,克莱尔就喊起来,微微伸出双臂:"真的! 医生! ……脉搏怎么样? ……还发烧吗? ……"她说不下去了,双手仍然向前伸着,眼睛焦急得闪闪发亮,她脸上的肌肉动个不停。医生什么也没有回答,又用手把病人的脉搏,看了看眼睛,又看舌头,沉思了一会儿说:"夫人,我很理解你的心情,不过,我现在不能给你把话说得太肯定了;如果明天这个时候,她还是这个状态,我就敢保证她不会死。"顿时,克莱尔像闪电似的,一个箭步竟弄翻了两把椅子,而且险些撞倒了桌子,跑过去搂住医生的脖子,一边呜咽,一边一遍一遍地吻他,激动得直流眼泪;她从手指上取下一枚昂贵的戒指,不管医生愿不愿意,硬是给他戴在手指上,上气不接下气地说:"啊! 先生,如果你把她救活了,你救活的就不只是她一人!"

这一切,朱莉都看在眼里。这情景令她心碎。她望着她的女友,用一种既亲切又痛苦的声调对她说:"啊! 你真狠心,硬要我留恋生命! 你让我想死不得死吗? 难道你想给我送两次终吗?"这简短的几句话像一盆凉水,立刻使大家兴奋的情绪低落下来,不过,尚未使大家心中产生的希望完全消失。

顷刻间,家里所有的人都知道了医生所说的话。这些好心人都以为女主人的病已经治好了。他们一致决定,如果女主人病好了,他们就送一件礼物给医生。每个人拿出三个月的工资来买这份礼物,而且立刻把钱凑齐,交到芳烁茵手里,有些人身上的钱不够,就借钱交。他们是那样积极张罗,朱莉在床上都可以听到他们的谈笑声,你想想这对于一位知道自己就要死去的女人来说,是多么使她感动啊！她叫我过去，俯在我的耳边说："他们对我的这番情谊，真使我百感交集。"

睡觉时，多贝尔夫人像前两夜一样和她的表姐睡一床。她把自己的贴身女仆叫来替换芳烁茵。可是芳烁茵不愿意；我想，如果当时她丈夫不来的话，她还不会不赞成。多贝尔夫人坚持自己的意见，结果两个女仆都在小房间里睡。我睡在隔壁的卧室里。而其他的仆人由于他们的女主人有治好的希望，都兴奋不已，我无论是下命令还是呵斥，都无法说服任何人去休息。结果，这一夜谁都没有睡，都焦急地等待，恨不得缩短自己的生命，马上就是上午九点钟。

夜里我听到有人走来走去，我也没有在意，但早上醒来时，发觉房子里静悄悄的，只听到一阵低沉的声音。我屏息静听，好像是有人在抽泣。我飞奔进去，进入朱莉的房间，拉开床帘……圣普乐！……亲爱的圣普乐！……我发现朱莉和克莱尔拥抱在一起，一动不动，一个已经昏迷，另一个正在咽气。我大声叫喊，想拖延她的生命，让她把最后一口气吐在我的嘴里。我扑在她身上。可她已经死了。

这个敬拜上帝的朱莉已不在人间了……随后那几个小时中的情形，我就不用写了，因为当时连我自己是什么样子都不知道了。我稍稍清醒过来之后，就问多贝尔夫人在哪里，人们说已经把她抬到她自己的房间里，并且把她关在里面，因为她总是回到朱莉的房里，扑在朱莉身上，用自己的身体去温暖朱莉的身体，想使她活过来；她紧紧地抱着朱莉，千遍万遍地呼喊，尽管已无希望，但还是拼命喊叫她的朱莉。

我进去时,我发现她已经傻了,什么也不看,什么也不听,对谁都不说话了;她双手紧紧握在一起,在房间里像发疯似地走来走去,用暗哑的声音不停地嘟嘟哝哝,不知道说些什么,时而发出一阵尖叫,令人不寒而栗。她的女仆在床边,惊恐万状,一动不动,不敢出声,全身颤抖,想躲开她。克莱尔神情已乱的样子确实吓人。我示意女仆出去。因为我担心她对克莱尔只要一句话说得不对,本想安慰她,反而会使她生气。

我对她一句话也没有说,因为她根本就不听。过了一会儿,我见她已筋疲力尽,便拉着她的手,让她坐在一把椅子上;我坐在她身旁握着她的双手,并让人把孩子们叫来,让他们站在她周围。不幸的是,她看到的第一个孩子恰恰是朱莉为之牺牲性命的男孩子,她一见到他就伤心。我发现她脸色都变了,气得转过脸去,用颤抖的双手使劲把孩子推开。我拉过孩子对他说:"可怜的孩子! 你使你的母亲付出的代价太大,所以你姨妈才对你生这么大的气,她们的心不完全一样。"这话惹恼了她,对我狠狠地发了一通脾气。看来,我刚才那些话对她还是起了一点作用。她把孩子搂在怀里,想使劲亲他,但她做不到,立刻又把孩子推到我身边。她对这个孩子始终不如对另一个孩子那样喜欢。我暗暗庆幸:将来当她女婿的不是这个孩子。

多情的人们,如果你们是我,你们怎么办? 你们可能和多尔贝夫人一样。而我,我把孩子们和多尔贝夫人安排好以后,把我唯一爱过的女人的丧事安排好以后,我就备马,怀着沉重的心情,把噩耗带给可怜的父亲。我见到他时,他正忍受着摔伤的疼痛,我离开他时,他被女儿的消息弄得惊魂不定。他难过极了,老人内心的痛苦,真是难以形容。尽管他的感情没有表现在外,他不动,也不哭,却令人感伤不已。看来,他经受不住这次打击,我现在就预感到他凶多吉少,我还要遭受一次不幸。我以最快的速度返回,以便早早赶回家里,再次看一看我最尊敬的女人。但是,事情没有这么简单,因为她又活了过来,让我再一次为失去她而痛不欲生。

当我快走到家门口时,我看到一个仆人气喘吁吁地跑来,还离我很远就喊叫道:"先生,先生,快来,夫人没有死。"我对他这句胡话感到莫名其妙,我赶快跑过去。我看到院子里挤满了人,他们热泪盈眶,大声呼唤,为德·沃尔玛夫人祝福。我问他们发生了什么事,他们都激动异常,谁也不能回答:他们个个都高兴得头脑发昏了。我急忙上楼,进到朱莉的房间,二十多个人跪在她的床周围,眼睛盯着她。我走上前去,看到她穿戴整齐地躺在床上,我的心跳个不停,我定睛看她……噢!她是死的!使我空欢喜一阵的幻想无情地破灭了,这短短的瞬间是我一生中最辛酸的时刻。我想了解他们这样胡闹的原因,但大家都添枝加叶,把事情愈说愈乱,我费了很大的力气,终于把事情弄清楚。这件怪事的经过如下:

我的岳父听到女儿出事后很着急,在我到他那里之前,就派他贴身的仆人到我这里来打听她女儿的消息。年老的仆人觉得骑马太辛苦,就连夜乘船横渡过湖,在我回到家的那一天早晨到达克拉朗。他看到大家难过的神情,心里就明白了。他呜咽着上楼进入朱莉的房间;他跪在她床前,定睛看着她,边哭边说:"啊!我的好心的女主人!啊!愿上帝让我代替您去啊!我已经老了,活着也没什么意思了,我不中用了,我还活着做什么?而您还年轻。您是家族的骄傲,家庭的幸福,穷苦人的希望……唉!我看着您诞生,难道还要看着您死吗？……"原来,当他非常伤心地两眼看着朱莉哭叫时,他忽然觉得朱莉的脸动了一下:这就激发了他的想象,他以为朱莉转过脸来,看着他,还对他点了一下头。他高兴得立即站起来,跑遍整幢房子,喊叫着说夫人没有死,她向他点头打招呼,他敢肯定她一会儿就会完全清醒过来的。这几句话,使那些正在呼天抢地哭泣的邻居和穷苦人也随声附和地喊道:"她没有死!"这消息越传越远,越传越玄;一般人总是喜欢听稀奇事,巴不得有什么好消息,而且往往一听到什么就想当然地信以为真,每个人都认为既然大家都那么说,就一定是事实。转眼间竟传说死者不但点了一下头,而且还有动作,说了话;有二十个人还声称他们亲眼目睹这从未发生过的事情。

　　既然认为她还活着,他们就立刻千方百计地想使她真的苏醒过来;他们围在她床边,对她说话,给她身上洒圣水,把她的脉,看是不是已经开始跳动。朱莉的女仆们看到女主人还没有穿戴整齐,周围就来了那么多男人,心里十分气愤,把他们都赶出去,而且立刻认识到这些人简直是在胡闹。不过,这种事情虽然明明是错了,但却令人欣慰,因此,她们也不愿意加以纠正,很可能她们自己就希望奇迹发生。接着,她们细心地给女主人穿衣服:尽管她所有的衣物都留给了她们,但她们还是给她穿上华丽的服装,然后把她放在一张床上,把床帘打开,在大家欢欢喜喜地庆幸女主人复活的时候,她们为她哭泣。

　　我正是在人们情绪最激昂的时候回到家里。我立刻意识到此时无法和他们讲道理,如果我吩咐把门关上,把遗体送到墓地,就会引起骚动,说我的妻子还没有断气,我就把她活活埋葬,这样一来,我将遭到这一地区所有人的唾弃。我决定在一旁静观事情的发展。可是遗体在高温下放置了三十六小时,已开始腐烂,尽管她的容颜仍旧清秀,但已出现变形的迹象。我把这情况告诉多尔贝夫人,但她像半死的人似地守在朱莉床前。尽管她已看出刚才那一阵闹闹嚷嚷,全是幻想引起的,但她仍然装出相信的样子,为的是可以长久待在房间里,让她的心完全沉浸在眼前悲戚的情景中。

她听完我的话,暗暗下了决心,她走出房间。可是一会儿她又走了回来,手里拿着你从印度给她带回的镶有珍珠的金面纱罩*。她走到朱莉的床边,吻了一下面纱,一边流着眼泪,一边把面纱蒙在她朋友的脸上,大声说:"谁敢用不洁的手揭开这块面纱,谁就会遭到诅咒! 谁敢用亵渎神明的眼睛看这张已非原样的脸,谁就会遭到诅咒!"她的动作和她说的话,使在场的人全部大吃一惊,像突然受到神灵的启示似的,立刻异口同声地重复她说的话。她使我家里的人和来悼念的亲友都深感佩服,我们便为朱莉穿戴整齐,小心翼翼地将她放进棺材,抬到墓地安葬,自始至终没有一个人敢碰面纱**。

我这个最可怜的人,还要去安慰别人,这个工作最难做。我还要去安慰我的岳父,还要去安慰多尔贝夫人和众多的亲友、邻居以及我家的仆人。其他一切事情都可以放下不做,可是我的老朋友!

---

　　* 人们可以看出,多尔贝夫人心里一直怕圣普乐会胡乱猜想朱莉死后的形象,所以想到用这块面纱把她的脸盖着。我认为,如果细心观察的话,也可看出她此举是含有深意的。她这样做,事先无人料到,因为她做得突然,但她必然会这样做,因为她早料到一定有人会胡乱猜想朱莉的遗容。

　　** 沃州的人尽管都是新教徒,但仍极其迷信。

还有多尔贝夫人！你必须亲眼看到她是多么悲伤，才能知道她是多么加重我的悲伤。我关心她，她非但不感谢我，反而责备我；我愈爱护她，她反倒愈恼火，但若我表现得冷漠，她又十分气愤；我要表现得和她一样难过才行：她悲痛欲绝，我也要悲痛欲绝；而最使人难办的是：不知如何对待她才好。同一句话，刚才还使她感到宽慰，过一会儿又会使她生气。她做事和说话都像疯子，在常人看来很可笑。我心里很难过，但我并不因此就不振作精神，强自镇定，安慰他们。我认为，爱护朱莉所爱的人，这比用眼泪来悼念她好得多。

你举一反三，其他的情况就可推想而知了。我认为，我尽了一切努力劝导克莱尔要保重身体，才能做好她的朋友委托给她的事情。尽管由于伤心和不进饮食，她已精疲力竭，但此刻她好像决心要恢复头脑的清醒，重新开始正常的生活，到餐厅吃饭了。她第一次来吃饭时，我让孩子们到他们的卧室里用餐，因为我不想让他们看见她这次进餐的情形：任何感情过分冲动的场面，让孩子们看了，都是有害的。感情过分冲动的时候，往往会做出一些带孩子气的事情，使孩子们感到有趣，使他们喜欢那些应该害怕*的事情。这种场面，他们已经看得太多了。

她走进餐厅，看了一眼餐桌，见到两副餐具。她立刻就近坐在她旁边的第一把椅子上，而不愿坐到餐桌旁，也不说她这样做的原因。我猜出了她的心思，于是就吩咐在她表姐平常坐的位子上摆上第三副餐具。这样，她才让我牵着她的手，把她带到餐桌旁；她

---

* 这就是为什么我们都喜欢看戏剧，只有少数人才爱看小说的原因。

小心地理理裙子，好像是生怕妨碍了那个坐在空位子上的人一样。可是，当她刚把第一匙汤送到嘴边时，就立即又把匙子放下，用生硬的口气说：既然没有人用，就不必摆这副餐具。我表示赞同，吩咐仆人把餐具撤走。她试着吃东西，但吃不下去。她的心情渐渐沉重起来，呼吸越来越急促，像是在哭泣，最后，她突然站起来，一句话也不说，也不听我说的话，回到她自己的卧室里；这一天，她全天只喝了一些茶。

第二天，还是这样。我想出一个办法：利用她自己任性的做法使她恢复清醒，用亲切的感情消除她的绝望的心情。你知道她的女儿酷似德·沃尔玛夫人。一看见她们两人穿同样衣料的衣服，她就特别高兴；她从日内瓦给她们买了几套同样的服装，让她们同一天穿同样的服装。于是，我就吩咐把昂莉叶蒂打扮得尽可能像朱莉，并教她如何做，让她坐在昨天摆第三副餐具的位子上。

克莱尔一看就明白了我的用意；她很感动，向我投来温柔的感激的目光。这是她第一次被我的关心所打动；我感到这是一个使她心情好转的好办法。

昂莉叶蒂为能扮演她的干妈妈而高兴，她扮演得那样惟妙惟肖，以致仆人们看了都哭起来了。不过她仍然称呼她自己的母亲为妈妈，和她说话时语言得体，态度很尊敬。由于她扮演得很成功，又看见我非常赞赏，她的胆子就大起来，竟然把手放在一把匙子上，俏皮地说："克莱尔，你尝一尝，好吗？"她的动作和语气学得那样像，以致使她的母亲惊讶得战栗了一下。接着，她哈哈大笑，递过自己的盘子说："好的，孩子，给我盛一点儿，你真是乖。"然后，就胃口大开地吃起来，她吃得那么香，令我大为吃惊。我细细地观察她,我发现她的眼神有些恍惚,动作比平时笨拙。于是,我不让她多吃。看来我阻止得很及时,因为一小时以后,她觉得胃不好受;如果当时让她多吃的话,肯定是会肚子发胀的。从那天以后,我决定不再搞这些闹着玩的事情,以免她因此而胡思乱想,最后不能控制。痛苦总是比疯癫容易医治,所以我宁愿让她再痛苦一段时间,也不让她丧失理智。

我亲爱的朋友,我们现在的情况,就是这些。自从男爵来了以后,不论我在家还是不在家,克莱尔每天上午都要去看他:他们在一起度过一两个小时。她去照顾他,也减轻了我们对她的照顾。此外,她已开始对孩子们细心照料。三个孩子中,有一个孩子病了,而这个孩子恰恰是她不太喜欢的孩子。此事,使她感到她又有失去亲人之虞,因此就更加努力尽她的职责。尽管如此,她最伤心的时刻还没有到来。她忍住眼泪,等你回来时才尽情地流。要等你回来为她擦眼泪,你应该听我的话,时时想到朱莉的遗愿①。这件事情,是我最先提出来的,现在,我比任何时候都更觉得这个意见既有益又明智。你快来吧! 你快来和她留下的人团聚在一起。她的父亲、她的朋友、她的丈夫和孩子,都在等你,都在盼望你,我们不能没有你。最后,用不着我多讲,你来了可以分担我的忧愁,治好我的创伤,将来我得助于你的地方,也许比任何人都要多。

---

① 指朱莉希望圣普乐到克拉朗来当她孩子的老师。——译者

书信十二　朱莉来信
（此信附在前一封信中寄出）

我们的计划,不得不放弃。一切都变了,我亲爱的朋友,让我们毫无怨言地接受这个变化;因为它是由一个比我们更明智的上帝决定的。我们盼望生活在一起,可这并不合适。上帝防止了这一点,这对于我们来说,是一件好事;因为他大概早已料到将有不幸的事情发生。

我很久以来,就一直在幻想;这种幻想,对身心是有益的;当我不需要幻想时,我的幻想会自动破灭。你以为我的伤口已经愈合,我自己也是这样想法。让我们饶恕那个使我的错觉一直持续到此时的人,因为这种错觉对我有用处嘛:谁知道我临死时,我的头脑还能不能正确思考呢? 是的,我枉费力气,没有能扑灭那使我热爱生活的初恋,它凝聚在我的心里;当它不再令人害怕时,它就重新出现;当我感到绝望时,它给我以鼓励;当我生命垂危时,它就使我恢复活力。我的朋友,我谈出真情,而丝毫不感到难为情;这永存的感情,不管我愿意不愿意,它都将不由自主地反复出现,它无损于我的清白。凡是我自愿去做的事情,都是我应该履行的义务;如果非我的意志所能控制的心是向着你的,那将使我遭受痛苦,但不会使我犯罪。我该做的事情,我都做了。我的品德毫无瑕疵,我的爱情永远留在我心里,而不后悔。

我敢说我的过去是光荣的,但谁能保证我将来呢? 也许,再和你多相处一天,我可能就会犯罪! 如果我今后一生都和你在一起,其结果又将如何呢？我时时都有危险,而自己却不知道。再也没有什么危险比我遇到的危险更大的了！我为我担心,也就是为你担心。我经历过的种种考验,今后还会遇到。我追求幸福和美德的生活,难道还不够久吗？对于我来说,生命还有什么用处呢？上天夺去我的生命,不仅没有夺去令我遗憾的东西,反而保全了我的名誉。我的朋友,我此时离开人世,正是时候,因为我对你和对自己都很满意;我的心情是愉快的,丝毫不感到痛苦。既然我已经作出许多牺牲,再要我作出新的牺牲,那也不要紧,无非再叫我死一次罢了。

我知道你将感到痛苦;这一点,我很清楚;你今后的生活将很可怜,这是肯定的。离开人世时,我最大的痛苦就是让你为我悲伤。不过,你也要看到我给你留下许多可以令你感到安慰的事情！为了你所钟爱过的人,你还有许多事情要做;为了她,你应该保重自己！你要关心她,就要关心她最喜爱的人,你现在失去的朱莉,只不过是许久以前你早已失去的朱莉。她最好的东西还是留给了你。来和她的家人团聚吧！让她的心留在你们心中,让她所爱的人都汇集在一起,这就等于使她获得新生。你对她家里的人的照顾,你的快乐和你的友情,都是她安排的。她使你们团聚在一起,就等于她自己重新活在人世。她将和你们永远在一起,一直到最后一个人离开人间。

你要知道,你还有另一个朱莉,不要忘记你应该为她做的事情。我死后,你们两人每个人都失去了一半生命,因此你们要结合在一起,才能保住自己的另一半生命。只有这样,你们两人在我死后才活得长久,才能长久照顾我的家人和孩子。我再也想不出什么更好的办法能使我喜爱的人更紧密地团聚在一起了！你们今后互相照顾的日子还长着呢！我这个办法，一定能增进你们相互的眷恋之情！你反对这桩婚事的理由，反而说明你应当同意。当你俩谈起我时，你们怎么能不相互产生温柔的感情呢？是的，克莱尔和朱莉已合为一个人，她们在你的心里是不能分开的。她对你的感情，就是在报答你对她的朋友的感情，因此，她将成为你的知己，成为你心爱的人：你将因为有这个活着的朱莉而幸福，同时又不因此就不忠于你失去的朱莉；你饱尝艰辛和痛苦之后，在到达对生活和爱情厌倦的年龄之前，你应当在心中燃起正当的爱情之火，享受纯洁的爱情的幸福。

　　结合成这样纯洁的关系，你们才能一心一意地致力于我托付给你们的事情。以后，你们才能毫无愧色地说你们在这个世界上做了什么好事情。你也知道，在这个世界上，有一个有权享受这一幸福的男人，但他已无此心。这个人就是你那位救星，你的女友的丈夫，他已让他的妻子依然做你的朋友。他现在孤身一人，对生活已毫无乐趣，对来世毫无信心，他没有任何欢乐，得不到任何安慰，更不抱任何希望，他不久就会成为最不幸的人。你应该感激他过去对你的关心，你应该知道如何感激他才是。你要听从我在上一封信里说的话，来和他一起生活。愿一切爱过我的人都不离开他。他曾使你重新热爱美德，因此你也应当对他指出美德的目的和实践美德将得到的报偿，你要做一个基督徒，然后引导他也成为一个基督徒。这件事，你做起来将比你想象的还容易成功：他尽了他的职责，我也已尽力而为，现在该看你怎么做了。上帝是公正的，我相信上帝不会使我失望。

　　关于我的孩子,我只有一句话告诉你。我知道你会用许多心血去教育他们,而你做起来也不太难。在这项工作中,当你遇到麻烦时,你想到他们是朱莉的孩子,你就不会觉得辛苦了。我把你要注意的事项和两个男孩子的性格都写下来了,德·沃尔玛先生将把我写的东西交给你。我写的是一个大概,也不要求你非照着做不可,而只是供你参考。千万不要把他们培养成学者;你要教育他们成为善良的和正直的人。如果你偶尔对他们谈起他们的母亲……你知道她是多么爱他们……你告诉马士兰:我并不是因救他而死的。告诉他的哥哥,为了他,我非常热爱生活。告诉他们……我觉得累了,我应该结束这封信了。把我的孩子托付给你,我离开他们就不觉得十分痛苦了,我总觉得我依然是和他们在一起的。

　　永别了,永别了,我亲爱的朋友……唉!我要像我开始生活那样结束我的生活。现在,我的心已毫无顾虑,所以我说的话可能太多……唉!我说出我心里的话,这有什么可怕的呢?现在已经不是我在说话了,我已经在死神的掌握之中了。当你看到这封信时,蛆虫正在吞噬你的情人的面孔和心,你也不能在她的心中了。不过,没有你,我的灵魂还能存在吗?没有你,我还能幸福吗?不能;我不离开你,我要等着你。美德虽使我们在世上分离,但将使我们在天上团聚。我怀着这美好的愿望死去:用我的生命去换取永远爱你的权利而又不犯罪,那太好了;再说一次:能这样做,那太好了!

书信十三　多尔贝夫人来信

　　我听说你的情况已大有好转,不久就可以到这里来。我的朋友,你应该振作起来,在大雪封山以前,赶快翻山越岭来到这里。你将发现:这里的空气很适合你;你将看到,这里人都很痛苦和悲伤,也许,大家都悲痛,反倒对你是个安慰。而我的悲伤,只有等你来了,我才倾诉出来。我孤单一人,既不哭,也不说,更不要求别人理解我。沃尔玛知道我的心,可是他什么话也不说。那位悲哀的父亲,把一切痛苦都藏在自己心里;他从来没有想到会遭到这么不幸的事情,他不知道如何看待此事和处理此事;老人尽管很悲伤,但从来不说。我的孩子们爱惜我,但不知道爱惜他们自己。我和大家虽生活在一起,但却感到孤独。我周围是死一般的寂静。我精神委顿,十分消沉,不与任何人来往。我仅存的一点精力只够用来抵抗死亡的威胁。啊! 你快来吧,来分担我的损失,分担我的痛苦,用你的悲痛来安慰我的心,把你的眼泪流在我的心里。这是我希望得到的唯一安慰,也是我还能领略的唯一快乐。

　　不过,在你到来和我还不了解你对于她给你谈的那个计划有何看法之前,最好还是让我先谈谈我的看法。我要对你坦诚相告,什么也不隐瞒。我不否认我曾经对你有过好感,我不知道,也不想知道我现在是否还喜欢你,或是将来永远喜欢你。我知道别人已有所觉察,我对此既不恼火也不在乎。但是,我有一句话要告诉你,而且希望你记住:一个被朱莉·德丹治爱过的男人如果想与另一个女人结婚,他在我眼中不过是个卑鄙的懦夫,有这样的人做朋友,我将感到耻辱;至于我,我向你申明,任何一个男人,不管他是谁,只要敢对我谈什么爱情,他今生就休想再和我谈这个话题。

想想你要做的事情和你承担的义务,想想你对之许下这些诺言的女人。她的孩子还小,她的父亲的身体日益衰弱,她的丈夫愁眉不展,焦躁不安。他无能为力,他到现在还不相信朱莉真的死了;在理智上他知道她死了,可是在感情上却不愿意相信。他常谈起朱莉,他还和朱莉交谈,他时时唉声叹气。我好像看到她多年的夙愿已经实现,这样重大的事情还要你来最后完成。我们这里等你来做的事情多得很!慷慨的爱德华没有因为我们的不幸而改变主意,我们都非常感动。

快来吧,亲爱的和尊敬的朋友,来和她留下的人团聚在一起。让我们把她所喜爱的人都集中在一起。愿她的精神鼓舞我们,愿她的心和我们所有人的心都连在一起;让她天天看着我们如何生活。我希望她那温柔多情的灵魂从她居住的地方,从那永恒的宁静的住所回到我们中间,与她无限怀念的朋友重逢,看他们如何学习她的美德,听他们对她的赞颂,感觉到他们在她的墓前啜泣,呼唤她的名字。不,她一步也没有离开她给我们安排得这么美好的地方;在这里,她无处不在,这里的一草一木都反映出她的身影。我每看到一样东西就想起她,我每走一步路就感觉到她的存在,我时时刻刻都听到她的声音。她在这里生活过;她的遗骸在这里停放过……她还有半个遗骸留在人间。我每个星期去两次教堂……我觉得……我觉得教堂是一个凄凉而肃穆的地方……美丽的女人啊!它是你最后的安息之地!……信任、友谊、美德、快乐和嬉戏,这一切都被泥土吞没了……我觉得自己也被吞没了……我战战兢兢地走近……我怕在这块土地上走……我感到它在我脚下颤动……我听到一个哀怨的声音在轻轻叫我! ……克莱尔! 我的克莱尔呀! 你在哪儿? 你为什么要远远地躲开你的朋友? ……她,棺中装的她,还不完全……还缺我这半个她……我不久就到*。

---

* 在重新读完这本书信集之前,我终于明白,尽管故事的情节并不多么有趣,但我读之仍深感如此愉快的原因就在于此;我想,一切天性善良的读者也有此同感:至少,书中叙述的主人公的感情是纯洁的,没有丝毫怨天尤人之意。他们的这种感情,既不是由于卑劣的行径所引起,也不是由于犯罪的行为所产生,更无仇恨他人之意。我想象不出塑造和描述坏人有什么趣味;很难想象替这样的人说话,为他们大肆宣扬有什么好处。我很同情那些编写充满恐怖情节的悲剧的作者;他们把时间和精力都用去描写那些一言一行都令人十分辛酸的人。我觉得,从事这么可怕的工作的人,将悲叹自己是很不幸的。如果有人把做此工作看成是一种乐趣的话,则此人必怀有急功近利之心。至于我,我很羡慕他们的本领和出众的天才,不过,我也感谢上帝,没有把这种本领和天才赋予我。

《朱莉》序言
或
关于小说的谈话

告 读 者

　　这篇虚构的对话或谈话，最初是为《两个情人的书信集》写的序言。尽管从它的形式和篇幅来看，只能摘录几段放在集子的前头，但我还是把它全文发表在这里，其目的，是为了让读者能从中得到启示，领悟这种作品的写作目的。不过，我原来倒是认为，最好是等到本书在公众中产生了影响以后，才来谈它的优点和缺点，以免言之过早，将损害书商的利益，请求读者加以宽容。

恩：这是你的稿子，我都看过了。

卢：都看过了？我明白你的意思：你认为模仿的人不多。

恩：也许有一两个，或者一个也没有。

卢：真糟糕，真可怜！不过，我想知道你的明确的意见。

恩：我不敢。

卢：单凭你这几句话，就可看出你什么都敢说。请你详细给我讲讲。

恩：我的意见，以你对我提出的问题的答复为转移。这本书信集，是真实的，还是虚构的？

卢：我一点儿也不明白这有什么关系。评论一本书是好是坏，何必要知道它是怎么写出来的？

恩：对你这本书很有必要。一幅肖像画，只要画得像被画的人，不管多么丑陋，它都有价值，而在一幅凭想象画出的图画中，每个人的面孔都应当带有人类共有的特征，否则，这幅画就一点价值也没有。即使这两种画都画得很成功，但两者之间还有这样一个区别：肖像吸引的人少，图画吸引的人多。

卢：我明白了。如果这些信是像肖像那样句句都是真实的，那就引不起人们的兴趣，但如果它们是像绘画那样处处虚构的，它们也虚构得不好。是这样的吗？

恩：正是这样。

卢：你看，你还没有回答我的问题，我就已经知道你的全部想法了。好了,既然我的答复不令你满意,你就别再问这问那,把事情搞得十分复杂;你直截了当地解答我的问题:我的《朱莉》……

恩:喔!确有其人!

卢:你说呢?

恩:我认为是一部虚构的小说。

卢:你可以这样认为。

恩:如果是虚构的,如此枯燥的作品,我还从未见过。说它是信吧,根本不像信;说它是小说吧,又一点也不像小说。书中的人物是另一个世界的人。

卢:你若这样说,我就要为我们的这个世界鸣不平了。

恩:你别生气,我们的这个世界也有不少神经不正常的人。可是你书中的那些疯子,不是真疯子。

卢:我可以……不,我已看出你转弯抹角的目的是想知道点什么。你为什么这样肯定?你是否知道人与人之间的差异有多么大?他们的性格是多么相反?由于时间和地点的变迁和年龄的差距,他们的习惯和看法是多么不同?谁敢给自然的范围定一个明确的界线说:"人只能到这里,不能超过这个界线。"?

恩:按照你的理论,那些闻所未闻的妖魔、巨人、侏儒以及各种各样的怪物,全都成了自然界的东西,都可以改变形象;我们就没有一个共通的模式了。我再说一次,在人物画中,要使每个人都能看出画的是人。

卢:这我同意,只要能辨别出这一类人与另一类人之间实质性的差异就行。有些人单从法国服装来看我们法国人,你对这一类人有什么看法?

恩:如果一位作者既不勾画人物的相貌,也不勾画人物的身材,而且给人物戴上一块面纱而不佩戴服饰,你对这样的作者有什么看法?难道我们没有权利问:他笔下的人物在哪里?

卢:既没有相貌,也没有身材!你这样说法,对吗?因为没有十全十美的人,所以是一部虚构的作品。一个少女违背了她奉若神明的道德准则,后来,因为怕铸下更大的错误而迷途知返,克尽她的天职;一个好心的女友,由于过分迁就那位少女而受到良心的责备;一个钟情的年轻人缺乏意志力,但善于言辞;一个年老的绅士门第观念甚深,为了迎合舆论而不惜牺牲一切;一个慷慨的和忠实的英国人,聪明固然是聪明,但考虑问题又往往缺乏理智……

恩:一个为人宽厚和好客的丈夫,诚心诚意地把他妻子的旧情人接到自己家里……

卢:请看插图的说明*。

恩:"美好的心灵!……"好极了!

卢:哲学啊!你总是千方百计想使人变得心胸狭窄,成为渺小的人!

恩:浪漫精神能开阔人的胸怀,但同时也使人容易犯错误。现在让我们言归正传。两个女友?……你对她们有什么看法?……还有,对于她在教堂里的突然转变,你怎么看?……是上帝的安排,是吗?……

卢:先生……

---

* 请参见插图七(卢梭给 1763 年以后的版本中所配的十二幅插图,本书没有复制。——原编者注)。

恩:一位虔诚的女基督教徒,可是她又不向她的孩子讲授教理,临终前又不祈祷上帝,她的死能感动一位神父,使一位不信神的人皈依宗教……,啊!……

卢:先生……

恩:至于这本书的趣味,既然它是为所有的人写的,因此它就一点趣味也没有。书中没有讲任何一起卑劣的行径,没有出现任何一个让好人看了就害怕的坏人;书中描写的事情都是那样的自然和简单,所以一看就一目了然;书中自始至终没有任何意外的事情发生,没有任何戏剧性的变化。事情的发展早已预料,事情的结局尽如预期。我们每天在自己家里或邻居家里看到的事情,有详细记载的必要吗?

卢:这就是说,你主张:人要写普通的人,事要写不平常的事。我的观点却恰恰相反。此外,你认为这本书是一部小说,实际上它根本不是小说;这句话,你自己也说过嘛。这是一部书信集……

恩:绝不是书信,这句话,我也说过。书信这样写法,真少见!夸张的地方太多!感叹的地方太多!添枝加叶的地方太多!对琐碎小事的描写太过分!对简单的道理的阐述硬要用大字眼!精辟的话和得体的话不多;文笔既不细腻又无力量,更没有深度。措辞高雅,但思想却很平庸。虽说你笔下的人物是真实的,但你要承认他们的举止言谈都不真实。

卢:用你看问题的方法来看,我觉得你说得对。

恩:你以为读者会有不同的看法吗?那你为什么要问我的意见呢?

卢:是为了让你多谈几句,我才好反驳你。我发现你比较喜欢为出版而写信。

恩：为出版而写信的人抱这个希望，似乎是颇有道理的。

卢：这样一来，我们在书中只能看到那些愿意在书中出现的人了。

恩：至于作者，他愿意在书中表现什么样子，就让他表现什么样子，不过他笔下的其他人物，原来是什么样子，就让他们是什么样子。在你这本书中，连这个优点也没有；没有一个人的面貌描写得很生动，没有一个人的性格描写得鲜明，没有提出任何令人信服的论点，对上流社会的情况也毫不了解。在这个只关心自己的两三个情人或朋友的小圈子里，我们能学到什么呢？

卢：可以学会爱人类。在上流社会里，只能学会如何憎恨人。

你的评判一苛刻，读者的评判就更苛刻了。我不想指责读者的评判不公平，而只是想对你谈一谈我是如何看待这些信的，其目的，不是为了对你所指责的那些缺点进行辩护，而是想找出它们产生的根源。

在离群索居的生活中，人们对事物的看法与感受，和与人交往的时候是不一样的，感情变了，表达感情的方式也就不同了：想象力如果经常受到相同的事物的刺激，其反应就比较强烈。为数不多的几个印象一再浮现在脑海里，和其他的思想搅和在一起，使它们具有单调乏味的奇怪特点。这种现象，我们在那些孤独的人的谈话中常常发现。他们的语言是否因此就具有很强的感染力呢？一点也没有，只不过很奇特而已。人们只有在社交界才能学会如何使自己说起话来有力量。其原因首先是由于他们的谈话必须与众不同，并且要胜过别人，其次是由于他们时时刻刻都不得不相信他们根本不相信的事情,并表达他们根本就没有感受的情感,所以他们尽量在言辞上下工夫,力图使自己的谈话具有说服力,以弥补内容的空洞。你以为真正热情的人是像你在戏剧和小说中看到的人物那样使用油腔滑调和咬文嚼字的语言吗?不,他们的感情的本身是实实在在的,他们表达感情的语言丰富,但语气并不尖刻;他们甚至并不想非说服对方不可,他们也不怀疑别人不相信他们的话。当他们述说自己的感受时,其目的不是为了把自己的感受告诉别人,而是为了让自己一吐为快。人们往往把发生在大都市里的爱情故事描绘得有声有色,难道大都市的人真的比小村子里的人更懂得爱情吗?

恩:你的意思是说语言的贫乏更能表明感情的强烈。

卢:至少有时是这样的。你去读一读那些关在书房里想一鸣惊人的才子写的情书;尽管他们心中没有爱的火花,可是他们笔下写出的话,却像人们所说的,热情沸腾,不过,那股热情却不能暖到读者的心里。这种信,你读起来觉得挺有趣,甚至可能在你心中激起一番涟漪,但它转瞬即逝,你的心仍平静如初,除了记得其中的几句话以外,其他一切,全都遗忘。相反,真正出自爱情的信,一个真心实意的情人写的信,反倒写得拖拖沓沓,杂乱无章,篇幅冗长,重重复复。他的心充满激情,一句话千叮咛万嘱咐,说了又说,宛如流不尽的潺潺溪水,没完没了地说不到尽头。这样的信尽管平淡无奇,没有惊人之笔,你读后也许一句话也想不起来,一句句子也背不出,没有一处令你拍案叫绝,也没有一处给你留下深刻的印象,但你的心却被它深深打动;你动了真情,而又不知道为什么。尽管信中的话,都不惊人,但它的真实却深深地感动了你,结果是:

写信的人和看信的人的感情融合在一起。冷漠无情的人,甜言蜜语和废话连篇的人,不仅领略不到这类情书的美,反而对它采取蔑视的态度。

恩:我明白了。

卢:太好了。在这一类信中,虽说思想是很平凡的,但写作的笔调却不俗,而且不应该俗。爱情不过是幻想,可以说,它为自己开辟了一个新天地。它周围的一切都是虚无缥缈的,或者说,因为有了爱情,它周围的一切才存在,爱情能使一切感情变成图像,因此爱情的语言是形象化的语言。形象化的语言既不准确,又不连贯,而且正因为它说得杂乱无章,所以才更加动人,信中所写的理论愈少,它的说服力反而愈大。狂热是爱情的最高峰。爱情一到了最高峰,在情人的眼里,对方便十全十美,成了被崇拜的偶像,被奉为神明,而且,正如虔信的狂热借用爱情的语言一样,爱情的狂热也借用虔信的语言。情人看到的是天堂、天使、圣徒的美德、天国的快乐,沉浸于这样的感情,周围是那么崇高的形象,他能用卑劣的词语抒发自己的感情吗?他能用庸俗的语言贬抑自己的思想吗?他哪能不提高他的风格?他哪能不把话说得很端庄?你如何看待书信和书信的文体?给所爱的人写信,就应该用这种文体!因为这时写的已不是信,而是爱的颂歌。

恩:公民,你太激动了吧?

卢:不,我异常冷静。人生有一个经历生活的时期,也有一个回忆生活的时期。感情终归要熄灭,但多情的灵魂将永远长存。

现在,让我们回头来继续谈我们的书信。如果你把它们看作为一个想讨好读者或炫耀自己写作天才的人的作品,那么,这些信就写得很糟糕。因此应该实事求是地看待它们,按照它们的类别来评论。两三个朴实而多情的年轻人,就他们切身的事情打开心扉交谈。他们谁也不想在对方面前炫耀自己。他们彼此之间太熟悉,感情太深,因而他们之间用不着故作矜持。他们一片童心,怎么能像成人那样思考呢? 他们不是法国人,怎么能正确运用法语写作呢? 他们离群索居,怎么能了解万千世界和广大的社会呢? 他们沉湎于自己的感情,生活在幻想之中,而且喜欢探讨哲学问题。你要求他们善于观察、判断和思考吗? 他们一样也不会;他们只懂得爱,他们把一切都与他们的爱情连在一起。他们煞有介事地谈论他们的荒诞的想法,这岂不是与他们想炫耀才思一样可笑吗? 他们无所不谈,但他们也无事不搞错;他们只求别人理解他们;他们得到了别人的理解,也就得到了别人的爱。他们的错误也比智者的学问高明;他们无论做什么事,都是出自一片至诚,即使是做错了事,也毫无恶意。他们信奉美德,但又往往做得不如人意。没有人理解他们,没有人同情他们,所有的人都说他们做错了。他们无视令人沮丧的现实:既然处处找不到他们所向往的东西,他们干脆就离群索居,与世隔绝,在他们之间创造一个与我们的世界迥然不同的小天地,呈现一片新气象。

恩:我认为,这个二十岁的男子和两位十八岁的姑娘尽管都受过教育,也不应该满口哲学家的语气,更不应该自诩为哲学家。我还承认(这个差别没有逃过我的眼睛):这两个姑娘成了贤惠的妇女,而这位年轻人成了敏锐的观察家。我不把作品的开始和结尾加以比较。对女主人公的家庭生活的详细描述,掩盖了她年轻时的迷误;看到她成了贞淑的妻子、头脑清醒的少妇和可敬的良母,就会忘记她曾经是一位行为不端的情妇。然而恰恰是这一点引起了人们的批评:作品的结尾大大招致人们对作品的开始的谴责。人们也许会说这本书应该分成两本不相干的书,以迎合不同的读者。既然想写理智的人,又何必介绍他们成为理智的人以前的事情呢?读了对主人公的幼稚行为的描写,人们就没有耐心看后面对他们如何理智行事的叙述;不先谈善而先谈恶,这会引起人们的反感的。最后,愤怒的读者正读到可以得到教益的地方,却把书放下了。

卢:我认为正好相反,读者如果对这本书的开头感到厌恶的话,就用不着去看书的结尾了;如果书的结尾对他是有益的话,那他一定喜欢书的开头。因此,不能读完这本书的人不会有任何损失,因为这本书本来就不适合于他看;那些开头看得很认真的人,即使不看后面的部分,他也会有所收获。你若想让自己的话起作用,首先应该使听你讲话的人觉得能从你的话中得到益处。

我改变了方法,但未改变目的。我用对大人说话的口气说,人们不听;于是我就改用对儿童说话的口气说,人们也许就会乖乖地听的;不过,对于儿童来说,露骨的说教和没有加糖浆的药一样,也是不容易接受的。

> 想让生病的孩子吃药,
>
> 就在杯口抹点儿糖浆。
>
> 用此法骗他喝下苦汁,
>
> 为的是使他恢复健康。

恩:我觉得你的办法还是不对;因为孩子们往往只舔一舔杯口,而不喝杯中的药的。

卢：如果是那样的话，就不能怪我了；我要尽一切办法让他把药喝下去的。

我笔下的年轻人都是很可爱的，不过，为了爱这些三十岁的人，就必须在他们二十岁的时候认识他们。应该和他们长久地生活在一起，才能体会得到和他们在一起的快乐。只有对他们的错误感到同情，才能对他们的美德感到喜悦。他们的信虽不能一下子就打动你，但能不知不觉地吸引你，使你爱不释手，继续看下去。在这些信中，尽管没有优美流畅的笔调，没有说教的言语或炫耀才思和文采的辞藻，但通篇充满了感情，逐渐逐渐地打动你的心，最后达到它想达到的一切目的。它好像一首长长的抒情歌曲，其中的每段歌词如果单独听，那就一点也不动人，可是一段一段地继续唱下去，到曲终就会产生它的效果。这就是我读这些信时的感受，请告诉我，你是否也有同感？

恩：没有。不过，我认为，我是否能感受到这种效果，这要取决于你。如果你是作者，我就容易有此感受；如果你不是作者，那我就要费一番心思才能感受得到它的效果。生活在社会里的人可以渐渐习惯于你书中人物的那些荒诞的思想、装腔作势的语言和没完没了的胡说八道；一个孤独的人也能欣赏这些东西，其中的原因，你自己已经说过了。不过，在出版这部稿子之前，你应该想到读者并不都是隐士。最幸运的结果是，读者把你的男主人公看作塞拉东①，把你的爱德华看作堂吉诃德，把你的两个喋喋不休的女

---

① 塞拉东：法国 17 世纪作家乌尔费（1567—1627）的小说《阿丝特蕾》中的男主人翁。由于和他的情人阿丝特蕾闹了一次误会，被撵出了她的家；他投河自尽，被几个青年女子救起后，依然执著地爱他原来的情人。——译者

人看作两个阿丝特蕾①，读者像看真正的疯子那样看他们，觉得很
有趣。不过，这疯癫的时间拖得太长，就渐渐变得没有趣味了：要
想让读者看这六卷虚构的作品，就应该像塞万提斯那样写法。

卢：你不想出版这部作品的理由反倒鼓励了我要发表它。

恩：什么！正因为你相信没有人看，所以要发表？

卢：请少安毋躁，听我讲我的道理。

在道德方面，我认为，目前尚找不出一本对社交界的人有益的
书。首先，是因为他们浏览了大量的新书，有些书提倡道德，有些
书反对道德，结果互相抵消，它们的效果等于零。至于挑选出来供
他们反复阅读的书，更是一点作用也不起；如果它们宣扬社交界的
行为准则的话，那是多余的；如果它们反对那些行为准则的话，它
们也反对不了，因为看这些书的人恰恰是那些深深陷入社会的罪
恶而不能自拔的人。上流社会的人如果一时想振作精神，按道德
行事，他们将处处遇到不可逾越的障碍，最后只好保持或重新恢复
原来的状态。我确信有少数几个生性善良的人曾经做过这种尝
试，在他们一生中至少做过一次，但是，他们很快就发现，他们的努
力是徒劳的，于是就不再尝试，并把书中讲的道理看作是悠闲无事
的人的一片清谈。人们愈无所事事，愈离开大城市和各种社会团
体，遇到的障碍就愈小。到了一定的限度，这些障碍就不再是不可
逾越的了，也只有到了这时，谈美德的书才有用处。离群索居的人
不需要博览群书，以炫耀自己。他们的书读得少，但思考问题的时

---

① 阿丝特蕾：法国 17 世纪作家乌尔费的小说《阿丝特蕾》中的女主人公。——译
者

候多,而且他们从书中得到的教益不会被其他的书抵消,因此他们读书的效果就更大。烦恼,对孤独的人是祸害,对上流社会的人也是祸害,由于烦恼,孤独的人便喜欢读有趣的书。对于那些孤独的人来说,读书是唯一的精神寄托。这样你就明白了,为什么外省人读的小说比巴黎人多,农村人读的小说比城市人多。在外省、在农村,小说产生的影响很大。

不过,本来是为了使那些自以为不幸的乡下人得到消遣、教育和慰藉而写的书,似乎反而使他们对自己的地位感到不满,更加深了他们鄙视他们所处的社会地位的偏见。你们的小说中的人物都是些风流的男人、时髦的女人、大名人和军官。它们宣扬的是城市里的高雅情趣、宫廷的礼仪、豪华的排场和享乐至上的风气。书中伪善的道德色彩使真正的美德反而显得黯然失色。玩弄阴谋而不履行真正的义务;话说得很好听,但行为却不美;朴实、善良的风尚反而被看作是粗鲁的习气。

当一位乡绅看到书中讥讽他待客的真诚,把他乡间的快活生活看作是狂欢狂喜,他将作何感想? 当他的妻子得知书中把操持家务的贤妻良母看得不如太太们尊贵,她心里是什么滋味? 当他的女儿看到矫揉造作、咬文嚼字的城里人看不起将娶她为妻的真诚朴实的邻居,这将给她造成什么影响? 他们很可能全都不愿意再当乡巴佬了,他们将厌恶自己的村庄,抛弃古老的城堡,让它不久就变成废墟;他们将来到大都市,那个当父亲的尽管还佩戴着圣路易十字章,却一下子从乡绅变成了仆人或骗子手;那个当母亲的开设一个赌场;让女儿去招引年轻的赌徒;结果,这三个人一生受尽凌辱之后,穷愁潦倒而死,落个可耻的下场。

作家、文人、哲学家一再叫嚷，说什么为了尽公民的义务，为了对同胞做出贡献，就应该住在大都市。他们认为，逃避巴黎就是憎恨人类；他们不把乡下人放在眼里；按他们的说法，似乎只有那些领年金的人、学士和出入灯红酒绿之地的人，才算是人。

久而久之，各阶层的人都将受到这种倾向的影响：无论是短篇故事，还是长篇小说或戏剧，全都集中写外省人；它们把乡下人朴实的风尚当作笑料，对上流社会的生活方式及享受大肆宣扬，说什么没有见识过那种生活方式就丢人，不过一过那种生活就枉活一生。为了寻找醉生梦死的快乐，谁知道巴黎每天要增加多少骗子和妓女？偏见和舆论推波助澜，加强了政治制度的影响，使四面八方的人拥挤不堪地集中在几个大都市里，致使其他地方人烟稀少，土地荒芜，长此以往，大都市繁荣了，可整个国家的人口却减少了；只有傻子才赞叹的这种虚假的繁荣，正在使欧洲急剧衰败。为了人类的幸福，应该努力制止这有害的思潮。说教的人只知道对我们大声嚷嚷，说什么"为人要善良和明智"，他们只管说，而不管他们的话是否能产生效果。一个公民如果真正关心我们的话，就不会愚蠢地对我们喊："为人要善良，"他将设法使我们过一种能使我们变成善良的人的生活。

恩：你歇一下，歇口气。我喜欢一切有益的论点；你的论点，我是如此地赞同，甚至我可以代你发表你的高见。

按你的说法，很显然，为了使一部虚构的作品发挥它能发挥的一点点作用，就应该使作品的目标与作者原定的目标相反；应该摒弃一切说教，使一切都回到自然；应该让人们喜欢过一种有规律的简朴生活；纠正他们不切实际的奇怪想法。使他们懂得什么是真正的快乐。让他们喜欢寂寞和宁静，让他们彼此住得远一些，不仅不该诱惑他们都住在大城市，反而应该劝说他们平均地散居各地，使全国各地都充满生机。我也知道你既不主张培养达夫尼和希尔万德尔一类人物，或阿加迪的牧民和里巴翁的牧童，也不希望看到什么一边耕地一边对自然进行哲学探讨的著名农夫，更不希望造就只有书中才有的浪漫人物；你的目的是向富裕的人们指出：乡村生活和农业生产中有他们尚未领略过的乐趣；这种乐趣并不像他们想象的那样乏味和粗俗；在农村，人们也知道美，知道选择和追求高雅的情趣。一个贤明的人若带着家眷到农村，亲自耕耘，也可以在那里过一种和城市的欢乐生活相媲美的惬意生活；农家妇女也可以成为一个高雅迷人的女人，其风韵还远远胜过城里矫揉造作的女人。总之，在农村，真心实意的感情，比装腔作势的社交语言更使人感到愉快；在社交界，得不到真正的快乐，就只好尖酸刻薄地干笑一阵。是不是这样的？

卢：是这样的。我只补充一点。人们抱怨小说把人的思想搞乱了，我很同意这种说法：小说想方设法向读者宣扬别人的生活是多么美，诱惑读者，使他们厌恶自己的生活，看不起自己所处的地位，而且想入非非，巴不得过上书中宣扬的生活。明明不是什么人物，却自以为是什么人物；世上的疯子就是这样变成的。如果小说为读者展现的仅仅是他们身边发生的事情，仅仅是他们力所能及的事情，是他们在生活中可以享受得到的乐趣，那么小说不仅不会使他们变疯，反而会使他们变得更加明智。一本为离群索居的人写的书，就应该使用离群索居的人的语言：要想教育他们，就应该让他们对你有好感，对你感兴趣；应该把他们的生活描绘得很美好,使他们热爱自己的生活。应该批评和打破上流社会的行为准则,应该向人们指出它们的虚伪和卑劣;也就是说应该揭露这些准则的实质。从各方面看,一本小说如果写得很好,或者对读者有益,那它必然会遭到追求时髦的人的反对、憎恶和诋毁,把它说成是一本平庸、荒诞和可笑的书。你要知道,上流社会的胡言乱语也有它说得对的地方。

恩:你的结论很合情理。别人不会像你这样预见到自己的失败,也不会像你这样即使失败,也要保持尊严。我现在只剩下一个疑问:正如你所知道的,外省人阅读什么书,全凭我们一句话:我们运去什么书,他们就看什么书,首先要经过上流社会的评判;如果他们认为不好,其他的人就看不到。这一点,你讲一讲你的意见。

卢:这个问题很简单。你指的是外省的才子,而我指的是真正的农村人。你们这些在大都市的很显赫的人物总有一种偏见,应该纠正。你们自以为是全体法国人的表率,其实外省有四分之三的人并不知道你们。在巴黎售不出去的书,外省的书商却靠它们发了财。

恩:你为什么要牺牲我们的书商的利益而让外省的书商发财呢?

卢:你觉得好笑吧,我,我还是这样认为。一位作者若想成名,就要在巴黎拥有读者;若他想对社会做出贡献,就应该把他的书送到外省去销售。在偏僻的农村,有许许多多忠厚老实的人在祖上留下的土地上耕耘一生,他们自叹是命运不济!在漫长的冬天的夜晚,他们没有人往来,只好在炉火旁边阅读那些偶然落到他们手中的闲书,以此打发时光。他们朴朴实实,既不炫耀书读得多,也不自诩为才子;他们读书是为了消遣,而不是想从中得到教益;伦理和哲学之类的书,他们从不欣赏。因此,为他们写这一类书,纯属徒劳,他们不会去买的。而你们的小说,非但没有使他们安心于自己的处境,反而更加刺痛他们的心。他们把自己住的偏僻地方看作是可怕的荒野;看几个小时的小说消遣,结果却使他们难过几个月,空自烦恼。我为什么不能这样设想:我这本书也可能像其他许多写得更糟的书一样,幸运地落到这些农村人的手中,书中描绘的愉快的生活与他们的境况很相似,于是他们就更安心于自己的生活——我这样设想,有何不可? 我怀着喜悦的心情假设:一对夫妇一起读这本书信集,从中获得鼓舞他们共同担负劳动重担的勇气,而且对自己的劳动产生新的看法,认为它是有益的。他们看到书中对这对夫妇幸福生活的描绘,怎么能不向这一美好的模范学习呢? 书中谈情说爱的话虽然不多,但对夫妻感情的描写是那样的美,他们看了,能不激动吗? 能不更加亲密吗? 他们读了这本书之后,就不会再哀叹自己的命运不济,也不会埋怨自己的辛苦生活。他们反而觉得周围的一切都令人乐观,觉得自己的工作十分高尚。他们重新领略到大自然给予他们的快乐,真实的感情在他们心中复苏;意识到幸福近在咫尺,他们就会努力学习如何享受幸福。他们依然做他们原来做的那些工作,可是现在心情不同了;过去是农民,如今是以令人尊敬的主人的身份干活了。

恩:到现在为止,你讲得很好。做丈夫的,做妻子的,做母亲的……至于年轻姑娘,你就只字不提吗?

卢:不。一个正派的姑娘根本不看谈情说爱的书。如果一个姑娘看了书名仍然读这本书,并且即使有不好的影响,她也不怕,那她是在说谎。但她的大错早已铸成，所以也就没有什么可怕的了。

恩：太好了！各位言情小说家，快来学习，有人说你们全都没有错。

卢：是的，如果他们的本心和他们作品的目的不错的话。

恩：用同样的标准来衡量，你也是没有错的吗？

卢：我很自尊，所以无可奉告。不过朱莉为自己规定了一条评判书的标准*，如果你认为她的标准正确的话，你就用它来评判这本书。

人们希望年轻人从阅读小说中有所收获，我不知道还有什么比这个想法更荒诞的了，这等于是为了使水泵发挥作用，就放火烧房子。根据这种荒唐的想法，这类作品所讲的伦理道德不是针对它应当针对的目标，而是针对年轻姑娘**，他们不想一想，他们抱怨的放荡行为和年轻姑娘没有关系。一般来说，她们的行为是端正的，尽管她们的心已受到败坏。她们听母亲的话，学母亲的样。母亲尽自己的职责，女儿也一定能尽自己的职责。

恩：在这一点上，情况恰好与你所讲的相反。在性方面，似乎有一个放纵的时期，或在婚前，或在婚后。这里一个不良的因素，早晚会酿成错误。在良善人家，年轻姑娘轻佻，而妇女则很庄重；而在不良之家，情况则恰恰相反。前一种人家担心的是越轨的行为，而后一种人家担心的是发生丑闻：只要没有被别人抓住，犯了

---

  *　见本卷二。

  **　这指的是现代英国小说。

罪也无所谓。

卢：如果从后果上考虑，就不能这样看了。对于妇女，我们立论要公平；她们行为不检点的原因不在她们而在于我们的规矩不严。

自从社会的不平等遏制了人类的天性之后，孩子之所以犯错误和遭到不幸，都是由于父亲的专横。在不般配的强迫婚姻中，年轻女子成了贪财和爱虚荣的父母的牺牲品；她们以放荡为荣，想以此来抹掉她们失去贞操的耻辱。你想纠正坏事，就要正本清源；若想改变社会的风气，首先就要从改变家庭的家风开始；这一切完全取决于父母。然而，我们的教育却不这样去教育人们；文弱的作家只会对被压迫的人说教，书中所讲的道德全是空话，因为那是为了讨好强者而讲的。

恩：不用说，你是不会听人摆布的，不过你一心想自由，会不会自由得过分了呢？会不会物极必反，成了坏事呢？你难道不担心它会危害他人吗？

卢：危害他人？危害谁？瘟疫流行期间，一切人，甚至很小的孩子，都可能被传染，难道能借口治病的药可能对健康的人有害就不卖给病人了吗？先生，我们在这个问题上的分歧很大，我甚至认为，如果这些信能获得一定的成功的话，它们将比任何一本好书给人以更多的教益。

恩：你笔下的女人的确是一位出色的布道者。我很高兴看到你和妇女们很合得来。但是我不高兴你禁止她们向我们说教*。

---

*　参见《致达朗贝尔的信》第 1 版第 81 页。

卢：你太咄咄逼人了，我只好什么话都不说了。我既不很傻，也不很聪明，所以不会常有理。这块骨头留给批评家去啃吧！

恩：说话客气点，否则批评家也不会饶过你的。尽管你不再对别人就其他问题发表任何意见，可是书中对激烈的情景和火热的情感的不惜笔墨的描写，能通过戏剧检查官的严厉检查吗？请你告诉我，在戏剧中有没有类似克拉朗*小树林和梳妆室中的情景？你重新阅读《关于戏剧的信》和这本集子……或者坚持你的观点，或者放弃你的原则……你让人家怎样看你？

卢：先生，我希望批评家的观点也应该前后一致，并且要经过一番研究之后才作出判断。请你再仔细看一看你刚刚列举的作品，再看一遍《纳尔西斯》①的前言，你就不会责备我前后的说法不一致了。有些糊涂人以为在《乡村巫师》②中找到过我自相矛盾的观点，便以为这本书里我自相矛盾的地方更多。他们爱干这种事情。可是你……

恩：我想起你有两段话**……你有点看不起你同时代的人。

卢：先生，我也是他们同时代的人。啊！我怎么不生在另一个时代，把这本集子扔进火里一烧了事呢？

恩：你又犯爱作惊人之语的老毛病了；不过你的原则在一定程度上是正确的。比如，如果你笔下的爱洛伊丝自始至终都规规矩矩的话，她的教育意义就会小得多，因为谁向她学习呢？在道德最

---

　*　按他的发音：克拉兰。
　①　《纳尔西斯》，卢梭作的一部喜剧。——译者
　②　《乡村巫师》，卢梭作的一部歌剧。——译者
　**　《纳尔西斯》序言第 28 页和 32 页，《致达朗贝尔的信》第 223 页、224 页。

败坏的时代,人们才侈谈十全十美的道德。光说而不实行嘛;花很少的力气,略事浏览,就可以满足对道德的向往了。

卢:各位大作家,你们若想让读者模仿你们的主人公,就应该把他们的标准降低一些。否则,谁愿意听你们宣扬的那种白璧无瑕。哎!还是向我们讲讲迷途知返的事例吧;讲这种事例至少会有几个人听得进去。

恩:你笔下的那个年轻人已经讲过这个意思。不管怎么说,只要你利用人家所做的事,来告诫人们今后应该怎么做,人家就会责怪你的。何况教姑娘们谈情说爱,教已婚的妇女行为端庄;这本身就是在打乱已经建立的秩序,重新提倡哲学家嗤之以鼻的假道德。不管你怎样说,年轻姑娘的谈情说爱是不正当的,是丑事;已婚的妇女只有在丈夫的同意下才能有一个情人。对于那些几乎不看你的书的年轻姑娘,你持宽容态度;而对那些公正评价你的书的已婚妇女,你又如此苛求,你这样做是多么愚蠢啊!如果你怕你的书取得成功,那你尽可放心,因为你的做法相当谨慎,所以你的书肯定不会成功。不管怎样,我是要替你保密的,不过,你千万不要太冒失。如果你认为你的书有益于世道人心,那就早发表吧,但不要署名。

卢:先生,不署名吗?一个诚实的人向公众谈话,为什么要隐瞒自己的姓名呢?连姓名都不敢说,还敢拿去出版吗?我是这本书的出版人,我就要在书上标明本书的出版人是我。

恩:你要署名?你?

卢:署我本人的名字。

恩:什么!你想写上你的名字?

卢:是的,先生。

恩:你的真实姓名?让－雅克·卢梭,一字不差地署上你的姓名?

卢:让－雅克·卢梭,一字不差地署我的全名。

恩:你就不想一想! 人家将怎样议论你呢?

卢:随他们去议论好了。我要在这本集子的开头写上我的姓名,其目的,不是为了把它据为己有,而是为了对它负责。如果这本书写得不好,人们要责备,就责备我好了;如果它于世人有益,我也丝毫不以此为荣。如果这本书本身就不好,我就更应该署上我的名字,我不希望人们把我看得比我真实的情况好。

恩:你就这样回答吗?

卢:是的,这年头,没有好人。

恩:也有好人嘛,你把他们忘了吗?

卢:大自然创造的是好人,而你们的教育使他们变坏了。

恩:在这本描写爱情的书的开头,人们将看到这样署名:日内瓦公民让－雅克·卢梭作。

卢:日内瓦公民! 不,不写这几个字。我绝对不亵渎我的祖国的名字;只有在那些能给我的祖国带来荣誉的作品上,我才写上这几个字。

恩:你已经不是无名小卒了,不过,你也有所失。你的书写得平平淡淡,索然寡味,会给你带来损害的。我本想劝你不出版。但你既然执意要干这种傻事,我就赞成你光明磊落地干,这至少符合你的性格。顺便问一下,你是否把你奉行的箴言也印在书上呢?

卢:我那个书店老板也问过我这个有趣的问题,我觉得他问得好,所以我已经答应他照办。不过,在这本书上我不印上我的箴言,但我并不是不奉行它,而且我现在比以往任何时候都更理直气壮地奉行它。你是否记得,当我写文章反对戏剧时,我就想发表这些信,而且,当我为这两部作品中的一部进行辩护时,我也没有因此就歪曲另一部作品中的真理。别人还没有指责我,我就先坦然责备我自己了。凡是视真理高于荣誉的人,都会把荣誉看得比生命还重要。你希望人们言行一致,我很怀疑人们是否能够做得到。但是,说真话,这是人们可以做到的,而我尽力而为的,就是这一点。

恩:可是,当我问你是不是这些信的作者时,你为什么避而不答?

卢:因为我不愿意说假话嘛。

恩:可是你也没有说真话呀。

卢:对真理闭口不谈,就是尊重真理嘛。你和一个说假话的人打交道,也许更痛快。不过,一个有鉴赏力的人,难道看不出文章是谁写的吗?你怎么能提一个应该由你自己解答的问题呢?

恩:有几封信,我认得出来,它们肯定是你写的,但是其他的信,我就看不出是你写的了,我难以相信谁能伪造得如此逼真。大自然变幻无穷,因为它不怕人们认不出它。而艺术往往要比自然更逼真,人们才能看出它表现的是什么。寓言作家就是这样,他们叽叽喳喳,模仿动物的叫声,比动物叫得还好听。在这本书信集中,连最蹩脚的作家都可避免的败笔,多得很:夸张、重复、自相矛盾、没完没了的啰唆。谁曾见过像你这样本可以写得好一些却硬要写得这么糟的作者?哪个作家能像你这样把傻头傻脑的爱德华向朱莉提的令人反感的建议也写在书上？那个年轻人，一再寻死，闹得人人皆知，结果还是健健康康地活着，他这些可笑的行为，你为什么不纠正？哪个作家是像你这样一开头就说什么要注意突出人物的性格，要恰如其分地改变笔调？按照你这个想法，当然比自然的样子还好。

我发现，在特别亲密的朋友之间，他们的笔调，也像他们的性格一样，十分接近；朋友的心连着心，因此，他们的想法，他们的感受和说话的方式，都十分相似。朱莉这个人，按你的写法，是一位有魅力的人，因此她周围的人都像她，和她接近的人都变成了朱莉，她所有的朋友说话都一个腔调，然而，这种事情，只能感受，而不能想象。即使能想象，作者也不敢写出来。因为他需要的是能给广大读者留下深刻印象的事情；那些刻意雕琢而实际很平淡的话，是不适合于对广大的读者说的。一部作品真不真实，就看这一点；细心的读者寻求的自然也是这一点。

卢：好！这是你的结论？

恩：我没有作结论；我只是猜测，而且，我不知怎样才能使你明白我在读这本集子时是多么困惑。如果这一切全是虚构的故事，那你这本书就写得很不好；请告诉我：书中的两个女人是否确有其人，如果是真的，我就要在有生之年，每年读一遍这本书。

卢：哎！她们是否真有其人，这有什么要紧？你在这个世界上是找不到她们了，她们已经不在人间了。

恩：她们已经不在人间了？这就是说：她们确实存在过？

卢：这个结论是有条件的：如果她们确实存在过，那她们现在当然是不在人间了。

恩：告诉你：你我之间，你如果要滑头的话，非但骗不了我，反而使我更加认为我的看法是对的。

卢：我是被你逼得这样说的，其目的，是为了既不暴露自己，又不说假话。

恩：哼，你这是枉费心机；不管你怎么说，人们还是能猜得出来。难道你还不知道，人们一看你扉页上的箴言，就一目了然了吗？

卢：其实我倒认为那个箴言丝毫不能说明问题，因为天晓得我手稿中是否有这个箴言，还是我后来加上去的呢？天晓得我是不是和你一样疑惑，对你想了解的事情，我和你一样一无所知，所以才故弄玄虚呢？

恩：不过，你书中所说的那些地方，你总熟悉吧？你去过韦威？去过沃州？

卢：我去过几次，但我要声明：我在那儿从未听人说起过德丹治男爵和他的女儿；德·沃尔玛先生在那里也无人知晓。我去过克拉朗，在那里我没有见过一座像这些信中所描绘的房子。悲惨的事情发生那一年，正值我从意大利归来经过那里，据我了解，人们并没有哭悼过朱莉·德·沃尔玛和与她相似的人。总之，就我的回忆所及，我发现信中有些地方的位置变了，而且对地形的描写也有错误，其原因，是作者对它们也不甚清楚，也可能是作者故意迷惑读者。关于这个问题，你从我这里只能了解到这些。请你相信，我不愿对你说的事情，其他人也休想从我这里知道。

恩：所有的人都和我一样好奇，想知道这些。如果你发表这部著作，你就把对我说的话都告诉读者。而且，你还可以把我们的谈话写出来作为这本书的序言。这样，该说的话就全都说清楚了。

卢：你说得对，这比我单独一个人讲好。再说，序言之类的赞美词，是很少写得成功的。

恩：是的，因为读者看得出来作者是借序言为自己涂脂抹粉；不过，我会设法不让读者在这篇序言里发现这种缺点。我只建议调换一下角色，你装作是我要发表这本集子，而你不愿意，并提出反对的意见，由我来反驳，这样，你就显得很谦虚，收到很好的效果。

卢：这样做，符合你前面称赞的我的优点吗？

恩：不符合；我是为你设一圈套。事情是怎样就让它怎样吧。

爱德华·博姆斯顿
绅士的爱情故事

爱德华绅士在罗马奇异的艳遇实在是太浪漫了,如果把它和朱莉的爱情故事掺杂在一起,就不能不损害朱莉的爱情故事的朴素性质。因此,我在这里只扼要地叙述其中的一些情况,以便于读者理解与此事有关的两三封信。

爱德华绅士在周游意大利时,在罗马结识了一位那不勒斯的贵妇人。他很快坠入情网,而那位贵妇人也疯狂地爱他,以后这段爱情一直折磨着她,直至夺去她的生命。爱德华绅士性情暴烈,不太会献殷勤,但他很热情和敏感,对任何事情的态度都是既偏激又很豁达,所以无论是他爱对方,还是对方爱他,都不会是一般的爱情。

这位正直的英国人的严格的信条,颇令侯爵夫人担忧。她决定在其丈夫不在时,装作一个寡妇,这样做,在她并不难,因为他们两个人在罗马都没有熟人,何况她的丈夫那时在皇家部队里服役。热恋中的爱德华不久就提出要和侯爵夫人结婚,而侯爵夫人则以信仰不同及其他借口给以搪塞。最后,他们之间形成了一种既亲密又自由的关系,一直到爱德华发现她的丈夫还活着,才知道自己在不知情的情况下犯了一桩自己深恶痛绝的罪行;他把她狠狠地责备一番,要和她断绝关系。

侯爵夫人是一个不讲道德的人,但她人长得很漂亮,而且很有手腕,想方设法缠着他,并最后达到了目的。他们之间的通奸行为虽已终止,但仍继续有往来。尽管她不该爱他,但她执著地爱他:

不能用其他的方法得到她所喜爱的男人，就是见上一面也好。这种人为的障碍反而更加激发了双方的爱，爱德华愈受限制愈爱她；而侯爵夫人也千方百计想使情人改变决心；她长得很迷人，很美丽，但她的一切努力都落了空：这个英国人一点也不动心，他的高尚的心灵经得起考验。他最为珍视的是道德，他可以为情人牺牲自己的生命，但为了履行自己的职责，他也可牺牲情人。当他觉得侯爵夫人的引诱发展到难以抵抗时，他采取的脱身办法是先攻她的心，使她的一切圈套都无法使用。这并不是因为我们生来懦弱，而是因为我们不够坚定。我们常常为感官所左右。一个人如果把罪恶看得比死可怕，就永远不会去犯罪了。

能引导别人的心灵并使之达到与自己心灵同样高尚境界的人，为数不多，爱德华就是这样的人。侯爵夫人想战胜他，但不知不觉地反被他所战胜。他怀着深深的感情向她讲述遵守美德的道理，使她感动得流下眼泪；他圣洁的感情激励了她的堕落的灵魂，使它获得了新生；正义感和荣誉感对她的心灵产生了奇异的吸引力，使它开始喜欢真正的美：如果恶人能变成好人的话，侯爵夫人的心也能变成善良的心。

只有爱情能利用这种细微的变化向好的方向发展：她体会到了爱情的高尚。她开始以宽宏的胸怀和炽烈的感情爱她所爱的人；在周围的人都追求感官的享受的情况下，她忘却了自己的快乐，而一心想使自己的情人快乐；尽管她不能和他分享快乐，但她至少希望他的快乐是从她那里得到的。她就是这样从好的方面来解释她将采取的办法，找到一个从她的性格和她所了解的爱德华的性格来看，都能接受的娇嫩迷人的姑娘。她煞费苦心，不惜重金,派人在罗马找到一个年轻而心地忠厚的妓女:这样的人可不是很容易找到的。一天晚上,她极其亲热地和爱德华谈了一会儿话以后,就把这位姑娘介绍给他。"你可以随便和她相处,"她一边叹息,一边说,"让她从我为爱情作出的牺牲中得到好处,让她一个人得到这种好处。不过,如果有朝一日你想娶她为妻的话,那你就对不起我了。"她说完就想走开,爱德华拦住她说:"别走,如果你把我看得如此卑劣,竟然在你家里享用你的恩赐的话,那你就大可不必作出这样大的牺牲,而我也不值得你如此留恋。"侯爵夫人回答说:"既然你不能属于我,我就希望你也不属于别人。虽说我失去了爱的权利,但至少应该允许我处理好这件事情。你为什么把我为你做的这件好事看作是多余的呢?难道你怕人说你是一个忘恩负义的人吗?"接着,她强迫爱德华记下那个名叫洛尔的年轻姑娘的地址,并要他起誓今后不再和任何别的女人发生密切的关系。他深受感动,他起了誓。他对她的感激之情比对她的爱,更难控制。这是侯爵夫人生前对他设下的最危险的圈套。

侯爵夫人和她的情人一样,凡事好走极端。她留洛尔和她一起吃夜宵,对她百般亲热,极力表现出她为爱情作出的巨大牺牲。爱德华高兴得忘乎所以;他的目光,他的动作无不流露出他内心的激动之情。他的话没有一句不饱含着他热烈的爱情。洛尔长得很可爱,可爱德华几乎看都不看她。洛尔却不像他那样无动于衷,在这真正的爱情的画面中,她看到了一个她以往未曾见过的新人物。

吃完夜宵后,侯爵夫人把洛尔打发走,让情人和她单独留下。她以为他们这样单独相处,对爱德华会产生很大的诱惑力,她的想法虽不是没有道理,但若指望爱德华会上她的钩,那她就错了;她玩弄的种种手段,恰恰表明爱德华在道德上虽取得了巨大的胜利,但结果是使两个人愈加痛苦。在《朱莉》卷四的末尾,圣普乐赞扬他的朋友的毅力,谈的正是发生在这一夜晚的事情。

爱德华是道德高尚的人,也是一个普通的人,他这样做完全出于纯朴的荣誉感,丝毫不像上流社会的人那样只重视表面的礼仪而忽视真正的荣誉。他和侯爵夫人心荡神恰地相处几天之后,他感觉到事情不妙;正当他快要被征服之际,他决定宁失小节,而不能违背道德,于是他去看洛尔。

洛尔一见到他,就全身战栗。他发现她神情忧郁,就和她谈天,以为不用费很大气力就可以使她高兴。但事情不像他想的那样容易。她并不怎么理睬他对她的亲近,并拒绝接受他的礼物,不过脸上没有嫌弃礼物的神情。

受到这样的冷遇,爱德华不只是扫兴,而且大为生气。对这种女人,难道还要表现得像孩子那样去讨好她吗?于是他粗暴地行使他的权利。洛尔又哭又叫,拼命挣扎;当觉得自己要被征服之际,她便奋力冲到房子的另一端,大声对他说道:"你把我杀死好了,否则,只要我活着,你就休想碰我。"她的动作、眼神和声音都异常坚定。爱德华当时吃惊的样子,简直令人难以形容,但当他镇静下来后,便拉着她的手,叫她坐下,自己也坐在她的身旁,一句话也不说地看着她,冷静地等着看她表演的这场闹剧怎么收场。

她也一句话不说,低垂着眼睛,呼吸急促,胸脯起伏,显然她心情异常激动。最后还是爱德华打破了沉默,问她这样古怪地大吵大闹是什么意思?"难道我搞错了?"他对她说道,"难道你不是洛尔·达·皮萨娜?""但愿如此!"她用颤抖的声音说道。"怎么,你莫非改做别的事情了?"他冷笑地问。"没有,"洛尔回答说,"我还是原来的我,我再也跳不出这火坑了。"他觉察到她说话的方式和语调都异乎寻常,他弄不清楚是怎么一回事,他认为她疯了。"可爱的洛尔,"他对她说道,"为什么就我一个人不能碰你呢? 告诉我为什么你这样恨我?""我恨你,"她更加激动地说道,"我接过的客,我一个也不爱,除了你以外,我对谁都一样。"

"那为什么呢? 洛尔,你给我讲一讲,我一点也不明白。""哎!你以为我自己明白吗? 我只知道你永远不能碰我……。"接着,她用生气的语调嚷道:"你永远也别碰我,一想到你怀中搂着的是一个妓女,我会气死的。"

她愈说愈激动,爱德华发现她眼睛里流露出痛苦和绝望的神情;他被感动了。他立即改变对她轻蔑的态度,说话的语气也变得很诚恳和温柔。她用双手捂住面孔,躲避他的目光。他爱怜地去握她的手;她一感触到爱德华的手,就立即用嘴使劲地亲吻,边吻边哭得泣不成声。

这样表示,尽管意思很明显,但其中的确切含义仍不清楚。爱德华费了很大的气力才让她说出了她心里想说的话。原来爱情恢复了她泯灭的廉耻心,因此洛尔才不像从前那样出卖色相而不知羞耻:如今竟害羞得不敢表白自己真的爱上了一个人。

爱慕之情一产生,就像一团烈火那样燃烧。洛尔生性活泼而多情,长得也很漂亮,能使男人一见倾心;她也很温柔,能够奉献出自己的爱。但是,当她还是少女的时候,就被卑鄙的父母卖进妓院。她美丽的容颜留下了生活放荡的痕迹,失去了原有的魅力。她虽朝欢暮乐,但从未得到过真正的爱情。那些可鄙的酒色之徒,自己不懂得什么是爱,就更不能唤起她的爱情。干柴不能自燃,但只要落下一个火星,它立刻就会烧起来。爱德华和侯爵夫人之间的感情宛如火星,点燃了洛尔心中的爱情之火。清新的爱情的语言震动了她的心弦。她倾听他们的谈话,细细观察他们的行动。爱德华情意绵绵的目光透入她的心房,使她的血液沸腾;爱德华的声音有一种特殊的音调,使她久久不能平静。他的每一个动作无不流露出他的深情。他激动的样子感染了洛尔,目睹这一幅她有生以来第一次看到的两心相爱的画面,使她不由自主地爱上了为她展示这幅画面的人。如果爱德华对侯爵夫人冷漠无情的话,她也许对他也同样冷漠无情了。

回到家里,她的心情总也不能平静。萌发的爱情尽管搅得她心乱如麻,但却是甜蜜的,她起初是沉浸在新的喜悦之中,接着,她清醒过来,冷静地看看自己:这是她一生中第一次正视自己的境遇;她感到可怕极了。这令恋人们神往和渴望的爱情,她感到与之无缘。她虽得到了她想得到的东西,但她认为那些东西恰恰反映了一个卑贱的女人的耻辱,因为对方对她的亲热,实际是对她的轻蔑。她表面上好像得到了幸福的爱情,但实际是在可耻地卖淫。她的欲望给她带来了难以忍受的痛苦。欲望愈是容易满足,她愈是觉得自己的命运可怕。她失去了荣誉,失去了希望,没有谋生的手段,她虽经历过爱,但她经历的爱的欢乐是可悲的。她漫长的痛苦就是这样开始的,她短暂的幸福也是这样结束的。

这萌发的爱情使她感到自己的卑贱,但却使爱德华对她刮目相看。看到她还懂得爱情,他就不再轻视她了。可是,她能从他那里得到什么安慰呢?他是一个诚实而心已有所属的人,对她这样一个虽失名誉但尚知羞耻的人，除了出于同情而略表关心以外，还能有什么其他的表示呢？

他尽力安慰她，并答应还要去看她。他只字不提她的职业，甚至连一句劝她不要干这项职业的话也没有说。她已经对自己感到绝望，何必让她的心灵再受创伤呢？只要有一句话涉及这个问题，就会产生严重的影响，就会缩短他们之间的距离，而这是万万不可以的。干这种可耻的营生的女人的最大的不幸，就是她们从良以后，就无以为生。

第二次和她相会后，爱德华没有忘记英国人的豪爽，派人给洛尔送去一个上过漆的木衣橱和几件英国首饰。洛尔退还了所有礼物并附一笺云："我已失去拒绝礼物的权利。也许你没有用这些礼物来羞辱我的意思，但我还是决定原物退还。如果你再把礼物送来的话，我就只好收下，但你这样的慷慨赐予，是令人受之有愧的。"

爱德华看了信，感到震惊。他认为她既自卑又自尊。虽然她还没有改变低贱的地位，但已经显示出一种尊严感。她认识到了自己职业的卑微，可以说就是抹去了她蒙受的耻辱。他不再看不起她；他开始敬重她了。他继续去看她，不提礼物的事。如果说他不认为被她爱是一件光彩的事，但他不能不为自己得到她的爱而感到高兴。

他每次去看洛尔，都没有瞒着侯爵夫人，他没有任何理由要瞒她，因为他认为那样做未免太忘恩负义了。侯爵夫人想了解更多的情况，他发誓他根本没有碰她。

侯爵夫人对他的自制所作出的反应，与她所料想的反应恰恰相反。"什么!"侯爵夫人气愤地说道,"你只去看她,而不亲近她,那你去干什么呢?"从此,她对他们嫉妒得要死,千方百计想害死他们。嫉妒的心理使她长期处于狂怒之中,直至最终夺去了她的性命。

还有其他一些事情使她大为生气,显露出她真正的秉性。我发现,爱德华为人真诚,但做事很不细心。他把洛尔退回的礼物送给侯爵夫人。她收下礼物,并不是因为贪财,而是因为当时正值他们两人应互赠礼品的时候,侯爵夫人实际上只得到她该得到的一份。不幸的是,侯爵夫人后来发现这份礼物曾先送给洛尔,洛尔退回之后,才送给她。我不说大家也会想象得到:她立刻将礼物摔碎,并扔到窗外去。大家可以想一想:在这种情况下,一个嫉妒的情妇和一位有身份的女人的心是多么难受。

至于洛尔,她愈感到自己可耻,反而愈不想脱离可耻的境地。她是由于绝望而继续过这种生活的。可是,她对自己的蔑视却影响了她的客人。这并不是出于骄傲,她有什么权利骄傲呢?她蒙受的羞辱深深印在心里而难以消除,她心头的忧郁如一片可怕的阴云无法驱散,她欲自尊自爱,而却屡屡遭人轻慢,这一切使她对没有爱情的肉体享乐感到愤恨和厌倦。结果,那些不知廉耻的嫖客也开始对她表示从未有过的尊敬。他们不能不改变轻浮的举止,不由自主地感到不安,不敢纵情狂欢。当他们离开她时,也对这个被他们侮辱的女人的命运感到难过,对自己只知欢娱而深感后悔和赧颜。

痛苦的心情使洛尔变得很憔悴。爱德华渐渐对她产生了友谊,他看到她一味地难过,便决定鼓励她振作精神,而不伤害她的感情。他继续去看她,这对她是相当大的安慰,他和她谈话,这对她是极大的鼓舞;他的语言温柔高雅,宛如雨露滋润了她那干涸的心。从她热爱的人的口中说的话,当然会打动这个生来善良而命运却使她蒙受耻辱的人的心!爱德华关于热爱美德的谈话,好似播在肥沃的土壤中的种子,深入到了洛尔的心,并结出了丰硕的果实。

　　他如此关怀她,终于使她改变了对自己的看法。她对自己说:"尽管我堕落得像一朵凋谢的花朵,再也不能开放,但我有办法洗刷我的耻辱。尽管别人仍然轻视我,但我不是一个生来就受轻视的人,而我自己更不应轻视我自己。我现在摆脱了对罪恶生活的恐惧,即使别人轻视我,我也不像从前那样感到难过了。哎!只要爱德华敬重我,即使全世界的人都看不起我,又有什么关系呢?我要让他看到他对我的一片苦心开花结果,使他感到高兴;只有他一人能消除我的一切不幸。虽然他不能恢复我的名誉,但至少使我得到了爱。是的,他在我的心中燃起了纯洁的爱情之火。纯洁的爱情啊!我绝不会玷污你的美。我现在不幸福,将来也不会幸福;这一点,我完全明白。哎!尽管我不配得到温存的爱,但我也永远不要其他的爱。"

　　她的思想斗争很激烈,因此不能长久处于这种兴奋状态。她想改变自己的生活,但发现有许多她过去不曾料到的困难。她意识到一个女人一旦失去对自己人身的支配权,就很难重新获得;名誉是一个人安身立命的保证,丧失了名誉,一个人就变成弱者了。为了摆脱这种心情压抑的状态,她没有别的出路,只有立即舍弃她的家,进入女修道院。过去她和她的烟花姐妹一样,过着奢华的生

活。尤其在意大利,只要年轻貌美,身价就高。她没有对爱德华讲
她想进修道院的计划,认为在计划付诸实施之前讲,那是不合适
的。当她进了修道院以后,她写信告诉他,并请求他帮助她躲避那
些有权有势的人,因为他们要让她再过花天酒地的生活,而不愿她
去做修女。他立刻赶到她那里去,及时制止了几乎造成的严重的
后果。尽管他在罗马是一个外国人,但他是一个受人尊敬的大绅
士,他积极出面保护一个女人过正当的生活,很快就赢得了人们的
支持,帮助她平安地住在修道院,并在那位从她父母手中买下她的
主教那里为她争取到了一份年金。

他去看她。她长得很美;她懂得了什么是爱;她现在是一心苦
修;她说她的一切都是受他之赐。要感化她那样的心,需要花多少
力气啊!他满腔热忱地去看她。只要还有一点良心的人都将受他
的感化,做一个有道德的人。他把他的感情全都倾注在她身上,使
她感激涕零;他们之间只差肌肤之亲了,这一点,他目前想做也做
不到了。而洛尔从未像现在这样憧憬真爱情;她一想到这一点就
心花怒放,而且觉得已经得到人生难得的两情缱绻之乐。她心里
暗自思忖:"我现在是一个正派的女人,有一位品德高尚的男人喜
欢我;爱情啊,我不再后悔为你流泪,为你叹息;你已经补偿了我的
种种牺牲。你给了我力量,给了我应得的奖赏。你使我热爱自己
的天职,从而把你作为我应尽的第一职责。这么美好的幸福现在
让我一个人享受!爱情使我变成了高尚的人,使我获得了荣誉!
爱情把我从罪恶和耻辱中挽救出来;只要我爱美德,爱情就永远留
在我心中。啊,爱德华!只要我爱你,我就永远不会再堕落成卑贱
的女人。"

　　洛尔遁入女修道院一事引起了很多流言。那些以小人之心看人的人无法理解爱德华促成这件事情完全是出于至诚。洛尔太可爱了，所以一个男人只要对她稍加留意，就会引起别人的猜疑。侯爵夫人通过她派遣的耳目，最先了解到这些情况，她气急败坏，不能自持，结果，暴露了她自己的阴谋，事情一直传到远在维也纳的侯爵那里。那年冬天，他回到罗马，决定和爱德华决斗，以洗刷自己的耻辱，但他没有成功。

　　从此，爱德华开始和两个女人同时保持关系；这就使他在意大利这样一个国家里，陷入四面受敌的境地；对他的攻击，时而来自那位蒙受耻辱的身为侯爵的军人，时而来一个嫉妒心和报复心极强的女人，时而又来自洛尔的旧情人，他们因失去她而愤恨不已。

　　如果说他与两个女人都有关系，这关系也未免太奇特，使他处处为难而得不到实际的利益；两个多情的女人都想得到他，而结果是哪一个也没得到。他以前不喜欢的那个烟花女子，现在不要他了，而他钟情的那个贵妇人，他又不娶；他处处以道德为准绳，但实际上却事事受感情的支配，而自己还自以为头脑始终保持清醒。

　　要说明爱德华和侯爵夫人这两个性格截然相反的人怎么能互相产生好感，这是不容易的。他们各自奉行的行为准则尽管不同，但两人一直未能彻底分手。人们可以想象得到：当那个性情暴烈的女人得知自己由于考虑不周而给自己树立了一个情敌，而且是一个多么难以战胜的情敌的时候，她是多么悔恨啊！她不相信爱德华不爱洛尔，为了中断他们不相般配的关系，她什么办法都采用过：无论是责备、蔑视、侮辱和威胁，或是对他百般温柔，都没有效果,没有使他的心离开洛尔。他对她的态度依旧,而且还公开表示绝不改变。而洛尔最大的愿望只不过是想偶尔与他见一次面。她刚刚走上正路,需要有人支持;她要依赖这个引她走上正路的人,所以他应该扶助她。他这样想,也这样向侯爵夫人说了,不过,也许有些话他没有全都说出来。天下哪有如此严肃的男人,会躲避一个只求让她默默地爱他的可爱女子的目光呢?谁曾见过那种看到一双含泪的秀眼而心中不感到一片惆怅的男人呢?谁曾见过那种眼见自己劳动的果实即将到手而硬说自己不要的好心人呢?他已经使洛尔变成一位令人尊敬的女人,他对她的感情,怎么可能仅仅是表示敬重而已呢?

侯爵夫人无法阻止爱德华去看望那个不幸的女人,她非常生气。但她又没有勇气与他决裂,于是开始憎恶他。看到他的马车进到院子里,她就全身颤抖,听到他上楼的脚步声,她就心跳。她一见到他就感到难过,只要他在身边,她就心情紧张;当他告辞离开时,她就诅咒他,可是一当他走远了,她又气得哭起来。她要报仇;她对他起了杀心,策划了种种只有她才能想得出来的阴谋。她几次指使人在洛尔的修道院门口袭击他。她还设置圈套,打算把洛尔骗出来并把她劫走。但爱德华对她一如既往,就在她指使人暗杀他的第二天,他还去看她;他一心想使她恢复理智,却不顾自己是否会丧失理智。当他失去信心时,一想到道德就增添了勇气。

几个月后,侯爵因伤口不能治愈,也可能因为自己妻子行为不端,过于苦闷,在德国去世。他的去世,本该使爱德华和侯爵夫人更加接近,却反而使他更加疏远她。看到侯爵夫人迫不及待地要享受她重新获得的自由,他感到不快。一想到侯爵可能是被他的剑刺伤而死,他就不寒而栗,不敢再存奢望。他说:"一个男人死了,他作为丈夫的权利固然是随之消失,但是,对杀死他的人来说,这权利依然存在,不容侵犯。尽管在人道、道德和法律方面对这个问题没有任何规定,但稍有理智的人都应该想到:和人类繁衍后代连在一起的肉体享受,不应该牺牲他人而取得,否则创造生命的手段就成为死亡的根源,人类企图保存自己,反而毁灭了自己。"

他就这样一心挂两头,在两个情人之间消磨了好几年时光;他一会儿偏向这个,一会儿又偏向那个;他一再下决心要和两个女人都断绝关系,可是一个也舍不得抛弃;从理智上说,他对这种状况感到厌恶,可是一想到她们的柔情蜜意,他就又回到她们身边;天天说要与她们分手,但和她们的关系反而一天比一天亲密。他时而听凭自己的感情的支配,时而又服从自己的天职的召唤;他从伦敦到罗马,又从罗马回到伦敦,不知道在哪个地方住才好。他始终是那样兴奋,充满激情,从来不意气消沉,不做犯罪的事;他心灵高尚,所以是一个强者,他也希望靠自己的理智做一个坚强的人,所以,尽管他每天都有许多荒谬的想法,但每天都能恢复头脑的清醒,决心断绝这不光彩的关系。正当他开始产生厌恶的心情时,他险些儿爱上了朱莉,如果他未及时发现她另有所爱的话,他一定会爱上她的。

侯爵夫人做的恶事太多,愈来愈失去爱德华的喜爱。而洛尔按美德行事,渐渐占了上风。两个女人都一心一意地爱他,但是她们的品德不一样:侯爵夫人做了那么多坏事,所以名誉扫地,愈来愈堕落,最终给没有希望的爱情罩上了阴影;而洛尔的爱情的发展,则不是这种情形。爱德华每次到罗马,都发现洛尔有新的进步。她学会了英语，并能背诵他让她读的书。他喜欢什么，她就学什么。她决心脱胎换骨，变成和他一样的人。而她残留的一些缺点，也丝毫不影响她的优点。她还年轻，她的容颜将随着年龄的增长而愈来愈美。而侯爵夫人已到了风韵一天比一天衰败的年龄，尽管她还能情意缠绵，令人动心，尽管她满口的人道、忠贞和美德，而且谈得娓娓动听，但她的所作所为，不是那么一回事，所以她的话显得滑稽可笑；她的名声很坏，她那些话都是冠冕堂皇的空话。爱德华对她很了解，所以对她不再抱有任何期望。他虽逐渐逐渐地疏远她，但不能完全脱离她；他常常觉得应当对她无动于衷，可又做不到。他的心驱使他去看侯爵夫人，他下意识地来到她的家里。像他这样一个有丰富感情的男人，当然不会忘记他们之间曾经有过一段亲密的关系，只是由于她玩诡计、耍手腕、用心险恶，才最终遭到爱德华的轻蔑，不过，轻蔑归轻蔑，但他始终还是很同情她的，他永远不能忘记她对他的恩情和他以往对她的爱。

　　因此他仍旧去罗马看侯爵夫人，虽然不是出于感情，但至少保持了昔日常去看她的习惯，没有断绝和她的关系。看到别人美满幸福的家庭，他也想在年纪衰老以前有一个家。有时候他在侯爵夫人面前责备自己，甚至说自己对她忘恩负义，把她性格上的缺点都归咎于爱情。有时候他忘了洛尔的过去，让自己的心飞到她的身边，而不去想横亘在他们之间的障碍。他总是找出种种理由为自己的感情辩解。他最后一次旅行的目的，本来是去考验他的朋友圣普乐，却不料反而使自己经受了一场严峻的考验。如果没有他的朋友，他将经不起诱惑的。本书卷五书信十二和卷六书信三已详细叙述了他如何顺利地渡过难关和此事如何圆满结束，因此对前面简述的故事没有留下什么不清楚的地方需要补充了。爱德华被两个女人爱,可他一个也不要;这件事初看起来似乎很可笑,然而美德使他在精神上得到的慰藉远远超过漂亮的女人所能给予的快乐。前者是永恒的,而后者总有厌倦的时候。连幸福的快乐他都舍得抛弃,肉欲的享受他就更不追求了;他爱得深,但不沉湎酒色,因此他始终是自由的;与那些放浪形骸的人相比,他更好地享受了人生。我们如此浑浑噩噩,把一生的光阴都浪掷于追逐自己的幻想。唉! 在我们众多的追求中,只有追求正义,我们才能幸福;这个道理,我们什么时候才明白呢?

论 口 才

你问我：为什么口才在某些时候遭到人们的乱用，有才学的人何以会有不良的癖好……举例来说，胆大而又好走极端的人有时候喜欢……，在某些场合，有人喜欢突如其来地大放厥词，说一些模棱两可的话，让你愈听愈不明白他的意思……，为什么有人有时候说了不公正的话也不害羞。

有一个人，他一生为人就是如此，他说的话也是如此。

正如听一个人的言就可以知其行一样，我们从人们摇唇鼓舌爱卖弄口才的样子，就可看出如今的风气。

如果一个国家的法纪开始松弛，人们耽于逸乐，那就无可辩驳地表明，那个国家的人不久就会染上这种习气，说起话来柔声柔气，一口女人腔……，精神所受的熏陶与心灵所受的感染是不可能两样的。

一个人一旦对当前风行的那些东西表示轻蔑，他就喜欢用新的语言说话，他的谈吐就会富有新趣。

在言谈中，说话幼稚或说得不好，甚或过于随便，为礼貌所不容许，这都不算什么大缺点，但是，如果说话用词过分华丽和语气过分温柔，那缺点就大了，因为，这样说话，毫无意义，除说话的声音好听以外，便无其他的效果。

关于一本书的写作方法

当一个人决定写一本书的时候，他必然是已经想好了题目，并至少想好了一部分内容，剩下的问题只是如何铺陈和详细阐发书中的内容，使之能让读者信服和喜欢书中所讲的道理和事情。书的内容，包含笔调在内，将大体上决定一本书是否能写得成功，作者是否能因此而获得称道。一本书是好书还是坏书，虽不完全由一部分内容决定，但它可以影响一本书是编写得好或编写得不好。

如果作者没有正确的指导思想，对书的内容没有做到全局在心，那就很难把一本书写好。反之，有了这两条，再加上作者专心致志地写，即使想把一本书写糟，那也是不大可能的。有了第一条，就可以统筹全书各部分的内容；有了第二条，就可以按照最有利于和最适合于发挥各部分内容并使它们互相照应的次序编写。

毫无疑问，我们可以制订许多不同的计划，然而，即使所有的计划都很好，每一个计划也只能针对某一特定的目的说来是相对的好。这方面的细节如果要一个一个地谈，那是谈不完的，所以我现在略而不谈，只把我写作一部理论著作的大致步骤做一个简要的陈述。我选择这种书的写作做例子，是因为写这类书最需要讲求方法，各部分的比例要很恰当。

我首先从简要说明我论述的主题入手，然后详细阐明我的一些观点和我可能使用的一些新的或意思含糊不清的词儿，但我阐述的方法，并不像数学家编数字表那样一个接一个地罗列，而是在我叙述主题的过程中巧妙地插入我对它们下的定义。一个人之所以著书,其目的,是为了向公众讲解他们所不了解的事情,让他们学到一些新的真理,或者消除他们接受的谬论。在这种情况下,作者的责任首先是剖析一般人的看法,指出那些看法的依据和它们用来为自己辩护的武器。如果把这一步工作做好了,就可以使读者站在有利的地位观察:他首先看到一边是一个不会在不了解对方论点的情况下随便发表意见的精明人,另一边是一个不会偷偷摸摸地想方设法蒙住读者的眼睛,使之看不到他的对手的论点的正直人。

在进入正题的时候,我将采取这样的办法来论证我要论证的问题:我开始先对对方的观点说许多我实际上根本不愿给予的赞语,然后摆出我的论点,一步一步地把我开头说得过多的赞语收回来。这个办法,对赢得读者的尊重很起作用。一个作者,如果一开始就把自己的论点摆得太多,很可能使自己处于不得不收回他由于天性谦虚而让与对方的好处。

对于一个问题的探讨,通常是要举出各种各样的论点的。作者首先驳倒对方的论点,然后提出他自己的论点;无论是这种或那种情况,他总要根据事实本身或者根据一个事实与其他事实的关系立论的。作者是不是思路清楚和善于论辩,那就要看他如何选择和使用他的论点以及从哪个角度去论述了。对同一个问题的许多提法,其中大部分彼此都有一种细微的相似之处,有一种若隐若现的联系。头脑平庸的人是见不到的,而有真正的天分的人是一下就会把它抓住的,一旦抓住了一条链子的一端,事情的进行就非常容易。人们将惊奇地发现:有千百条似乎毫无共同之处的或者以各种方式互相交叉的蹊径不断引导你从一条比你自己选择的道路更短和更稳妥的途径达到目标。哲学家的书在这方面是按各种各样的条条框框办的；他们的条条框框与两个常见的方法有关。其中一个方法，他们称之为综合法或合成法，从简单到复杂，用这个方法把人家已经知道的事情再向人家讲一遍；另一个方法，他们称之为分析法或分解法，这个方法可用来发现一些原来不知道的事情，例如研究一个家族的家谱，就从现在这一代人起，一代一代往上追溯到这个家族的起源，这就是分析法。然后，列一张表，头一个就列他们所找到的始祖，接着，一代一代往下排，一直排到现今这一代，这就是综合法。这两个方法的规矩多得很，聪明人按着它们办就行了，用不着动脑筋思考它们是否合用和是否正确。用这种方法写的书，有点儿像剧本，开头倒是特别简单，但往后必须不断提高，一直提到最高点，当然，这里所说的提高，指的不是笔调的提高（因为自始至终都是同一个笔调），而是指材料的数量愈来愈多，理论的调门愈来愈高。结果是：有声有色地把书念了一会儿以后，只要稍微松一口气，读者就会感到腻味和厌烦，虽花九牛二虎之力也很难使他摆脱那种昏昏欲睡的状态。读者在懒洋洋的状态中要把无数的材料回想一下之后，才能重新恢复接着往下看的注意力和兴趣。而我，我总是从最容易入手的方面开始阐述我的理论的。有一些最有说服力的论据，是从主题的基本事实中得出的。自然科学方面的问题就是这样。例如对植物的生长的研究，最好是先研究生长植物的土壤和植物吸收的各种液汁，研究土壤和液汁各自的效力。但是，如果不研究植物本身，不研究它们内部的结构，不研究它们的纤维、叶子、花、果实和根，总之，植物的各个组成部分,如果不详细研究这些东西,也是不可能了解它们的机制和植物的生长力的。反之,对人的精神的研究,我首先研究我们对人的精神所知道的那一点儿被认为是他固有的和特殊的东西。我一边探索一边获得一些模模糊糊的知识,它们是对还是不对,我不敢肯定。不过,不久以后,我就抛弃了这种宛如在黑暗的迷宫中乱转的研究方式,赶快转变方向,从人与人的关系方面去研究人。从这方面去研究,我看到了许许多多明白无误的事实,从而一扫我此前的研究工作中的疑团,使我可以把人和人加以比较,从这个角度去研究他们。

这个方法的关键是:要善于选择论据,并按恰当的次序条分缕析地加以发挥。此外,还要看准从哪一个角度去论证才最合适。有一些理论是朴素无华的,稳稳当当站得住脚的,它们的力量就在于它们的朴素,若加修饰,反倒会削弱它们的力量。有一些本身就很复杂而又软弱无力和不甚打动人心的理论,就需要借助于形象和采用比较的方法,才能使它们为人所接受;有的需要添枝加叶和绘声绘色地讲,才能把它们讲得生动,令人听起来是正确的。处处都需要运用艺术的手法,尤其是在最需要艺术手法的地方,更应加倍小心,才能隐藏自己埋下的伏笔。如果读者看出了这一点,他就会明白此处要仔细阅读,才能领会作者的真意。另外,还需要斟酌论据的价值,才能把它们阐述得恰到好处。把你认为不是重点的理论放在前头,一带而过;不过,由于它们的力量太弱,所以,如果从它们开始阐发你的观点,也很可能是危险的,除非你能玩个花招,表示你只不过是用它们来做引子,为以后阐发颠扑不破的理论铺平道路的。

一部书的最后一部分,可以用来解答别人的反对意见或引证一些实例,不过,无论是用于前者或后者,都有一些缺点。

对于别人的反对意见,应当真真实实尽可能准确地表述。在这个问题上,大多数作者都采取了最坏不过的做法:他们对别人的反对意见的表述或详细或简单,完全随他们自己的意见的表述或详细或简单而定。对于别人的反对意见,他们能回答的才回答,因此,当他们驳倒了那些容易驳倒的难点时,便自以为打了一场漂亮仗了。然而,他们用不着多久就会遇到那些对他们一点也不手软的人。这样论战的结果,往往使一个愚昧无知或心术不正的作者一败涂地。必须改弦更张,才能防止这种情况的发生。在表述对方的意见时,应当尽可能保持他们意见的精神,站在他们的立场上充分表述,并紧扣他们针对自己的意见,毫不留情地予以反驳。这样做法的效果,比一个不诚实的作者玩弄偷梁换柱的花招和把自己的意见强加于人所取得的效果好。

当你引证事例的时候,你首先应当知道为何要举此事例。为举例而举例,那是爱卖弄学问的人干的事情。当我看到人们在那么多书中和几乎所有的谈话中引用某些个别的事例来证明一般的命题时,我不禁好笑。这是小学生似的诡辩术。一个立论严肃的作者切莫蹈此覆辙。唉!因为每天都有两三个疯人在伦敦互相砍杀,就能说英国人不怕死吗?因此,可以预料得到:在同一个问题上,每天都会有人提出许许多多互相矛盾的命题。

举例应举得恰当,否则,徒然是自炫博学。现在假定我要证明:一般地说,女人的优点和男人一样多或者更多。如果我举塞米娜米斯①为例，人家就会举亚历山大②为例来反驳我；我举犹滴③，人家就举塞福俄拉④；我举卢克莱修⑤，人家就举乌迪克的卡托⑥；我举阿拉克列翁⑦，人家就举萨福⑧。这样举了一个又一个，伟大的男人有的是，而伟大的女人一会儿就举完了。如果从治理国家、指挥军队和从事写作的男人的人数，与在这几方面有出色表现的女人的人数之间的比例来看，很显然，人数相对说来是多的一方将真正占据优势。

　　我虽然说可以把对他人意见的反驳和事例的引证放在最后一部分，但我无意说这个做法是一条普遍适用的规律。相反，我只是在写作这一类题材的书时，才这样做，因为一打断叙述的线索，就不能不使读者的注意力偏离主要的目标。如果你的主题的内容是多种多样的，你就可以把它们融化分散于全书，并在论述每一个重要的论点上，把与论点有关的和你打算使用的材料都尽量加以利用。但是，切莫用这个方法把一本书写得淡而无味和文字冗长。

---

　　①　塞米娜米斯：传说中的亚述女王。——译者

　　②　亚历山大（公元前356—前323），马其顿国王（公元前336—前323）。——译者

　　③　犹滴：《圣经》中的一犹太女子，以自己的美色，诱杀敌将，挽救了犹太人的城池。——译者

　　④　塞福俄拉：关于塞福俄拉的事迹，不详。——译者

　　⑤　卢克莱修：古罗马的一位贞烈妇女，因遭罗马皇帝塔尔昆尼乌斯之子的凌辱，愤而自杀。她的死引起了罗马人民的起义，推翻了塔尔昆尼乌斯的统治。——译者

　　⑥　乌迪克的卡托（公元前95—前46）：即小卡托，因出生在乌迪克，故称乌迪克的卡托。罗马政治家，站在元老院一边，反对恺撒的独裁；公元前46年，被恺撒战败，自杀身亡。——译者

　　⑦　阿拉克列翁：公元前6世纪希腊行吟诗人。——译者

　　⑧　萨福：公元前6世纪希腊女诗人。——译者

一个细心的作者是要通盘考虑，统筹全书的，而且，只是从各方面权衡利弊之后，才决定采用什么形式写他的书。

在一本书的最后一部分，可以作一些比较研究，尤其是在用某种假设或某种体系去代替另一种假设或另一种体系的时候，更应作一番这方面的研究工作。至于作者是不是为了宣扬自己的观点，便从不利的方面去评说前人的观点，那就用不着去管它了。这方面的情况，我不多谈，因为我只想讲大家都知道的事情。

尤其要把一本书的结尾写好。现今的书都写得太长，这是一个时髦；我发现有几本书又写得太短，不过，它们的结尾部分，在我看来，也嫌长。古代的剧作家硬要按他们自己强加给自己的坏规矩行事，把戏剧的末尾部分摘得乱哄哄，令人看了十分恼火。如果把特朗西乌斯①所写的大部分剧本中的最后两场或三场删去，剧的收场就好得多，收场的表演效果就美妙得多。有几部当代的作品，也是这种情形。结论应当由读者去做。因为，你在书中把需要讲的话都讲了，该怎么讲就怎么讲了，读者是自会从中得出结论的。

———————————

① 特朗西乌斯（约公元前190—前159）：拉丁喜剧作家。——译者

论 妇 女

有一个令我十分惊奇的问题是：人们在一个一个地列举历史上歌颂的伟大的男人时，神情特别庄重，硬要拿他们和史书不屑于记载的少数女中豪杰相比较，以为这样比较对我们有利。唉，先生们，请你们也让女人做此荒唐之事，让她们拟一个大人物的名单传给后代，那时，请你们看看，她们将把你们在名单上排列第几位，看她们是不是有正当的理由拒不把你们骄傲地窃取的优越地位让给你们。

其实，如果我们把各个时代出现的美好行为的详细情况做一个公正的分析，并详细研究可能使这个数字有所增加或减少的真正原因，我可以毫不迟疑地说：我们将发现女方还有许多人没有被我们发现；实际上，双方的人数差不多是一样的。

让我们首先看一看由于男人的专横而失去了自由的妇女，然后再看掌管一切事情的男人。王位、财产、官职、军队的指挥，这一切都掌握在男人手中。不知道他们从什么时候起，也不知道他们凭什么生来就有的权利，把这一切都抓在自己的手里。他们的这些权利，是从什么地方来的，我至今都没有弄明白。我认为，他们的权利的基础，不是别的，全是暴力。我们再看一看男人的思想特点：他们想使自己显身扬名，只有在自己已经高官厚禄之后才口讲道德，而对处于被压迫和依赖地位的女人所做的一切伟大的和可钦可敬的事情，一概看不起。

我把以上这些加以思考之后，再进而做一番详细的比较，例如：

我把米特立达特①和吉洛比娅②加以比较，又把洛莫鲁斯③和迪东④，乌迪克的卡托和卢克莱修（这两个人都是自杀的，一个是因为失去了自由，另一个是因为失去了荣誉），杜鲁瓦伯爵⑤和贞德⑥做了比较，最后，还把高尔勒丽⑦、亚丽⑧、阿尔泰米丝⑨、弗尔维⑩、伊丽莎白⑪和特克丽伯爵夫人⑫这几个不同时代的女英杰和最伟大的男人加以对比，我发现，男的的确比女的多得多，但另一方面，我也发现，在各种高尚伟大的事业中，也有许多和男人同样完美的女模范人物。如果在社会的管理和帝国的统辖方面，女人也有和男人同

---

①　米特立达特（约公元前132—前63）：邦特国王，史载，在亚洲诸小国中，只有他对罗马帝国在亚洲的领土扩张抵抗的时间最长。——译者

②　吉洛比娅：帕米尔国王王后，公元267年国王被暗杀后，接掌国政，以治国严厉著称。——译者

③　洛莫鲁斯（公元前754—前715）：传说中的罗马第一位国王，罗马城的建造者。——译者

④　迪东：提尔国王的王妹，传说中的迦太基城的建造者。——译者

⑤　杜鲁瓦伯爵（1403—1468）：法国军人，与女英雄贞德一起参加了抗击英军的奥尔良保卫战。——译者

⑥　贞德（1412—1431）：即"奥尔良姑娘"，英法百年战争（1337—1453）中的法国女英雄，牺牲时年仅十九岁。——译者

⑦　高尔勒丽：古罗马的两位保民官提·革拉其乌斯（公元前160—前133）和卡·革拉其乌斯（公元前154—前121）的母亲，以教子有方著称。——译者

⑧　亚丽：古罗马的一位烈妇，在其夫为暴君尼禄处死时，她先自杀，做出不怕死的榜样。——译者

⑨　阿尔泰米丝：公元前4世纪莫索尔国王王后，据信，莫索尔陵是她主持修建的。——译者

⑩　弗尔维：一位罗马妇女，据信，卡蒂里纳背叛罗马元老院的阴谋，首先是她揭发的。——译者

⑪　伊丽莎白（1533—1603）：英国女王。——译者

⑫　特克丽伯爵夫人，在1687年匈牙利抗击奥地利军的战争中，以统率匈牙利军坚守孟卡斯要塞著名。——译者

样多的机会的话,也许她们还会表现得比男人更豪迈和勇敢的,使留名史册的女人比男人更多。有人说:在女性当中,有少数几个有幸掌管过国事和指挥过军队的女人,但都表现平平,只不过在某几件事情上出色,值得我们尊敬。其实,这个话也适用于统治国家的男性君主,正如伏尔泰所说:只能在某处提一提、而不值得载入编年史的君王还少吗?过去的比例,我感到很遗憾;其实,如果我们不强夺女人的自由,让她们有表现自己的机会,她们是可以做出更多的表现心灵的伟大和热爱真理的事例的,这样的女人的人数,一定比男人多的。

关于那些活跃在文学界,以她们妙笔生花的作品给文学增光的女人,我留待下一次跟你讲。

圣德尼大街的一对夫妇

女人爱吵吵闹闹，而男人却爱使坏招。我在巴黎看见过一个女人，她真是圣德尼全大街上表面一本正经而实际是最坏的女人。她的丈夫看起来是一个卖扑克牌的小商人。当他们吵架的时候（这种情况经常发生），那个女人总是满嘴的恶言恶语，像连珠炮似的把她的丈夫骂个狗血喷头，而且还要尖声尖叫，闹腾两三个小时。可是请看她的男人，他却表现得慈眉善目，一团和气，像岩石似的一动不动地听他的女人叫骂，像天使似的耐着性子等她一直骂下去。眼看他的太太快要骂完了，他才不动声色地绰起一根棍子把她痛打一顿，把她打得半死不活地躺在地板上；而他，尽管挨了一顿臭骂，而且打老婆也打累了，但却像没有事儿似的，出门去和他的朋友一起喝酒。

　　取自市井小民的例子，也是很能说明问题的。到处的男人的表现都一样，他们所处的社会阶层愈低，他们的天性就愈不加以掩饰。

论暗中由女人引起的重大事件①

《罗马史·卡特鲁和鲁伊叶》卷四第 169 页

　　我不打算在本文对所有一切由女人利用自己的门第或利用自己的才能所取得的地位去亲手操纵的事情一件一件地加以评述。这种事情,因一再被人谈论,所以开始变得不新鲜了。我在这里只略提几件重大的事情:这几件事情的起因,许多人说是出于高尚的目的,实则,它们是由女人的暗中推动才发生的。我的文章的题目要明确表明这一点,而我在文章中也仅仅只谈这个问题。若能对这个崭新的题目提出几点带普遍意义的看法,我就很高兴了。这方面的材料很多,而且也很有趣,所以,毫无疑问,一定有人接着谈,进一步深入探讨这个问题。

　　说真心话,没有人抢在我之前才思大作,拿起他生花的妙笔论述我论述的这个问题,我是很生气的。可以用这方面的材料写一部引人入胜的书。一个人只要不是傻子,是一定爱看这本书的。至于我,我坦率承认我有这么一点儿天才,能够充分想象我这个题目一落到有才华的人的手里,他一定会感到很高兴的。

　　人们对于男人,不是过分夸奖就是有时候又夸奖得不够。他们硬想把大部分在历史上大书特书的光辉事迹通通都说成是由于男人的雄心、勇气、对荣誉的追求、立志报仇之心或宽宏的气度造成的。实则,那些光辉事迹的起因无他,完全是情欲的驱使。外表上不甚显露的情欲,其效果是非常好的,一般人当然猜想不到它对伟大的男人的影响的。

我这番话是什么意思，那是稍动脑筋就明白的。

我是想使人们产生做这项研究工作的兴趣；如果没有人愿意做这项工作，那是某些人的过错，甚或是大家的过错。此外，切莫以为有了做这项工作的兴趣，就一定能完成这项工作。我敢说，即使一个人有学问又有才能，那也不够。有许多人自以为了解宫廷阴谋的内幕，了解国王的大政方针和促使国王做某事的动机，一句话，自以为了解历史的来龙去脉、政治的错综复杂和外交谈判的尔虞我诈，其实，他们所了解的，只不过是官报上披露的那一点儿东西，而且都是已经过去的事情。我倒是希望有人告诉我：我们的历史学家是不是大多数都充分具备了完成他们的任务所需的学识，他们曾经担任过什么工作，参加过哪些外交谈判，他们的情妇中哪一个曾向他们透露过大人先生们干了些什么事情。大人先生们干什么事情的原始动机都是秘密的，有时候看起来似乎是没多大意义的，然而，几乎所有的重大行动以及由重大行动造成的重大事件，都是它们酿成的。人类历史的千变万化，差不多都局限在这个范围。有人以为只要是文学家、有才气的人或有学问的人就可以写出我所说的那种史书，其实不然，甚至，即使是一位首相，也未必能写得好。但是，如果你遇到一个自宫廷退休的宠臣，一个曾利用他在宫中供职期间的余暇把他所见到的事记录下来的宠臣，你就花钱把他的记事本买下来，交给一个会写文章的高手，让他把本子上记的事情打乱，重新编排，并补充该宠臣认为太普通而不愿记载的一些大事件的细节，就可成为一部历史书了。

然而，有些人却尽拿众人皆知的事情来写历史，所以，他们不敢夸他们的书写得好,并不能不承认他们写的历史只不过是一部为他人开脱辩解和描写表面繁荣的书,其目的,完全是为了迷惑公众而作。

有几件众人皆知的大事:特洛伊的攻陷,帕尔塞波里斯宫大火,罗马共和国的建立,科里奥兰的母亲之解放罗马,英国在亨利八世治下的变化,等等,我就不在这里叙述了。

本书的分卷

共三卷。卷一包括古代史上由女人引起的重大事件,平民行政公署的建立,等等。

卷二为近代史;查理七世收复法兰西,等等。

卷三:对那些服女人管的大人物的几点看法。泰米士托克勒,安多万,等等。

安多万的妻子弗尔维因未得到恺撒的爱而挑动战争。

对一位神甫进献的忠言

好了，我亲爱的教士，你终于当上了本堂神甫。我衷心祝贺你，并以我在各方面都曾经得到过你的器重而感到十分高兴。请你相信我的友谊是经得起命运的考验的。尽管我蔑视各种各样的头衔和拥有那些头衔的傻瓜，尽管我憎恨人们所说的各种地位以及占据那些地位的坏蛋，但我相信：即使你将来升为主教，我也会继续爱你的。

有许多人将对你表示祝贺，但对你并不是真的关心。而我是你的朋友，所以我要对你进几句忠言。我相信，我这样做，比向你说一大通歌颂赞美之词更能表明我对你的爱，正如你所知道的：阿谀奉承之辈不敢对那些不值得敵颂的人不唱赞歌，而行事端方值得歌颂的人却又不愿意人们对他们唱什么赞歌。如果你愿意的话，我甘愿当一个笨伯，因为在平民百姓看来，可惜我这样的笨伯真是太少了，而需要我这种笨伯的神甫却有很多很多，他们的人数已远远超过笨伯的人数了。

好了，你现在终于自由了，这就是说，你只服从一个主人，一个唯一的但是是最威严的主人，即你的职责。不过，你应当知道，为了少听任反复无常的心性的摆布，就需要运用你的理智，尽管理智的枷锁也和人类的暴政是同样的残酷。一个奴隶为了使主人满意而受的罪，并不比一个诚实的人为了使自己满意而受的罪多。如果你还要去引导别人，那份罪就更难受了。所以说，自由只是表面的；一个自由的人只要自己能管自己，就够了。无论是谁，如果他要去引导别人，就必然有一些必须履行的责任，因此，他受到的约束，是不比那些服从他引导的人所受的约束少的。

在所有一切使一个人高居他人之上的错综复杂的关系中，我觉得，你的关系还是最少的。由于身份的缘故，你将成为一个做好事的人，一位息事宁人的法官，一位教父。你有权利做你想做的种种好事，谁也不敢说你做的事情不好，也没有任何人有权力强迫你去做恶事。

先生，这些特权是很大的，很稀罕的，也许只有一个乡村神甫才有，因为，在我看来，城市里的神甫都是大人物，所以他们很难作诚实的人；他们在他们主管的教区里的人的身上也很少见到过安分守己地生活所必须具有的单纯和顺从。

••

无人不知，若硬要一个教士禁欲，除非人们把他失去的贞操还给他了，否则，是办不到的。

••

我同意你向人们讲授教理书上的那些废话，只要你能同时教育他们信仰上帝和爱美德。把他们都造就成基督徒，你必须这么做。不过，你也不要忘记你还有不可推卸的责任，那就是：把他们教育成为好人。

论英雄最应具备的品质①

1751 年科西嘉科学院提出如下问题：

英雄最应具备的是何种品质；

不具备这种品德的英雄是什么人？

写在前头的话

这篇论文写得很糟糕，这一点，我写完论文以后就感觉到了，因此，我甚至不愿意把它寄出去。这个题目，虽说不能把它写得很好，但要写得不像现在这么坏，那也容易，因为，对一些毫无价值的问题，是做不出好答卷的。这是从一篇坏文章中总结出来的一条有益的教训。

"如果我不是亚历山大①,"这位征服者说："我就希望我能像戴奥吉尼斯②那样为人。"而这位哲学家却说："如果我不是现今的我，我就希望我能步亚历山大的后尘，作他那样的人。"我对他们说的话表示怀疑；一个征服者宁愿作一个哲人，而一个哲人又宁愿作一个征服者，这很难令人相信。不过，在这个世界上，除了贤人以外，哪一个人不愿意当英雄呢？人们都知道，英雄气概是英雄独有

---

① 亚历山大(公元前 356—前 323)：马其顿国王。着重号是原有的。——译者

② 戴奥吉尼斯(约公元前 410—前 323)：古希腊犬儒哲学家。着重号是原有的。——译者

的品质，是不以财产的大小为转移的，不过，它需要财产的支持才能发挥。英雄是大自然、财产和英雄本身三者造成的。为了把这一点讲清楚，就需要确定这三个因素中的每一个因素都起了哪些作用。

所有的好品德，在贤人的身上都可找到，而英雄虽缺少某些品德，但他可发挥他已有的品德来加以弥补。前者表现得行为很有节制，无可指摘；而后者虽有缺点，但他的缺点被他的品德的光辉掩盖得看不出来。一个是心地真诚，没有任何坏品质，另一个是心胸伟大，一举一动毫不平庸。两者都意志坚定，行事果断而不动摇，但在不同的事情上行事的方式有所不同。一个是只有经过理智的思考才不做某事，另一个是只因胸怀大志，才对其他的事情有所不为。贤人行事之毫不优柔，亦如英雄行事之毫不胆怯；后者之不为暴力所屈服，亦如前者之不为情欲所左右。

因此，在贤人的性格中，坚毅的成分多；而在英雄的性格中，豪迈的成分多。两相比较，人们显然是宁取前者，因为他只需自己满意自己，便别无他求。但是，如果我们从他们与社会利益的关系来观察他们，新的看法便会产生新的结论，就会突出英雄应该占有的位置。这一点，各个时代都是这么做的，人们全都赞同的。

实际上，贤人成天思虑的是他自己的幸福，一个普通人能做好这件事情就满可以了。但是，真正的英雄的眼界很远大，他奋斗的目标是创造人类的幸福，他要把他得自上天赐予的伟大的心灵全都贡献于这一崇高的事业。我知道哲学家们在向人们传授生活幸福的艺术。他们企图把全国的人都培养成贤人，因此，他们向人们宣讲的乃是一种连他们自己也未曾有过的虚幻的幸福。对于这种幸福，人们根本就不明白是怎么一回事，而且也无兴趣。苏格拉底①目睹他的祖国的灾难，哀叹不已，而要结束这种灾难，还需等特拉希布尔②掌了军权以后才办得到。柏拉图③发现自己在一个暴君的宫廷空有一副能言善辩的口才，生活得很不幸福，徒然浪费时间，只好等另外一个人来完成把西拉丘兹从暴政下解放出来的光荣事业。哲学家能向世人传授某些有益的教训，但他们传授的教训，对那些轻视哲学家的大人物根本就不起作用，而对听不懂他们的话的平民百姓也一点用处也没有。用抽象的概念去管教人，那是管教不了的，只有强迫他们服从管教，才能使他们生活得幸福。要想使人们爱幸福，就必须让他们体验到幸福是怎么一回事。英雄的职责和才能的发挥就在于此。他必须手握大权，使自己处于受人们拥戴的地位，才能先强给他们戴上法律的枷锁，然后才一步一步地最后使他们服从理智的约束。

因此，在心灵的各种品质中，英雄气概对人民大众的关系，比对那些统治人民大众的人的关系重要得多。它是许许多多高尚的品质的集中表现。很少有人把各种高尚品质都具备齐全的，更少有人能把它们集中在一起发挥力量的。而不计较个人得失，一心为他人谋幸福，除赢得他人的钦佩便别无所求的英雄人物，更是凤毛麟角，十分难得了。

我在这里暂不谈伟大的行为应当得到的殊荣，也不谈英雄的

---

① 着重号是原有的。——译者
② 特拉希布尔：古希腊的一位将军。他掌握军队以后，赶走了统治雅典的暴君。着重号是原有的。——译者
③ 着重号是原有的。——译者

天才力量和他本人必须具备的其他品质。他的其他品质,虽说不上是美德,但往往比美德更有助于伟大事业的成功。为了把真正的英雄放在他应有的位置,我将运用这一无可辩驳的原则,即:在人与人之间,谁使自己对他人最有利,谁就应当是他们当中的第一人。我一点也不怕各位贤哲指摘我使用这样一个判断的标准。

是的,我早已料到,用这个方法来评说英雄气概,会遭到人们的反驳的,而且,他们的反驳意见,也是根据与这个问题有关的事实归纳出来的,所以是很难回答的。

古人云:"天上不能有两个太阳,地上不能有两个恺撒。"①的确,英雄人物也是如此。如同稀有的金属一样,它之所以那么昂贵,就是因为它稀少的缘故;如果它的数量很多的话,它就不那么值钱了,就没有人要了。一个能致世界于太平的人,也可能扰乱这个世界,如果他碰上了一个能与他匹敌的对手的话。在某些情况下,人们的安宁需要一个英雄来维持;但无论在什么时候,只要群雄并立,那必然使人们遭殃,士兵都将变得像卡德穆斯②的士兵一样,转眼间就自相残杀的。

也许有人会向我:难道说为世人造福的人愈来愈多,反倒对人们有害吗?难道说现今为大家的幸福而工作的人是太多了吗?我将回答说:是的,是这样的,如果他们不实心任事或只做表面文章

---

① 这句古谚的意思是:要是天上有两个太阳,太阳就不稀罕了;要是地上有两个恺撒,恺撒就不算盖世无双的人物了。"恺撒"二字的着重号是原有的。——译者

② 卡德穆斯:古罗马诗人奥维德的诗作《变形人》中的人物,据说,卡德穆斯为了建立特布士城,就必须杀死一条恶龙,因为这条恶龙的牙齿能生长勇武善战的士兵,他们互相残杀,残杀的结果,只剩下五个士兵和他一起共建该城。——译者

的话。我们别再自己骗自己了。大众的幸福，不是英雄行为的目的；英雄行为乃是一种手段，其目的是为了取得英雄自己想得到的幸福。英雄行为可以说绝大部分是为了取得他个人的荣誉。对荣誉的爱，使英雄们做了许多有益的事，但同时也做了数不清的坏事。对祖国的爱，其动机比较纯洁，取得的结果也比较实在。因此可以说，世上的英雄太多，而国家的公民却不足。英勇的人与有道德的人之间的差别是很大的。英雄的品德产生于心灵的纯洁者少，如同保健的药物一样，其作用不大，必须用辛辣和刺激性强的东西以刺激之。有人也许会说，英雄的品德需要有某些罪恶之事出现，才能使它们发生作用。切莫以为英雄在道德方面是十分的完美，这样看法是不符合实际的。我们应当把他们看作是由多种好的和坏的品质混合组成的，他们发挥的作用是有益于人还是有害于人，那要看情况。好的和坏的品质搭配的结果，往往可使具有这些品质的人获得更多的成就和荣誉，使平民百姓得到的幸福，有时候甚至比一个有十全十美的道德的人给他们带来的幸福还多。

从以上所说就可看出，与英雄气概相反的品德也是很多的，其中有一些的影响是不大的，有一些的影响是好还是坏，那要看它们在英雄施展制伏人心和取得人们拥戴的高超艺术方面起何作用而定。在这类品德中，有一个是他最需要的、最主要的、不可缺少的和使他在某一方面具有特征的品德；我要在本文深入研究的，就是这个特殊的和真正说得上是英雄最应具备的品德。

再也没有什么东西是像愚昧无知这样害死人的了。平民百姓对事物之很少表示怀疑，亦如真正的哲学家对事物之很少表示肯

定。长期以来,对我们今天讨论的问题有一个偏颇的俗见。大多
数人认为好勇好斗是英雄的第一品德。我们要敢于以理智的名义
否定这一谬论。这个偏颇的俗见是违背理智的,而且,它经常压制
理智,让人们听它的驱使。

我们切不可忽视本文开头提出的那一番见解,我们应当看到
一般人对勇武的表现已经发展到不分青红皂白一律表示欣赏和恭
维的地步。他们竟糊里糊涂地认为:为人类造福的英雄的性格正
是表现在他们之能杀人。我们真是既愚蠢又可怜,竟认为必须摧
残我们,才能赢得我们的尊敬。如果真是这样的话,请问,万一幸
福与和平的日子再次来到我们中间,那时我们不需要杀人的英雄
了,我们是不是就可以把英雄逐出门外,从此就不再遇到可怕的社
会灾难了呢? 是不是就可以像战争之后把旧武器封存在军火库那
样,把英雄们都送到雅鲁斯①庙去搁起来呢?

我当然知道,在伟大人物应具备的品德中,勇敢是挺要紧的一
种品德;然而,除了打仗以外,这一品德就派不上什么用场。勇士
只有在打仗的时候才能得到表现,而真正的英雄是天天都能做出
表现其勇气之事的。除有时候大显身手以外,他的勇气并未少用,
只不过不那么形之于外罢了。

话就该这么说。勇武之气非但不是英雄应具备的第一品德,
而且,该不该把它列为应具备的品德之一,还值得怀疑。有许多十
恶不赦的大坏人也是仗着他们的胆子大而干了许多罪恶之事的,

---

① 雅鲁斯:罗马神话故事中的门神,据说,他有两副面孔,一副向前看,一副向后
看,喻一个同时具有正反两种看法的人。文中的着重号是原有的。——译者

所以,我们怎么能够称颂勇气的功用呢? 不,卡蒂里纳①和克伦威尔②之流是不可能做到使他们的名字流芳后世的;如果他们的性格中没有那种拼死拼活的骁勇之气,一个就不会起毁灭祖国之心,另一个也不会起奴役同胞的念头。你也许会说:如果他们多有几种美德,他们就可成为英雄了,而我倒认为,话应该这么说:如果他们少干几桩坏事,他们就是好人了。

我不打算在本文一一评论那些烧杀掳掠的好战分子、穷凶极恶的罪魁以及嗜人血和侵人土地的贪得无厌之人,如马利乌斯③、托狄拉④和铁穆耳⑤等辈,一提起他们的名字,世人无不胆寒。我绝不利用他们给各国人民造成的恐惧来说明我要阐述的问题。不管他们多么骁勇,但他们的动机是值得怀疑的,他们的表现是变化无常的,他们造成的后果是严重的;这一切,与英雄之坚毅有恒、行事稳妥并有益于人的品德毫无共同之处。为了论证这一点,我有何必要去借助此等恶魔呢? 在值得人们纪念的事情中,有哪几件是由可耻的人或爱好虚荣的人做的? 大白天在全军将士面前雄赳赳气昂昂的人,一到三更半夜很可能便露出原形,这样的人,有没

---

① 卡蒂里纳(约公元前 108—前 62):罗马政治家,背叛罗马元老院的主谋。文中的着重号是原有的。——译者

② 克伦威尔(1599—1658):英国军人、政治家;1648 年击败王党军队后,宣布解散英国议会,并判处英王查理一世死刑。1653—1658 年任英国护国公,掌握全国军政大权。文中的着重号是原有的。——译者

③ 马利乌斯(公元前 157—前 86):罗马将军。文中着重号是原有的。——译者

④ 托狄拉:奥斯特哥国王,公元 547 年曾一度攻占罗马。文中着重号是原有的。——译者

⑤ 铁穆耳:指公元 1398 年入侵印度,劫掠德里之铁穆耳。文中着重号是原有的。——译者

有？在伙伴中间表现得很勇敢的人，很可能是一个懦夫，一个自暴自弃的人。这样的人，相貌像将军，而他的勇气，却连士兵都不如；他很可能不怕冲锋陷阵和敌人的刺刀，但在自己家里，却连外科大夫的手术刀也不敢正视。

查理士—昆特①时代的西班牙人曾经说过："此人老提当年勇。"这样的人还自以为是勇士。实际上，再也没有什么东西比勇气更那样的变化无常了，因此，有许多为人诚实的勇士只敢保证他们有二十四小时的勇气。埃杰克斯②使赫克托③感到害怕，而赫克托也使埃杰克斯感到害怕，但他一见阿基里斯④就赶快逃跑。安迪奥齐库斯大帝⑤前半生十分英勇，后半生却很胆怯。这位在世界的三大洲都打过胜仗的人，最后在法尔萨勒被打得失去了他的全部勇气和智谋。恺撒⑥本人在迪哈其乌姆被惊得目瞪口呆，在蒙达被吓得胆战心惊。这位打败了布鲁土斯⑦的人见到渥大维⑧

---

① 查理士—昆特(1500—1558)：即西班牙国王查理一世。文中着重号是原有的。——译者

② 埃杰克斯：特洛伊战争中，希腊勇士之一。文中着重号是原有的。——译者

③ 赫克托：特洛伊战争中，特洛伊方面最骁勇善战的英雄。文中着重号是原有的。——译者

④ 阿基里斯：特洛伊战争中，希腊军中的英雄。文中着重号是原有的。——译者

⑤ 安迪奥齐库斯(公元前 281—前 261)：古叙利亚国王。文中着重号是原有的。——译者

⑥ 恺撒(公元前 100—前 44)：罗马军事家、政治家、独裁者。文中着重号是原有的。——译者

⑦ 布鲁土斯(公元前 85—前 42)：罗马共和党首领，反对恺撒独裁的主谋。文中着重号是原有的。——译者

⑧ 渥大维(公元前 63—前 14)：原为恺撒的养子，公元前 31 年击败安东尼以后，集政教大权于一身，改称罗马皇帝奥古斯都。文中着重号是原有的。——译者

就胆怯地逃跑,把胜利和庞大的帝国让给这个依靠他而又与他互为表里的人。人们会不会以为我举不出现代的人作例子才在论文中尽举古人呢?

请别再对我们说什么只有有勇气和军事才能的人方可获得英雄的荣誉了,因为,伟大人物的荣誉的大小不是由他们的战功决定的。有些战败者获得的荣誉比战胜者大一百倍。你去请大家投一次票,然后告诉我哪个人更伟大:是亚历山大还是波鲁士①?是皮赫乌斯②还是法布里士③?是安东尼④还是布鲁士斯⑤?是被俘的弗朗索瓦一世⑥还是查理士一昆特⑦?是征服者瓦鲁瓦⑧还是被征服的柯里格尼⑨?

有些伟大的人物双手从未沾染过鲜血,但也成了不朽的人;对于这个问题,应该怎么看法?那位斯巴达的立法者在享受了统治国家的乐趣之后,在无人向他索取的情况下,竟自动把王位还给了合法的王位占有人;这个问题,我们又该怎么看法?那位和蔼可亲的公民受了人家的侮辱之后,不仅不把那个侮辱他的人杀死,反而

---

　　①　波鲁士:古印度国王,公元前327年与亚历山大激战,抵抗亚历山大的入侵。文中着重号是原有的。——译者

　　②　皮赫乌斯(公元前318—前272):埃皮鲁斯国王。文中着重号是原有的。——译者

　　③　法布里士:古罗马政治家,文中着重号是原有的。——译者

　　④　安东尼(公元前83—前30):恺撒的副手。文中着重号是原有的。——译者

　　⑤　布鲁士斯:文中着重号是原有的。——译者

　　⑥　弗朗索瓦一世(1494—1547):法国国王。文中着重号是原有的。　　译者

　　⑦　查理士一昆特,文中着重号是原有的。——译者

　　⑧　瓦鲁瓦:此处的瓦鲁瓦,据信,指法国卡佩王朝的亨利二世(1547—1559)。文中着重号是原有的。——译者

　　⑨　柯里格尼(1519—1572):法国海军将领。文中着重号是原有的。——译者

把他改造成一个诚实的人；此事我们该如何评论？他之能获得种种神圣的荣誉，全是上天的意志，这一点，谁能否认呢？一个把全国的同胞全都造就成英雄的人，你能说他不英勇吗？那位雅典的立法者，甚至在暴君统治下也能保护他的自由和节操，敢于当面向一位富有的君主指出权势和财富不能使一个人得到幸福；对于这位立法者，我们有何感想？那个最伟大的罗马人，最有道德的男人和公民的楷模，敢于拿起笔挞伐暴君，因而遭到暴君的嫉恨，然而，暴君愈恨他，反倒愈给他带来光荣，甚至在他死后也备受称誉；对于这个人，我们该怎样评价？我们能冒天下之大不韪不称乌迪克的卡托①为英雄吗？我们能说他的行为不是英雄的行为吗？这个人不是因善于打仗而出的名，他也从不到处宣扬他做过些什么事。我记错了，他曾经讲过他做了一件事，一件从未有人做过的艰难事，一件无人能模仿的事，那就是：他把一批军人组成为一个团体，把他们个个熏陶成贤明、公正和举止谦逊的人。

　　大家都知道，奥古斯都②的天赋的资质不是勇敢善战；他那些使他名垂不朽的桂冠的取得，既不是在阿克提乌姆河边，也不是在菲力普平原，而是在治理得很祥和安宁的罗马城中。他征服了世界，但这对他的光荣和生命的安全所起的作用，远远不如他制定的公平的法律和他对齐纳③的宽恕。对英雄人物来说，有许许多多涉及社会关系的品德，其重要性远在勇敢之上！请看那位世界上

---

　　① 文中着重号是原有的。——译者
　　② 奥古斯都（公元前63—公元14）：古罗马第一位皇帝（公元前27—公元14）。文中着重号是原有的。——译者
　　③ 齐纳，文中着重号是原有的。——译者

最伟大的统帅①，由于一两句出言不逊的骄傲话，由于想在实权之上再给他增加一个空头衔，结果被暗杀在元老院的会场。那个把许多人都流放国外的臭名昭著的人，终因他行事公正和存心仁厚，不仅抹去了他的罪行给他带来的污点，而且还成了被他践踏的国家的创建人，身死之后还深深受到他所统辖的罗马人的爱戴。

　　这几位伟人的塑像上饰满了鲜花。在我们当中，谁敢去取下他们的英雄的桂冠？那个举止像哲学家，并一心为人造福的战士，一举他惯使兵器的手，就使你们不受长期的战乱之苦，并为你们建立了一座研究科学和艺术的王家科学院，对于这位战士，谁敢不称他为英雄？啊，壮丽的英雄的时代！我看见缪斯②迈着稳健的步伐在你们的军中向前行进，我看见阿波罗③和玛尔斯④彼此互相戴上王冠。你们硝烟弥漫的岛今后在两顶桂冠的保护下将看到许多火热的场面。各位声名显赫的公民，请你们判断：哪一种人更值得人们给他们以英雄的美誉，是那些赶来保护你们的战士，还是全力为你们的幸福而工作的贤人？或者，你们认为这样的选择毫无意义，因为，选来选去，戴这两顶桂冠的还是那些人。

　　这类例子多得很，简直是举不胜举。对于这种例子，我想谈几点看法，以说明我从中得出的结论。如果在英雄的性格中把勇敢排在第一位，那等于是把这个位置派给执行大脑计划的胳臂，结果

---

　①　指恺撒。——译者
　②　缪斯：希腊神话故事中掌管文学、艺术和音乐等的九位女神。——译者
　③　阿波罗：罗马神话故事中的太阳神，掌管光明和保护艺术。——译者
　④　玛尔斯：罗马神话故事中的战神。——译者

是,把胳臂看得比头脑还重要。然而,执行计划的人易得,出主意想办法的人难求。一个伟大的计划的执行,交给别人也是可以的,别人也不会完不成计划中的主要部分的。然而,去执行别人的计划,就等于是自愿屈居人下,听别人的指挥,这是绝对不符合英雄的性格的。

因此,不论使英雄人物独具特征的品德是什么,它都应当表现天才,而且是和天才分不开的。英雄的品德的根苗在他的心里,而开花结实在他的头脑里。最纯洁的灵魂,如果没有精神和理智的引导,也可能偏离正确的道路的。有品德而无智慧,则品德必将变成坏品行:坚定将变为固执,仁慈将变为软弱,虔诚将变为盲从,勇敢将变为凶残。一个伟大的事业如果各方面的协调不好,则它给未完成此项事业的人带来的危害,往往比一项事业的成功给他带来的荣誉大得多,因为人们轻蔑的目光总是比人们尊敬的表情更令人容易感觉到的。我们甚至可以说,在争取响亮的名声方面,才能补品德之不足易,而品德补才能之不足难。那个来自北方的军人才智有限而勇气无穷,因此,正当他的事业如日中天的时候,竟把他用骁勇善战的武功取得的荣誉丢失殆尽。有人说,这个杀害查理·斯图亚特的凶手①因有种种滔天罪行,所以不能列为旷世的伟人之一,公众对这个看法尚有怀疑。

勇气不能代表一个人的性格,恰恰相反,勇气的表现方式反倒要随有勇气的人的性格而定。心灵高尚的人的勇气用于善事,而

---

① "凶手"指克伦威尔。"查理·斯图亚特"指英王查理一世。查理一世于1649年被以叛国罪在伦敦斩首。文中着重号是原有的。——译者

惯做坏事的人的勇气用于恶行。骑士贝亚尔[①]是勇敢的，而卡尔都什[②]也是勇敢的，不过，你能把这两个人相提并论吗？勇敢的表现形式是多种多样的，它表现得是宽厚还是凶暴，是愚勇还是智勇，是冒冒失失还是稳稳当当，这就要看具有勇气的人的心灵而定了。随着情况的不同，它可能成为罪恶之剑，也可能成为道德的盾牌。有勇气，并不一定表明一个人的心胸伟大和精神高尚，所以它不是英雄最需具备的品德。勇敢而不幸的人啊，请原谅我说这番话。这些年来，你们建立的功业和遭遇的不幸，已经把全欧洲都闹腾得够受了。不，我不会把英雄的桂冠拿去奖赏你们之中为乡里流血的人的勇气，我要用它去奖赏他们对祖国的热爱和在逆境中表现的坚忍不拔的毅力。只要有这种崇高的精神，即使没有勇武的表现，也是英雄。

　　我曾经抨击过一种广泛传播的有害的论调。我没有理由一定要在叙述细节时采用——详谈的办法。各种品德都产生于人与人之间的不同的社会关系。这种关系的数量之多，是无穷无尽的，要把它们一个一个地都检查一遍，这项工作谁能承担？这个工作太大了，因为人们可能有的品德与恶习在数量上是差不多的。再说，这个工作也是多余的，因为，在英雄为了更好地驾驭他人而必须具备的伟大的和难得的品德中，我们不知道是不是应当把许多更难

---

　　① 贝亚尔(1476—1524)，法国的一位勇敢的士兵，在1503年的意大利之战中，以勇守加里格利奥洛桥名扬全军，被誉为"无畏的勇士"。文中着重号是原有的。——译者

　　② 卡尔都市(1693—1721)：法国18世纪初，以专抢驿车著名的拦路大盗。文中着重号是原有的。——译者

具备的品德也包括在内，而群众倒是需要有这些品德才适合于听从英雄的指挥。曾经在最高的位置上闪闪发光的出身卑微的人，也很可能死后无声无息，没有人注意。如果埃皮克提特斯①坐上了世界帝国的宝座，我不知道他将成为什么样的人，但我敢说，如果恺撒②处在埃皮克提特斯的位置，他将终其身也只能是一个身体多病的奴隶。

现在，让我们长话短说，只谈一谈哲学家所界定的区分，只大体上看一看那四个主要的品德。哲学家把所有一切其他的品德都归入这四个品德之中。当然，我们不能在不明显的和次要的品德中去寻找英雄行为的基础。

鉴于大部分伟大人物的光荣都来之于他们所干的种种不义之事，因此，我们能不能把崇尚正义作为英雄行为的基础？君不见有些爱国家爱入了迷的伟人认为，只要能报效祖国，他们所做的事情就没有不合法的，只要于祖国有利，任何卑鄙的手段都可以使用，只要不用卑鄙的手段去谋取自己的私利就行了。有些大人物被野心迷住了心窍，时时刻刻都想把他们的国家置于武力控制之下；有些大人物由于报复的心理作祟，竟不惜出卖自己的祖国；有的贪得无厌，无休止地侵占他国的土地；有的千方百计篡取国家的权力，有的厚颜无耻甘为他人的暴政当爪牙，有的蔑视自己的天职，有的把自己的信念弃如敝屣。这些人之所以行这类不义之事，有的是

---

① 埃皮克提特斯(约50—130)：原来是罗马城中的一个奴隶，获自由不久，便被逐出罗马，后潜心学术，终成斯多葛派的一个哲学家。文中的着重号是原有的。——译者

② 着重号是原有的。——译者

由于制度使然,有的则是由意志不坚,而大部分人则是由于抱有野心;而这些人还个个都是名垂不朽的人呢。

由此可见,崇尚正义不是构成英雄特色的品德。至于行事克制和温和,那也不是英雄必须具备的品德。有些大名鼎鼎的人物正是由于行事不温和才成为不朽的人的;尽管他们有行事不克制的劣迹,也没有妨碍他们名垂史册。手上沾满了朋友的鲜血的亚历山大①,也没有谁说他不是不朽之人。恺撒②一生荒淫,然而在他死后,也没有人因他淫乱无度而对他少唱一首赞歌。

行事谨慎是一种精神品质,而不是心灵的美德。无论从哪个角度评论行事谨慎的表现,我们都觉得它稳妥有余而明快不足。它可以帮助其他品德发挥作用而不能自己单独表现自己。蒙台涅说:谨慎发展到优柔寡断,就不能成大事,也做不出什么真正的英雄行为。虽说它可以防止犯大错误,但它也不利于成大功,因为在冒险犯难之际,如果不比一般循规蹈矩的人多所作为,是难成大事的。过分谨慎,无异于胆小如鼠。只要有时候放着人的理智不用,就很难使自己高出于常人。由此可见,行事谨慎也不是表明英雄特色的品德。

至于行事克制,那更不是表明英雄特色的品德。英雄行事本来就是大刀阔斧,出手不凡的,是从来不考虑什么克制不克制的。没有被这样或那样的过度行为败坏过的英雄,有没有?有人说亚历山大是贞洁的,但他是不是头脑冷静的呢?这位要与第一个征

---

① 着重号是原有的。——译者
② 着重号是原有的。——译者

服印度的人一比高低的人，不是也处处模仿后者的放纵情欲吗？为了想得到一个妓女，他竟把佩尔斯波利宫都烧了，这难道不表明他是模仿到家了吗？唉，要是他有一个情妇就好了！让他去迷恋酒色，他就不会杀他的朋友了。恺撒的头脑倒是挺冷静的，但他是不是贞洁的呢？他在罗马使许许多多本来不出名的娼妇都出了名，而且随意改变人的性别，这能说是贞洁的行为吗？阿尔西比亚德①放浪形骸的事无一不做，但他也不因此就不成为希腊的伟大人物之一。老卡托②本人既爱财又贪杯，也有很多卑劣的恶行，但他仍然受到罗马人的尊敬。以上这几位，个个都是千秋留名的人呢。

有道德的人是行事公正的、谨慎的、有节制的，但不能因此就说他是一个英雄。这几种表现，在有些英雄的身上一个也找不到的例子，真是太多了。不要怕人家说我们持这种观点。须知，正是因为不这样行事，英雄人物才能建立赫赫功勋。从这个角度去看恺撒③、亚历山大④、皮赫乌斯⑤和汉尼拔⑥，我们该如何评论他们？要是他们身上少几种缺点，他们也许还没有这么出名，因为荣誉是对英雄行为的奖赏，而对于美德，应当给它以另外一种奖励。

如果要把最适合于什么人的品德就把它分给什么人的话，我就把行事谨慎分给政治家，把崇尚正义分给公民，把为人谦逊分给

----

① 阿尔西比亚德(约公元前450—前404)：古希腊政治家、军人。——译者
② 老卡托(约公元前234—前149)：古罗马政治家。——译者
③ 着重号是原有的。——译者
④ 着重号是原有的。——译者
⑤ 着重号是原有的。——译者
⑥ 着重号是原有的。——译者

哲学家。至于心灵的力量，我就把它分给英雄。这样分法，就不会有谁不满意他分得的东西了。

是的，心灵的力量是英雄行为的真正基础。它是英雄行为的源泉或构成英雄品质的各种品德的额外的品德。使英雄之敢担当大事的，是它。即使你把有助于铸造伟大人物的各种品德都按你的意思集于一身了，如果你不给它们注入心灵的力量使它们活跃起来，它们就会变得委靡，毫无生气，而英雄的气质就化为乌有了。反之，只要有心灵的力量，就可弥补具有此种力量的人的品德之不足，并最终使他具备英雄的气质。

正如不是道德家也可做出合乎道德的行为一样，人们也可以不称英雄而做出英雄的行为。一个英雄并不是天天都有伟大的行为的，但他总是经常做好在需要的时候干一番事业的准备的。无论他的生活环境如何，他都表现得很高尚，他与常人不同的地方，就在于此。一个身体虚弱的人也能拿起锄头挖一会儿地，但他一会儿就精疲力竭，不愿意干了。一个身强力壮的农夫也不可能一刻不停地老干活儿，但只要他没有身体不舒服的感觉，他就会继续接茬儿再干的。他有这股劲儿，是全靠他的体力。心灵的力量也同体力一样，它的作用就在于使人始终能朝气勃勃地行动。

一般的人比坏人更盲目行事；坏人干坏事是从来不心软手软的，而我们还没有去骗别人就先自己骗自己了。我们的错误全是我们的过错造成的。我们之所以屡犯错误，皆因我们追逐眼前的小利，而忘记了未来的大事。庸人特有的种种小家子气，就是从这儿产生的。举凡见异思迁，做事轻率，尔虞我诈，行动乖张，全凭一时的心血来潮，所有这一切大缺点，都是心灵虚弱造成的。与此相反,心灵坚强的人无处不表现其为人的高尚和宽厚,因为他善于区分真正的美和华而不实的假象,并善于辨别实质和外表,坚定不移地排除种种幻象和克服重重障碍,一心一意地追求他的目标。

不正确的判断和易受诱惑之心,使人变得意志薄弱和气量狭小。要想成为伟大的人物,就必须使自己成为自己的主人。我们最可怕的敌人,在我们自身。无论何人,只要能善于和他自己身上的敌人作斗争,并战胜它们,他在光荣的道路上的成就,在哲人们看来,是比征服宇宙还大的。

心灵的力量的作用就在于此;它能启发思想,开发才智,赋予其他品德以活力;它甚至可以补我们缺少的品质。一个既不勇敢,而又行事不公正、不聪明和不谦逊的人,是可以凭理智的引导而变成既勇敢而又行事公正、聪明和谦逊的人的。他一旦战胜了他的欲念和克服了他的偏见,并认识到只有使他人幸福自己才能幸福,他就会感觉到做一个勇敢、公正、聪明和谦逊的人是多么好啊。因此可以说,心灵的力量是英雄特有的品德。我还可以从一个名人的书中引用一段话来说明这一点。"其他的品德,"培根①说:"可以把我们从邪恶的统治下解放出来,但只有心灵的力量才能保证我们不受财富的统治。"的确,哪一种品德不需要一定的环境的配合才能发挥作用? 在暴君统治之下,崇尚正义有什么用? 遇到了疯子,你的行为无论多么谨慎也不行;在艰难时期,还用得着讲克制不克制吗? 一切大事件,无论是顺利之事还是灾祸之事,都能使心灵坚强的人得到光荣,都同样给他带来荣耀。他在监狱里也如

---

① 培根(1561—1626):英国哲学家。文中的着重号是原有的。——译者

同他在帝王的宝座上一样，照样能发挥他的影响力。雷居鲁斯在迦太基之为国捐躯，卡托的盛宴之遭到执政官的拒绝，被主人弄成残废的埃皮克提特斯之临事冷静，这几件事情之广为人知，并不亚于亚历山大和恺撒之得胜凯旋。如果苏格拉底是死在他的床上，今天很可能有人认为他充其量只不过是一个能说会道的诡辩学家而已。

在阐明了英雄最需具备的品德以后，我还要谈一谈那些不具有这种品德而又却有英雄行为表现的人。这些人既然不具备这唯一能使人成为真正的英雄的重要品德，他们又是怎样成为英雄的呢？在这个问题上，我最好是什么话也不说，因为要说，就要拿我的事业的成功做例子。在那些名字镌刻在光荣之殿的名人中，有的缺乏谨慎，有的行事欠谦和，有的心狠手辣，有的办事不公，有的鲁莽灭裂，有的忘恩负义，他们都各有许多缺点，但他们当中谁也不是意志薄弱的人。总而言之一句话，其他的品德，某些伟大的人物没有也可以，但是，如果缺乏心灵的力量，他就绝不可能成为英雄。

给萨娜的书信

　　　　　　我也不需要一颗心

　　　　　　　　轻许我什么希望

　　　　　　　　　　　　贺拉斯

　　大家不难明白，是何人在向我挑动，我才写这几封信的。有人问：一个人年已半百，还想做情人，岂不让人笑话？我觉得，一个人无论年纪多大，都有可能自堕情网。一个老头儿写情书，也可以接连写四封之多，并使忠厚老诚的人读起来津津有味，一个人在长达六年的时间里没有一星半点有失体面的事，那是不可能的。我用不着在这里解释我的理由。人们看完这四封信，就自会明白。有什么话，等把信看完以后再说。

书　信　一

　　年轻的萨娜，你在窥测我的心，你已经看出了我的心意。这一点，我早知道，我已经感觉到了。白天，你好奇的眼睛无数次在我身上探查你的美对我的影响。从你得意的神情、貌似冷酷的温柔和对我似乎不屑一顾的故意戏弄来看，我看出你暗中在拿我的窘态开心。你把一个可怜的男人弄得惆怅万分，反而带着嘲弄的笑容为自己把他置于这种失望的境地而大为高兴；你想使他感到：向你求爱，乃是自寻羞辱。你错了，萨娜。我是可怜的人，但我绝不是可任意嘲笑的人。我没有任何令人轻蔑的地方，我应当得到你的同情。我不是以我的面容和我的年龄硬要你同情我，因为，我追求的是爱情，所以我觉得，我无须时时做出讨人喜欢的样子。有害的幻想虽使我迷失了本性，但它从未使我在幻想中看到你如今这个样子，更未让我在幻想中把自己置于如今的境地。你对谁都可以看错问题，但不能对我。你可以使我相信世界上的一切，但你不能使我相信你没有我这种疯狂的爱情。你使我变成你如今看到的这个样子，这是我所受的苦刑中最严酷的苦刑。你对我虚情假意的关怀，在我看来，纯粹是一种屈辱。我既然知道了我不可能得到你的爱，我就要死了这条心。

这样，你该满意了吧。我告诉你，我的确是爱你；是的，为了你，我已经血液沸腾，受尽了残酷的感情的折磨。不过，如果你真以为我只不过是一个头发已经花白还想求爱的人，只不过是一个自作多情的老头子，做出一副讨人喜欢的样子，一厢情愿地打一个年轻女人的主意，那你就试试看，看你能不能把我驾在你的马车上听任你驱使。你办不到，啊，萨娜，你切莫自以为了不起，你休想我跪在你跟前说一些乱七八糟的风流话来让你开心，或者说一大堆故作忧伤的话来博得你的仁慈。你可以使我流泪，但我的泪不是爱情的眼泪，而是愤怒的眼泪。你想笑就笑吧，你可以笑我太软弱，但你切莫笑我对人太轻信。

我是带着愤怒的心情对你说这番话的，因为你凌辱人的举动是残酷的，对我轻视的表情是难以忍受的。我的情欲无论是多么冲动，但绝不狂躁；它既强烈而又温存。尽管一切希望都没有了，但我死要死得幸福，活要为你而活；我唯一的快乐，就是看到你快乐。你喜欢什么，我就喜欢什么；你有什么愿望，我也有什么愿望。即使是我的情敌，只要你爱他，我也爱他；如果你不爱他，我也要想办法使他值得你爱，并希望他也有我这样的心，堂堂正正地爱你，使你生活得很幸福。任何一个人，他本人虽然没有人爱，但只要他爱别人，就应当允许他爱。啊，萨娜，希望你爱他人，也为他人所爱。只要你幸福，我就是死了，我也是幸福的。

书　信　二

既然我已经给你写过信了，我就要继续再给你写。我的第一个错误，又招来另外一个错误。不过，请你放心，我知道到什么时候就应当停止的。你在我心神迷乱期间如何对待我，将决定我头脑清醒以后如何对待你。你假装没有看过我的信，你在撒谎；我知道，你是看过的。你以为装出若无其事的样子，就可以使我相信你的谎言，就不再给你写信了，这是办不到的。你之所以仍然是从前的你，就因为你本来就一直是伪装的。你对我装模作样的单纯样子，反倒表明你从来就不单纯。你假装没有看见我已经到了狂热的程度，反倒使我更加狂热。你没有做到使我向你下跪就给你写信，你心里就不满意，就想使我闹笑话，在你面前出丑，也许还要在别人面前出丑。如果我不把脸丢尽，你还觉得你不够成功。

狡黠的女人，你这一套把戏，我全看穿了。你以为假装羞羞答答，就可以使人相信你真的害羞；你以为假装不在意的样子，就可以使我忘掉我的错误，并使你自己显得好像什么都不知道似的。你这些手法，我全看出来了。再说一次，你已经看过我的信了。我心里有数，而且是亲眼看见的。当我走进你的房间时，我发现你急忙把那本书放下，我的信就是夹在那本书里的。我发现你脸红了，有一会儿惊慌失措了。你这惊慌失措的样子很有诱惑力，说不定还是你设下的陷阱之一，比你的目光对我更有害呢。这种样子，至今还在搅得我心绪不宁。我怎么办才好呢？曾经有一百次，正当我准备匍伏在你这个骄傲的女人跟前时，无数的内心斗争和努力终于把我制止了！我走出你的房间，心里高兴得直跳，庆幸我没有做出我那一刹那间即将做出的卑下事。我对你的傲慢的报复，就只是这一点点。啊，萨娜，别再那么骄傲了。我一生中只要有一次战胜了你，我就能够最终克服你天生的傲气。

我已经成为一个不幸的人了！我出于自尊之心才针对你的自高自大说了一些没有道理的话。我一厢情愿地以为你心中有我，这岂不是在自己折磨自己！不过，谁要是真能折磨一个头发花白的恋人，她反倒能获得莫大的荣幸。不，除了冷漠的表情以外，你就没有别的本事。你对我不屑一顾的样子，实际是在卖弄风骚。其实，你要使我难过，法子只有一个，就是从此不再想我。现在，我已经可怜到不能做一点儿可笑的事情来引起你的注意了；你对我狂热的恋情竟轻蔑到连嘲笑的样子都不屑于表示了。你看过我的信，不过，你忘记了。你再也不提我的痛苦了。怎么！难道我在你心目中已经成了一个不值一提的人了吗？我狂热的恋情，我内心的痛苦，即使不能引起你的同情，难道连正眼看一下也不愿意吗？啊！你眼中流露的柔情蜜意到哪里去了？你温存的感情到哪里去了？……你这无情的人呀！……你对我的感情无动于衷，你对其他人的感情也一定是无动于衷的。你的容貌显示你是一个好心的人，但它显示的是假象，你原来是一个冷酷无情的人……啊，萨娜！你若不是冷酷无情的人，我在痛苦的时候，就能从你善良的心中得到几分安慰了。

书　信　三

再也没有什么羞辱我未曾受过了；你已经想怎么屈辱我就怎么屈辱我了。尽管我恼恨，多次斗争，并一再下定决心，要保持坚贞，但结果如何呢？如果我少抵御一阵，我也许还不至于被弄得如此狼狈。我，我这个人，我竟然像年轻人那样谈恋爱吗？我竟然在一个女孩子身边待了两个小时吗？我竟在她面前眼泪汪汪地哭了一场吗？我竟让她来安慰我和可怜我吗？我竟让她用手绢来擦我昏花的老眼吗？找竟让她来教训我行事要理智并以感情为重吗？我多年的阅历和苦心思索已使我受益良多！我曾经无数次对我二十岁时的所作所为感到赧颜，可如今已行年五十，却又故态复萌！唉！我活到今天还要如此丢脸！现在，我至少要真心悔悟，恢复我原来的真诚，不过，我现在已身不由己，陷入了你使我产生的感情，沉湎于你使我得到的欢乐，并安于你使我所处的卑下地位。当我想到我在这样的年纪跪在你面前的情景时，我就感到恶心，自己憎恨自己。不过，我一会儿又忘乎所以，尽情享受我得到的欢乐。唉！我那时忘了我自己，我眼中只看见你。我钟情的女人：你的美，你的情，你讲的那些话，充实了我的生命；你的青春给我以青年的活力；你的理智使我行事处处谨慎，你的美德启发我为人要重德行。因此，你敬重的人，我怎能轻视呢？你称之为朋友的那个人，我怎能恨他呢？唉！你用打动我的心的声音请求我给你以父亲的爱，你要我称呼你为女儿；你这两句话使我的头脑立刻清醒。你的话说得那么温柔，你对我是那么的亲切和纯真，我感到非常高兴，同时也感到心碎，禁不住自己竟流出了既是爱又是悔恨的眼泪。我觉得，正是由于我处在这种尴尬的地位，我反倒特别幸福。如果我只能讨你的欢喜，我也许还不会受到你这么亲切的对待。

是的，我已经把我的情意送到了你的心里；你的心怜悯我，但不爱我；这一点，我十分清楚。但是，在我看来，你对我的怜悯具有爱情的魅力。唉！我不是曾经看见过你为我流泪吗？你的眼泪不是曾经滴在我的脸颊上吗？啊，你的眼泪，它使我心中产生了一种烈火焚身似的剧痛，然而，我不正是因为这样才成为男人当中最幸福的男人吗？是的，我战胜了我等待已久的骄傲的女人，我当然是男人当中最幸福的男人！

是的，我希望这两个小时的情景不断重现，让我在今后的岁月中能经常见到它或回忆起它。在我这一生中还有什么可与我以这种姿态依偎在你身边的感受相比的？我受到了羞辱，我失去了常态，我被人取笑，然而我得到了幸福。我在这短短的两小时中领略的乐趣，比我这一生得到的乐趣还多。真的，萨娜，我说的是真话，迷人的萨娜。我的悔恨消逝了，我受到的羞辱全洗刷了。我忘记了我自己，我只感觉到爱情的火焰在吞噬着我。尽管我身上戴着你给我的枷锁，我也不怕全世界人的嘲笑。别人对我有什么看法，那有什么关系？只要你说我有一颗青年人的心，这就足够了。寒冬想用冰雪掩盖埃特拉①,这纯属枉然,它心中依然在燃烧着炽热的火焰。

书　信　四

唉,我畏惧的人是你吗?我不好意思爱的人是你吗?萨娜呀,可爱的姑娘,你这个心灵比容貌还美的姑娘!如果我今后能拿什么东西来夸我自己的话,那就是我这颗能感受你的全部价值的心。毫无疑问,我对我曾向你求过爱而感到羞愧,不过,我羞愧的是,在我向你求爱之时表现得太俯首帖耳,忧忧郁郁,意志消沉,与你这个人太不相配。半年以前,我的眼睛无时无刻不仔细观看你迷人的容貌,我的心时时都在尽情领略你人品的美。半年以前,你是唯一占有我的心的人,因此,我完全是为了你才那样使用我的生命的,只是到了昨天我才终于明白我应当怎样爱你。当你对我讲话的时候,你的言词足以感动神灵。我觉得你的举止、面容和神情都变了。我不知道是什么超自然的光使你的眼睛那么明亮,似乎有一道道光线环绕着你。啊,萨娜!你的确不是一个凡间的人;如果你是上天为了引导一个误入歧途的人而派到地上的天使,就请你明白告诉我,也许现在还为时不晚;再也不要让你的形象受到我身不由己地产生的希冀的亵渎了。唉!如果我的希望过奢,欣喜过度或过于冒失地对你表示敬意,就请你帮我纠正这使你感到冒犯的过错,并告诉我应当如何爱你。

---

① 埃特拉:西西里岛上的一个活火山。——译者

　　萨娜，你已经用种种办法征服了我。如果你看见我犯了荒唐的错误，你就狠狠地使我感到我的错误之荒唐已到了何等程度。我把你的行为和我的行为一加比较，我立刻发现一个少女原来是一个贤人，而我只不过是一个行动幼稚的老头。你温柔的表现中充满了高雅、理智和友善，比用严肃的表情更使我感到我应当怎样对你，比你用责备的话更使我感到羞愧。你昨天谈话时的音调，尽管比平时只稍稍严肃一点儿，但已使我认识到我不该再次使你处于非那样说话不可的境地。萨娜，你的意思我全明白，因此我想向你表明：尽管我不能用我的爱讨你的欢心，但我要以这种情谊感动你。我虽误入了迷途，但为时甚短；你向我指出这一点，就够了。你放心，我会迷途知返的：不论我已多么的疯狂，但只要我一发现它的危害之大，我是绝不会再做此蠢事的。当我做了应受谴责的事时，你只劝说我不要那样行事；我犯了大罪过，而你却说是小错误。你没有对我说出的话，我心里是知道的。我在你身边的表现该怎么评论，你虽一句话也没有说，但我希望：即使我做了卑污的事而不自知，你也要看到我的心并不卑污。当然，我之所以说我是有罪的，并不是因为我的年龄太大，而是因为你的年纪太轻。我虽自惭形秽，但我绝不愿我的言谈举止有失尊严。三十岁的年龄差距，固然使我明白我的行为是可羞的，但没有使我看到你可能遇到的危险。啊！什么危险？我不敢斗胆说我看得很准，但我要告诉你：即使我不设下玷污你的童贞的陷阱，但只要你稍欠端庄，我就会成为一个勾引少女的人，而且，我做了错事还不自知。

　　萨娜呀，你的品德还有待于更加严峻的考验；你对你的魅力的使用，最好是慎加选择。我应如何履行我的责任，并不以你的品德和魅力为转移;我是该怎么做就怎么做的。愿你永远忘记,不再回忆我的过错! 我自己也要忘掉它们! 不过,这是做不到的。我的错误,我终生都记得。大错已成,我愈想把它们忘得一干二净,它们反而愈深深地刻画在我心里。我命中注定:爱情的火焰将在我身上燃烧到我生命的最后一刻。这是任何力量都无法熄灭的;它每燃烧一天,就会使我的希望多失去一分,荒谬的想法多增加一分。这一切,过去是不由我做主的,萨娜,现在可以由我做主了。我以一个从不伪装的男人的名义向你保证:我在那段被又可笑又可怜的情欲驱使的日子里说的话,我从此不向你再说。不过,我虽可以不让我的情欲再次表现,但我不能使它永远窒息。我向你保证我不再说那些话,我的意思是说;我今后永远不会对你说我应当绝口不谈的事情,而且,正如我不允许我的嘴说我不该说的话,我也不允许我的眼睛看我不该看的东西。我也要求你大发善心,切莫让你的嘴来问我这其中的可悲的秘密,也莫让你的眼睛来窥探其中的原因。我已做好准备,接受一切考验,但你的目光除外,因为,你很清楚,你想使我不实行我的保证,不照我所说的话办,那是太容易了。你想做到这一点,是十拿九稳的,但对我来说,就太令人难受了。难道说,你美丽的心灵要以此为乐吗? 你不能这样做,圣洁的萨娜,你千万不要伤害我这颗爱你的心。你已经夺走了我心中的全部勇气,现在,请你至少要给它留一点儿美好的东西。

　　我既不能够也不愿意收回我向你暗中透露的可悲的秘密;现在已为时太晚了,就让它们留在你心里好了。对你来说,它们已无多大意义,如果不经常回忆的话,不久就会忘掉的。唉,在我此刻伤心难过之时,如果我不想到有你在同情我,我的境况就更加苦不堪言了。你现在应当多同情我,以免将来再回过头来安慰我。今后,你将看到我该怎么做人就怎么做人了。不过,我现在是什么样子,你可要看明白了,因为今后你再也听不到我的话,而只能看我写的信了。我对你的要求,就是这些。以后,若我再次来到你的身边,我一定要像来到女神面前那样,绝不动一丝一毫的情欲。你的高尚的品德使我不敢贪看你的美;你纯洁了我的心。既然我以后不再对你说不适合于你听的话,我也就不再担心我会成为一个勾引少女的人了。你将不再看到我做可笑之事,而我也不会使自己成为可笑之人了。我再也不愿意做犯罪之事了;即使要犯罪,我也要到离你很远的地方去犯。

我给你写信吗?不,我不想给你写了,你也可免去看信之苦了。如果你愿忍受这份苦,我反倒不那么敬重你了。萨娜,我给你这件武器,让你用它来反抗我。你能成为我性命攸关的秘密的保存者,但不能成为我的知心人,不了解我为什么要把这个秘密交给你。只要你知道这一点,就够了。要我重复我说过的话,这太使人为难了。我闭口不说了,我还有什么可说的呢?今后,如果你把你的情人只看作是你挑选的朋友,倒不如现在就把我撵走。我不用逃跑的方式离开你,但我要对你说:我们今生永别了。这是我能对你做的最后一个牺牲。我只有这样做,才不辜负你的美德和我自己的心。①

---

① 以上四信,载 1781 年日内瓦出版的卢梭《遗作补编》第 169—185 页。——译者

书　信　五①

不，这个世界不太平，我的心毫无太平的感觉。这不是你的过错，亲爱的萨娜，这只能怪我，或者说得更确切一点，这要怪命运，因为它把唯一能使我感到幸福的乐趣移到了离我那么遥远的地方。你知道吗？这种乐趣，不是占有你的心，也不是占有你这个人。我在想象中始终把你安置在我可望而不可即的地方。我的感情，我的强烈的感情，从未迷惑过我的眼睛使我看不见那个地方。我的情欲虽使我误入歧途，但它从未引诱我去犯错误。我听任它的力量推着我走，却永远走不到任何一个能吸引我的目的地。我最大的愿望是：你能看到我爱得发狂，但我做的傻事又不至于使你看不起我。你是了解我的狂热的爱的；你同情我，安慰我。如果这令人如此陶醉的情况能永远存在的话，我将永远感到欢喜，我的幸福也就能永远长存了。如果你能做到只让我悄悄地爱你，我就愿意把我的时光消磨在这甜蜜的境地。这样，虽然我不能把我的爱传达给你，我也享受到了爱的乐趣。我的心充实了，而你的心却空虚了。你的心不会永远空虚，但填补它的人不是我。萨娜，如果你爱我，你就尽情地爱我，我是该受这种可怕的苦刑的，我早就料到我终有一天将受此折磨。应如何评论我没有屈服于命运的摆布，我心里是清楚的。不过，我感到害怕的是：你的命运将取决于另外

---

① 方括号是原有的。此信首次发表在 1946 年吉耶蒙在《巴黎展望》九月刊上刊登的《关于让—雅克·卢梭的几部未发表的作品》。——译者

一个人的命运。不,我感到失望的,不是我未曾得到你的爱,而是另外一个人也很可能如此。我这样痛苦,全是为了你这天使般的少女。只要他也有我这样的心,我就会原谅他,然而,谁能像我这样爱你呢?①

----

① 对于这个问题,卢梭回忆乌德托夫人在奥波纳的树丛中回答说:"从来没有一个情人像你这样爱过。"参见卢梭《忏悔录》卷九。——译者

一个胸襟开阔的人的思想和
一个有道德的人的心中的想法

一

一般人认为：要一生幸福，这大概是不可能的。根据我的经验，我觉得这个看法是对的。不过，仔细一想，又觉得一个人只要在他自身而不在他身外去寻找，则幸福就不是虚无缥缈的空幻的东西。

为了要得到幸福，就不能做任何一件感到内疚的事情；对于别人的过错，不要抱以牙还牙加倍奉还之心。不要恨任何人，因为，对于怀有恨人之心的人来说，恨之为物乃是一种苦刑。

对于别人所做的恶事和可笑之事，只一笑置之，大度宽容就是了。

二

当我第一次发现我被别人骗了的时候，如果我当机立断，断绝与那个骗我的人的一切关系，那就好了，我就可以省得后来再自己责备自己，并可免得那个人再犯新的罪行。然而，我却听信了他的解释，他向我做出的保证，使我再一次又上了他的当，结果是：我让他犯了背信弃义的罪以后，又让他说了千百句谎言。

三

我令人后悔的往事已经够多的了，且让我在将来不要做什么自己看不起自己的事情。

四

如果一个人的行动完全出自于卑鄙的追逐财色之心,他的行为中就不会有半点真诚,他的热情也不会有任何真正的依恋之意。

五

一个人要想消除他心中强烈追求的爱情,可靠的办法只有一个,那就是:远远离开他所追求的人,因为,只要她还在身边,她就会继续给你没有完全熄灭的欲火添加柴薪。

六

当一个人有求于你的时候,他将对你说千百句亲热和感谢的话,然而,一当他觉得在你身上没有希望时,他就会无耻地把你弃如敝屣。

七

神圣的和仁慈的法律规定,夫妻之间男尊而女居于从属的地位。不过,为了要后者屈从而又无半句怨言,做丈夫的就不应当强要她做任何不合理的事。

把权威交给不知道如何行使的人手里，那是最危险不过的事。

八

骄傲是难以令人原谅的大缺点，因为它太伤人的自尊心了。骄傲的人对人不和蔼也不记人家的恩情；他行事只知道贬低别人而抬高自己。

人们都怕大人物的傲气，因为他们一举一动都能害人；而无权无势的人的傲气，人们都嗤之以鼻，因为他们愚蠢的骄傲行为无害于任何人。

九

文明人的交往，要求互相帮助，彼此都满意。不严于律己而光苛求别人，这样行事是最不公平的和最粗暴的。

十

没有宗教信仰，就不可能有真正的正义感和正确的幸福观。

然而，能真正理解宗教信仰的人是不多的。许多人的宗教信仰都是外表，对于信仰中规定的重要义务并未认真履行。毫无疑问，教会的信条是要遵守的，但是，切不可以为参加了礼拜仪式，心不在焉地口诵几句经文就完事了。

我们是否真正信仰宗教，全看我们是否做到：我们不愿意别人对我们行的事，我们也不行之于别人；我们希望人家怎样对待我们，我们也怎样对待人家。

真正的宗教信仰是：热爱真理，心地仁慈，多行善事，态度谦逊，对人处事务求平和。所有一切不是建立在这个基础之上的宗教行为都是虚假的和伪善的。

十一

对别人一点也不原谅的人，也休想别人事事原谅他。

为了能平平静静地生活，切不可为了一点儿小事就生气，也不可惹他人生气。

十二

友谊是一个人一生中最难得到的珍贵财富。一个真正的朋友，既能与我同欢乐，也能与我共忧患。他能原谅我的过失，但他对我绝不文过饰非，随便纵容。我无须要求他不断地关心我，但在他的行为中却处处表现出温柔和真诚的情谊。他关注的是我的利益，而且总把我的利益放在他的利益的前头。

十三

一个人在垂暮之年应当集中心思，考虑如何才能更好地使用自己一生余下的时间。既然前半生没有好好地利用自己的时光，往后就别再那样活一天算一天，促使自己迅速死亡。

十　四

如果一个人只爱自己，而且时时如是，则这个人就会成为他人的负担，对任何人都没有用处。

十　五

凡是骄傲而又顽固的人，是既不能向他人提出建议也不能接受他人的意见的。他们全按他们不好的头脑和不好的心态得到的印象行事。

十　六

由于情欲的冲动而被爱情蒙骗的人，其数目往往比由于意志薄弱而被爱情欺骗的人多。

十　七

当一个人决定和他所爱的女人断绝关系时，就用不着前思后想地考虑是什么原因或什么动机促使他做出这个决定的。他可以去关心任何其他的事情，但与他所爱过的对象有关的事情，千万不要去过问。划清这个界限，就不但能减弱情欲的冲动，而且有勇气和毅力去完全克服它,使它一去就不再回来。一个人只要在这个问题上无所希求,无所畏惧,他的病就彻底治好了。

十八

大多数女人都好像谜语,当你没有猜破它的时候,它就使你着急,而一旦把它猜破了,它就不再使你感兴趣了。

十九

智者所经历的事情,无论是好事或坏事,都有助于完善他的自身;这个道理,同太阳和雨都有助于土地的肥沃是一样的。

二十

一个人之所以表现得很骄傲和顽固,其原因,不是由于他有大智慧和大学问,而是由于他缺乏思想。尽管他已经离开了理智、正义和相互理解的道路,然而,由于他有一种不正确的爱面子的虚荣心,所以他不愿意回到这条道路上来。

他愈观望,便愈背离真理,行事便愈乖张。对付这种性格的人的最好办法是:什么话都不说。只要他的心没有败坏到硬要顽固到底的程度,他会自己回到正确的道路上来的。

二十一

愚蠢的人无论说话或做事，都是不动脑筋思考的。有这种缺点的人如能认真回忆一下他说的话或做的事，他会对他的粗鲁和冒失以及导致他犯错误的荒唐言行感到羞愧的。

愚蠢的人往往说话说不到理上，而且，人家的话，他不是一句也不听，就是听了也理解得不正确。

二十二

再也没有什么事情比用谎言来力图为自己辩解更卑鄙的了。撒谎的人是会遭到公众的轻蔑的，而他一贯欺骗别人的结果，最终将染上自己欺骗自己的恶习。

我们用语言与他人相沟通。语言是表达我们的思想和感情的工具。如果人们说的话都不真实，没有信用，则所有一切社会的联系与生活上的交往就会中断。

即使是真理，从骗子的口中说出来也成了假话。

二十三

无论什么东西，再珍贵也珍贵不过一个好的名声。但有些人却不以为然，拿自己的名声当儿戏；有些人甚至为了一点儿小小的利益，竟拿自己的名声作牺牲。

二十四

只要对男人和女人在一起生活的方式一加研究,你就不能不认为他们好像是为了互相折磨和彼此摧残而生的。

二十五

我看见两个似乎极为友好的人,他们之间的联系十分密切。但是,如果我把每一个人向我说对方的坏话告诉对方,他们彼此互相憎恨的程度,将比他们显得友爱的程度大得多。

二十六

对一个一受欲念的冲动就任意行事的人进忠言,那是没有用的,是很危险的。

为了有效地进献忠言,就先要了解一个需要忠言的人的性格,并且要等待有利于说服他接受忠言的时机,否则就宁可听之任之,并千万不要去刺激他。

在进献忠言的时候,心中要处处考虑他人的利益,切莫夹杂有个人的动机。

二十七

当一个人该受称赞的时候，反倒应当做到能平心静气地听人家的指摘。

二十八

如果有人要我替他保守一个秘密，即使是不太重要的秘密，我也要小心翼翼地保守。一个聪明人只是在确有必要的情况下才慎重其事地把自己的心腹事告诉人家。

心腹话只能对一个朋友说，不过，他能否做到绝不泄露呢？我之所以把一个秘密交给一个女人，是因为我相信她是我的朋友，但如果她也同样认为可以把我的秘密透露给她看作朋友的第三者，这第三者又透露给第四者，这样一来，我的秘密就成为公开的秘密了。

二十九

因求爱遭到轻视或白眼而引起的恼怒，是需要人们设法使之平静的。如果我发现自己不幸有了这种遭遇，我倒是愿意有人来向我指出我的恼怒是不对的，是毫无根据的。我绝不去思索我有什么罪，我只希望看到我依然一身清白。

再说，恼怒一阵，是医治不了情欲造成的痛苦的，只有彼此分手或不见面才是有效的治疗方法。除此以外,是别无其他良药的。

三十

要减轻内心的痛苦,最可靠的办法无过于把心中的委屈痛痛快快地吐露出来,并得到一个朋友的安慰,然而,有些人竟可怜到连这个办法都不知道。

三十一

要想获得平安和幸福,最可靠的办法是:不让这两者依赖于那些不由我们做主的东西。

硬要去纠正别人的错误,而且装模作样,好像煞有介事,那是极其愚蠢的。其实,只要自己不犯那些错误就行了;如果一定要去纠正的话,那就要和风细雨地缓缓从事,并要根据对方的情况,对症下药。

三十二

我们最主要的最有意义的研究工作,是研究我们自己;我们要努力了解的,是我们每一个人的自身,而不是我们身外的事物。我们应当知道我们有哪些缺点,以便改正它们,应当知道大自然赋予了我们哪些天资,以便好好地使用它们去达到我们的目的。

三十三

只要我们认真对自己稍加研究,就会发现我们的能耐是很小的,我们是不能高傲自负,自以为了不起的。我们不可把自己抬高到不适当的地步,并要从我们的思想和心灵中清除虚荣和自高自大的毒素。

三十四

你是否留心观察过骄傲的人是如何对待他人的？你是否注意到他们在听你讲话时表情是多么的轻蔑？你是否看出他们在回答问题时的态度是多么神气,对你不是冷冷一笑就是说几句难听的话？大家对他们恬不知耻的粗鲁样子都感到羞耻;而不感到羞耻的,只有他们自己。这种人即使不怎么引起人们的气愤,但他们至少是可悲的。他们可悲的例子是屡见不鲜的。

三十五

精神上的、想象力上的和脾气上的缺点,与天性和心灵的邪恶是大有区别的。前者的表现是任性、轻率和没多大恒心,而后者的表现是爱说谎言、生活放荡、忘恩负义,而且一执拗起来就毫无顾忌,无法控制。人们对前者的表现容易谅解,而对后者的表现绝难宽容。

三十六

那些自视甚高而无自知之明的人,只要他们有勇气自己拉开面前的帷幕,认真思考一下他们现在是什么样子,他们是由于什么原因而成为今天这样的人,只要他们这样做,是一定有收获的!他们将本着公允和理智的法则自己评判自己,最后认识到自己不该把今天的一切都说成是全凭自己,而没有一点是靠他人。

三十七

我一直想有一个朋友作为我可以向他吐露肺腑之言的知己,作为我思考问题时的顾问,我处境艰难时的安慰人,而且,由于他和我之间的亲密和忠实的关系而成为另一个我。我以为我找到了这么一个无法估计的财富,然而我错了。从我遭受的被友人出卖的苦楚来看,我今后最好是别再劳心费力去寻找这样一个根本就不存在的人。

三十八

有人曾经向我表达过极其强烈的爱慕之意,并说了许多极其亲热的话,许了许多令人兴奋的诺言,做了许多诱惑人的动作,然而这一切,只不过是一种似乎面面俱到而实际意义一点也没有的空话。他们显得情意绵绵,十分真诚,而骨子里却一点感情也没有。我最后决定:要透过表面看实质,从他们的话中琢磨他们的真意,从亲热的表现中看他们有多少真心。结果,我发现他们一个个都是冷漠无情、贪财好利和背信弃义的人。

三十九

再也没有什么东西比以人情为出发点的友谊更不可靠和更易破裂的了。友谊的培养需要很多年,而要破坏它,有时候只需一瞬间。一瞬间破坏的友谊,一个世纪也恢复不起来。只有建立在荣誉和道德的基础上的友谊,才不会出现这种情形。

四十

我有一位朋友,因为受到他所喜欢的人的恶劣对待而变得十分憔悴。他悲伤极了,我问他是什么原因。他倒也不守口如瓶,全对我说了。他对我透露:他今后绝不和任何人来往,他要深居简出,过退隐的生活。我告诉他,这不是办法。我对他说:"你到处去走亲访友,除了你说的那个人以外,你全都去看看,你不久就会心里平静,十分快乐的。"

四十一

和那些必须对之言语谨慎、处处留神和高度警惕的人同在一个屋檐下生活,那是难以忍受的,反倒不如到森林中去和狼与野猪生活在一起为好。

四十二

有些人曾经很粗暴地侮辱过我,简直是伤了我的心;还有些人在天天欺负我。但愿上帝保佑我不存任何报复之心! 我要祝愿那些曾经侮辱过我和现在还在伤害我的人走好运,我甚至要主动去接近他们,而不要求他们来对我赔不是,如果我能重新唤起他们的正义感和友情的话。然而,尽管我曾多次原谅人家,但都未曾成功,因此我再也没有勇气采取新的步骤,以免白费力气,还贬低了我自己。

四十三

一个人只要爱胡思乱想,行事全凭一时的兴趣,只要爱妄自尊大,自以为了不起,事事固执己见,感情卑鄙,自私自利,你想改变他的性格的话,那是比什么都难的! 这样一种性格,不仅使他本人受害无穷,而且使关心他的人都心灰意冷。

四十四

只有内心宁静,才是真福;要得到这种宁静,只能靠道德的修养。

四十五

当你看到一个胆大妄为和行为卑下的人时，你就直截了当地说这个人是一个邪恶的人，用不着担心你这个话说得不对。反之，当你看到一个态度谦逊和行事稳重的人，你也直截了当地说这个人是一个有道德的人，而且要自信你这个话一点不错，说得很准。

四十六

今日的痛苦，如果不勾起我们对昔日的欢乐的回忆的话，就算不得什么。我们之所以对眼前的事感到忧伤，完全是因为我们对以往之事感到怀念。

四十七

嫉妒的表现有两种：一种表现得文雅，之所以表现得文雅，是因为一个人自己对自己的估计不足；另一种表现得粗鲁，之所以表现得粗鲁，是因为他对自己所爱的对象估计不足。后一种表现是给人以凌辱，前一种表现是真诚的爱。

四十八

使心灵的巨大痛苦得到平静的最有效的办法是：索性让它痛

个够而不加以制止。

四十九

在各种各样的习惯中，最好的习惯是不沾染任何习惯，而且能做到独立自持，摆脱一切。只有性情开朗、有大智慧和大勇气的人才能养成这种自己驾驭自己的能力。

五十

人的欲念愈多，便愈不自由；有了欲念，就有所需求；有了需求，就不能不为了使之满足而产生贪心。

五十一

我们有三种关系：

第一种是生来就有的，是不可避免的，如儿子之与父亲，就属于这种关系。

第二种是由于命运的捉弄而有的；不论你是不是该有这种关系，你都可以想法子摆脱它，如贫穷，等等，等等。

第三种是来自我们与他人的交往和承诺。如果是由于荣誉和法律的原因而承诺的话，那就必须服从它们加在你身上的约束，如婚姻，等等，等等。

不过，如果这种承诺是无意义的或者是有害的，是由于过分讨好别人或为了表示诚心而承担的,那就最好是把它们通通抛开,使自己一劳永逸地处于绝对不受他人反复无常、异想天开的荒唐话或弄虚作假与忘恩负义的行为的摆布。

五十二

我们只有在自己了解我们所说的话是什么意思的时候,我们才能把话说得好。

大自然在我们的情感中配备了一种说服力,它是言词无法代替的,艺术无法模仿的。

只有来自内心的话才是真实的和有表现力的,我们既能看见也能懂得它的意思,甚至无须乎用嘴说和用耳朵听。

五十三

在各种美德中,最值得尊敬的美德是对他人的侮辱能大度宽容,而且,即使自己有能力报复也不进行报复。

只要我们对通常能引起愤怒的事情不予介意或者只一笑置之,我们的胸襟就开阔了。

五十四

一个鲁莽无礼的人是什么人? 是一个愚蠢人。他心中只有他自己,把别人都不看在眼里。

五十五

亵渎和滥用友谊的人,何其多啊!有些人之高谈友谊,只不过是借友谊之名好说谎言和谋取利益,而另外一些人之高谈友谊,完全是为了更有把握地达到他们的目的而采用的策略。

我即使孤孤单单独自一人,也比向这样的朋友敞开心扉强千百倍。

五十六

为了交好一个朋友,自己就必须能够成为一个朋友。

一个把一切利益都捞给自己,喜欢怎么方便自己就怎么干的人,是肯定得不到友谊的温暖和好处的。

五十七

友谊的缔结,全靠纯洁的和真诚的感情,而一掺杂利害关系,友谊必将瓦解。

五十八

过多地说自己如何如何好,是一种可羞的心胸狭隘的表现,或早或晚会使自己吃苦头的。

五十九

唯一能使自己达到幸福境地的办法,不是对他人行使权威,而是要自己克制自己。

六十

出身和高贵的地位,是偶然的机遇带来的虚荣,而要成为一个高尚的和伟大的人,必须要有崇高的思想感情。只有凭自己的道德,方能赢得人家的钦佩和尊重。

六十一

婚姻是社会中最普遍的和最广泛的关系,但它远远不是那种能把一个男人和一个女人牢牢结合在一起的关系。

六十二

一个见异思迁、没半点恒心的人,往往临事反倒十分顽固,然而,不论是见异思迁也好或顽固也好,都同样表明他是一个意志薄弱的人。

六十三

硬要一个有自尊心的人采取他当初拒不采取的做法，那往往是很难办到的。

六十四

有些人很骄傲，宁可冒一切危险，把一切都牺牲殆尽，也不承认自己的错误并郑重其事地收回自己说过的话。

六十五

一个贤明的人，既不感情脆弱到对什么都不加区别地一律信以为真，也不对什么都持怀疑态度，胡夸自己对一切都硬不相信。

六十六

从一个人的所作所为，就可以看出他的为人。他休想我相信他的心好极了，因为我没有在他身上看到使他独具特征的天真，没有看到他有作为天真的标志的善意，没有看到他有任何一个行动能表明他有尽量使他人高兴和生怕冒犯别人之意。如果没有温厚的感情，无论怎么假装都是假装不好的；只有傻瓜才一再受他的虚伪和谎言的欺骗。

六十七

别人对我们不感兴趣,我们不可视之为一件坏事。天然的同情心和厌恶心我们都曾经有过。当我们见到一个人而又不知道他的思想和心地如何时,也可能对他有好感,也可能对他有反感而不愿意和他打交道。要自己对自己说清楚为什么会对他产生亲近或疏远之心,那是很困难的。

对于那些我们不打算亲近的人,我们倒是不能不对他们多加观察,这是人人都应该做的事情,是大家都应当受的教育。此事应当坚持做下去。向这种人表露我们心中根本就没有的感情,或者,用骗人的表面现象使他们产生幻想,那是最有害的和最荒唐不过的事情。

六十八

如果我们认真观察一下大部分男人和女人的性格,我们就会发现:那些动不动就自我夸赞的人,并不像我们想象的有许多高尚的思想。

六十九

世上没有无缺点的人;不过,一个人的缺点只要能用某些高尚的行为来加以弥补,他的缺点就可以得到人家的原谅了。

七十

为什么一个人预期的目标常常达不到呢？这是因为他没有针对他预定的目标采用相应的手段。他的路子错了，可是他骄傲固执，硬不回过头去走正确的道路。他武断专横，一切都要听他说了算，由着他的性子办。然而，事情的发展，最终给他带来的是羞辱和悔恨，但为时已晚了。

七十一

最难当的奴隶，当然是给情欲当奴隶，因为这是自找的，是无法解脱的。

七十二

真正的朋友，对你是推心置腹、毫无保留和毫无条件的。他之所以与你为友，唯一的原因就是他爱你。他的感情是真诚的、高尚的、奔放的和忠实的。

虚伪的朋友只是在对他自己有利的时候才爱你，因此，当他的贪利之心占了上风的时候，他对你就会背信弃义，视为路人。

七十三

一个人的感情愈丰富，便愈现自己很少有感情他移的时候。自己设身处地为他人着想，这是一种合乎情理的和必要的自我安慰的办法，可以弥补朋友交往中得到的回报之少的遗憾：当你受到委屈，发现那些本该爱你的人以冷淡的态度对你时，这样做，心里就感到宽慰了。

七十四

所有一切在外表上看起来很迷人的样子，都不过是一种故意做作的神态，是很危险的和害人的。诚实、友谊和爱情的各种特有的外表，像日出前笼罩在山上的薄薄的烟雾一样，阳光一照就散了，人们最后发现，在烟雾笼罩下的，乃是坚硬嶙峋的岩石。

七十五

一个人想要隐瞒自己的观点和秘密意图，那是徒劳的；假面具或早或晚总要揭开的。事情的结果终将显示当初的因由；一个乔装打扮的人总要露马脚的，因为他的举止言行缺乏天性特有的为人真诚的表征。

七十六

　　我再也不相信任何人的外表和言词了，我上当已经上够了。经过长期的经验和反复思考，我现在知道应当对哪些人才可奉献我的全部友谊和信任。只有我将来找到这种可贵的人的时候，我才能真正感到幸福。

七十七

　　花那么多心思去讨好你不喜欢的人，那是毫无意义的。然而，一旦你爱什么人了，你无须花多大力气和犯什么难，也准能做到使你所爱的人感到高兴的。

卢梭年谱

> 在我的同时代人当中,没有任何人是像我这样名满全欧,而我本人是何许样人,却无人知晓。我的书传遍了各个城市,而书的作者转来转去都局限在几处小小的树林中。
>
> 卢梭

1712

6月28日,让—雅克·卢梭诞生于信奉喀尔文教义的日内瓦共和国。"我的父亲是伊萨克·卢梭男公民,母亲是苏珊娜·贝尔纳女公民。"(《忏悔录》第1卷)在让—雅克出生后8天,母亲苏珊娜因患产褥热去世。

1718—1720

从五六岁起,便开始对读书产生浓厚的兴趣,"在我这样年纪的孩子中,也许只有我一个人养成了这么罕见的浓厚的读书兴趣,尤其是普鲁塔克的书,我最喜欢读。"(《忏悔录》第1卷)"它是我童年时候阅读的第一本书,也是我晚年阅读的最后一本书,可以说只有这位作者的书,我没有一次阅读是没有收获的。"(《一个孤独的散步者的梦·第四次散步》)

1722—1724

被送到日内瓦乡下的波塞村,寄住在朗伯西埃牧师家,"跟牧师除学拉丁文以外,还学一些当时的人们美其名曰'教育'的杂七杂八的课文。……在乡村度过的那两年,使我又重新恢复了童年的天真。"(《忏悔录》第 1 卷)

1725

在雕刻匠杜康曼家当学徒,订了一个为期五年的合同,跟杜康曼学手艺。

1728

3 月 14 日,与同伴们到日内瓦郊外散步,因贪赏田野风光,回去时城门已经关闭,在护城河边露宿一夜,次日凌晨毅然做出决定:宁可远奔他乡,过流浪生活,也不回日内瓦。这时让—雅克还不满十六周岁。

3 月 21 日到安纳西投奔华伦夫人,但见面后不久,夫人就把他打发到都灵天主教办的收留流浪人的教养院。

4 月 22 日,在教养院改宗天主教。"那时我还是一个孩子,孤苦伶仃……在生活的逼迫下,我改信了天主教。"(《一个孤独的散步者的梦·第三次散步》)

夏—秋,在维尔塞里斯伯爵夫人家当仆役,兼做笔录夫人口授信件的工作,后来又到古丰伯爵家当听差,跟伯爵的次子古丰神甫学拉丁文和意大利文。

1729

回到安纳西,住在华伦夫人家。"现在,我终于安心地住在她家了；不过，就目前来说，我虽住在她家，但这还不能说是我一生幸福日子的开始，而只能说是为过这种日子做准备。"(《忏悔录》第3卷）

华伦夫人发现小让—雅克有几分音乐天才，就让他去跟教堂的音乐总监拉·梅特学音乐。

1730

秋—冬，先到洛桑，后来又到纳沙泰尔，化名沃索尔·德·维尔勒夫，冒充来自巴黎的音乐家，教几个幼童学音乐，以此糊口。

1731

10月，在萨丁国王治下的萨瓦省土地测量局当登记造册的文书。

1735—1736

在离尚贝里城四五里地的一座乡村住屋："我一生中仅有的短暂的幸福生活就是从这里开始的。使我敢说我真正享受到了人生乐趣的那段恬静而转瞬即逝的时光，就是从此时开始的。……太阳一升起，我就起床，我高高兴兴地出去散步，在树林中和山坡上到处转悠，我跑遍了每个山谷。我读书，悠悠闲闲地在园中劳动，我走到哪里，幸福就跟随我到哪里。"(《忏悔录》第6卷）

1737

6月，他写了一首诗，并配上曲子，题名《一只蝴蝶吻一朵玫瑰花》，刊登在《法兰西信使报》，这是卢梭第一次铅印发表的作品。

夏，因病到蒙彼利埃去求医治病。

1738

回到尚贝里,发现他在华伦夫人身边的位置被一个名叫温曾里德的年轻人占据了。

1740—1741

在里昂陪审团审判长德·马布里先生家当家庭教师。

1742

带着他编写的新的音乐记谱法和他 18 岁时写的一部喜剧《纳尔西斯》到巴黎,试图在首都打开一条出路,找到光明的未来前程。

8 月 22 日在科学院宣读他的论文《关于新的音乐符号的设想》。院士们听后,对他说了几句表示祝贺的话,并发给他一张证书,得到的结果,仅此而已。卢梭后来在《忏悔录》中是这样记述这件事情的:"负责审查我的论文的院士是麦朗、埃洛和弗什三位先生。他们固然都是饱学之士,但没有一个是真正懂音乐的,至少懂的程度还不足以审查我的计划。"(《忏悔录》第 7 卷)

冬,与狄德罗相识。"卢梭发现,和这样一个眼界开阔、心胸豁达而且其天才比自己觉醒得早的人在一起,心里非常愉快。"(雷蒙·特鲁松著《卢梭传》,商务印书馆 1998 年版第 127 页)

1743

与杜宾夫人相识。

7 月,应法国新任驻威尼斯共和国大使蒙台居之聘,担任使馆秘书。在威尼斯期间,通过对威尼斯政府的观察,发现这个被人们夸耀的政府"有许多毛病",遂产生了写一部论政治制度的书的念头。这个念头后来并未完全实现,只把"已经写好的文字中可供采择的各部分"加以编次,写成一篇"简短的论文",题名《社会契约论》。

1744

离开法国驻威尼斯使馆回到巴黎。

1745

完成芭蕾舞剧《风流的缪斯》的创作。

与目不识丁的洗衣女工黛莱丝·勒瓦赛尔相识,不久就开始同居。

1746

担任杜宾夫人的秘书。

创作诗歌《茜尔维的林荫道》。

1747

创作喜剧《冒失的婚约》。

与狄德罗和孔迪亚克一起拟创办一个以"报导新出版的图书"为目的的刊物《嘲笑者》,但这个计划未能实现,刊物胎死腹中。

1748

与埃皮奈夫人及其弟媳乌德托夫人相识。

1749

为《百科全书》撰写普及音乐知识的词条,如《伴奏》、《和弦》、《卡农》和《大合唱》等。

7月,狄德罗因发表一篇宣扬感觉论观点的文章(《一封关于盲人的书信》)被关进巴黎郊外的万森纳监狱。

10月,卢梭在去万森纳监狱探视狄德罗的途中休息时,看到《法兰西信使报》上刊登的第戎科学院的有奖征文题目:《论科学与艺术的复兴是否有助于使风俗日趋纯朴?》。事隔12年之后,他在

1762 年 1 月 12 日写给法国国家图书总监马尔泽尔布的信中回忆他看到这个征文题目时的心情说："如果有什么东西能使人产生突然的灵感的话,那就是我在看到那个问题的时候心中产生的震动:我突然感到心中闪现着千百道光芒,许许多多新奇的思想一起涌上心头,既美妙又头绪纷繁,竟使我进入了一种难以解释的思绪万千的混乱状态。"

1750

卢梭的应征论文《论科学与艺术的复兴是否有助于使风俗日趋纯朴?》获奖。这篇论文后来被学界简称为《论科学与艺术》或"第一篇论文"。

1751

春,《论科学与艺术》出版发行,在标题页上署的不是作者的姓名,而是"一个日内瓦公民著"——"日内瓦公民"一词以后就成了卢梭的"代名词"。论文一发表,默默无闻的卢梭一夜之间便出了名。

1752

10 月 18 日,卢梭创作的歌剧《乡村巫师》在国王路易十五的离宫枫丹白露演出,获得巨大成功。"我听见我周围美若天仙的贵妇们在交头接耳地窃窃私语:'真美啊,真好听,没有一句歌词不打动我的心。'"(《忏悔录》第 8 卷)

12 月 18 日,法兰西剧院上演他写的喜剧《纳尔西斯》。

1753

11 月,《法兰西信使报》上刊登了第戎科学院的又一有奖征文题目《人与人之间的不平等的起因何在;这个现象是否为自然法所容许?》。

卢梭到圣热尔曼树林深处,接连思考 8 天之后,回到巴黎撰写他的应征论文,并将论文的标题改为《论人与人之间不平等的起因和基础》(后来人们把它简称为《论不平等》或"第二篇论文")。

发表他 1752 年写的《论法国音乐的信》,极力贬低法国的音乐,激怒了法国人,歌剧院拒绝他入场看戏,并将他的模拟像悬吊在歌剧院的大门口。

1754

6 月,与黛莱丝一起回到阔别 26 年之久的日内瓦。

8 月 1 日重新皈依他的先人信奉的宗教,信奉喀尔文教义,并恢复他日内瓦公民的资格。

1755

《论不平等》出版发行,并在论文前加写了一篇献给日内瓦共和国的《献词》和一篇《序言》。

《百科全书》第 5 卷发表了卢梭撰写的《政治经济学》。

1756

4 月,离开巴黎,住进埃皮奈夫人为他在舍夫雷特园林深处修盖的一座小楼房——退隐庐,开始过离群索居的生活。

应杜宾夫人的要求,负责圣皮埃尔神甫遗著的整理和摘编工作,并最后完成两部稿子:《圣皮埃尔神甫的〈永久的和平计划〉摘要》和《圣皮埃尔神甫的〈大臣联席会议制〉》,并分别撰写了《评〈永久的和平计划〉》和《评〈大臣联席会议制〉》。

8 月 18 日,致信伏尔泰,驳斥伏尔泰就里斯本大地震写的诗作《里斯本大灾难咏》。

1757

春—夏,对苏菲·乌德托夫人产生爱慕之情,开始撰写长篇书信体小说《新爱洛伊丝》。

秋,与埃皮奈夫人发生龃龉。

12月15日搬出退隐庐,迁居蒙莫朗西村的蒙路易;今蒙莫朗西市的卢梭博物馆即卢梭当年住房扩建而成。

12月,收到《百科全书》第7卷,内有达朗贝尔写的词条"日内瓦",卢梭读后,决定撰文批驳。"这时,他正病得奄奄一息,但他突然觉得:只有执笔写作,才能身体康泰平安。"(《卢梭传》,商务印书馆1998年版,第218页)

1758

3月,《致达朗贝尔的信》完稿,并致函达朗贝尔本人告知此事。

时任图书审查官的达朗贝尔对卢梭撰文批驳《日内瓦》表示欢迎,并亲自批准,允许卢梭的信出版发行。

60余万言的《新爱洛伊丝》全稿杀青。

开始写《爱弥儿》。

1759

与卢森堡元帅及其夫人相识,并缔结了真诚的友谊。

1760

9月,与孔迪亲王相识。

11月,《新爱洛伊丝》在阿姆斯特丹出版发行。

12 月,《新爱洛伊丝》开始在伦敦销售。

1761

1 月,《新爱洛伊丝》开始在巴黎销售,取得巨大的成功。

11 月,卢梭把《社会契约论》的誊清稿交给阿姆斯特丹的出版商雷伊。

1762

1 月,卢梭接连给法国国家图书总监马尔泽尔布写了四封信,表述他的"性格和一切行动的动机"。这四封信,被论者认为是他后来的《忏悔录》的前奏。

4 月,《社会契约论》在阿姆斯特丹出版发行;法国政府严禁此书进入法国。

5 月初,海牙的书商勒奥姆承印的《爱弥儿》问世。

5 月 24 日,里昂的书商布吕瑟承印的《爱弥儿》开始在法国发行。然而,奇怪的是:"这本书出版后,并不像我的其他著作那样一出版就获得一片喝彩声。从来没有哪一本书是像这本书这样获得的私下赞扬是那么多,而获得的公开称许却那么少。最有资格评论这本书的人对我说的话和写的信都明确指出这是我写得最好的一部书,同时也是最重要的一部书,但他们在发表这些意见的时候,都带有一种非常奇怪的谨慎样子,好像要说这部书好,就非悄悄说不可似的。"(《忏悔录》第 11 卷)

"更令人迷惑不解的是:原来推心置腹、有话直说的朋友,现在在谈话和通信中都闪烁其词,吞吞吐吐,好像在打哑谜。……卢森堡元帅为什么要他把马尔泽尔布关于《爱弥儿》出版一事的信通通还给马尔泽尔布本人?更令人莫明其妙的是,他不知道布弗勒夫人为什么无缘无故地劝他到英国去,说大卫·休谟非常欢迎他,将一路陪他到伦敦。尤其令人摸不着头脑的是:这位夫人还在信中问他是否愿意拿着一封盖有王室印章的公函到巴士底狱去住一段时间,说进了巴士底狱,就是国事犯,巴黎的地方法院就无权过问,就没有办法伤害他的人身。……巴黎城中已围绕着《爱弥儿》闹得沸沸扬扬,议论纷纷,而且调门一天比一天高,官方的行动也一天比一天升级。"(李平沤:《如歌的教育历程》,山东人民出版社 2008年版,第 4—5 页)

6 月 1 日巴黎高等法院下令查禁《爱弥儿》。

6 月 3 日巴黎警察局把所有书店的《爱弥儿》通通没收。

6 月 7 日巴黎索邦神学院发布文告,谴责《爱弥儿》。

6 月 9 日巴黎高等法院签发"逮捕令",缉拿卢梭;卢梭得到孔迪亲王的通风报信后,便连夜出逃,离开蒙莫朗西,开始他长达 8 年的流亡生活。

6 月 14 日卢梭逃到伊弗东,住在友人罗甘家。

6 月 14 日,《爱弥儿》和《社会契约论》同时在日内瓦被查禁;日内瓦当局扬言:如果这两书的作者胆敢来到日内瓦,就立即逮捕。

7 月 10 日,卢梭被逐出伊弗东,逃到普鲁士国王治下的莫蒂埃村。

8 月 28 日,巴黎大主教博蒙发表"训谕",猛烈抨击《爱弥儿》。

11 月,罗马教皇克里门特十三世颁发敕令,支持索邦神学院对《爱弥儿》及其作者的谴责。

1763

3月,卢梭发表《致博蒙大主教的信》,驳斥博蒙对《爱弥儿》的批评。

5月12日,卢梭公开发表声明,放弃他"日内瓦共和国公民的称号和日内瓦城有产者的身份"。

9月,日内瓦检察长特农香发表《乡间来信》攻击卢梭。

1764

10月,卢梭针锋相对地发表《山中来信》,反击特农香的《乡间来信》,为《爱弥儿》和《社会契约论》辩护,并严厉抨击日内瓦的宗教和政治制度。

1764年末或1765年初在莫蒂埃开始写《忏悔录》。

1765

1月22日,《山中来信》在海牙被当众焚毁。

3月19日,《山中来信》在巴黎被当众焚毁。

卢梭在他1762年4月出版的《社会契约论》中对科西嘉岛写了这样一段称赞的话:"在欧洲有一个可以为之立法的国家;这个国家是科西嘉岛。这个勇敢的民族在恢复和保卫他们的自由方面所表现的坚韧不拔的气概,值得一个智者去教导他们如何保持他们的自由。我有某种预感:终有一天,这个小岛将震撼全欧洲。"(《社会契约论》,商务印书馆2011年版,第57页)

9月,在法国军队中服役的科西嘉籍军官布达富科写信给卢梭,请他为科西嘉制定一套政治改革计划。卢梭答应了布达富科的要求,写了一份《科西嘉制宪意见书》。

9月6日深夜,莫蒂埃村民在该村教士的煽动下,向卢梭的住房投掷石头,试图驱赶这个在《爱弥儿》中散布反基督言论的叛教者。

9月12日—10月25日,离开莫蒂埃,避居圣皮埃尔岛:"在所有我曾居住过的地方中,没有一个地方是像碧茵纳湖中心的圣皮埃尔岛那样使我真正感到十分快活,并使我对它产生极其甜蜜的怀念之情。……在莫蒂埃遭到一阵石头袭击之后,我就来到这个岛上避难,我下定决心要在这个岛上度过我的余生。"(《一个孤独的散步者的梦》·第5次散步)

10月29日,被逐出伯尔尼。伯尔尼下了"一道命令,限我二十四小时内离开圣皮埃尔岛和该共和国直接或间接管辖的领土,永远不许我再回来,否则定予严惩。"(《忏悔录》第12卷)

11月—12月,在斯特拉斯堡。斯特拉斯堡人特地演出卢梭的《乡村巫师》表示对他的欢迎。

12月16日夜到达巴黎,住在孔迪亲王府,得到亲王的庇护。

1766

1月4日,在休谟与德吕兹的陪同下,悄悄离开巴黎,先到伦敦,后到伍顿,在伍顿继续写他在莫蒂埃开始写的《忏悔录》。

7月,开始与休谟不和,对休谟产生猜疑,怀疑休谟与巴黎的"哲学家们"串通,诱他到英国;两人书信往还,互相争吵。

1767

5月21日离开英国,潜回法国,化名勒鲁,隐居在特里,在特里写完《忏悔录》上册第1至第6卷。

11月26日,卢梭的《音乐词典》在巴黎开始销售。

1768

6月,离开特里,先到里昂,后到格勒诺布尔、尚贝里,最后定居在勃古安。

8月30日,在勃古安,与共同生活了25年的黛莱丝正式结婚,黛莱丝从此才有了名分,称"卢梭夫人"。

1770

1月,在孔迪亲王的疏通下,巴黎高等法院默许卢梭回到巴黎,但条件是:卢梭不得再"乱写文章",否则就将导致对他的旧案重提。

1月22日,卢梭恢复真名"让—雅克·卢梭"。

6月24日,与黛莱丝一起又回到他们曾经居住过的普拉特里街的圣灵公寓,以替人抄写乐谱谋生。

夏,写完《忏悔录》下册第7至第12卷。

12月,在佩泽侯爵家"向少数几个经过挑选的正直的人"朗读他的《忏悔录》。

12月23日,在诗人多拉家向公众朗读《忏悔录》。

1771

5月,巴黎警察局应埃皮奈夫人的要求,下令禁止卢梭当众朗读他的《忏悔录》。

秋—冬,应波兰米谢尔·韦罗尔斯基伯爵的要求,开始写《论波兰的治国之道》。

1772

"为了讨德莱塞尔夫人及其女儿小玛德隆的欢心,卢梭写了8封《关于植物学的信》。他说他写这些信的目的,是使孩子们养成'认真观察,特别是正确推理的习惯。'"(雷蒙·特鲁松:《卢梭传》,商务印书馆1998年版,第390页)

开始写《卢梭评让—雅克》。

1775

10 月 31 日,创作的歌剧《皮格马里翁》在法兰西剧院首场演出,取得巨大的成功。

1776

《卢梭评让—雅克》对话录三篇全稿完成。

秋,开始写《一个孤独的散步者的梦》。

1777

春—夏,写完第三、四、五、六、七次《散步》。

1778

1—4 月,写完第八和第九次《散步》。

5 月 26 日,卢梭接受吉拉尔丹侯爵的邀请,住进侯爵的埃默农维尔山庄旁边的一座小楼里。

7 月 2 日写第十次《散步》未终篇,早餐后,突感不适,头部剧烈疼痛,延至上午 11 时,心脏停止跳动,与世长辞。

7 月 4 日夜,卢梭的遗体被安葬在埃默农维尔湖中心的白杨岛上,为他送葬的只二三友人及住在附近的一群农民,晚风习习,农民手中的火把时明时灭,景况十分凄凉。

1782

《忏悔录》上册、《卢梭评让—雅克》和《一个孤独的散步者的梦》在日内瓦出版。

1789

春,马拉等人在巴黎街上,特别是在王宫宫墙外面的林荫道上向群众朗读卢梭的《社会契约论》，为法国大革命的爆发做舆论准备。

7月14日，巴黎人民攻陷巴士底狱，拉开了法国大革命的帷幕。

1790

7月，巴黎人民抬着卢梭的半身像在街上游行。

《忏悔录》下册出版。

1791

巴黎市政府决定，将卢梭居住过的普拉特里街更名为"让—雅克·卢梭街"。

12月21日，制宪会议做出决议，在巴黎为卢梭立一尊全身像。

1792

日内瓦大议会宣布撤销对卢梭的逮捕令。

1794

10月9日—11日，根据国民公会的决议，将卢梭的遗骸从白杨岛上的墓地启出，另造新棺，护送到首都巴黎。

10月11日，"大约9点钟，一大群人拥拥挤挤地争着看显赫的政要和各界代表把卢梭的灵柩护送到'供奉不朽的人的殿堂'——巴黎先贤祠邦德翁。"（雷蒙·特鲁松：《卢梭传》，商务印书馆1998年版，第1页）

图书在版编目(CIP)数据

卢梭全集.第9卷,新爱洛伊丝(下)/(法)卢梭(Rousseau,
J.J.)著;李平沤,何三雅译.—北京:商务印书馆,2012
(2019.9重印)
ISBN 978-7-100-09152-7

I.①卢…　II.①卢…②李…③何…　III.①卢梭,
J.J.(1712~1778)—全集　IV.①B565.26-52

中国版本图书馆 CIP 数据核字(2012)第 093196 号

卢梭全集
第 9 卷
新爱洛伊丝(下)
及其他

李平沤　何三雅　译

商　务　印　书　馆　出　版
(北京王府井大街 36 号　邮政编码 100710)
商　务　印　书　馆　发　行
北京通州皇家印刷厂印刷
ISBN 978-7-100-09152-7

2012 年 6 月第 1 版　　　开本 787×960　1/16
2019 年 9 月北京第 3 次印刷　　印张 37¾　插页 1
定价:139.00 元